BOB JESSOP
THE STATE
Past, Present, Future

ボブ・ジェソップ
国家：過去，現在，未来

中谷義和・加藤雅俊、
進藤兵・高嶋正晴・藤本美貴―訳

御茶の水書房

ジョセフ・エッサー（1943-2010年）の追憶に

Bob Jessop
The State
Past, Present, Future
Copyright © Bob Jessop 2016
Japanese translation rights arranged with Polity Press Ltd., Cambridge
through Japan UNI Agency, Inc., Tokyo.

日本語版への序文

　筆者が学位（Ph.D.）を取得したのは 40 年以上もまえのことである。それ以来、主として政治経済批判に、また、その理論をヨーロッパと北アメリカや東アジアの先進資本主義的社会構成体に適用することに関心を寄せてきた。近年に至って、その領域は広がり、新自由主義の影響下で組織化の方向を強くしている世界秩序を、さらには、新自由主義の生態学的・社会的反作用を対象とすることにもなった。すると、筆者の研究には、政治と経済との接合の様態分析が、より広くは、両者の存在条件と、それが自然と社会に与えるインパクトの分析が含まれていたことになる。これは 1982 年から現在までに公刊した国家と国家権力に関する六冊の著書に、また、（明確に、第二の「文化的」転回を経た）批判的政治経済学の二冊の著書に反映されている。こうしたテーマや関連テーマについては一連のジャーナルや論集に寄稿してもいる。

　本書のテーマは国家論であって、これまでに提示した戦略−関係アプローチを継承するとともに（この点については、とりわけ、次を参照のこと。Jessop 2007）、その展開を期しているが、次の四点で既刊の著作とは構成を異にしている。第一に、『国家理論』（1990 年）や『資本主義国家の未来』（2002 年）と比較すると、より体系化を期していることである。というのも、理論的・方法論的アプローチの点で、個別的であったり、対立している場合も散見されるので、この点を整理し、あるいは、補完しているからである。だが、開かれていて、非教条的史的唯物論の発見的性格と実践的重要性は堅持されている。第二に、国家と国家権力の論述の点で、より長期の歴史的視座と、より広範な比較の視座に立っていることである。この点は、とりわけ、最初の国家の多様な起源の論述に、また、国家形態と政治レジームの系譜と歴史的組成の分析に適合的な理論的手法を提示していることに認め得ることである。第三に、現況を踏まえて、例外国家とその常態化の方向を、より明確にしていることである。この論点は、資本主義国家の将来に関する著書（Jessop 2002）において検討すべ

きことであったが、紙幅の都合から省略せざるを得なかったテーマである。そして、第四に、2002 年の著書に比べると、主として、資本主義国家の類型について論ずるというより、広く国家の将来について論じていることである。いずれにせよ、資本蓄積のグローバルな優位が世界社会の展開の主要な要因となると予測されるだけに、国家の将来は、この脈絡に左右されざるを得ないことになろう。

　この数年間、政治経済批判のアプローチに取り組むとともに（例えば、Jessop 2013 ; Jessop 2014 ; Jessop and Sum 2005 ; Sum and Jessop 2013）、このアプローチと人文科学や社会諸科学における文化論的・記号論的転回との関係、大西洋フォーディズムからポスト・フォーディズムへの移行に占める資本主義国家の再編とその機能についても考察を重ねてきた（Jessop 2002）。だが、本書では、紙幅の都合から、こうした作業の検討には及び得ていない。そこで、筆者の国家論の日本語版になじんでいなかったり、批判的・文化論的政治経済学に関する英語の著作を読んでいない読者のために、既刊の著作との脈絡をつけておこう。

　第 1 に、筆者が展開した批判的政治経済学（クリティカル・ポリティカル・エコノミー）のアプローチからすると、資本関係に内在する構造的矛盾と戦略的ジレンマという問題が浮上することになる。このアプローチは、ソ連とソ連ブロックが崩壊することで無意味化したわけではない。いわんや、この崩壊はマルクスが無意味化し、自由民主政が勝利したシグナルであるとする多くの意見に荷担すべきことにもならない。2007 年に噴出し、なお、持続しているグローバルな金融危機は、こうした意見に挑戦するものである。また、成長の 20 年の崩壊（と持続）という日本の経験に鑑みると、この種の理解は弱まっていることでもあろう。マルクスの『資本論』は相互に強く結びついた主張を、つまり、商品の価値形態は資本主義的生産様式の「細胞形態（*Zellenform*）」・「要素形態（*Elementarform*）」・「胚芽形態（*Keimform*）」であるという理解を端緒としている（それぞれ、次を参照のこと。Marx 1976a: 8 ; Marx 1976b: 55 ; Marx 1976b: 82）。また、商品形態は価格形態のような他の諸形態に転化する（Marx 1976b: 82）。マルクスが 19 世紀ではなく、もっと後の時代に論述していたなら、このアナロジーを展開し、細胞生物学の視点から商品を資本主義的生産様式の「幹細胞形態（*Stammzellenform*）」として論

ずることになったであろう。というのも、幹細胞は生物の再生に不可欠であるし、発生期の胚芽細胞は分化し得る（多様な個別の細胞に特殊化する）からである。この視点を踏まえると、単純生産と拡大生産のいずれであれ、商品の流通は資本主義的再生産にとって不可欠であるし、商品形態は、個別的にも一体的にも、資本関係の機能自体にとって不可欠の固有の形態に分化することになる。

　この点については別の論稿で検討したことであって、商品の価値形態における（使用価値と交換価値に）内在的な弁証法的矛盾の分化という点から論じ、資本関係の個別形態は固有の矛盾の具象であることを指摘している。例えば、労働者は特殊技術と知識や創造性を有する具体的個人であるだけでなく、他の同様の単位（あるいは、実際、他の生産要素）をもって代替され得る労働力の抽象的単位でもある。賃金は需要の源泉であるとともに生産のコストでもある。貨幣は国民的ないし超国民的貨幣ブロックにおいて流通する通貨であって、経済と政治の目的から国家のコントロールに服しているだけでなく、通貨市場において他の貨幣と交換可能な国際通貨でもある。また、生産的資本は、程度の差はあるにせよ、時空間において価値実現を期し得る固有の資産のストックであるとともに、（とりわけ、多様な分野に再投資され得る実現された利潤として）流動的な抽象的価値でもある。さらには、土地は自然の恵みであるだけでなく、その収益については排他的権利の論拠ともなる。そして、知識は知的共通財として流通するだけでなく、知的財産権の対象ともなる。こうした二重性は、ここにとどまらない。というのも、商品形態だけが弁証法的矛盾を具象しているわけではなく、他の資本関係の諸形態にも妥当するからである。すると、（各矛盾の２つの本質的契機間の不均等性に根差して）危機には多くの抽象的可能性が伏在していることになる。この矛盾にどのように対処するかとなると、諸矛盾がどの程度に事前に認識されるかという点で、あるいは、事後的には現実の危機がどのように自覚されるかという点で多くの戦略的ジレンマが伏在していることになる。その可能性について、筆者は新自由主義における国家の役割に関する日本語訳の論文を残している（Jessop 2016a. 次も参照のこと。Jessop 2002）。

　国家－理論的視座からすると、上述の指摘は国家の資本主義的類型と資本主

義社会における国家の形態と機能という点で、その歴史と比較の分析に重要な意味を帯び得ることになる（この点については第4章を、より一般的には、次を参照のこと。Jessop 2013, 2014, 2016a, 2016b）。例えば、新自由主義は資本関係の多様な諸形態のなかでも交換価値を重視する傾向を帯びているだけに、金融・経済・政治・社会の危機傾向の重要な原因ともなる（第9章と次を参照のこと。Jessop 2016a）。資本関係は、こうした領域以外にも多くの矛盾とジレンマや逆説を宿しているし、自然と社会にかかわる現実的諸問題と結びついているだけに、検討に付してしかるべきことになる。これは重要な研究課題ではあるが、本書の域を超えるものでもある。

　関連する争点として資本主義の歴史とその比較分析を、さらには、資本主義的社会構成体における国家の問題を挙げることができる。この点については、資本主義の多様性という概念について論じたことである。これは、同一化の傾向を帯びているにせよ、不完全で不均等に統合された世界市場における資本主義の諸類型（ないし多様性）間の補完性と緊張関係の複合的パターンを指している。こうした補完性と緊張関係が作用するだけに、所与の時空間的容器（ないし鋳型）において資本主義の個別の多様性の同時存在と共進化は制約されざるを得ないことになる（とくに、第5章と第8章を参照のこと）。というのも、この容器とは、場所とフローの空間や経済循環などの暫時性からなる固有の連鎖に過ぎないからである。すると、程度の差を帯びた複合的な経済空間において、資本主義の「混成し得る」多様性の相互作用が個別の、また、一体的な経済効果に温和で中立的と消極的影響力のいずれの効果を呼び得るかについて研究し得ることになる。こうした、より「生態学的」アプローチからすると、典型的には、所与の空間的経済の点で相対的に安定した地域が他の地域と将来の、あるいは、いずれかの不安定と結びつくことになるかという問題を提示し得ることになる。というのも、時空間は対立と諸矛盾や危機傾向を転移ないし遅延し得る能力の点で偏差を宿しているからである。こうした差異は、部分的であるにせよ、中心と周辺との「垂直的」関係と結びついているだけでなく、世界市場の形成力の点で、他の些細とは言えない不均斉な能力を背景としてもいる。この分析は、さらには、（筆者の知る限り）無視されている場合が多いにせよ、植民地主義と帝国主義の、あるいは、いずれかの多様性というトピック

にも広げ得ることである。多様な植民地主義ないし帝国の多様性に関する事例研究が、また、よりマクロな視座から世界史ないしグローバル史を論じようとする試みが残されているにせよ、世界システムにおける植民地主義と帝国主義の多様性の相互連関性や連鎖と補完性の、あるいは、敵対関係ないし相互組成性の論述となると、その研究は乏しい状況にあると言わざるを得ない（だが、乏しいながらも、例えば、次が残されている。Abulloghod 1989 ; Karatani 2014 ; Potter and Saha 2015 ; Subrahmanyan 1997 ; Wainwright 2016）。この種の分析の深化を期そうとすると、経済地理学と地政学との関係の詳細な理論的・経験的分析が求められる（ten Brink 2014 ; Van der Pijl 2008）。この点については日本の読者にとどまらず、世界史の脈絡においてアジア・ユーラシア・環太平洋地域の歴史に、とりわけ、一帯一路によってユーラシアのハートランドを再統合しようとする近年の営為に興味を深くしている論者の共感を呼び得ると思う。こうしたロシアや中国を起動力とする動向は、アメリカのヘゲモニーに挑戦するための現実的空間を構築しようとするものであって、両大国の軍事的・経済的勢力圏を形成しようとする試みでもある。

　偏差と多様性というテーマからすると、筆者の『資本主義国家の未来』は戦後のケインズ主義的福祉型国民的国家からシュンペーター主義的勤労福祉型ポスト国民的レジーム（ワークフェア）への移行というモデルを提示したことになり、この戦後の資本主義体制の偶発的で持続的移行は知識基盤型の蓄積経済レジームの台頭に照応しているとしている。同様の理論的アプローチを東アジアの開発国家にも適用し、この国家をリスト主義的勤労福祉型国民国家であると位置づけるとともに、その危機傾向を指摘してもいる（Jessop 2016b）。このトピックに関心を深くしたのは、確かに、フリードリッヒ・リストの著作に着想を得て、チャルマーズ・ジョンソンのような研究者による日本のキャッチアップ型の競争力と政策の分析に興味を覚えたことに発している（Johnson 1982）。だが、後知恵ながら、知識基盤型経済の代替肢である金融支配型蓄積が持続力を宿していて、知識基盤型経済と結びついた利潤生産資本に対置される利子生み資本の優位が強まっていることを過小評価していたことに気づくことになった（第9章を参照のこと）。

　シュンペーター主義的勤労福祉型ポスト国民的レジームは、利潤生産の関心

とより強い対応関係にあり、知識基盤型経済の安定化から利益を引き出し得るが、他方で、金融支配型蓄積は利子生み資本とより強い親和性を帯びている。また、知識基盤型経済（KBE）は、少なくとも当初は、輸出志向的で、社会民主的ないしネオ・コーポラティズム的福祉レジームと結びついた経済において顕著であった。これに比して、金融先導型蓄積は、よりリベラルな福祉レジームに発し、やがて、新自由主義的なレジーム転換を経た社会において顕著となった。この社会は、シュンペーター主義的というよりリカード主義的勤労福祉型アプローチの傾向を強くし、個人的・集団的・社会的賃金を（国際的）生産コストと見なすことで、その下方化の圧力を強くした。これは、資本主義的構成における政治と経済との関係の根本的な制度的再編に発していて、緊縮の政治という意図せざる結果を呼んだと、あるいは、この政体を世界市場の「命令」に直接的で持続的に服せしめようとする周到な戦略の所産として現れたと言えよう。いずれも交換価値の論理を一方的に強調する新自由主義的言説に依拠している。本書は第9章で緊縮国家の持続化の傾向について論じている。

　知識基盤型経済に焦点を据えたことから、新自由主義が諸矛盾と危機傾向を内在しつつも、持続性を帯びているということ、この点を軽視しがちとなった。だが、権力に関する私の好みの格言を、つまり、権力とは、自らの間違いから学ぶ必要のない能力にほかならないことを確認することにもなった（Deutsch 1963: 111）。というのも、自らの間違いのコストを他の社会諸勢力に課すか、将来に転化し得るからである。これは、新自由主義が「失敗のなかの前進」を、つまり、失敗を繰り返しつつも勢いを維持し得ることを、換言すれば、強度の差はあるにせよ、守りを固め、支援を得ることで政策的前提を将来に持ち越し得る能力を持っていることを示している（Peck 2010: 6）。また、全てとは言えないまでも、他の経済的・政治的レジームもこの種の能力を有していて、固有の構造的形態と局面の変化のなかで、その能力を示している。ソ連ブロックが、結局、解体したことを、また、新自由主義のシステムが変容しないままショック療法が持続していることに鑑みると、以上の指摘がどの程度に有効性を持ち得るかということは興味深い事例研究となり得るであろう。

　本書は、また、明示的ではないにせよ、少なくとも暗示的には、批判的政治経済学分野の一連の著作に認め得る諸議論を整理している。その特徴は

日本語版への序文

文化論的政治経済学(カルチュラル・ポリティカル・エコノミー)と呼び得るであろう(次を参照のこと。Sum and Jessop 2013)。なぜ文化論的転回の必要を覚えたかとなると、その理由は多いが、(広義の)文化の重要性は無視されたテーマであると認識し、その方法論が生産的視点となり得ると、あるいは、社会の基本的な存在論的特徴であると判断したことによる。筆者の文化論的転回は、本質的には、存在論的であるにせよ、長い間、グラムシのヘゲモニー分析に関心を深くしてきたことによるだけでなく、資本主義の展開という点で、その方向を設定する蓄積戦略の役割に関する作業にも発している。さらには、国家企図とヘゲモニー・ヴィジョンがどのように作用することで、国家装置の統一性がどのように維持され、その戦略と政策の目的が設定されているかという問題にも触発されている。文化論的政治経済学は、批判的記号分析(クリティカル・ディスコース・アナリシス)(言説の批判的分析、および、意味と意義の形成にかかわる他の表徴、この両者を包括する総称語)と批判的政治経済学の概念と手法とを結びつけることで、資本主義的社会構成体の分析に固有のアプローチを導入しようとするものである。この文化論的政治経済学は、部分的にせよ、政治経済の記号論的・外記号論的(エクストラ・セミアティック)側面の共進化を規定する鍵的メカニズムを対象としている点では、他の文化論的転回とは性格を異にしている。こうしたメカニズムは記号現象の一般的特徴に媒介され、資本主義の固有の形態と制度の力学によって形成される。前著では、(多くの別の問題と並んで)この問題を経済秩序の形態と内実や力学の形成に占める経済的想像(オマジナリー)の行為遂行的(パフォーマティブ)役割について検討している。これはマルクスが腐心したことでもあって、資本関係の安定化と正統化に占める古典的と俗流的政治経済学の基本的「カテゴリー」(ないし、組織化の概念)を批判する必要に発している。本書の主要カテゴリーは、再び、蓄積戦略、政治的想像、国家企図、ヘゲモニー・ヴィジョン、国家企図であって、これが国家の性格規定という点で、極めて重要な役割を果たしているとする(第1章〜3章、および諸所)。

筆者の別のテーマはラディカルな政治生態学(ポリティカル・エコロジー)を構築することにあり、この点は国家と国家権力へのアプローチに認め得ることである。これは現実の世界的社会の重要な危機傾向と危機を踏まえて、遅ればせながらも、より適切な政治経済批判のための基礎を設定する必要があるとする認識に発している。この分野には、すでに、多くの重要な理論的著作が残されていて、社会運動と、ま

た、資本と国家の管理者層の多様な対応と結びつけて、あるいは、個別に論じられてもいる。筆者がこうした極めて重要な問題を重視してこなかったのも、資本家と国家管理者層が市場や国家の失敗という古典的事例を軽視し続けてきたことにもよる。これは、また、経済と国家の、あるいは、いずれかの伝統的文献に認め得ることでもある。実際、『資本主義国家の未来』で指摘したように、政治生態学をひそかに中央舞台から引きずり下ろすことは、政治経済学批判の終焉を呼ぶにとどまらないものがある。このテーマを本書の結論で再び取り上げ、科学的分析、批判的政治生態学、社会運動の批判的著作を援用しつつ、その必要性を強調している。

　結論からすると、この序文では、本書の執筆以前に筆者がどのような理論的展開を辿ったかを明らかにするとともに、いくつかの新しい理論にも関心を深くしていることを示すことにある。この点は、本書において明示的ないし暗示的に反映されている。また、理論の深化を期すべきことではあるが、新しい考察の視点も提示している。これには、帝国主義の多様性、金融支配型蓄積、持続的緊縮策が、また、人類にとって重大な課題となっている政治生態学と蓄積の持続性という問題も含まれている。ニコス・プーランザスは筆者が好感を寄せているマルクス主義理論家であるが、かつて、筆者に宛てた手紙で、いかなる理論家も完全に時代即応的理論を設定することなど困難であると伝えたことがある（彼の著作の、より一般的分析については次を参照のこと。Jessop 1985）。この指摘は、確かに、筆者自身にも妥当することである。というのも、筆者の作業は不均等な歩みを辿っているし、理論的課題も残っているだけでなく、未規定の、あるいは、深めるべき問題や黙過している領域もあるからにほかならない。だから、自らを開かれたものに留め、学界の、より広くは社会的世界の理論的・イデオロギー批判に服することで、また、理論と実践との乖離について考察することで自己批判を繰り返し得ることになる。だからといって、理論化を継続することで完結版が生まれるわけではなく、知的企図が不均等に展開し得るに過ぎないことを踏まえると、その性格と表現が変化するにとどまらざるを得ないことになる。こうした期待を込めて、本書が批判と自己批判の一助となり得ることを期待している。

　本書は資本関係の諸矛盾とジレンマを、また、支配形態としての国家権力の

性格の理解を期すためだけでなく、利潤志向的で市場媒介型の資本蓄積の踏み車を回し続けざるを得ない世界を変えるための、また、より重大なことに気候変動の課題に対処するための政治的実践の基礎を提示することを目的としている。この点で、中谷義和、加藤雅俊、進藤兵、高嶋正晴、藤本美貴の各氏が本書の日本語版の訳出作業に注意深くあたってくれたことに感謝する。

ボブ・ジェソップ

2016年9月12日、ランカスターにて。

参考文献

Abu-Lughod L. (1989) *Before European Hegemony: The World System A.D. 1250-1350*, New York: Oxford University Press（佐藤次高ほか〈訳〉『ヨーロッパ覇権以前：もうひとつの世界システム』岩波書店、2014年）.

Deutsch, K.W. (1963) *The Nerves of Government: Models of Political Communication and Control.* New York: Free Press（伊藤重行ほか〈訳〉『サイバネティクスの政治理論』早稲田大学出版部、1986年）.

Jessop, B. (1985) *Nicos Poulantzas: Marxist Theory and Political Strategy*, Basingstoke: Macmillan（田口富久治〈監訳〉『プーランザスを読む：マルクス主義理論と政治戦略』合同出版、1987年）.

Jessop, B. (1990) *State Theory: Putting the Capitalist State in its Place*, Cambridge: Polity（中谷義和〈訳〉『国家理論：資本主義国家を中心に』御茶の水書房、1994年）.

Jessop, B. (2002) *The Future of the Capitalist State*, Cambridge: Polity（中谷義和〈監訳〉『資本主義国家の未来』御茶の水書房、2005年）.

Jessop, B. (2007) *State Power: A Strategic-Relational Approach*, Cambridge: Polity（中谷義和〈訳〉『国家権力：戦略－関係アプローチ』御茶の水書房、2009年）.

Jessop, B. (2013) 'Revisiting the regulation approach: critical reflections on the contradictions, dilemmas, fixes, and crisis dynamics of growth regimes', *Capital & Class*, 37 (1), 5-24.

Jessop, B. (2014) 'Capitalist diversity and variety: variegation, the world market, compossibility and ecological dominance', *Capital & Class*, 38 (1), 43-56.

Jessop, B. (2016a) 'The changing roles of states in promoting & resisting globalization'（中谷義和〈訳〉「国家の役割変化：新自由主義的グローバル化の推進と抵

抗」、中谷・朱・張〈編〉『新自由主義的グローバル化と東アジア』法律文化社、2016年、所収）．

Jessop, B. (2016b) 'The developmental state in an era of finance-dominated accumulation'. In Y-W. Chu, ed., *The Asian Developmental State: Re-examinations and New Departures*, New York: Palgrave-Macmillan, 27-55.

Jessop, N.L. and Sum, B. (2005) *Beyond the Regulation Approach: Putting Capitalist Economies in their Place*, Cheltenham: Edward Elgar.

Johnson, C. A. (1982) *MITI and the Japanese Miracle: The Growth of Industrial Policy, 1925-1975*, Stanford, CA: Stanford University Press（矢野俊比古〈監訳〉『通産省と日本の奇跡』TBSブリタニカ、1982年）．

Karatani, K. (2014) *The Structure of World History: From Modes of Production to Modes of Exchange*. Durham, NC: Duke（柄谷行人『世界史の構造』岩波書店、2010年）．

Marx, K. (1976a) Preface to the first German edition of Capital（『マルクス＝エンゲルス全集』第19巻、大月書店、1968年）, in idem, *Capital. A Critique of Political Economy*, vol. 1, London: Lawrence & Wishart, 7-11.

Marx, K. (1976b) *Capital. A Critique of Political Economy, vol. 1*（『マルクス＝エンゲルス全集』第29巻1a、大月書店、1965年）, London: Lawrence & Wishart <1883/1887>

Peck, J.A. (2010) *Constructions of Neoliberal Reason*, New York: Oxford University Press.

Potter, S.J. and Saha, J. (2015) Global history, imperial history and connected histories, *Journal of Colonialism and Colonial History*, 16 (1)．

Sum, N.L. and Jessop, B. (2013) *Towards a Cultural Political Economy: Putting Culture in its Place in Political Economy*, Cheltenham: Edward Elgar.

Subrahmanyan, S. (1997) 'Connected histories: Notes towards a reconfiguration of early modern Eurasia', *Modern Asian Studies*, 31 (4) 735-62.

ten Brink, T. (2014) *Global Political Economy and the Modern State System*, Leiden: Brill.

van der Pijl, K. (2007) *Nomads, Empires, States: Modes of Foreign Relations and Political Economy*, Volume I, London: Pluto.

Wainwright, J.D. (2016) 'The structure of world history', *The Journal of Japanese Philosophy*, in press.

序　文

　国家理論、国家、国家権力にかかわるシリーズとして計画的に論述することを意図したわけではないが、本書は一連の著作の近著として公刊されることになった。それだけに、局面の変化と関心の移動を反映してもいる。本書は、主として、次の三点で既刊書とは論述を異にしている。第一に、戦後資本主義国家ないし資本主義社会における国家に焦点を据えるというより、国家の系譜学、国家形成の時期区分、現代国家について、また、現局面で予測し得る将来（別の言葉では近未来）の趨勢についても論じていることである。第二に、論述が広範に及ばざるを得ないことに鑑みて、より広い脈絡において活用され、より理論的なアプローチをもって統合されるとともに、複数の視点から適用され得るような国家研究の概念枠組を設定していることである。そして、第三に、多様な理論的主張に依拠し、その都度に簡単な批判を付しつつも、こうした主張を截然と区分するのではなく、可能な場合や生産的でもあると判断した場合には、これを総合することを主な関心としていることである。したがって、特定のアプローチに焦点を据える場合でも、他のアプローチとの関連性と交差化の可能性について、あるいは、本書では展開されていない他のアプローチとの関連についても注目している。

　断続的ではあったにせよ、筆者は国家理論をめぐる諸問題と現実国家の、とりわけ、ヨーロッパの国家の批判的検討に取り組んできた。本書は、こうした長年の営為に依拠している。その間に、政治経済批判に、とりわけ、戦後資本主義や世界市場の展開とその危機傾向についても、関心をより強くすることにもなった。だから、筆者の分析は資本－理論的ないし階級－理論的視点に立たざるを得ない場合も多くなったが、これは、既述のように、選択肢の一つであって、いずれも、アプリオリな前提に発しているわけではなく、特定の脈絡において特定の問題を説明するための視点が求められたことによる（第3章を参照のこと）。筆者の国家理解は多くの研究者の考察と歴史分析の、また、個

人的討論の影響を受けているし、鋭い批判にも負っている。対話の相手がだれであり、その影響がどのようなものであったかについては、本書の行論や参考文献において明らかにしている。

　示唆を受け続けているという点で、8人の論者を挙げておきたい。ひとりはニコス・プーランザスであり、彼とは一度しか会う機会がなかったが、新鮮な考察と刺激を求めて、いつも彼の論稿に立ち返っている。アレクシス・デミロヴィッチは批判的知見と理論的知識という点で、頼りがいのある刺激的論者である。ヨアヒム・ヒルシュは国家の史的唯物論的分析という点で、いくつかの最善の分析を残し、これをドイツに批判的に適用している。ジュプ・エッサーは国家理論的主張を厳しい経験的検討に付すことが重要であることを指摘している。マーティン・ジョンズは経済地理学と地政学の研究を慫慂するとともに、多年にわたり共著者と対談者になってくれている。その影響は第5章に留まらず本書の全体にうかがい得ることでもある。ウルリッヒ・ブラントは理論的営為と社会的・政治的行動論とが結びつき得ることを指摘してくれている。ミカエル・ブライエはベルリンのローザ・ルクセンブルグ財団に招き、解放のために理論と実践とを統一することの重要性を説いてくれている。そして、とりわけ、ナイ－リン・サムとは、政治経済の文化論的転回の研究について協力し、これが国家と経済分析にとってどのような意味を持っているかについて検討を共にし続けている。

　ポリティ・プレスのルイス・ナイトとパスカル・ポーチェロンは、本書の執筆の最終局面において、親切にも作業を鼓舞してくれた。その助力を得ることで2015年に最終版を送ることができた。そして、本書の最終版については、コリン・ヘイからコメントを、また、3名の匿名のレフリーから有益なコメントを受けているし、マニュエラ・テクサンの豊かな知見と高い専門的編集技術に与かり得た。こうした人々には、とりわけ感謝の意を表する。

　本書の著述は、部分的であるにせよ、2011-14年に経済・社会科学研究評議会（ESRC）の財政支援を受け（助成番号：RES-051-0303）、教授研究フェローシップ期に執筆している。だが、本書の論述に間違いや遺漏があったにせよ、ESRCや上記の友人と同僚に帰責しないことは当然のことであるし、その責任は、挙げて筆者に帰することは言うまでもない。

序　文

　本書をジュプ・エッサーに捧げる。彼は刺激的同僚であり、批判的対話者であったし、親友でもあったが、突然、2010年に癌で亡くなっている。

　　　　　　　　　　　　　　　2015年3月21日　ハーグにて。

国家:過去,現在,未来

目　次

日本語版への序文　*iii*
序　文　*xiii*
付　表　*xix*
略語表　*xix*

序　章［第1章］　*3*

第Ⅰ部　国家：概念，関係，現実

　第2章　国家の概念　*19*
　第3章　社会関係としての国家　*65*
　第4章　権力、利益、支配、国家効果　*113*

第Ⅱ部　領域・装置・住民について

　第5章　国家と空間－時間　*149*
　第6章　国家と国民　*179*
　第7章　ガヴァメント＋ガヴァナンス：位階制の影のなかで　*199*

第Ⅲ部　国家の過去と現在（諸未来）

　第8章　世界市場と諸国家の世界　*227*
　第9章　自由民主政、例外国家、新しい常態　*255*
　第10章　国家と国家存在の未来　*287*

参考文献　*301*
訳者あとがき　*343*
索引（事項・人名）　*347*

付　表

表1.1　国家分析の六つのアプローチ……*9*
表2.1　近代国家の累積的生成……*87*
表2.2　伝統的三要素理論の諸側面……*44*
表3.1　国家の六つの次元とその危機傾向……*73*
表4.1　国家の資本主義的類型の鍵的特徴
表4.2　国家の資本主義的類型と資本主義社会における国家……*141*
表5.1　社会空間性の四つの側面……*162*
表5.2　社会空間性の多次元的分析にむけて……*170*
表6.1　国民－国家と結びついた想像の政治共同体の類型……*185*
表7.1　ガヴァナンスの諸様式……*204*
表7.2　二次的ガヴァナンス……*205*
表8.1　国家変容における三つの傾向と対抗傾向……*242*
表9.1　通常国家と例外レジーム……*264*

略語表

BC	before Christ（紀元前）	
DHS	Department of Homeland Security（国土安全保障省）	
ECB	European Central Bank（欧州中央銀行）	
ESM	European Stability Mechanism（欧州安定メカニズム）	
EU	European Union（欧州連合）	
IMF	International Monetary Fund（国際通貨基金）	
KWNS	Keynesian welfare national state（ケインズ主義的福祉型国民的国家）	
MECW	*Marx/Engels Collected Works*, 50 vols (Progress Publishers: Moscow, Lawrence & Wishart: London, and International Publishers: New York, 1975-2005)（マルクス＝エンゲルス全集）	
OECD	Organisation for Economic Co-operation and Development（経済協力開発機構）	
Q	quaderno (notebook)（獄中ノート）	

SRA	strategic-relational approach（戦略－関係アプローチ）
STF	spatiotemporal fix（時空間的拡大適用〔フィックス〕）
TPP	Trans-Pacific Partnership（環太平洋パートナーシップ）
TPSN	territory, place, scale, network（領域、場所、規模、ネットワーク）
TTIP	Transatlantic Trade and Investment Partnership（環太平洋貿易投資パートナーシップ）
UK	United Kingdom（連合王国）
UN	United Nations（国際連合）
USA PATRIOT Act	Uniting and Strengthening America by Providing Appropriate Tools Required to Intercept and Obstruct Terrorism (2001)（アメリカ愛国者法）

国家：過去, 現在, 未来

序　章〔第1章〕

　地平線におぼろげに姿を現すにすぎない場合もあったにせよ、「近代国家」は幾世紀ものあいだ、政治の舞台から消え去ることはなかった。また、社会科学の関心は盛衰を繰り返すし、その焦点とアプローチは変化するだけでなく、流行りや気まぐれもつきものである。他の分野も同様と思われるが、社会科学の分野の研究者も問題を解決しているというより課題との対応に苦慮を重ねているということ、これが実態であると思われる。そして、どのような場合に興味を新たにするのかとなると、別の世代の研究者や他の認識共同体が旧来の理論に新しい可能性を発見したり、新しい課題や研究の機会に直面する場合であろう。あるいは、他の学派ないしは学問から知見や比喩やパラダイムを援用し得る場合であるといえよう。本書はこの考えに立ち、国家と国家権力の理論的研究が、なお、有意義であることを明らかにするとともに、対象が変化すると国家理論も新たにすべきことを指摘する。この点は相互に関連した五つの課題に反映されていて、部分的であれ、連続的に、あるいは、随所で論述されることになる。だが、紙幅の制約から、すべてについて同様の紙幅をあてるわけにはいかないし、同じように詳述するわけにもいかないが、それぞれの発見的価値を明示するとともに、これを複合する意義についても、十分に検討したいと考えている。
　第一の課題は問題提起的性格が強い論点に発し、国家と国家権力を分析するための六つの戦略を概括することにある。これは、この戦略を組み合わせることで各々の強みを引き出すことができるなら、この争点の複雑性に対処するための有力な手がかりを提示し得るとする考えに発している。だからといって、国家の一般的で超歴史的な理論を提示しようというわけではない。そのような望みは、いくつかの理由から、すでに拒否している（Jessop 1982: 211-13）。なぜなら、国家を分析しようとすると、（メタ）理論的・認識論的・方法論的多元主義の支援が求められるし、特定の理論的実践的脈絡において、何がもっとも

適切な出発点や立脚点となり得るかについて注意深い検討が必要とされるからでもある。

　第二の課題は国家の定義にかかわる問題であって、暫定的であるとはいえ、これに応答することにもなる。というのも、国家を政治組織の一形態であるとし、その制度的・時空間的可変性を分析することになるからである。大陸ヨーロッパの伝統的国家理論からすると、近代国家の三つの主要な構成要素が強調されているが、この要素のほかに第四の要素として、国家企図における正統性の源泉という要素を加えるべきであると主張することになる。この四つの構成要素は敷延され得るが、多様な理論的・実践的目的から修正され得る性格も帯びている。この修正アプローチをもって、国家の多様な過去と現在について考察するための、さらには、どのような将来を展望し得るかについて検討するための基礎を提示する。

　第三の課題はもっと簡約し得ることであって、近代国家の歴史的意味論(セマンティクス)について、つまり、国家を記述するための特別の用語の出現と定着について考察することにある。ハイ・ポリティクスと日常生活のいずれを問わず、様々な制度と秤量様式を、また、実践と想像(イマジナリー)を組成し、その安定と再生産を期すとともに、これを誘導してもいるということ、これが実際であることから、国家がどのような役割を果たしているかということを、意味論の枠組みから論ずることになる。国家存在(ステイトフッド)という視点から国家は政治的組織の一形態であって、その概念は明示されるまでもないと見なされがちであるが、この課題は重要なものとならざるを得ない。また、この課題には理念史と知識史の、あるいは、政治思想史の検討にとどまらないものが含まれている。というのも、この課題は意味論の変化と社会の変容との連関に及ぼし、この文脈においては、国家の本質と目的をめぐる論争とも結びつくからである。すると、国家の意味論が登場する以前に、国家に類する政治的権威を記述しようとすると、どのような言葉が使われていたかについて批判的に考察すべきことになる。また、領域というより国家に類する実態に焦点が据えられがちとはなるが、生成期の政治制度と実践を記述するためにガヴァナンスとメタ・ガヴァナンスの意味論が求められることになった社会の変化ついても検討すべきである。さらには、国家の歴史的意味論からすると、ヨーロッパ中心型国家理論の性格について疑問が浮上せざる

を得ないことにもなる。そして、この視点からすると、（ヨーロッパ中心的）国家理論がヨーロッパ型国家形成を軸としているだけに、別の領域型政治的権威の有意性を問うべきことにもなる。この点は、とりわけ、ヨーロッパとは別の政治レジームの支配者や領民が略奪者、貿易商、輸出業者、宣教師、外交官、征服者などに、あるいは、他の姿でヨーロッパ国家の代表者に遭遇する以前の局面について妥当することである。こうした考察から、政治組織や政治レジームの多様な形態の、また、国家の類型の歴史的特殊性を明らかにし得ることになろう。

　第四の課題は既述の三つの課題に依拠しつつも、それぞれの課題に影響するものであって、主として、世界市場における先進資本主義レジームの国家と国家権力の主要な側面について理論的に考察することである。この視点は筆者の興味と専門領域を反映することになるにせよ、こうした国家を存在論的に、あるいは、規範的に優先させることにはならない。というのも、この国家も他の支配形態を特徴とする諸国家からなる世界に属しているからである。だが、利益志向的で市場媒介型の蓄積が世界社会における社会的組織化の支配的原理であることに鑑みると、唯一の有効な出発点とは言えないまでも、近代国家の資本主義的特徴に視点を据えるべきことになる（次を参照のこと。Jessop 1990, 2002, 2011, 2015a）。この営為が他の課題の所産と一体化することで説得力を帯び得るとすれば、戦略−関係論的視座〔パースペクティブ〕から国家と国家権力の他の類型を研究するための有効な概念と理念を提示することになるはずである。

　第五の課題は多くの章に及ぶが、国家、国家権力、国家の意味論、正統性の主張が、そして国家理論自体が支配やイデオロギーと重層化していることに鑑みると、その構造をどのように批判的に検討すべきかを明らかにすべきことになる。国家を中立的道具ではないと、あるいは、慈善の主体ではなくて政治的組織の一形態であるとすると、国家は、どのように政治レジームとして具象しているかを問うべきであるし、権威と支配の非対称性において国家に刻印されているかについても批判的に取り組むべきことになる。これには、特定の時空間における収奪・抑圧・支配という、より広範なパターンを再生産するという点で、国家の構造的・戦略的役割の批判的検討も含まれる。さらには、こうした非対称性とその効果に挑戦し、修正しようとすると、あるいは、これを打破

しようとすると、どの程度の余地があり得るかについても検討すべきことになる。批判の対象は、ならずもの国家、パリア国家、略奪国家、暴力国家、全体主義国家、権威主義国家に限定されるべきではなく、一般的には、慈悲深いとされる自由民主的レジームにも及ぶべきである。とはいえ、支配一般や一般的支配形態が存在しているわけではない。支配の形態は社会領域（自然－社会関係を含む）を異に多様であるし、交差してもいる（第4章を参照のこと）。すると、いずれの支配の様式を批判の対象とするかを明示すべきことになる。

　国家と国家システムの歴史は政治哲学と規範的政治理論の歴史のみならず、地政学と経済地理学の論述や現実の国家（間）システムに関する理論的考察とも深く結びついている。実際、上述の五つの思考領域は個別の原理と合理性を留めつつも、国家の形成と変容に強く現れる。他方で、国家（間）システムの形態と機能の変化は、漸進的であれ断続的であれ、国家に関する哲学的・規範的・理論的考察の指導的な形態とスタイルの変化を呼ぶことにもなる。すると、この五つの領域は競合する分野であって、国家装置と国家権力における変化を呼び、これを反映する領域としてアプローチすべきことになる。実際、国家の諸機関が政治哲学と政治理論や国家理論に無関心でいるということは、まず、あり得ない。これらの諸機関は、この分野における違い（また、その有機的知識人と他の支持者やその制度的基盤）を区別するとともに、国家の伝統や企図と対立しないと思われるものであれば、これを推奨するとともに、危惧すべきものを拒否し、周辺化し、あるいは、抑圧するという手段に訴えがちとなる。異端者の監視とその管理は合意の形成と並んで重要な課題である。すると、国家史にアプローチすることで、（先導と追随の差異はあれ）国家と理念の変化との共進化について研究し得ることになる。この種のアプローチの先行研究として、観念論、制度論、唯物論の点でアプローチの違いを留めつつも、多くの業績が残されている。本書は、そのひとつとは言えないまでも、哲学的立論・規範的政治理論・政策パラダイムによって、どのように国家と国家権力が組成されてきたかについて各所で検討することになる。

　本書は国家理論の歴史に焦点を据えるわけではないが、行論上、簡単ではあれ言及しておくべきであろう。「近代国家」と国家システムの起源となると、競合的ではあるが、画期となった哲学的考察を想起せざるを得ない。（この点で

序　章〔第１章〕

は、ジャン・ボダン、エメリッヒ・ドゥ・ヴァッテル、ヒューゴ・グロチウス、フランセスコ・グイッチャルディーニ、G. W. F. ヘーゲル、トマス・ホッブズ、イマニュエル・カント、ジョン・ロック、ニッコロ・マキャベリ、サミュエル・プーフェンドルフ、ジャン＝ジャック・ルソーを挙げることができよう)[1]。その考察が、部分的であるにせよ、行為遂行的であるとも言えるのは、制度の形成に寄与し得たからである。同様に、19世紀に国家が安定したのは、国家理論、法律学、政治学、政策科学、そして、行政学における有力な研究に負っている。1920年代と30年代には、自由主義国家の形態と機能の変化について、また、その危機について多くの研究が蓄積されることになったし、権威主義ないし全体主義のレジームに関する理論と正当化論が、あるいは、批判も多く残されている。さらには、戦後まもなく（とりわけ、ヨーロッパにおける戦後復興と結びついて）、国家とレジームの理論に関する研究が西側諸国において復活している。そして、1970年代と80年代には、部分的ではあるが、戦後の国家形態の危機に触発されることで、また、脱植民地化のなかで国家形成に関心が深まるとともに、東アジアにおける輸出志向の開発志向型国家への関心も高まるなかで、国家とレジームの研究が再燃し、急浮上している。

　1990年代の休眠期を経て、国家の一般的形態と機能が、再び、理論的・政治的アジェンダの中心に据えられることになった。いわゆる後期近代社会における国民的国家(ナショナル・ステイト)の危機は（ソビエト・ブロック崩壊後に国家と国民の形成が重要性を高くしたに過ぎないとはいえ）新しい国家－理論の関心を呼び、主権型国家の諸制度を超えるレベルで、従来の政治論とは別の説明が求められることになり、その展開も緒に就いている。その関心は資本主義と社会主義との、また、両国家の形態比較から資本主義と政治レジームの多様性へと移行している。そして、国民的国家と国民－国家(ネイション・ステイト)からグローバルとローカルの弁証法と多水準型(マルチレベル)ガヴァナンスへと、さらには、国家の相対的自律性や階級的特徴から権力のミクロ物理学とアイデンティティー政治へと移っている。より近時にいたっては、北大西洋とユーロ圏の金融・経済危機や危機管理に占める国家の役割が、さらには、深刻な財政危機と公的債務危機が浮上することで、国家権力の限界やグローバル・ガヴァナンスへの関心が喚起されることにもなった。別の誘因として、イスラムのカリフ型統治を含めてイスラムやアラブの国家の特徴が関

心を呼び、とりわけ、中東や北アフリカにおける国家の失敗や、いわゆる、ならずもの国家に関心が高まったことを挙げることができる。

　国家に関する研究は広範に及ぶだけに、巨匠は別としても、ひとりの研究者だけで精査するには手に余るものがあるし、不可能なことでもあると言えよう。本書は多くの争点について論ずるが、その際には、多くの研究領域や学際的アプローチに依拠することになる。概念史と歴史的意味論は (1) 概念の系譜学とプラグマティックな利用という点で、あるいは (2) 新しい概念や概念の変化と社会変容との歴史的関係という点で関心を異にしているとはいえ、国家の理念と想像の考察という点で重要な源泉となる（例えば、次を参照のこと。Bartelson 1995, Koselleck 1985, Palonen 2006, Skiner1989. この二つのアプローチについては次を参照のこと。Sum and Jessop 2013)。本書は、また、イデオロギー批判 (*Ideologiekritik*) という点で、きわめて有益な批判的言説分析にも依拠している。国家存在を支配形態と見なし、その主要な課題について分析することにするが、この分析は大陸ヨーロッパの国家理論の伝統に、また、1970年代と80年代のマルクス主義的国家理論の再生に大きく依拠している。このアプローチは法的‐政治的研究のみならず、行政学と政治経済学や国際関係論の諸研究の成果によって補完される。歴史的構成という課題からすると、考古学と人類学が、また、歴史的制度論や歴史記述論が主な準拠点となる。国家における近時の変化について論ずるに際しては、とりわけ、国家がガヴァメントとガヴァナンスの形態のアンサンブルであるとする場合には、権力のミクロ物理学と統治性（ガヴァメンタリティ）や統治術の諸研究を援用する。このリストを敷延することはできるが、どのような源泉に依拠しているかについては行論で明らかにする。

　国家の論述には立論の基礎を明示することが求められるが、その範囲については以下で展開される三つの主張を例示しておくことにする。第一に、国家の一般理論は、いわんや、超歴史的国家論などは存在しないということである。これは、とりわけ、他の考察を踏まえることなく、単一の理論によって国家の起源と発展や傾向を理解し、説明し得るとする場合に妥当することである。第二に、国家システムとは、複合的な政治的結合体と装置 (*dispositif*) や機構と仕組みのアンサンブル、ないし、その集合であって（言葉は多様である）、より

表 1.1　国家分析の六つのアプローチ

アプローチ	焦点	主要テーマ	学術領域
歴史的構成	端緒的国家形成、その後の国家の進化、国家装置の多様な構成要素の系譜	政治機関の領域化、国家装置の中心的特徴、国家危機、失敗、革命	考古学、人類学、地政学、歴史学、軍事科学、組織論、行政学
形式的組成	支配の形態としての国家、国家とレジームの類型、機能分化	形態の機能的追随性〈対〉形態による機能の複合化、「相対的自律性」、民主政と独裁	史的唯物論、国際関係論、法律学、政策科学、政治学、国家理論
制度分析	国家諸部門間の関係、制度のアンサンブルとしての国家（システム）、制度デザイン	制度的同型性ないし補完性、経路依存性と経路形成	諸学問領域における歴史的・組織論的・ネットワーク的・社会学的制度論
主体中心型制度分析	国家管理者層などの国家の主体、政治アクターと政治行動、諸勢力のバランス	リーダーシップ、決定設定、政治的秤量、政治的リクルートメント、社会的基盤、ヘゲモニー	アクター・ネットワーク理論、歴史的制度論、政策研究、社会学
フィギュレーション分析	「国家と社会」、「国家と文明化」、社会的埋め込み	脈絡における国家、歴史的亀裂、土台 - 上部構造、社会化	比較政治学、地理学、歴史学、歴史社会学、政治経済学
国家の意味論、政治の言説	国家の概念、「理念としての国家」、国家と国家システムの哲学と理論	国家企図、政治的想像、政策の言説、倫理 - 政治的・ヘゲモニー的ビジョン、イデオロギー批判	概念史、批判的言説分析、カルチュラル・スタディーズ、政治哲学と政治理論、記号論

出典：著者作成

広範な社会関係と結びついているとすると、このシステムは多くの理論的参入点や政治的見地から研究し得ることになる（諸見地については次を参照のこと。Lukács 1971; Althusser 2006; Hartman 1979; Harding 1991, 2003; D.E. Smith 1990; Calhoun 1995）。実際、意見を異にしつつも通約可能な理論的視座から、国家理念や国家と国家間システムを、また、国家権力を分析することは知的に重要な課題となり得る。これは、主体の帰属位置を異にすると経験も多様化せざるを得ないことに鑑みると、国家権力の現象の研究にも妥当することである。そし

て、第三に、国家システムが社会の上部と外部に位置しているとすることで、これを具象化する傾向が強いとはいえ、このシステムは、早晩、世界社会と結びつき、国家はこの社会に埋め込まれねばならないとすると、部分－全体のパラドクスという点で、興味深い課題を提起していることになる（第3章を参照）。

　以上の脈絡からすると、国家構成と国家システムは、少なくとも、六つの視座から分析され得るし、分析されてきたと言える（表1.1を参照のこと）。視点を異にすることで国家と国家権力の多様な相貌を明らかにし得るとするなら、表1.1 の視座が特定の理論的ないし実践的目的にとって適切である限り、そのひとつ以上に訴えることで多形的な制度的アンサンブルである国家の複合性を明らかにし得ると言える。だが、いずれの視座にも固有の弱点があるため、見えないものも留めざるを得ない。したがって、通約可能な視座を結合することでより複合的分析が可能となり、見たところ矛盾していると思われる国家の所説をより包括的な分析的シェーマに導くことで、観察と命題の真理価値がどのような脈絡に依拠しているかを明らかにし得ることになる（こうした観察の「脈絡」が交差することの重要性については次を参照のこと。Günther 1973）。このテーマは、また、国家の多形的ないし多形状的性格と結びついている（第2章を参照のこと）。
　　　　　　　ポリモルフィック　　ポリモルフォス

　第一の視座は国家の「歴史的構成」という視座であって、国家の特定部分について、その経路依存的歴史ないし系譜学という視点から検討される。第五章はこのアプローチに依拠し、単純な、あるいは、複雑な首長型社会から国家と帝国の初期形態への移行について論じている。このパースペクティブは、また、常備軍、近代的税制、合理的官僚制、法の支配、議会、普通選挙、市民権、他の諸国による承認といった近代国家の主要な構成要素の展開と統合に関する研究にも援用される[2]。さらには、関連することではあるが、この視座は、封建制が解体もしくは打倒される局面で他の政治組織の形態ではなく、なぜ近代国家が選択される場合が多く、支配的政治形態に収まり得たかを考察する際にも援用され得る（Tilly 1975, Spruyt 1993）。

　第二に、国家の「形式的組成（formal constitution）」と呼ばれる場合もあるが、他の一群の研究は国家を社会諸関係の固有の形態に求め、その特徴について論じていることである。歴史的組成には通時的アプローチが求められるが、

国家の形式的組成について論じようとすると、より共時的アプローチが必要とされる。この点では、所与の国家類型の特徴の補完性（時には、同型性すら）が重要となる（同型性と補完性との違いについては次を参照のこと。Amable 2009; Crouch 2005）。このアプローチが近代国家の研究により適合的であると言えるのは、この国家がより複雑で多面的で、社会に埋め込まれた、あるいは、編み込まれた社会秩序の一部というより、他の制度的秩序と明確に区分されているだけに、その特徴を研究対象とすることができるからである。すると、近代国家が他の社会領域から（離脱することで）どのように公的に分離しているかについて、また、どのように固有の政治的存在理由（レゾン・デートル）や行動様式を得ることになったかについて、さらには、神授や自然法という価値ではなく、固有の政治的手続きに依拠することで特有の立憲的正統性を主張するようになったかについて研究し得ることになる。第3章と第4章はこのアプローチに依拠する。だが、すべての章で国家は多形的であって、社会組織の原理の変化に、あるいは、特定の課題ないし偶発的局面に左右されることで（両者によらない場合もあるが）多様な形態として現れることを強調している（多形性に関する詳論については第2章を参照のこと）。

　第三に、国家に関する多様な制度中心主義のアプローチが存在していることである。そのすべては、なんらかの「制度が重要である」という前提に立っている。このアプローチは包括的であって、特定的ではないとはいえ、次のような見解を特徴としている。すなわち、制度には複合的な社会的諸実践が随伴していて、この実践は(1) 規則的に繰り返され、(2) 一定の役割や社会関係と結合しているだけでなく、(3) 特定の言説と象徴的なメディアと、あるいは、コミュニケーションの様式とも結びついている。また、(4) 社会的規範によって是認され、維持されるとともに、(5) 社会秩序に大きな影響力を発揮する、とされる。そして、「制度」という言葉は、より広い社会に大きな影響を与え、擬似団体的にふるまう組織ないし社会的組織体を表現するためにも用いられる。さらには、行政・立法・司法といった政府の諸部門のみならず、多国籍企業と銀行や資本と労働の頂上組織に、さらには、既成の宗教団体にも適用されている。何が起こるかという点では合理的選択パラダイムは無視されるが[3]、歴史・ネットワーク・組織・社会・理念（構成主義的ないし言説的とも呼ばれ

る）に関する諸制度論はすべて、国家と政治について有益な考察を提示している。また、制度論者の研究は特定の制度や制度の集合についてのみならず、他のトピックにも及んでいる。これには次が含まれる。すなわち、個別の制度形態の差異、制度間の形状、制度史、秩序ないし機能のシステム、制度の同型性ないし補完性、制度化とその諸関係の構想とガヴァナンス、である（政治学における制度論の類型については次を参照のこと。Hall and Taylor 1996. 理念主義的制度論を含めて、制度論の批判的検討については次を参照のこと。Sum and Jessop 2013: 33-71)。

　第四に、主体中心型制度論(アクター・センター)は、個別の制度的脈絡において社会的諸勢力がどのように（自らと他者の）歴史を作り出すかということについて検討している。この研究はより詳細に特定の制度の配列を分析するとともに、それが様々な個人と集合体にどの程度の差異を招来し得るかについても考察している。また、主体中心型制度論者は行為主体について論ずるに際して、個人よりも複合的アクターに焦点を据えているし、脈絡から自由な一般的用語ではなく、アクターの関心、アイデンティティー、行為の志向性、特定のアクターの資源の配置状況と結びつけて研究している。さらには、相互作用の多様な形態にも注目している（例えば、交渉、多水準の決定作成、位階制的指令）。したがって、このアプローチは個人レベルのアクターや、その動機や行動から出発する方法論的個人主義を避けていることになる。さらには、機能主義的・構造主義的説明を拒否している。というのも、この説明は制度の機能を、あるいは、特定の構造の形状によって課せられる不可避的制約を重視していると判断しているからである。むしろ、多様な制度的秩序ないし機能的サブシステムの論理と力学の創発性に、また、多水準(マルチ・レベル)の多面的相互作用(マルチ・サイト)や多空間的アリーナ(マルチ・スペイシャル)を含めて、特定の相互作用の領域において諸制度が多様なアクターにどのような非対称的機会を供与しているかという問題に焦点を据えている。このアプローチは戦略−関係アプローチに類似していて（第3章）、ガヴァナンス、国家の失敗、通常と例外国家に関する本書の説明に影響を与えている（第7章と第9章）。だが、このアプローチが（ネオ）多元主義の伝統とアプローチを異にするのは、後者がはるかに主体中心的であって、自覚していないわけではないにせよ、制度が制約と機会の源泉となっていることに、それほど注目していないことによる（多元主

義への批判については次を参照のこと。Connolly 1969. このパラダイムの批判的弁護論については次を参照のこと。M. J. Smith 1990. また、国民的国家よりも生成期の世界政治を対象としたネオ多元主義の説明については、次を参照のこと[4]。Cerny 2010)。

　第五に、フィギュレーション（形状）分析がある。これは「国家－市民社会」関係を広く解釈するとともに、国家構成を、より広い歴史的発展の脈絡に位置づけることを目指している。その代表例として、シュムエル・アイゼンシュタットの官僚帝国の台頭と衰退に関する研究（Eisenstadt 1963）、ノルベルト・エリアスの（解体と統合の局面を含む）国家と文明化に関する長期的ダイナミズムの研究（Elias 1982）、そして、ウィム・ブロックマンの中世期の代表システムに関する研究（Blockmans 1978）を挙げることができる。また、シュタイン・ロッカンの、過去400年から500年におよぶヨーロッパの国家形成に関する研究（Rokkan 1999）、サミュエル・ファイナーの政府の歴史に関する権威ある全3巻の研究（Finer 1997a, 1997b, 1997c）がある。これにはマイケル・マンのソーシャル・パワーの歴史に関する研究も含めることができるが（Mann 1986, 1996, 2012a, 2012b）、この研究はスケールの大きい広範囲のプロジェクトであって、歴史的制度論と親和性を帯びている。フィギュレーション・アプローチと歴史的制度論の一部は本書の議論に組み込まれている。

　第六に、概念史と歴史的意味論に依拠することで、国家理念の出現について、また、近代初期における国家概念（と同族用語）の定着の分析と西欧に発する国家理念の波及について分析されてきた。さらには、国家の内外における国家権力をめぐる対抗は多様な政治的表象や国家プロジェクトとヘゲモニー・ビジョンとして浮上するが、その分析もこの方法に依拠している。この分析とかかわって、批判的言説分析を挙げることができる。この分析は、どのような（諸）言説によって国家が組成され、国家の行動を方向づけるかということを対象としている。この分析にとっては、広範な経済的・政治的ビジョンや特定の政策パラダイムの分析も重要な課題とならざるを得ない。多様なビジョンが政治的諸勢力の活動方向をめぐって競合していることを前提とすると（認識され得るのは、個別局面で支配的な、あるいはヘゲモニー的な言説にすぎない）、国家とは多価的で多脈絡的アンサンブルであるとする理解を深くせざる

をえない。これは、とりわけ、特定の国家が作動している多くの規模と場所について考察する場合に明確に浮上することである。そのことで、国家の制度的統合という、また、国家の機能と権力の配分という問題が再提起されることにもなる。

　この短い序章に続く第一部は三つの章からなっていて、いくつかの基本的な理論的・方法論的争点について論ずることになる。まず、第2章では国家の概念について検討するとともに、国家の領域・装置・住民の相互関係を対象とする。これは伝統的な「三要素」のアプローチであるだけに、第四の要素を、すなわち、国家活動の性格と目的を規定する「国家の理念」ないし国家企図の概念を導入することで、このアプローチを補正している。第3章では、国家とは主体や事物ではなく、社会関係であるとする主張について論ずる。だが、これだけでは説明が不十分なので、国家の構成要素から国家権力へと焦点を再び移すことになる。戦略−関係論的視座からすると、国家権力とは諸勢力のバランス変化の凝縮であって、制度と言説に媒介されている（つまり、反射と屈折）。というのも、諸勢力は政体・政治・政策の形態のみならず、その目的と内実に影響を与えることを目指しているからである。この章では、国家と国家権力について検討するための、また、より広く両者を自然的・社会的脈絡に据えるための発見的図式を提示することになる。先の四つの構成要素の理論を踏まえて、この章では、主として国家装置と国家の理念を対象とすることになる。第4章では、権力・利益・支配の一般的解説を付した上で、これを支配の重要な次元と、つまり、階級権力と国家権力との関係と結びつける。したがって、この問題に関する伝統的解釈に挑戦し、代替的な戦略−関係論的説明を提示することで、国家の資本主義的類型と資本主義社会における国家とを区別することが有益であることを示唆するとともに、国家の多形的性格を強調することにもなる。

　第二部は三つの短い章からなり、国家存在の四つの構成要素、および、その形式的形状と実質的性格に関する第一部の議論を敷延し、補完している。第5章では、国家の社会空間的組織について検討するが、その際には、狭義の領域性に関する争点を越えるレベルで浮上する二つの争点について論ずることになる。まず、原初的国家形成という視点から、すなわち、政治権力が領域化する

ことで「国家」が生成するという一般的事例から国家の系譜について検討する。次いで、より簡単に留めざるを得ないが、二次的な国家形成の複雑性について説明する。そして、第三に、より一般的に場所・規模・ネットワーク・社会空間性という視点から国家存在について考察しようとすると、領域性と国家存在の明確な結びつき（その4つの構成要素のひとつ）を越える視野が求められる。第6章では、国家存在の領域的側面から別の構成要素へと視点を移し、国家の住民について検討する。したがって、国民的国家と国民国家とを区別し、想像の共同体としての国民存在の諸類型を析出するとともに、市民社会と国家との関係についても検討することになる。第7章では、再び、国家装置と国家権力という問題について論ずる。その際には、この問題をガヴァメントとガヴァナンスとの関係の形態から論ずることにする。このアプローチには二つの目的が込められている。ひとつは、ガヴァナンスの多様な形態を調節し、調整するにあたって、国家がどのような役割を選択することで国家権力を行使しているかという視点から、その様態を模索することで、それほど形態中心的とは言えない国家論を提示することである。他は、ガヴァナンスの多様な様式の特徴とその機能不全化の傾向について検討することを目的としている。そして、固有のイニシアティブを発揮することで、あるいは、他の社会的諸勢力にたいし行動すべきことを求める最終手段に訴えることで、国家がガヴァナンスの失敗にどのように対応しているかについても検討する。

　第三部も三つの章から構成されている。ここでは現局面を対象とし、近時の、また、現在の国家史について考察することで別の（現下の）諸未来についても検討する。第8章では、世界市場と諸国家の世界との関係の変化について考察する。また、グローバル化が国家の領域的・時間的主権を浸食しているか否かについても検討を深める。そして、この問題の理解が不十分であるとするとともに、ここで展開される発見的理論枠組を活用することで興味深い結果が生まれることを指摘する。第9章では、資本主義と自由民主政との選択的親和性について、また、権威主義的国家主義の台頭について検討するとともに、例外国家が「新しい常態(ノーマル)」となりつつあるか否かについても考察する。第10章では、残された課題や未解決の問題についてコメントを付すとともに、マクロな趨勢に依拠してのことではあるが、次の数十年に国家がどのような姿を帯び

得るかという点から、その将来像を描くことで本書を結んでいる。

【注】

1) ヨーロッパのみならず、他の地域においても、時空間を異に別の種類の国家形態が形成されたことと結びついて同様の哲学的考察が生まれている。
2) 主要な著作には次の古典的研究が含まれる。Max Weber 1978; Otto Hintze 1975; Otto Brunner 1992. より最近のものとしては次の研究を挙げることができる。Perry Anderson 1974a, 1974b; Ernest Barker 1966; Robert Bonney 1995; Samuel Finer 1997b, 1997c; Heidi Gerstenberger 2008; Michael Mann 1986, 1996; Gianfranco Poggi 1978; James Strayer 1970; Charles Tilly 1992.
3) グリーンとシャピロは、次において合理的選択アプローチの有益な批判を提示している。Green and Shapiro 1996.
4) 多元主義は政治理論における固有の規範的伝統に属する。本書の議論はこの点の検討には及び得ないが、例えば、次を参照のこと。Connoly 1983, 2005; Wissenburg 2009.

第Ⅰ部　国家：概念,関係,現実

第2章　国家の概念

　国家を明確に定義することは困難であると、なかには、不可能であるとする論者もいる。これは、国家という政治組織の形態が極めて長い歴史を持ち、多くの形態を帯び、変化に服することも多かったことによる。だから、国家理念の記述的妥当性と規範力に疑問が提示されているのである。とりわけ、国家によって政治権力が不明瞭なものとなり、呪物化するのではないか、あるいは、神秘化するのではないかということを巡って疑問も発せられている。国家理論を指示対象とし、「それ」が存在すると想定することすらも問題提起的であるとされている。この課題は国家と国家権力に限られるわけではなく、家族、法律、貨幣、社会関係としての資本、そして、宗教といった社会現象にも妥当することである。実際、ドイツのニヒリズム哲学者のフリードリッヒ・ニーチェは、「全過程が記号論的に収斂する〔全ての〕概念は、定義を裏切ることになる。歴史を持たないもののみが定義され得る」と主張している（Nietzsche 1994: 53）。ニーチェは刑罰について論じているのだが（もちろん、刑罰は国家と結びついている）、彼の指摘は確定的指示対象を欠いた概念を定義しようとすると浮上せざるを得ない、より広い問題を照射している。これは、確かに、国家や国家間システムからなる変転する対象についても妥当することである。この問題は、変転する対象ないし変化する指示対象が本質的に争点化するときには複雑なものとならざるを得ない。換言すれば、重要な理論的・規範的疑問が浮上すると言える。すると、国家と国家権力に関する比較歴史的・動態的分析が求められることになるし、この主題の論争的性格について敏感な分析が必要とされることになる。

　ニーチェの考察に直接的に言及することなく、ローマの実存主義的著作家のエミール・シオランは、この定義にかかわる問題に別の応答を提示していると思われる。彼は、「私たちは絶望感を抱えながら定義し得るのみであるし、公式を持たねばならないのは……空虚なもののうわべを飾ろうとするためであ

る」と主張している (Cioran 1975: 48)。この理解からすると国家については貧弱な理解しか持ち合わせていないことになるし、さらには、「国家」が現存しているか否かについては根本的に規定し得ないともされているだけに、いわゆる「国務」の分析を「進め」ようとすると、あるいは、政治的実践が国家権力の行使と結びついている世界において「行動し続け」ようとすると、国家の定義を強いられることになる。

別の応答がイギリスの歴史社会学者であるフィリップ・アブラムスによって提示されている。彼は、間接的に、あるいは、直接的にシオランに言及しているわけではないが、シオランの主張を念頭に置いているように思われる。アブラムスは、国家が外面的なものにすぎないとすると（「仮面」と呼んでいる）、それは無であることを隠しているのではなく、政治的実践の真の、醜い姿を見えないようにしているに過ぎないと主張している。国家は政治生活の深層構造であるとし、その存在を誤って理解すると、支配の安定化に占める政治制度と政治実践の現実的役割が隠されることになる（Abrams 1988; 詳細については以下を参照のこと）。

国家理論が直面する諸課題については、当然のことながら、対照的な見解も存在している。例えば、名状しがたいものを定義し、無を隠そうとするものもあるし、あるいは、現存しているものを暴こうとするものもある、とされることもある。最後の規定は、以下で展開する立場に最も近いと言える。国家とは社会関係であって、その特徴は雑然とし、多形的で（ポリモルフィック）、多脈絡的（ポリコンテクスチュアル）特徴を帯びていることを看過するのではなく、このようなものであると自覚してしまえば、国家概念の外見的対処困難性に面食らう必要はあるまい。実際、第3章では「戦略−関係アプローチ」という視座を提示するが、これは国家を分析しようとすると、応じざるを得ない課題を明らかにするとともに、国家の再構築と戦略的再編成について、また、社会紛争の場でもあるという性格について論ずることになる。

1. 国家研究の諸困難に関するノート[1]

参入点と立脚点を異にしつつも、多くの国家研究が蓄積されている。それだけに、国家の分析が対立的性格にあることが明らかにされた（あるいは、視座

第 2 章　国家の概念

を異にしていることで悪名を呼ぶことにもなった)。国家は制度・組織・相互作用のアンサンブル(研究者のなかにはアセンブリッジ〔集合〕と呼んでいる論者もいる)であって、政治的リーダーシップの行使と、また、原理的には、政治主体を集合的に拘束する決定の実施と結びついている。こうした制度と組織や相互作用は変容する時空間的広がりと行動の次元を持っていて、国家目標を追求するうえで一定の国家能力と資源を動員する。その複雑性から、分析者のなかには特定の事例に焦点を据えることで、国家存在や国家権力といった一般的な問題を無視する論者もいる。実際、多くの理論家たちは、国家の概念が不確定ないし退屈なものであるとし、これを拒否するとともに、政治を機能システムに置き換え、価値の権威的配分ないし集合的目標の実現を期すことに求めている (Almond 1960; Easton 1965; Parsons 1969)。また、個人レベルの志向や行為から (e.g., Coleman 1990; Elster 1982)、あるいは、特定のミクロ文脈から (Foucault 1980) 政治諸関係のミクロ的基盤に焦点をあてる論者もいる。だが、彼らの考察のメリットは政治行動の分析にありながら、それが体系的に浮上する創発的属性を帯びているかどうかという問題は脇に留めおかれている。いずれのアプローチも国家を対象とすべき必要を全く無視するわけにはいかないと言えるのは、政治への関心には根強いものがあることに鑑みると、少なくとも、政体・政治・政策に注意深くあるべきことが求められるからである (Heidenheimer 1986. グローバル政治については次を参照のこと。Lipschutz 2005)。「政体 (polity)」という言葉はギリシア語のポリティア (*politeia*) に発している。この言葉は制度的マトリックスであって、これを基盤として政治に固有の活動に特殊な土俵と領域や次元が、また、分野ないし圏域が形成される (Weber 1978, 1994; Palonen 2006)。これが包括的意味における国家存在である。この点については、本章および第 3・7・9 章で検討する。また、政体とは、かなり静態的で空間的な指示対象であるのにたいして、政治は、本質的には、動態的で、開かれていて、異成分的でもあって、政治的実践の形態と目的や対象を指している。これには、国家の構成が、また、より広くは政治空間をめぐる対立が、さらには、国家外で浮上する政治的秤量ないし国家権力の目的に関する見解を修正しようとする闘争(あるいは、両者)が含まれる。政治は実現可能な一連の政策を制約することになるから、政策形成は可能性の技術とも呼ばれるのであ

21

る。政治が国家全体の戦略的方向や「政策労働」(ポリシー・レイバー)の分業について関心を深くしているとすると、政策は国家介入と自制や決定と非決定などの特定の分野を規定することになる。政策のなかには政治を変化させるものもあるし（例えば、新自由主義的政策の脱政治化の役割、あるいは、個人的なものは政治的であるというフェミニストの主張の再政治化効果）、例えば、諸勢力のバランスを変えることで、また、新しい政治的要求と運動を活性化させることで政治的実践を再形成することも起こり得る（脱政治化については次を参照のこと。Jessop 2014b）。

　こうした概念上の困難について論ずるなかで、フィリップ・アブラムスは別のアプローチを提示している（Abrams 1988）。彼は、国家をテーマとするための三つの方法を挙げたうえで、そのひとつは二重の誤解を招きかねないが、他は分析にとって、潜在的に有益であると指摘している。その三つの方法は以下のように要約し得る。

1. 具象的国家論[2]：実質的な単一の実体、主体、機能ないし関係であって、社会の残余から分離し、政治生活の、本質的ではあるが隠れた構造化のメカニズムとして作用する。
2. 国家システム[3]：制度、主体、実践の実在的で顕在的な連鎖であって、広狭の差を内在し、程度を異に経済的および他の社会諸関係と結びついているだけでなく、統一されているとはいえ、これは相対的にしかすぎない。
3. 国家理念：明白なイデオロギー力（*ideé-force*）であって、資本主義社会における政治的・経済的支配を集合的に虚像化する（覆い隠す）ことに根差し、服従を正統化する。

　アブラムスは、国家を統一的実体であるとしながらも、この概念が変幻極まりないものであることから[4]、現存の国家システムが制度化された政治権力の断片化した脆い編成にあり、分裂の不可避性が内在していることを不分明にすると主張している。また、この概念から、全てとは言えないまでも、多くの人々は国家理念にイデオロギー的に服従しているという認識を持ち得ないことになると指摘している。これは、ヘーゲル的言葉をもって国家が共通利益の公平な下僕として現れることを意味する。すると、社会科学者の課題は国家を脱

第 2 章　国家の概念

神話化し、そのマスクを根底的に剥ぎ取り、国家とは実態的で統一的実体とされるにせよ、「常に既存」するわけではないことを示すことに求められる。この営為によって、国家の要員などが暫定的で一時的な、また、不安定な統一性を現存の国家システムにどのように押しつけ、多様な行動分野に及ぶ公的政策に相対的統一性を与えているかについて研究し得る空間が開かれることになる。そして、この課題は、国家理念とその物神的形態が政治舞台の主役たちにどのような空間を与えているかということだけでなく、その批判を求めることにもなる。実際、具象化された「国家」の観念を放棄することで、国家システムを国家の雑然とした複雑性において真摯に研究し、多様な国家理念をまともに批判することができる (Abrams 1988: 82)。そうすることで、「国家理念」における国家についての認識の間違いを正し得るだけでなく、現存国家の動態について、その固有の条件において、また、より広い政治的・社会的脈絡において検討し得ることになる。

　この結論からすると、事例研究が重要となる。というのも、事例研究は国家の観念や特定の国家理念がどのような歴史的脈絡で展開されたかに焦点を据えることで、国家とは公平な下僕であるとする観念に限定されないことになるからである。こうした学問的系譜学の営為は意味論の歴史、あるいは、より広く政治思想の歴史を基礎とする。これには、例えば、次の課題が含まれる。ある特定の時期において、固有の歴史的装置を、つまり、近代国家を記述するために（また、その構築に資するために）、なぜ多くの言葉から、ある特定の用語ないし概念が選択されたのであろうか。換言すれば、西欧では、なぜ統治の特定の類型を記述するために「国家 (state)」という用語（語源的には、estado, état, Staat, stato にあたる）が受容され、その後、広がることになったのであろうか。競合的用語にあたる「レングム (rengum)」、「ボディ・ポリティック (body politic)」、「レス・プブリカ (*res publica*)」、「モナキア (*monarchia*)」、「レルム (realm)」、「ネイション (nation)」、「シヴィル・ソサイエティ (civil society)」、「コモンウェルス (commonwealth)」ではなく、なぜ「国家 (state)」と呼ばれることになったのであろうか。逆に言えば、「国家」という歴史的に固有の意味論がなぜ国家形成の歴史的過程に数世紀ないし数千年も遅れることになったのであろうか。社会科学者のなかには、国家ないし国家に類する集合体は、国

家の近代的概念ないし形態以前には存在しなかったとする論者もいる。例えば、歴史社会学者のリチャード・ラックマンは国家の起源を約 500 年前に求め、ヨーロッパにおける資本主義の台頭と結びつけている（Lachmann 2010: viii）。そして、軍事史家のマーチン・ファン・クレヴェルドは国家の台頭を 1300-1648 年であると、また、その衰退は 1975 年以降のことであるとし、次のように述べている。すなわち、三世紀のあいだに国家は固有の主権を持ち、明確なアイデンティティを持った領域型「団体（corporation）」として住民から分離し、個別の領域において国境・国益・市民の保護を目指し、二つの世界大戦期には神格化することになったが、近年に至って、他の諸機関に権力を委譲することで衰退し、あるいは、あっさりと崩壊したとする（van Creveld 1999）。両論者は、部族社会、首長社会、都市国家、帝国、神政政治が存在したと言えるにせよ、自ら選んだデータからすると、それ以前には安定した国家はほとんど存在しなかったと主張している。この種の議論は、先史時代については別論すべきことではあるが、国家の理論と研究の視界から人類史の多くを除外してしまうことになる（こうした主張について、次は、政府と国家形成に関する 5200 年の視座に依拠しつつも、1776 年に近代諸国家の、また、1815 年に明確な国境を有する国民国家の遅い台頭を求めている。Finer 1997a: 1-15, 31, 99-103, and passim. より広い地政学的射程からの論述については次を参照のこと。Breuer 2014: 9-38）。

　こうした問題は、「伝統的」国家と「近代的」国家との区分が不十分であるとはいえ、国家理論と政治社会学にも広く認め得ることである。また、こうしたアプローチはヨーロッパ中心的である場合が多いが、別のアプローチからすると、政治権力の領域化の様相に注目し、他の政治的想像(イマジナリー)について検討するとともに、現代国家の前身の記述についても論ずべきことになる。より一般的には、こうした多様な制度的・組織的形態を辿ることで、国家に類する共通の特性を明らかにすることは、特定の領域に住んでいる人々に対する政治的権力がどのように確立し、行使され、固定化しているかを明らかにしようとするものであると言える。というのも、近代国家の理念が登場する以前の営為を端緒としているとはいえ、結局、この国家形態が偶発的に他に優り、ある時期に歴史的に実現可能なものとなったからである（第 5 章と第 10 章も参照のこと）。

既述の行論で示した分析アプローチは、国家の歴史的構成・変容・崩壊の研究とは、また、国家の公的な構成に関する研究とは、すなわち、相対的に統一的・補完的で、再生産可能な国家形態の展開に関する研究とは全く異なるものである。このアプローチからすると、特定の局面と空間ないし場所に関する歴史的事例分析や比較事例分析が求められることになる。また、経験的・理論的に可能な限り、こうしたエピソードと連関を変化し続ける国家システムと国際システムの研究を志向する世界－歴史的視座に位置づけることが必要とされる。このようなアプローチは、歴史的構成・公的構成・関連国家理念を結びつける形状分析をも含むものである。したがって、この分析からイデオロギーと支配に関する十分に根拠のある批判の基礎が提示され得ることにもなる。

　以上の争点を踏まえて、本章では異なる理論的伝統に依拠した国家の諸定義（ないし、中心的特徴）を紹介する。また、国家と政治システムとは、より広い社会諸関係の部分であるだけに、より広い編成に埋め込まれていることについて言及しないと、十分理解と説明を期し得ないと論ずる。主権国家は全くの孤立状態において存在しているわけではないし、残余の社会を無視しているというものでもなくて、他の制度的秩序（代表的には、経済システムや法システムなど）と、また、「市民社会」（この引用符は市民社会を定義することが同様に困難で、論争的性格を帯びていることを、また、ユートピア的な期待が込められていることを示している）と密接に結びついている。このバランスは国家内外の関係を異にすると、大きく変化する。実際、国家が他の秩序からどの程度に自律しているにせよ、国家権力（より適切には、国家諸権力）の行使とインパクトは、特定の局面において国家装置の特定部所にいる政治家や国家官僚層の構成が変化することで活性化するし、国家内外の諸勢力の支配的バランスを反映する（第3章）。すると、国家の構造的権力と能力は国家のみに注目することによっては十分に捉えきれないことになる。それだけに、多様な社会理論が国家と国家権力について多様な説明を試みたのも驚くべきことではない。

2．すると、国家とは何か？

　この節の表題とした疑問が退屈に聞こえると、国家の研究者に対する重大な挑戦は隠されてしまう。国家自体の存在を（あるいは、少なくとも、その研究の

可能性や価値を）否定する論者もいるとはいえ、多くの理論家は、国家（あるいは、アブラムスに従えば、国家システムが、さらには、国家間システム）が実在し、有力で妥当な研究の対象となり得ることを認めている。だが、合意が広範に及んでいるにせよ、概念の無秩序も存在している。主要な問いには次が含まれる。国家を、その法律形態、強制能力、制度的構成と領域、内的作用と秤量の様態、目的の宣言、より広い社会に対する機能をもって、あるいは、国際システムにおける主権によって定義することが最善と言えるのか。国家とは事物、主体、社会関係であると、あるいは、政治活動を方向づける構築物と言えるのか。国家性（ステイトネス）は変数であると言えるのか、そうであるとすると、何がその中心的次元となるのか。国家と法、国家と政治、国家と市民社会、公と私、国家権力とミクロな権力とは、どのような関係にあるか。国家を個別の存在として研究することが最善と言えるのか。そうだとすると、政治システムの一部としてか、それとも、より広い社会的構成体における一つの要素としてか、もしくは、世界社会における一つの要素としてか。国家は領域的・時間的主権を、あるいは、制度・決定・機能の自律性を有するのか、そうだとすると、この主権ないし自律性の源泉と限界とは何か。

　このような問いに関して、日常用語は、まず、役に立たない。日常語において国家は主体とされることがある。例えば、擬制的人格（*persona ficta*）、法人（*personne morale*）、持続的な「唯一の団体（corporation sole）」といった特定の法的意味ではなくて、審問の意味において、つまり、国家がどのように「歓呼されるか」という意味においてのことである。これは、国家が個別の人格ないし集合体であって、意識と意思を持った活動の主体とされ、議論されることを意味する（審問については次を参照のこと。Althusser 1971）。だから、国家は行動すると、あるいは、行動すべきであると、さらには、行為をやめるべきであるとされるのである。日常の意味から大きく離れているけれども、同様の文脈において、現実主義的（リアリスト）国際関係論は国家を世界政治における統一的アクターであるとし、固有の精神と利益を持つものとされる（e.g., Morgenthau 1954, Waltz 1979）。また、国家は道具視され、機械、動力、（国家の）船、サイバネティックないし規制的装置として扱われることもある。これは、所与の経済階級、社会階層、政党、上級公務員などが自らの企図と利益を、あるいは、価値を実現

するために、国家を操作・操舵し、あるいは活用し、調整すると見なされることを意味する。だが、一体、国家は統一的主体であるかのごとくふるまうことなどあり得るのであろうか、また、何がその統一体を「事物」として組成するのであろうか。一貫した解答を見つけることが困難なのは、国家という指示対象は時間と場所や脈絡を異に多様化するし、国家に働きかける諸勢力を異にするし、「それ（国家）が」行為する状況も大きく異なることなどによる。

　第一に、国家が主体とされると、その主体性はどこに存在していると言えるのであろうか。前近代の国家において、この疑問は支配者の人格という視点から容易に答えることができた。これは、典拠が疑わしいにせよ、フランスのルイ14世の「朕は国家なり（*L' État c'est moi*）」という近代初期の言説に表現されている。また、死の床の発言か、フランス議会の代表者が彼の勅令に挑戦した際の言葉かという点で意見は異にしているが、「私はこの世を去りつつあるが、国家は永遠なり（*Je m'en vais, mais l'État demeurera toujours*）」と言ったとされる。興味深いことに、第一の発言は、事実であるとすると、国家は王の人格に体現されていることを示し、第二の発言は、個人とは切り離された王権の非人格的特徴を示している。

　この分離は、国家装置によってコントロールされる領域において、よき「状態」を生み出す責任をもった永続的で非人格的な機構を記述するために、国家という概念が使われだしたことを示している（Boldt et al. 1992, Luhmann 1989, Skineer 2009）。この国家の概念からすると、(1) 政体を特定の人格や主体と、あるいは、体制（ポリス、キヴィタス、レグナム、イムペリウムなど）と同視する概念と、(2) 近代の機能的に分化した社会における政治的支配という、より抽象的な特徴との歴史的対比を示していることになる。近代社会において、国家を中心とする政治システムは、制度的・機能的に、より広い社会から自立し、国家は非人格的権力の形態を帯び、国家の名において権力を行使する人々から、また、その後の局面においては、その都度に政府を構成する政党や政治連合から分離している。15世紀には、ヨーロッパの「王の亀鑑」に関する文献は、地位、身分、国家の間のずれを明らかにしている。こうした文献は支配者にその地位を保持する方法や領有地における平和的状態を保持する方法を、また、国家装置を機能させ続ける方法を提言している（Skinner 1989; Viroli

1992)。さらには、16・17世紀に絶対王政を正当化した自然法の伝統は（ア）新しく浮上しつつある単一の至高の主権的権威として、当該の国家において職務を保持し、国家の名において権力を行使する人々と、（イ）主権的権威が行使される人々（その名によって行使されるか否かは別として）を明確に区別している。そして、所与の領域において平和な状態が生まれると、平和を保障する国家装置が領域に対する支配を表徴するようになる。要するに、従前には用語が競合し、多元性を帯びていて、多様な含意があったのに比すると、国家という言葉によって、政治権力の領域化という新しい形態の固有の特徴が強調されだしたことになる。さらには、政治システム自体が内的に複雑化すると、法的－政治的言説も憲法、行政法、公法の枠組において、より複雑なものとなっている（Luhman 1989: 107-8; Nettl 1968; Loughlin 2014）。そして、最終的には、国家に関する新しい語彙集が登場すると、これが国家の制度的統合や戦略的方向について重要な役割を果たすことにもなった（次を参照のこと。Jessop 1990: 347-9）。

　政治の制度化の過程は、17世紀にルイ14世が自分こそ国家の体現者であると主張したが、これと18世紀にプロシア皇帝のフレデリック2世が「国家の第一の奉仕者」であると主張し、神授性というより所業をもって自らの地位を正当化しようとしたことを対比することで示されている（Brubaker 1992: 58）。関連テーマとして「大逆罪（*lèse majesté*）」を、つまり、主権者（国王）とその家族に対する、あるいは、他の国家元首に対する侮蔑や攻撃を挙げることができる。この考えはいくつかの憲法に残存している（例えば、デンマーク、ヨルダン、マレーシア、モロッコ、サウジアラビア、スペイン、タイなど）。また、このような（現実的であれ、想像によるものであれ）侮蔑や攻撃は指導的人格と見なされる独裁体制（例えば、ジョセフ・スターリン、アドルフ・ヒトラー、モマール・カダフィ、キム・イルソン）や結束の固い司令官層（例えば、ミャンマーの軍事政権）による独裁体制においても罰せられている。さらには、例えば、国旗を燃やしたり、通貨の偽造など国家の象徴に対する攻撃にも広げられ得る。だが、近代国家が台頭するなかで、権威は非人化の傾向を強くし、その「人格性」は法的擬制と見なされるようになった。また、大逆罪（国家とその人民に対する「反逆」に対置される）は為政への「扇動」罪と見なされることになっ

た。こうした非人格的特徴をもって、契約の持続性と国家の義務の根拠とされ、とりわけ、個人が（準）立憲的文書によって一定の公職に就いている場合には、国家の名において行為する個人の権威の根拠に措定されることになった。

　ヘーゲルのような理念主義的で思弁的な哲学者は、国家が超個人的で超自然的な知の主体であることを指摘しているが、他方で、バディウのように、次のような問いを発してしかるべきであろう（Badiou 2005: 87）。国家は思考するのか、と、あるいは、字義的にも、比喩としても、国家は精神をもたないのではないか、と（Marx 1975）。また、国家理性（レゾン・デタ）や国家の知性とは、一体、何のことなのか。より一般的には、精神的・肉体的分業において国家はどのような役割を果たし、国家と国家理念の構成において知識人はどのような役割を務めていると考え得るか、こうした疑問である（最後の点の検討に関しては次を参照のこと。Balasopoulos 2012）。

　国家を現実的ないし擬制的な単一の法的－政治的「主体」とは言えないとすると、国家の代理人として行為する複数の「諸主体」という多元性について問うことができることになる。これは、本人－代理人（プリンシパル―エージェント）の理論からすると、興味深い疑問を提示していることになる。というのも、一方では、誰が国家の行動主体として、その名において決定し、妥当な場合には物理的暴力によって支えられた政治的権威を行使するかという疑問が浮上するからである。他方では、より興味深いことに、この本人－代理人関係において、誰が、あるいは、何が本人となり得るのかという疑問も起こる。誰（ないしは何）のために、代理人は行為するのであろうか。この疑問は、国家に属するとみなされる諸制度のリストに依拠している。国家の中心装置を国家の代理人と見なすことは相対的に容易である。しかし、国家装置のリストを拡げると、その特定化は、それだけ困難となる。例えば、先進諸国の1960年代と70年代のスタグフレーション期に、「国民的経済の利益」から所得政策を管理した労働組合のリーダーは、このリストに含まれるのであろうか。また、侵略戦争を正当化するために誤った情報を流すメディアの所有者や迎合的ジャーナリスト、ないし、拷問を「高度な尋問」に過ぎないとするメディアやジャーナリストは含まれるのであろうか。そして、戦闘のために私企業に雇用された傭兵はどうなろうか。さらには、次の

疑問も浮上する。政治的−軍事的目的のために、国家に支援された民兵は、このリストに含まれるのであろうか。規制策に共に与ったり、あるいは、イデオロギー的・政治的・経済的に規制機関に影響を与えた「部外者」の利益も含まれるのであろうか。国内の階層化や並行的(パラレル)な権力ネットワークを、また、外との政策的結びつきが国家を活性化するだけに、これについて研究するとき、さらなる問題が浮上する。ここでは、国家の外部に位置する行動主体を対象とし得ることにもなる。というのも、この主体はハイレベルの国家機密事項取扱権を握っているし、戦略の実施案と政策の形成にとどまらず、その執行の任にも与っているからである（「深層(ディープ)国家」については、第3章と第9章を参照のこと）。

　第二に、国家の「事物性」について共通に認め得ることは、国家の制度的構成要素を列挙することで対応しようとしていることである。これは漠然とした外的限界によって、その中核的集合体を特定しようとすることに認め得る。政治理論家のラルフ・ミリバンドは、カタルシスを呼ぶことになった現代の古典ともいうべき『資本主義社会における国家（*The State in Capitalist State*）』において、このアプローチを採用している。彼は、主要な統治の機関とは「政府、行政、軍隊と警察、司法部、下位の政府と議会」のことであると明定し、これを行論の起点としている（Miliband 1969: 54）。だが、さらには、反社会主義政党、マスメディア、教育機関、労働組合のリーダー、市民社会の他の諸勢力も、より広く国家システムに含めている（Miliband 1969: 180-211, 220-7. cf. Miliband 1977: 47-50）。また、1960年代末の著作において、フランスのマルクス主義的哲学者ルイ・アルチュセールも、著名なエッセイ「イデオロギーとイデオロギー的国家装置」において、同様に指摘している。彼は、相対的に統一された「抑圧的な国家装置」と多様で相対的に自立的な「イデオロギー的国家装置」とを区別している（Althusser 1971）。前者は国家の中心部分（執行部、立法部、司法部、軍事・警察装置）であり、後者には家族装置、教育、組織された宗教、メディアを含めている。抑圧的国家装置は強制により強く依存しつつも、重要なイデオロギー的モメントを持っているし、また、イデオロギー的国家装置はより強くイデオロギーに依存しつつも、強制を宿しているとする。ミリバンドやアルチュセールが挙げている包括的なリスト（他には、例えば、アントニオ・グラムシやニコス・プーランザスのリストも存在する）は、国家制度が「公」と

「私」の法的分野の両者に存在していることを認識している（国家の構成については以下を参照のこと）。だが、この分野は法的に神秘化されることで正統化効果をもつに過ぎないとされている場合が多いだけに、民主的レジームと権威主義的レジームとの区別を過小評価するという危険を宿している。

　以上のような二つの説明は制度や機構の包括的なリストに依拠しているが、この説明は、行政部であるにせよ、ある機関の任にあるからといって、必ずしも国家システム全体をコントロールし得ないことを正しくも示唆している。さらに、国家が「人的組織」であるだけに（Jones 2007: 17-20 and passim）、その要員が明定された手続に従わなかったり、既存の国家企図を促進しようとする自らのメンバーの裁量を行使しない場合も起こり得る（次も参照のこと。Finer 1997a, 1997b, 1997c）。全面的にコントロールするという課題は、国家が国家間ないし国境横断的組織に統合されていたり、あるいは、公式ないし非公式に別の国家に従属している場合には、とりわけ明確なものとなる。このようなリストからすると、なぜ、こうした機関や装置を国家の外部ではなく内部に存在するものとして扱うべきかという疑問が浮上することになる。両者の応答は機能主義的なものとなる。というのも、ミリバンドは、国家の本質的機能は支配階級の利益を守ることにあるとし（Miliband 1963: 3）、アルチュセールは、階級に分断された社会における社会的凝集性を維持するためであるとしているからである（Althusser 1971）。だが、国家存在の資質が広範な機能によって定義されるとすると、とりわけ、この機能が公式の目的というより、効果とされるものと同視される場合には、なぜ関連制度のリストを社会関係全体にまで広げてはいけないのかという疑問が浮上せざるを得ない。このリストが限定され、国家の日常的理解に対応するものとされると、もっともらしさを強くする。だが、この場合といえども、一般的には何が当該の制度を特定の「国家存在」の資質として組成するかとなると、その特定を期し得ないことになる。これに応えることは難しいことである。というのも、よく知られたドイツの社会科学者であるマックス・ウェーバーが指摘しているように、近代国家（ないし、その歴史的先行形態）が引き受けなかった行為はほとんどないし、常に引き受けている活動となると、いわんや、排他的活動となると存在しないからである（Weber 1994: 310）。すると、彼が論じているように、国家の先験的セッ

トに依拠した定義は不正確であるだけに、別のアプローチが求められることになる。

3. 三要素アプローチ

　ウェーバーの別のアプローチからすると、国家を目的というよりも手段から、まず、定義すべきことになる。これは、いわゆる国家の目的や機能というより、国家に固有の組織形態と能力から定義することを意味する。だから、彼は、近代国家（すべての国家ではないことに注意）を「ある領域の内部において正統な物理的暴力の独占を（成功裡に）主張し得る人的コミュニティであって、この"領域"ということが国家の別の特徴である」と規定しているのである（Weber 1994: 310-11）。この文脈における「人的コミュニティ」とは、領域内において継続的支配を行使する「強制的政治組織」の行政スタッフを限定的に指している（Weber 1978: 53-4; cf. Weber 1994: 313）。この定義からすると、領域が「人格化されている」ことを前提としていることになり、この点については、彼は別の場所でも検討していることである。

　ウェーバーは、この暴力の独占が多様な方法で正統化されると論じている。最も重要な様式には次が含まれている。すなわち、神授的権利や王朝の継承を含む伝統的権威、カリスマ的支配、集合的に決定するための権威の移転と行使を管理する公的憲政である。ウェーバーは、国家が自らの存在を維持し、個別領域における一般的な政治秩序を維持するために、通常、非暴力的手段に訴えることを指摘することで、適切にも、強制という自らの指摘を限定している。この点で国家が遂行する業務や活動は極めて可変的であり、政治的コミュニティとして、一般的価値の観点から、その正当化を模索し続けなければならない（Weber 1978: 54-6, 902, 905-6）。最終的には、近代国家の規定的特徴（暴力の正統的行使を確定し得る権利）であるとする当初の規定は、やがて、その説明から消えている。これは、国家行政における官僚制とその重要な役割に注目することになったことによる（Weber 1968: 56, 212-226, 956-1003）。要するに、このもっとも有名な定義といえども、一度は導入されたにせよ、現実の国家の複雑性を斟酌すると修正せざるを得なかったことになる（ウェーバーの国家理論に関する優れたレビューとして、次を参照のこと。Anter and Breuer 2007。後に議論す

第 2 章　国家の概念

ることになる、ウェーバーと並ぶ別の二人の指導的なドイツの理論家であるカール・シュミットとフランツ・ノイマンについては、次を参照のこと。Kelly 2003）。

　ウェーバーの規定は、大陸ヨーロッパの憲法・法律・国家の理論的伝統における「三要素」アプローチと結びついている（例えば、次を参照のこと。Jellinek 1905; Heller 1983; Kelsen 1945; Schmitt 1985）。このアプローチは国際法にも共通することであって、国家の相互承認という問題が対象とされている。このアプローチにおける三要素とは次である。(1) 政治的に組織された強制的・行政的・象徴的機構であって、一般的・個別的権力を有していること（多様ではあるが、国家権力〔Staatsgewalt〕、国家機構〔Staatsapprat〕、国家主権〔Staatshoheit〕と記述される）。これは、国家を「人的コミュニティ」であり、行政スタッフであるとして解釈したウェーバーの理解にも反映されている。(2) 国家装置が、程度の差はあるにせよ、競合することなく継続的にコントロールする、明確に定められた領域が存在すること（国家領域〔Staatsgebiet〕と記述される）。(3) 国家の政治的権威や決定によって拘束される、永続的ないし安定的住民が存在すること（国家民族〔Staatsvolk〕と記述される）。同様の考えは、法的－政治的用語において明示的に用いられることはないとはいえ、国家形成の人類学的研究においても認め得ることである（第 5 章）。

　次いで、一般的国家理論、憲法、国際法の観点から、各要素について検討する。一般的国家理論の中心はこうした諸要素間の国内的関係にあり、制度的特徴を強調するものである。すると、三要素アプローチを歴史的ないしは公式の基本法の研究や制度論的アプローチと両立し得ることになる（序章を参照のこと）。憲法に注目することは、長所と短所を併せ持っている。一方では、立憲化や政治権力の領域化は近代国家の主要な特徴であって、とりわけ、法の支配に依拠した正統な権威と善悪について多様なコードを含んだ軍閥的でマフィア型組織による支配とを区別しようとすると重要な指標となる。他方で、世界－歴史的視点からすると、立憲的正統性は、伝統的ないしカリスマ的権威や「力は正義なり」とする野蛮で残酷な現実と比較すると、全く最近のものであると言える。さらに、世界の諸国家には、挫折過程にある国家と挫折した国家や崩壊した国家が、あるいは、法の支配に依拠せず、実効的な対内的主権を有していない場合も多い名ばかりの国家も含まれる。第三に、政治学者のなかには実

33

践的ないし法的焦点を「内的国家(インターナル・ステイト)」に据えることを受容する論者もいるが、国際法は国家存在の外的次元についても検討している。この点で問われてしかるべきことは、いずれの国家も、公的には、対外的権威に従属すべきではないという原理、つまり、国家は自らの領域の住民に対して主権的存在であるべきとされる。だが、世界市場やグローバルガヴァナンスに関する近年の多くの研究が示唆しているように、国家主権は対内的にも対外的にも、さまざまの挑戦に服している（第8章を参照のこと）。この点と関連して「超大国」（代表的には、冷戦後のアメリカ）の領域外への影響力であり、他の主権国家の対内的・対外的権利を多様な方法で踏みにじっているのではないかという問題も浮上している。この争点は、多様な局面における帝国や帝国主義の意味ともかかわるが（第5章・8章・9章を参照のこと）、ここでは、まず、三要素について検討する（要約的整理については、表2.2を参照のこと）。

(1) 国家装置

　この言葉は政治的に組織化された強制的・行政的・象徴的装置を指していて、住民と他の国家に対して主権的権威を保持していることを意味する。また、対内的目的と対外的防御のいずれを対象とするにせよ、国家権力の行使は直接的で即座の強制に限られるわけではない。実際、その住民の多くが国家権力を正統であるとみなす限り、象徴的暴力とは対照的に、通常、身体的手段に訴えられることなく国家権力に従うし、国家とは（あり得るとして）ほとんど関係がないように見えるミクロ技術を媒介としてもいる (cf. Foucault 1980, Bourdieu 1994, 2014; Bratsis 2006; Miller and Rose 2008; Neocleous 2000)。また、通常時に法システムによって、必要に応じて行使される強制と、緊急時のむきだしの、拘束されないことが多い力の行使とを区別することができる。暴力に強く依存せざるを得ないことは、それが実効的であるとしても、正統性の弱さの表現であって、国家危機の、あるいは、国家の挫折の兆候であると言えよう。権威を暴力とは別の何かに基礎づけることが重要であることは最初期の国家においてすら明白なことであって、官僚的形態（あるいは、少なくとも、業務と関連要員の位階制(ヒエラルヒー)）は軍事的権力とのみならず、慣習的ないしカリスマ的権威と結びついていた (Service 1975: 10; Breuer 2014)。要するに、組織的強制

の相対的独占は「ハードパワー」の諸形態のなかのひとつの国家能力にすぎないのであって、社会文化的関係に根付いた「ソフトパワー」の諸形態と共存していることが一般的である。実際、アメリカの政治学者で国際関係の理論家でもあり、影響力のある外交政策アドバイザーであるジョセフ・ナイはハードパワーとソフトパワーを上手にミックスした「スマートパワー」という概念を提示している（Nye 2004）。

　以上からすると、多くの国家は、国の内外を問わず、また、公然と、あるいは、公務の秘密によるとを問わず、権力を行使するにあたっては、テロと強制力や偽計と腐敗が入り混じった手段に訴えることで自らの適法性を犯していることになる（国家の犯罪性の多様な形態については次を参照のこと。Maran 1989; Barak 1991; Giraldo 1996; Reno 1998; Campbell and Brenner 2000; Green and Ward 2004; Bayart, Ellis, and Hibou 2009; Rothe 2009; Wilson 2009. 大小の腐敗については次を参照のこと。Dobel 1978; Kang 2002; Bratsis 2003; Satter 2003; Tsoukalas 2003; Kofele-Kala 2006）。個別国家の担い手が、大小の規模の偽計に依拠した繁栄を謳歌するために国家権力を濫用することもあり得る。さらには、国家を法的主体とすると、すべての国家は、例外状況において憲法や特定の法律条項を停止する権利を留保している。あるいは、その必要を主張する。カール・シュミットはドイツの著名な（あるいは、悪名高き）法学者であり政治理論家でもあるが、彼は、1920年代から50年代の著作において「主権者とは例外状況を決定できる人物である」とすら述べている[5]（Schmidt 1985: 5. cf. Scheuerman 1994; Agamben 2005; Boukalas 2014a. および、本書の第9章）。すると、「緊急状態」という概念が浮上するが、これは、少なくとも原則的には、一時的なものであって、特定の脅威や挑戦と結びついている。この概念は、元来、安全保障の問題をめぐるものであったが、近年に至っては経済的緊急性にも拡大されている（Scheuerman 2000）。緊急状態が永続的であると宣言される事例も散見されるが、これは一時的独裁というよりも、その永続化を正当化するために用いられている。

　要するに、シュミット派の研究者にあってさえ、警察力の諸形態か軍事力に訴えるかを問わず、主権と国家暴力とは単純に等視されているわけではないことになる。ドイツの社会学者ヘルムート・ヴィルケは、国家資源に関する単純

な類型論を提示している（Willke 1992）。彼は、権力の行使が単独と混在のいずれによるかに注目し、四つの一般的な手段を区別している。それは、暴力、法、貨幣、知である。最初の三つは、直感的には妥当とも言えそうであるが、第四の手段については説明を要する。知は、数千年にわたり、国家権力の主要な側面であり続け、情報収集、政治的計算、監視といった多様な形態を含んでいる（例えば、「国家に類するものを見ること」については次を参照のこと。Scott 1998. また、国家の「情報資本」については次を参照のこと。Bourdieu 2014）。実際、「統計学」は国家の独自の目的から、人口学的・経済的データを収集したことに端を発している。そして、権力と知との結びつきについては、代表的には、ミシェル・フーコーを含め多くの論者によって検討されてきた（Foucault 1980, 2007, 2008）。また、安全保障国家の台頭にともない、情報は安全保障に留まらず、社会的・経済的・環境の安全という点でも国家能力にとって極めて重要なものとなっている。

　こうした権力論を基礎に、ヴィルケは近代国家の発展に関する4つの局面を特定するとともに、各局面の特徴は、特定の権力形態が相対的に優位なことに求められるとする。彼の分析は、また、ドイツの政治学者ステファン・ランゲ（Stefan Lange）によって展開されているが、これは表2.1に要約されている。

　第一の局面は「領域型安全保障国家（*Sicherheitsstaat*）」であって、国境を防備し、その内部に秩序を課すために物理的強制力を動員するとともに、その展開を期す国家である。次の局面では、法の支配に依拠した「立憲国家（*Rechtsstaat*）」であって、対内的秩序を維持し、国際平和を促進するために法に依拠する国家である。第三の局面は「社会国家（*Sozialstaat*）」であって、課税と国債を利用することで、シティズンシップの形態を、また、程度を異にしつつも社会保障を促進する国家である。そして、もっとも最近の局面として、ヴィルケは「監視国家（*Supervision-staat*）」を挙げている。この概念を翻訳することは困難であるが、集合的知がそれなりに占有されることになった結果、国家は監視するとともに、監視能力ないし規律能力によってコントロールするという両機能を有することになったことを指している（Wilke 1997; Lange 2003）。国家介入の範囲が拡大し、国家能力がソフトロー、また、再帰的法律に、さらには、目的型歳費や知に依存する傾向を強くするなかで、伝統的政治リーダー

表 2.1　近代国家の累積的生成

時間軸	歴史的転機	社会的言説	先導的科学	権力基盤	政治的操舵手段	国家形態
15-17世紀	世俗化	権力問題	軍事科学	軍隊、警察	物理的強制力	絶対ないし安全保障国家
18-19世紀	立憲制	法制の問題	法学	制裁システム	法律	立憲国家
19-20世紀	産業化	貧困問題	政治経済学	財政力	貨幣	社会国家ないし福祉国家
20-21世紀	技術化	危機問題	情報科学	コミュニケーション・ネットワーク	情報	監視国家

出典：次の翻訳と引用。Lange 2003: 57

や国家管理者層は、専門家によって提案された解決策に関する広範な・政・治・的判断に依拠せざるを得なくなっている（cf. Gramsci 1971: 28=Q12, §1）[6]。これは、ガヴァメントから（メタ）ガヴァナンスへの移行として現れている（この点については、第3章・7章・9章を参照のこと）。

(2) 国家領域

暴力の正統的独占という視点は国家分析のひとつの参入点ではあるが、別の視点として、政治的権威の領域的組織を挙げることができる。理論家のなかには、前近代と近代を問わず、これが国家の本質的特徴であるとする論者もいる（e.g. Luhmann 1989）。こうした政治的権威の領域化は、確かに、近代の国家間システムにおいて、すべての実効的国家の共通の形態となっているだけに、権威の脱国家化の、また、別の文脈からすると、国家挫折の重要な指標ともなる。領域化は、また、政治一般（例えば、職場政治）と国家権力の行使を志向する政治とを区別するための基礎となる（cf. Weber 1994）。

領域化には程度の差はあるにせよ、明確に地球を区分することであり、所与の領域の住民を拘束する決定を下す政治的権威によって統治される地域へと分割することである（Delaney 2005）。この意味において領域と「・大・地（terra）」という一般的意味とを混同すべきではない。というのも、「地球（terrestial）」は広義の「土地（ランド）」から、つまり、地面と地下や海面と深海から、また、上空と大気圏からなり、これが特有の政治過程である領域化の可変的で、技術的に制

約された、また、関係論的な性格の「原材料」となるからである。集権型政治的権威を欠いた土地は「無住の地（terra nullius）」と呼ばれることもあり、主権者なき土地とされる（南極が近年のまれな例である）。また、これに類する海洋は「公海」とされている。近代にウェストファリア型国家が台頭するにあたって、その重要な契機となったのは、ローマ教皇の次の宣言である。すなわち、ヨーロッパは独立し、主権を有するキリスト教的国民国家により統治されること、また、戦争は国家間に限られること（したがって、内戦は禁止される）。新世界は無住の地と見なされ、ポルトガルとスペインとによって分割され、ヨーロッパ自然法の伝統に則って両国の支配者が妥当と判断する様式において植民化されること（良きガヴァナンスの言質であるにせよ、実のところは、遵守するより破ったほうが名誉とされる場合が多い約束）、これである（次を参照のこと。Schmitt 2003）。

　この原材料の性質から主権が主張されることになったことは明らかであるし（例えば、大陸国家と群島国家とを対照のこと）、多様な領域紛争を呼ぶことにもなった（例えば、海峡航海権）。これが地政学と慣習法や国際法の内実である。空域と海洋については原則を多様にし、これが領域化に適用されると、その原理と実践は揺らがざるを得ない。この点は、個別国家が局面を異に「公海の自由」と「領海の主権」の優先順位を変えたことに、また、それに伴って起こった国家間紛争に例示され得ることである。さらには、海洋技術が変化し、航空技術が進歩するなかで、領域化の範囲も変化している（現在では、例えば、「領海」、排他的経済水域、大陸棚、公海から構成されるものと徐々に変化している）[7]。領域は固定化されていると言えるが、船舶や飛行機は・国・籍・によって識別されているだけでなく、・主・権・的・領・域・型・地位も持っていて、一方的介入から保護されてもいる（Bernhardt 1989）。

　領域紛争の範囲は技術と戦略的関心から変化してもいる。これは「完全な支配」を求める新しい闘争に、すなわち、土地と海洋や大気のみならず、大気圏外や電子空間（サイバー）をコントロールしようとする闘争に認め得ることでもある（cf. Bernhardt 1989; Haanappel 2003: 1-27; Engdahl 2009）。そして、陸地と領域や情報技術（より広く電子空間）が地図作成の対象とされている。国家は、こうした対象を国家企図の作図化の一部とし、また、より広い目的のために利用しても

第 2 章　国家の概念

いる (Escolar 1997; Biggs 1999; Hannah 2000; Elden 2007, 2010; Barkan 2011)。

　領域化は多様な形態を帯びていて、狩猟民や遊牧民は往来可能な境界を持った空間を歩き回ったが、(例えば、オアシスや儀礼地のような) 守るべき拠点を持ってもいた。また、領域化は単純で複合的な首長社会から、初期の国家や帝国へと進展した[8] (van der Pijl 2007. 本書の第 5 章を参照のこと)。遊牧民の帝国も、時には定住型帝国の庇護を受け、部分的に寄生することで発展している。これは初期の中国帝国とモンゴル連合との存続が共進化したことに認め得ることである (Finer 1997a, 1997b; Barfield 2001; van der Pijl 2007)。こうした帝国は、後に、チンギス・ハンが創建したユーラシア・モンゴル帝国とその属国の基礎となった (次を参照のこと。Amitai-Preiss and Morgan 2000)。領域のコントロールは、また、封建的生産様式の決定的特徴であって、資本主義的後継者と区別される。資本主義的生産様式は世界市場を拡大と再生産の究極の時空間的地平としている。要するに、領域化ないしその結果を 1648 年のウェストファリア条約によって確立された「ウェストファリア型」国家システムに求めることは誤りであって、19・20 世紀に徐々に、しかも、不十分な形で実現したに過ぎない。

　ウェストファリア・システムの強力な創始 (創建) 神話については、とりわけ、その分割型性格については、疑問視すべき確かな歴史的根拠も存在している。実際、このシステムによって独立した国家や政体が確立されたというより、この条約には神聖ローマ帝国の存続を期すことが込められていたというのが実際であって (Schmitt 2003)、この帝国に替わって多くのウェストファリア型国家が登場したわけではない。この帝国は、結局、新しく大陸規模のヘゲモニー的権力となったナポレオン帝政下のフランスの介入によって終焉を迎え、あるいは、消滅している (Beaulac 2004)。にもかかわらず、この神話から、一般的には、潜在的にグローバルな性格を帯びた政治システムが一連の領域に体系的に区分されることになった。この領域は、法的には、他の国家の権威に服することがないと相互に承認し、正統視された国家によってコントロールされることになった。対照的に、封建制は部分的に重複し、あるいは、上置型の諸領域のパッチワークからなり、「多様な法的審級が地理学的に組み合わされ、階層化していて、多様な忠誠心と非対称的宗主国や、変則的な包領が存在して

いた」とされる（Beaulac 2004: 189）。こうしたパッチワーク型の政治レジームは新しい中世や新しい封建制という姿で再生したとされる場合もある（本書の第5章を参照のこと）。

　ウェストファリアの領域原理は、正否は別として、近代の政治闘争の主要な引照点となっただけでなく、政治的争点を国内問題と国際問題へと分ける基礎ともなった。この参照点は、一部の研究者が初期の領域的組織形態に解体し、あるいは、回帰するに過ぎないものであると主張しているように、消極的位置しか占め得ないと言えよう。だが、多様な境界と国境や活動の最前線が可変的で、偶発性や分離に服していることを強調する点では有益であるし、政治的活動の多様な層や規模の優先順位は変化し得るともする。というのも、政治活動には、多水準的ないし多空間的なガヴァメントやガヴァナンスの編成が含まれるからである（本書の第5章と7章を参照のこと）。より一般的には、ウェストファリアの原理、あるいは、少なくとも、その創建神話を繰り返すことで地球規模の地政学的相互作用の象徴的・制度的・組織的基礎が提示されることになる。これは、実際、こうした相互作用を管理するための強制的なルールが存在しないとすると、内在的に無政府的な相互作用を指摘していることになる（ウェストファリア型国家については、とりわけ、次を参照のこと。Kratochwil 1986; Osiander 2001; Ruggie 1993; Spruyt 1993; Teschke 2003）。

(3) 国家人口

　「居住」や「住民」とは、始原的には、場所ないし空間に集住することを意味する（McNicoll 2003; Petit 2013）。用語は多様であるにせよ、この過程を促進しようとする営為は首長制社会に、いわんや、都市国家や領域型国家に先行したことである。というのも、住民と土地は前産業社会の重要な経済的・軍事的資源であったからにほかならない。より近時に至って、これは「広域空間（*Großraum*）」ないし「生存圏（*Lebensraum*）」をめぐる闘争に反映されている。この考えは、大規模な住民を有する国家を支えるためには領域や資源を増やそうとする闘争（この言葉はナチスの地政学と結びついた所産であるとされ、信頼されなくなっているが、なお大きな関心の的でもある）にとどまらず、出生率、婚姻、移民、高齢化にかかわる人口政策に、さらには、装置と組織としての家族

や日常のライフコースと世代間再生産といった人口政策にも反映されている。これは、経済的・政治的利点に発すると、あるいは、懲罰の形態ないし「人種主義」や民族的敵対主義のいずれに負うにせよ、住民の配置転換や住民の排除（ジェノサイドを呼び得る）の周到な政策とも結びついている（Levene 2005a, 2005b）。人口は、また、その「密度」への関心と、つまり、数、年齢、構成、質、人々の能力への関心とも連動している（Biller 2000; Curtis 2002; Petit 2013）。人民が数字化され、範疇化されることで統治の対象の意味を帯び、場所や空間に集住する家計と家族や人々と捉えられるようになったのは、後のことに過ぎない[9]。最初のセンサスの記録（所有、財産、資源、人口数を含む）は約6000年前のメソポタミアの国家にさかのぼる。それ以降、センサスは財政・生産・宗教・治安・軍事・優生・牧畜の目的のために、国家や他の機関によって組織化されている。センサスによって、社会的分業や社会的区分に関する範疇化や類型化が可能となったが、課税、進貢、軍役、治安などの統治と結びつくと、対立の過程は不可避とならざるを得なかった（Ojakangas 2012）。

ミシェル・フーコーが強調しているように、住民は解剖学政治（アナトモ・ポリティクス）と生政治（バイオ・ポリティクス）の目的となる。すなわち、各人の身体を規律し、住民を統治するための対象とされる。換言すれば、住民は国家の領域に居住している、あるいは、往来している個人の集合であるだけでなく、国家の類型や歴史的時間と政治レジームによって、多かれ少なかれ形態を異にするとはいえ、国家政策の複雑な対象として組成され、管理されることにもなる。例えば、「近代」国家において住民は

　人口は単なる数としてではなく、健康、出生率と死亡率、年齢、性別、（婚姻率、受胎率）、扶養率などの変動率から理解され、固有の合理性と独自のダイナミズムを備えた対象として、特種な直接的介入の対象となり得る（Thompson 2012: 42）。

人口がガヴァナンスの対象として浮上することで、「知の新しい秩序の創出、介入の新しい対象、主観性の新しい形態、そして、新しい国家形態」が生み出される（Curtis 2002: 507; cf. Dean1990; Petit 2013。この点については、ウィルケの国家資源としての知についての説明と、より一般的には、「統計」の重要性とど

のように関連しているかについて注目のこと。後者については次を参照のこと。Woolf 1989; Kalpagam 2000; Peiti 2013)。さらには、人口の統治と結びついて、近代国家の政策作成者は移民・課税・家族政策・教育・職業訓練・医療・住宅政策・空間計画といった争点についても考慮している。そして、人口への関心や生政治の実践への関心は都市国家や領域型国家を越えて植民地支配にも拡がり、(もっと前からとは言えないまでも) 1930年代以降には、例えば、医療に関する争点など、グローバルな規模の政策においても浮上している (次を参照のこと。Bashford 2006; Kaasch and Martens 2015)。

　三つの国家に関する教義のなかで、人口の要素は同一の政治的団体 (*Gesellschaft*) に属するという共有感とは、また、国家存在の共有感や義務・権利・便益を基礎とする市民権の共有とは異なり、感情の共同体 (*Gemeinschaft*) を意味すると解釈されることもある。こうした意味は、国家形成史からすると、個別の時代に共有されていたわけではない。古代エジプトやヘブライの国家はアイデンティティが共有されていたという点で、まれな例外にあたる (次を参照のこと。Finer 1997a: 3)。また、市民権は現在の諸国家においてすら、普遍的とは言えない。人口を国家の権威に服する人々から構成されていると見なすことは妥当なことであるし、こうした主体が多様な国家形態や政治レジームにおいて、どのように組成されているかについて考察することは適切なことでもある。市民権には義務と権利 (国家に反対する権利を含む) がつきものであって、市民権は、こうした様式のひとつに過ぎない。住民の組織化は国家の領域や装置と結びついていて、典型的には、所与の国家の境界内外において、包摂のみならず排除としても制度化されている。興味深い例は「主権の第三空間」にかかわるものである。すなわち、入植地ないし移住国家の現地権力と国家の前線内の (あるいは、実際、これを横断する部分的) 主権に対する先住民の権利との関係である (Bruyneel 2007)。すると、逆説が浮上する。というのも、先住民の習俗や伝統が国民(ネイション)の概念を欠いている場合、「国民的(ナショナル)な」主権に対する権利の承認を得ようとすると、対立する国家の法律や関連する法的-政治的言説に訴え、その合法性や正統性を主張しなければならない場合が多いからである (Purvis 1998)。この逆説は、さらには、国家だけが国籍や市民権を決定でき、一部の人々を無国籍にしたり、あるいは、既に制度化されている (また、

なお、論争の過程にある）人権を剥奪できるかどうかという点で、憲法・国際法・人権法に関する争点が浮上するからである。

　住民は国家により統治され、国民化、ジェンダー化、「人種化」などのアイデンティティを基礎とした区分に服していると付言すべきである。これは、階級構成と諸関係という点で、また、地方・地域・国民（ローカル・リージョナル・ナショナル）レベルの不均等な領域的発展という点でも差異化していることを意味する。ナショナル・アイデンティティは、国家発展の永続的ないし個別の段階において、あるいは、特定の局面のいずれにおいても、包摂と排除の、ひとつの基礎となる。この意味において、「国民－国家（nation-state）」は国家権力の領域化の特定の形態であって、既に安定化していると、潜在的に実現可能であると、あるいは、願望にすぎないものであるとを問わず、社会的に構築されたナショナル・アイデンティティを基礎とした形態である（第6章）。実際、「領域の画定は国民形成策に先行する。また、国民形成は、包括的原理であるとはいえ、完全に実現されているわけではない。だが、領域規模の国家存在の原理は世界的規模で確立している」（Albert and Brock 1996）。別の争点として、国家は領域を基礎とし、あるいは、領域において活動している多様な団体や組織に対して拘束力ある権威をどのように行使しているか、実際、こうした目的団体や組織には個別市民と同様の権利を認めてしかるべきかという問題がある。

　現代の住民にかかわって、次の五つの争点を挙げることができる。(1) 他の国家による国家の承認、(2) 民族自決の権利、(3) 住民と（どのように理解されるにせよ）「国民」との関係、(4) 住民と市民権との関係（社会的包摂と社会的排除や法的・政治的権利といった争点も含む）、(5) 国家に属し、国家から保護を受ける公式的権利の国際法的問題、これであり、関連事項として、無国籍者の権利という問題も挙げることができる。ここでは、第一の争点について簡単に論ずることにし、他については第6章に譲ることにする。

　国家承認には三つの形態が存在する。それは、デ・ファクト（事実上）、外交上、デ・ジュリ（法律上）の形態である。こうした区別は19世紀初期の南米のスペイン領からの離脱にさかのぼる。承認の形態は、承認する側の政府の意図に左右されるし、本質的に政治的で法的でもある。国家の承認は、一般的には、三要素の教義に従っていて、一定領域に居住する住民が実効的な公的権

表2.2 伝統的三要素理論の諸側面

	国家装置	国家領域	国家人民
規定的諸特徴	分業制の専門的職員と固有の国家能力	国家の権威のコントロールに服する区画型領域	国家の住民
類似の諸概念	「機構(アパレル)」方向規定的国家主権	国境、前線、「境界(ライミーズ)」、領地、国土、地域	住民、居留民、滞在者、制憲権力、「制憲化された権力」
外的次元	他の主権国家による国家主権の承認	飛び地、植民地、保護領、従属地領域外地の要求	外国人、難民、無国籍者
国家危機	国家能力の喪失、正統性の危機、亡命政権	国境線の不安定化、占領	人口学的衰退
国家の挫折	行政の失敗、正統性の喪失	軍事的敗北、領域型主権の喪失	強制移動、虐殺、内乱、二重権力、忠誠の二重化
一方的分析	マフィア型組織と国家との区別の不分明化	フロー空間の無視、場所・規模・ネットワークの接合	方法論的ナショナリズム
評言	物理的強制力の組織に還元され得ない。多水準ないし多層的(マルチ・タイアー)であり得る。非民主的ないし非正統的であり得る。国家組織の統治に立憲制を欠くこともあり得る。	領野、地上、地球の各規模の混乱を回避する必要。同一平面の不必要性(例えば、飛び地ないし海外領)。ナショナルな範囲の不必要性。	感情の共同体、国民ないし市民的存在と同一ではない。解剖学的政治と生政治の両者に服する。主体は個人であるだけでなく、「法人的」でもあり得る。

出典：筆者の作成

威のもとに組織され、この権威が内的主権ないし構成権力を、換言すれば、憲法を制定することのできる権力を保持しているだけでなく、公的な外的主権を、つまり、他の国家に公的に従属しない権限を享受しているかどうかに左右される[10]。国際法は、また、(1) 国家存在に関する法的基準に即した国家の承認と (2) 正統性や他国の政略的秤量と結びついた政府の承認とを区別する。それだけに、選択肢は非承認や条件付き承認による介入から積極的受容に及

第 2 章　国家の概念

び、その形式は多様である。国家のなかには、公式的に国家を承認するに過ぎないものもあれば、「亡命中」ないし「待機中」を含めて、形式的ないし事実上の政府を承認しているものもある[11]。すると、その姿勢は、外交的・政治的に巧妙なものとなる。というのも、離脱や対抗政府の形成を試み、同一領域
〔トリッキー〕
をコントロールすることを求める場合もあるし、海外の列強が亡命中や承認を待機している政府を支持する場合もあるからにほかならない（Talmon 1998）。だからといって、ある国家（例えば、アメリカ合衆国）が国際法に明定されている（あるいは、生成しつつある）義務の一部ないし全てを免除されると主張したとしても、国際法に従う必要を免れるわけではない。

(4) 三要素の再検討

　当面のところ、三要素アプローチが分析の有益な起点となるにせよ（後に、第四の要素を加える）、三要素の全てとその相互関係について考察すべきである。この構成要素は、言説的にも制度的にも、形態を異に多様に接合され得る。例えば、フランス革命後のジャコバン主義の定式化は「ひとつの人民、ひとつの領域、ひとつの国家（*un peuple, une terre, un état*）」であったのにたいし、ナチ・ドイツにおいては「ひとつの民族、ひとつの帝国、ひとりの指導者（*Ein Volk, ein Reich, ein Führer*）」であった。また、制度的には、領域化と装置の設定や人民ないし国民の形成については、政治的な優先順位や配列の多様性を認めることができる。（多くのなかの）二つの対称的な歴史例として、イタリア統一後の課題（「イタリアは、今や、建国されたが、イタリア人を創造しなければならない（*Italia fatta, bisogna fare gli Italiani*）」を、また、ユダヤ国家を構築するというシオニスト運動を挙げることができよう。こうした概念や実践の争点を軽視することから、どのような結果を呼ぶことになったかは、多様な一面化が導入されることで歪曲が起こったことに認め得る。

・国家機構とその能力にのみ関心を寄せると、国家指導者と彼らが指導し、統治する住民との分業の出現が強調されることになる。その極端な例は、国家を「武装男性の特定の機構や監獄など」に還元することである（Lenin 1972）。これは、国家を軍閥主義や暴力団とマフィアのような組織から区別することを困難にさせ

45

る（Tilly 1975; Volkov 2000; Breuer 2014. シシリアの国家形成におけるマフィアの役割については次を参照のこと。Blok 1975）。だから、近代国家の規定的特徴は強制の正統性に、また、国家権力行使の他の様式の正統性に求められているのである。また、国家の固有の属性を行政機関ないし抑圧的組織にのみ求めると、国家は独立変数視され、いわゆる国家中心的アプローチが採用されることになる。こうした研究においては、国家に固有の政治的資源のゆえに、非国家的な諸勢力の抵抗がある場合（とりわけ、社会勢諸力の多元的世界が重要な運動の余地を留めている場合）といえども、国家がどのように現代社会に浸透し、これをコントロールするとともに、監督・監視し、規律しているかが強調される。また、そのことで国家管理者層が他の主体や利益に抗して自らの行政的・職業的・政治的利益を追求し得るかが強調される（現代の古典的文献として次がある。Evans, Rueschemeyer, and Skocpol 1985. 次も参照のこと。Skocpol 1979; Nordlinger 1981; Mann 1984; Giddens 1985; Bourdieu 2014）。

・国家領域に焦点が据えられる。これは、部族や氏族の、あるいは、親族諸集団（単数は *gens*）の秩序間の個別的差異を軸に組織された「同族(ジェンス)」型社会との対比に（cf. Engels 1972; Service 1975; Wright 1977; Finer 1997a. また、第5章も参照のこと）、あるいは、より最近の用語に従えば、遊動型(ノマディック)社会との対比に依拠している（cf. Deleuze and Guattari 1983）。また、国家領域の概念は、国家の領域を拡張することで国家権力の展開を求めた前近代的傾向と所与の領域内のコントロールを強化しようとする近代国家の傾向を対比するためにも用いられる。だが、こうした見解は、国家なき社会も領域を独自の方法で領有しようとしたことを看過している。例えば、ノマド集団は、一般的には、認知されていることであるにせよ、明確な境界を欠いた本拠地を占拠している。こうした見解は、また、政治権力の脱領域化や再領域化を一方的に注目させることになり、政治的空間を組織する他の形態を無視することにもなる。関連する争点として、国家領域の継続性を混乱させる囲繞地や飛び地が存在していることである。治外法権も重要であって、少なくとも、二つの形態を採る。ひとつは、他の領域にいる国外在住者のために本国と同様の法的システムを採用することである（例えば、19世紀において、中国、日本、オスマン帝国に在住しているヨーロッパ人のための法廷が設けられたこと）。他の形態は第二次大戦後の法的帝国主義であって、力は正義

なりという格言を、また、アメリカの法的規範の優位性の主張や、アメリカ例外主義とアメリカの固有のグローバルな役割に関する主張を基礎としている（こうした事例については次を参照のこと。Kayaoğlu 2010）。
・最後に指摘しておくべきことは、国家主体に一方的に注目すると、人口問題に関する人口学的関心に傾斜するということである。例えば、国家民族(*Staatsvolk*)を「国民ネーション」とし、その（始原的、創造的、構成的）性格に焦点を据えたり、あるいは、市民権のレジームに関心を深くするあまり、支配・従属・排除といった他の形態が無視されることになる。さらには、「方法論的ナショナリズム」を呼び、経済的・政治的・社会的秩序は所与の国民－国家ないし国民的領域国家の権威に従属していることで規定し得ると想定されることにもなる。だが、臣民、市民、居留民、外国人などのいずれとしてであれ、住民が支配の集合的対象として、どのように組成されているかを問う必要がある。また、こうした住民が（例えば、個人や世帯として、また、コミュニティや人口として）統治の基盤として、どのように組織されているかを、さらには、団体と企業や他の集合体が、個別の成員とは区別される権利と義務を有する法的主体として、どのように組成されているかを問うべきであるし、国民形成、国民のタイプ、包摂と排除や不平等にかかわる争点、ディアスポラや移民に関する議論などについても検討すべきである（第6章を参照のこと）。そして、ラディカル・デモクラシー論の視点からすると、どのような条件において、住民ないしその代表者が「構成的権力」の主体となるかを、すなわち、憲法を制定し人民主権を行使する主体となるかについて問い得ることにもなる。

　理論を基礎に国家の一般論を展開しようとすると、国家の衰退と危機や挫折に関する個別的・相関的説明が必要とされるか否かという問題が浮上する。この点では、国家の一般論が存在しないように、その衰退・危機・挫折に関する一般理論も存在しないと言える。とはいえ、以下で展開する国家権力の戦略－関係アプローチは、こうした事象や過程について抽象的可能性を提示する位置にある。その説明は所与の衰退・危機・挫折の個別例の実際の原因に関する個別の論述に先行するし、また、自立してもいる（cf. Kenway 1980）。換言すれば、危機が浮上する一般的条件を考察し、次の局面ないし諸段階で特定の危機

の特定の原因を考察し得ることになる。社会関係の特定の形態や組合せに内在する危機傾向と対抗傾向を特定することができたとすると、相対的に安定した時期のみならず、不安定化・衰退・危機・挫折の時期の説明に移り得ることにもなる。多様な歴史と比較の脈絡から国家とその特定の具体例について検討し得るように、こうした条件や傾向は抽象の異なるレベルで検討することができる。国家が領域をコントロールし、組織的な統一性や政治的権威を有すると見なすことを当然であるとする本質主義的国家論には立っていないことを前提とすると、こうした特徴が存在するなら、それは実践的・偶発的所産であって、継続的に再生産され、強化されなければならないことになる。このように受け止めると、抽象的視点から危機の主要な場と起こり得る形態を特定することができることにもなる（程度を異にする抽象の諸例については表 2.2、3.1、6.1、7.1 を参照のこと。また、さらなるテキスト風の指摘と事例については第 3 章・4 章・7 章・8 章・9 章を参照のこと）。

　すると、国家の衰退と挫折、あるいは、国家の後退は以下のような形態をとり得ることになる。

(1) 国家能力の挫折が行政の失敗や正統性の危機ないしその喪失のいずれかに負うように、統治の性格と目的について国家企図に込められた集合的目的が実現されるとは限らない。
(2) 国家領域のコントロールの喪失は大災害、征服、合同ないし分離、多水準型ガヴァメントに、また、支配的諸勢力と革命的諸勢力が主権を争うなかで領域における二重権力が出現したり、あるいは、領域外の権威への服従ないし免責特権（あるいは、両者）の主張の台頭に帰因する。
(3) 国家民族（*Staatsvolk*）の分解はジェノサイド、強制移住、人口学的衰退、あるいは、内戦、二重権力、忠誠の分裂による。

4. 政治権力の領域化の、さらなる検討

　今日の国家の多くは、また、最も強力な国家の全ては、それぞれの（大規模な）領域に対する公式の主権を相互に承認しているし、冷たい関係になることもあるにせよ、外交関係を保ってもいる。こうした国家の主体は、原則的に、

コモンローに従っているし、理念的には、自らの国家（そして、恐らく、サブナショナル層）が領域内で正統的権威を行使すべきものと判断している。この点で、全ての国家は平等と言える。だが、例外はあるとはいえ、主権型都市国家や小さな群島国家は経済地理学的・地政学的権力を欠いている。実際、1919年に国際連盟が創設されたとき、極小国家は領域が狭小で人口も少なく、軍隊を保有してはいないだけに、その義務を果たし得ないという理由から加盟を拒否されている（例えば、アンドラ、リヒテンシュタイン、モナコ、サンマリノ。次を参照のこと。Ferguson and Mansbach 1989: 26）。だが、今や、この種の国家の多くも国際連合に加盟している。だが、その影響力は弱く、大国間の戦略的ゲームの駒（ポーン）の役割を果たしているに過ぎない。これは、世界が国家化しているとされながら、その限界を示していることにもなる（Reinhard et al., 1999; Schuppert 2010: 2; Albert 2005）。

　第3章と5章で検討するが、三つの限定を付すべきであろう。第一に、政治権力の領域化は、また、こうした権力が行使される住民の創出は闘争の歴史的所産であるということである。そして、この所産は、国家を維持し、変容しようとする、あるいは、解体しようとする憲法的・制度的・組織的闘争によって再生産される（もしくは、変容する）。このことと結びついて、領域は厳格に区分されていながら、政治権力はゆるい形態で行使され得るに過ぎないことである（例えば、ノマド型などの無国家社会、ネットワーク・ガヴァナンス、政府なきガヴァナンス、カリスマ的支配、ヴァチカンやイスラームの「共同体（ウンマ）」のような国境横断的（トランスナショナル）な宗教的権威、非公式な帝国、もしくは代表によって統治される多極共存型連合など）[12]。

　第二に、多様で多くの形態の領域化が存在していることである。国民的領域型ウェストファリア国家とは、領域に沿って政治権力を組織する歴史的に可能な（実際は合成の）様式のひとつに過ぎない。他の様式には、首長制、封建制、公国、都市国家、絶対主義体制、帝国、宗主領、進貢関係、隷属ないし従属型国家、近代的帝国－植民地ブロック、植民地などが含まれる（Braudel 1975; Dodgshon 1987, 1998; Anderson 1996）。

　第三に、領域化の別の形態がウェストファリア・システムと、なお、共存していることであり（例えば、都市国家、従属型国家、囲繞型国家、軍閥体制、絶対

主義体制、非公式の帝国)、また、国家存在の新しい形態も浮上していることである (例えば、EU)。こうした様式には、表現の適否はあるにせよ、組織原理としての帝国の再現、地球国家(グローバル)の可能性、ハンザ同盟の新しい形態としての世界都市のネットワーク、主要な経済的・政治的プレイヤーとしてのサブナショナルな地域の再興、国境横断型(クロスボーダー)地域間協力、新しい中世体制、超国民的(スープラナショナル)ブロック、西側のコングロマリット型国家が (Shaw 2000)、さらには、永久平和を志向する萌芽期の世界国家 (ないし、グローバル・ガヴァナンスすら) も含まれる。複雑な状況も浮上している。これは、EUについて、これを再規模型「国民的(ナショナル)」国家であると見なすか、中世期の政治的パッチワークに類する新しい中世的再興や脱主権型権限形態であるとするか、さらには、ウェストファリア型超国家(スーパーステイト)や多極共存体制ないし新しいタイプの帝国と見なすかという点で解釈が競合していることに認め得る (次を参照のこと。Beck and Grande 2007; Brenner 2004; Costa and Magnette 2003; Andersen 1996; Friedrichs 2001; Segesvary 2004; Shaw 2000; Taylor 2004; Ohmae 1995; Voigt 2000; Wendt 2003; Zielonoka 2001, 2006; Ziltenr 2001)。さらには、ネグリとハートにおいては、主権型領域国家の世界は単一の非領域的なネットワーク化型帝国に取って代わられつつあり、この帝国がグローバルに活動しているとする (Hardt and Negri 2000. 生成期の諸形態については、第8章を参照のこと)。

5. 国家の多形的特徴

こうした複雑性に対するアプローチとして比較-歴史の視座が重要となるが、このアプローチからすると、国家は多形的であると考えられることになる。自然諸科学において、多形性とは、種はライフサイクルにおいて多様な形態変化を繰り返すと、あるいは、交配のための能力を断絶されることなく、いくつかの形態を採り得ることを示唆している。また、化学からすると、物質的化合物は、二つ以上の持続的形態に結晶化し得ることになる。同様に、資本主義社会の国家が資本主義的にならざるを得ないという見解を批判して、マイケル・マンは、諸力のバランスに従って、とりわけ、これが国家の総体と権力の行使に影響を与えるので、国家の組織と能力は、基本的には、資本主義的・軍事的・神政的・民主的であり得ると主張している (Mann 1986)。その支配的具

象化は挑戦に開かれていて、局面のなかで変化することになる。このリストには、他の研究者の成果に依拠して、官僚的絶対主義（Wittfogel 1957）、テクノクラート支配（Bentham 1970）、エスニックないし人種的国家（Goldberg 2002）、（エスニックな区分を基礎とする）アパルトヘイト国家（Price 1991）、家父長制国家（家父長一般、MacKinnon 1989; Brown 1992）、エトノス・政治的国家（Gramsci 1971）を加えることができる。

　同様に、政治地理学者のピーター・テイラーが指摘しているように（Taylor 1994）、長い16世紀における近代の国家間システムの誕生以来、領域型「権力容器（コンテナ）」としての国家の役割は多面化している。これには次が含まれる。(1) 戦争による攻撃と防衛、(2) 重商主義的内包化と国民経済の富の開発、(3) 国民型政治 - 文化のアイデンティティの促進、(4) 政治的正統化としての民主的形態の制度化、(5) 社会福祉の多様な形態の提供、これである。すると、近代初期のヨーロッパにおける戦争機構や重商主義時代の富の容器から第二次産業革命期の国民的開発主義的 - 帝国主義的国家やフォード主義的 - ケインズ主義期の国民的福祉国家の時代に至るまで、国家は極めて多様な政治的 - 規制的戦略を展開し、領域の原理に訴えて自国内の多様な社会経済的活動を「内包」しようとしてきたことになる。領域型境界は歴史的に固有の戦略と国家内外の政治 - 経済的活動の地理を形成しようとする不断の新しい試みの手段であり、結果ともなったと捉えるのが最善と言える（Newman and Paasi 1998）。

　こうした多様な帰結を理解するためのひとつの方法は、（あるとして）社会的組織化の支配的原理に、また、この原理が国家の形成（変容）にどのような役割を果たしているかという視点に依拠することである。競合的諸原理には、市場化、内外の安全、環境の保全、内包的市民権、法の支配、ナショナリズム、エスニシティ、神聖政治が含まれる。だが、この（あるいは、他の）いずれも支配的原理となり得るし、また、なったとしても、少なくとも、一時的に過ぎず、国家権力の主要な結実として反映される傾向にある。すると、資本蓄積は社会的世界の複雑性を研究するための最適の出発点とは必ずしもなり得ないことになる。これは、あと知恵として、国民の安全や国民形成を優先するように見える国家が資本に有利な政策を、現に、追求しているかどうかを問い得るにせよ、この場合についても妥当することである（例えば、東アジアの開発国家を

参照のこと)。

　別の具象化の範囲は国家形成の歴史的意味論の重要性を、また、政治的想像と国家企図の可変性を照射することになる。実際、近代国家の構成要素（例えば、軍隊、官僚制、課税、法システム、立法議会）の確かな起源がどのようなものであったとしても、それが相対的に一貫した組織的集合体として組織されるかどうかは、極めて重要なことに、国家理念の出現に左右される。これは、国家の言説が政治領域の他の制度的秩序からの分離という点で、また、神話化、自己目的化、自己規定のいずれであるにせよ、それぞれの社会構成体とリンクした政治的諸関係の複合的総体として国家が形成されるという点でも鍵的役割を果たすことを意味する。国家-市民社会の範囲に関する言説的・物質的構成のゆえに、国家管理者層は国家権力の行使について可変的範囲を管理し得ることになる。それだけに、また、社会的諸勢力の対抗提案ないし抵抗を呼び得ることにもなる。政治の舞台においては、両者の区分線が他の行為主体の「国家」に対する行動に方向を与え、国家が存在しているかのような行動をとらせることになる。そして、支配的ないしヘゲモニー的な政治的想像や国家の想像をめぐる闘争は統治の性質や政府の目的と課題の形成という点で、決定的位置を占めることになる（Gramsci 1971; Mitchell 1991; Bartelson 1995, 2001; Neocleous 2003）。

　要するに、国家と社会化の企図が競合しているという事実からすると、近代国家が、常に、（あるいは不断に）本質的に資本主義的であるということにはならないことになる。さらには、蓄積が深く組織的基盤に組み込まれているときですら、近代国家における国家管理者層（政治家や公務員層）は他の機能的必要性や市民社会の他の圧力を常に気に留めざるを得ないが、これは個別の領域において国家の制度的統合と社会的凝集性を維持しようとするからである。

　このアプローチは、現存の国家形態ないしその総体が何らかの社会的組織化の支配的原理の多価的・多形的結晶であって、局面の喫緊の課題、長期の一般的具体化の規定、個別状況で浮上する特定の具体化を異に多様化すると見なすことになる。このアプローチは具体化し得る軸線ないし企図の範囲や時空間のマトリックスについて刺激的な疑問を喚起する。というのも、これは多様な制度的秩序の統合とその時空間レベルにおける齟齬の潜在性という点で、重要な

問いを提起するからである。これは、国家企図や社会化の企図（あるいは、両者）が競合するために、国家は実効的に機能し得ないこともあり得ることを示唆している。この不確実性のゆえに、アブラムスは、物象化された国家の概念を放棄すべきであるとしたが、これは、国家理念が国家企図の競合と結びつき得るし、国家システムが国家権力の多様で不完全な具象の反映に過ぎないと判断したことによる。この文脈からすると、国家システムには、何らかの企図の制度化と正統化によって実現される「国家効果（イフェクト）」が含まれていることになり、そのことで、別の夾雑的で残余型の、また、周辺的で関連性を欠き、非同調的で矛盾を含んだ全ての要素を内在させることにもなる。同様の理解は、より一般的には、社会構成体にも敷衍し得ることであって、所与の社会の性格は集合的アイデンティティが変化することで、また、アイデンティティが支配的な社会制度と諸実践において、どのように反映されるかによって変化することにもなる（Jessop 1990, 2007b）。

　既述とかかわって、国家とは多脈絡的とする考えを挙げることができる（Willke 1992）。多形的結晶化が国家企図と社会化企図の競合に発する国家効果であるのに対して、多脈絡性はこうした効果が多様な文脈において浮上する複雑性のことを指している。こうした脈絡は相互に埋め込まれているが、錯綜した位階制に、あるいは、両者に内在している。すると、国家と国家権力は多形的で、また、多脈絡的なことになるし、両者に多脈絡的という言葉もあてられている。国家は多様な場と規模で存在し、各脈絡において多様な（一連の）課題を遂行していて、脈絡に応じて、相貌を異に多様な現れ方をする。だから、国家には多様な形容詞を付すことで規定されているのである。これは、行政国家、立憲国家、協調的国家、民主的国家、国民的国家、国民−国家、ネットワーク国家、家父長的国家、安全保障国家、課税国家、多国籍（トランスナショナル）国家、福祉国家などに認め得ることである。それだけに、同一「種類」の国家といえども、その分析に脈絡−対応型研究方法が求められるし、多様なアプローチを通約し得ることの必要も浮上するのである。

6. 変数としての国家性

　既述を、とりわけ、三要素アプローチを前提とすると、「国家」の存在が単

純に「賛否」のみから判断し得ないことは明らかである。これは、抽象的モデルないし理念型の比較に認め得るように、長いあいだに成立した現存国家に関する歴史的・比較的可変性に関心が寄せられ、これが繰り返し浮上したことにうかがい得ることである。だから、理論家のなかには国家を概念変数とし、その理念や制度について、あるいは、国家を規定する能力について検討している論者もいるのである（例えば、Nettl 1968; Badie and Birnbaum 1983; Schmitter 1996; Evans 1997; Fukuyama 2003; Axtmann 2004）。他方で、国家の多様な存在は個別の政治形態であるとし、この点について検討している論者もいる。こうしたアプローチは国家理念を歴史化することで、その極めて大きな制度的多様性を強調するものである。こうした争点については、全ての領域的レベルないし規模の点から検討されているし、ローカルと国際的視点からメゾレベルの多様性に強い関心も寄せられている。

　関連する争点として、国家を強化する諸要因とは何かという問題がある。これは、対内的には、領域内の社会的諸勢力に対して権威を行使し得る国家能力のことであり、対外的には、国家間システムにおける国家の力を指している（後者については次を参照のこと。Handel 1990）。この関心は、国家が社会の残余に浸透し、これを組織する能力と結びついている。これは、とりわけ、略奪国家や開発国家に関する近年の理論的・経験的著作に顕著である。前者は、本質的に、経済と市民社会に寄生していて、命令に関する専制的権力を行使するが、結局、経済、社会、そして、国家自身を切り崩すことにもなりかねない。対照的に、開発国家もインフラストラクチャー型権力やネットワーク型権力を行使するが、その様態は、いわゆる市場親和的方法においてのことである（eg., Castells 1992; Evans 1989, 1995; Johnson 1987; Weiss 1998; Weiss and Hobson 1995）。こうした文献には、多くの問題点も内在している。そのひとつは、多脈絡的アプローチというより、強い国家と弱い国家に一括し、これを対照軸としていることである。また、強さ（と弱さ）に関する多様な解釈では、統一的分析を期し得ないことにもなる。というのも、国家が強力であるのは、大きな公共セクターと権威主義的支配や強い社会的基盤に支えられ、弱い、ゼラチン状の市民社会と凝集性の強い官僚制や介入主義的政策を、あるいは、対外的介入を制限し得る能力を宿しているとされてきたからである。また、最も重大な

ことに、強さを結果からのみ規定するあまり、同義反復に陥っている研究もある（論評については次を参照のこと。Clark and Lemco 1988; Migdal 1988; Onis 1991; Waldner 1999）。理論的解決策があり得るとすると、それは、長期的視点と特定の局面における政策領域から、国家能力の可変性の範囲を設定することである。そうすることで、どのような政策領域や経済セクターが経済パフォーマンスを助長するうえで効果的であるかという視点から、また、どのような行為の時空間的次元や環境において、それが作用し得るかという視点から特定の国家能力を検証し得ることになる。例えば、低テクノロジー部門のキャッチアップを志向する輸出先導型成長を促す国家能力は、キャッチアップが実現されてしまうと、知識集約的セクターにおける技術革新先導型競争力の安定化にも、同様に適切であるとは言えない場合もあり得る。

7. 国家を構成する

国家理論は国家を分析対象としつつも、これを自明視するものではなくて、極めて多様な国家効果を呼び得る諸実践について検討し得るし、また、すべき位置にもある。だから、制度の構成の変化や活動の変動を関心の対象とせざるを得ない。

この点で、例えば、バディーとビルンボームは次のように指摘している。

> 今日においても、なお、政治システムを区別することは可能なことである。これは、中心と国家の両者が存在している場合（フランス）、国家は存在するが、中心が存在しない場合（イタリア）、中心は存在するが、真の意味での国家が存在していない場合（イギリスとアメリカ）、中心も国家も存在しない場合（スイス）である。最初の二つの事例においては、国家が市民社会を支配していて、程度を異にしつつも、その組織化に責任を負っている。後者の二つの事例においては、市民社会が自らを組織している。したがって、国家が強力な官僚制（フランスがその理念型にあたるし、プロシアとスペインおよびイタリアは同様な経路を辿っている）によって社会システムを管理しようとする社会と、市民社会が自らを組織する能力を持っていて（イギリスが理念型であるし、アメリカや「多極共存型民主政」という……同様の経路を辿っているスイス）、強い国家や官僚制の統治を不要としている

社会とを区別することができる（Badie and Birbaum 1983: 103-4）[13]。

ミシェル・フーコーは「国家効果」という理念について、より根源的説明を提示している。

　国家の存在が現状であるとすると、これは、国家にとって外的であり、また、内的でもある、この統治性（governmentality）に負うと言うべきであろう。というのも、統治の戦術こそが、何が国家の次元に含まれるべきか否かを、何が公的で私的なものであるかを、そして、何が国家能力に入るか、などを常に規定し得るからである。すると、国家の生存と限界は統治性の一般的戦術を基礎に理解すべきことになる（Foucault 2007: 144-5）。

統治術は主権的権力の行使に限定されるわけではないことになる。これは、政治空間と多様な非政治的空間とを区別する実践にも及び、両領域にまたがる複雑な統治行為の技術にも敷衍される。ティム・ミッチェルはこの点を次のように指摘している。

　国家は空間の組織と時間的配置や機能的分化の、また、管理と監視の委細にわたる過程の効果として論じてしかるべきであって、これが国家と社会を根本的に分かつ世界を表現することになる。近代政治の本質は、この区分の一方において形成された政策が他方に適用され、あるいは、具体化されるということではなく、この区分線を生産し再生産することにある（Mitchell 1991: 95）。

両事例において、統治術や統治性にかかわる主要な側面は、両者がある争点を私的、技術的、あるいは、管理的なものと（再）規定することで、どのように政治的意思決定や対抗政治から明示的に自立しているかということである（Miller and Rose 2008. また、本書の第7章も参照のこと）。さらには、既述のように、類似の物質的・言説的境界が地球を個別の国家と社会に分け、浮上しつつある世界社会において、程度の差はあれ、複雑に断片化し、成層化した国家システムをどのように形成しているかということである。国家のフロンティアと

時間的地平は決められてしまうと、固定化するわけではなく、変化の過程を辿るし、政治過程や国家能力に影響することにもなる（第5章と8章を参照のこと）。

そして、アントニオ・グラムシは独自のマルクス主義的視点から次のように述べている。

　国家の一般的概念には、市民社会に立ち戻るべき諸要素も含まれている（だから、国家＝「政治社会プラス市民社会」と、換言すれば、「強制の鎧をつけたヘゲモニー」であると言い得るのである）(Gramsci 1971: 263=Q6, §88: 763-4)

グラムシは、国家とは、複合的社会的関係であって、個別の経済的・政治的・社会的な企図と戦略を軸とする国家と非国家的制度と実践を接合する社会的関係として研究している。彼は、国家権力、政治連合の形成、サバルタン諸勢力の組織の解体に占める私的な制度と組織や運動の中心性を強調している。「市民社会」は顕在的な「私的」組織の次元であって、国家の、とりわけ、政治と政策の不可欠な一部であるとする。この考察は「グローバル市民社会」にも敷衍し得ることである。

以上の議論に依拠すると、「三要素」アプローチに次の視点を導入することで、補強し得ることになる。これは、領域的境界を確定するとともに、制度的総体としての国家と所与の社会における他の制度的秩序や日常生活とを区分するにあたって、言説的・物質的実践が重要であるだけに、その役割が強調されてしかるべきであるということにほかならない。これは、また、国家と国家権力の性質と目的の規定に関する示唆が含まれていることを意味する。この点については、領域的境界の議論で示したことである（第8章も参照のこと）。ここでは、上述の区分とは別の区分線についてコメントを付すことにする。これは、幾つかの明らかに非政治的な領域から政治的領域を区別することであるが、これには、また、社会関係ないし社会的争点の組合せをこの区分のいずれかの側に措定することも含まれる。非政治的領域は政治的領域の外部に位置する不特定の残余から（例えば、国家〈対〉社会、公〈対〉私）、あるいは、固有の制度的秩序や機能的論理と主体や実践を伴う自覚的領域（例えば、宗教的・

経済的・法的・教育的ないし科学的領域）から構成され得る。この区分線は所与視される場合があるとはいえ、自然なものとは言えず、監視され、再政治化され、あるいは再活性化されるものである。さらには、政治的領域と非政治的領域の区分線を再規定しようとすると、不特定の領域に何が含まれるか、あるいは、より特定的には、所与の、明定された非政治的領域に何が含まれるかという点で議論や対立を呼ぶことも起こり得る。

以上からすると、政体の境界線を非政治的領域にも広げ、これを政治的要素と利益や価値と、また、諸勢力に従属させることで政治化（政体化と言ってもよい）の空間が創出されることになる。逆に言えば、脱政体化とは、こうした境界線を後退させることを意味する。これには、例えば、神聖化、市場化、法制化、科学化（専門化）が、あるいは、フーコーの用語に従えば、規律ないし統治の実践を媒介とする統治化（governmentalization）や自己責任化が含まれる。この過程が政治空間と非政治空間に関する議論や対立を喚起し、不特定の側に、あるいは、明定された所与の非政治空間に何が含まれるかをめぐる議論や対立を呼ぶことになると、この過程は逆効果を呼びかねないことにもなる（cf. Jessop 2014b）。

国家が言説的・構造的・技術的に、また、主体として経済や家族と宗教やスポーツと芸術と、あるいは「市民社会」といった他の制度的秩序と結びついていると指摘したからといって、とりわけ、国家に発し、国家を媒介とする諸過程が排除されるわけではない（実際、このように判断している）。典型的には、政治闘争はこうした他の舞台と、また、これと結びついた闘争の諸形態から相対的に自律している。そして、国家は固有の資源と能力を保有しているので、その作用と再生産を助長し得るが（当然、逆も起こり得る）、これを阻止し、切り崩し、あるいは、破壊し得ることにもなる。これがどのように浮上するかとなると、その様態は社会化の形態を異にすることであるし、断片化した中心－周辺や機能的に分化した社会において多様化する。これは、生成期の世界社会における多様な秩序やシステムの統合の程度にも妥当することである。こうした自律性によって、多様な社会諸勢力は国家を対象とする闘争を活性化し、固有の物質的・理念的関心から、その特徴の一部ないし全体を変えようとすることにもなる（後の諸章を参照のこと）。

8. 国家の四要素の規定

　読者のなかには、この種の議論の方向を拒否する人々もいるだろう。そうとは言えないまでも、少なくとも「国家理論」を展開する試みの妥当性に疑問を持つ人々もいるかもしれない。国家について理論的に妥当な説明を試みようとすると、制度的総体として説明するだけではすまないものがあるかぎり、こうした疑念にはもっともなところがある。だが、これは克服し得ない課題ではない。そこで、ただちに他の争点に移ることはせず、まず、国家の一般的定義を提示したうえで、その多様な所産について検討することにしたい。国家システムと国家理念に関する筆者の主張を前提にすると、国家の伝統的な三つの主要な構成要素のみならず、第四の要素として国家の言説ないし政治的想像（イマジナリー）について言及すべきことになる。以下は筆者が既に提案したことでもある。

　国家装置の核心（「国家権力、*Staatsgewalt*」）は社会的に埋め込まれ、社会的に規制され、戦略的に選択的な制度と組織の相対的に統一された総体からなり、その社会的に受容された機能は、所与の領域（「国家領域、*Staatsgebiet*」）において、当該の領域と同定された想像の政治的共同体の共通利益ないし一般意志の名において（「国家理念、*Staatsidee*」）、社会の成員（「*Staatsvolk*」）に対して集合的に拘束する意思決定を行い、これを実施することにある（次から引用。Jessop 1990: 341）。

　この定義は、特定の政治的志向性をもったマクロな政治的組織の特殊形態として、国家の包括的特徴を規定している。また、国家と政治的空間との、実際、より広い社会との結びつきを示しているし、特定の国家や政治レジームの研究に道を拓き、国家が生成・進化し、危機に陥り、そして、変容する条件の研究へと誘い得るものである。さらには、政治の言説に内在する矛盾とジレンマを国家研究の中心に据え得ることにもなる。というのも、一般意志ないし共通利益は国家システムの主要な特徴であって、直接的な政治支配や暴力的抑圧から区別されるからである。すると、この定義には、次の六つの限定を付すべきことになる。

(1) 国家総体の中心の上下と左右には制度と組織があり、これと中心的総体との関係は確定されているわけではない。また、国家システムは社会から完全に分離されているわけではないし、その制度的境界が論争の対象となることも多い。これは、国家システムが完全に閉じられたものとはなり得ないことを意味し、したがって、制度的統合の試みを複雑にする。また、その機能は広く社会に広がっている多様なミクロ政治の実践に左右され、現実というより意図や志望に発する場合が多いにせよ、国家の「核心」において調整される。そして、国家システムは、国家間領域において生成しつつある国家に類する諸制度とも結びついている。

(2) こうした制度と組織の性質、また、これを接合することで総体化し、広い社会と結びつけることは、全て、社会構成体の性質と歴史に左右される。資本主義的国家類型は、例えば、封建制とは類型を異にするし、レジームは資本主義社会においても多様である。すると、国家の多形性に関する問題が極めて重要とならざるを得ない。こうした区別が歴史社会学や比較政府論の内実を構成する。

(3) 社会に対する国家の政治機能が社会的にどのように認識されているかということ、これが通常国家の規定的特徴となるが、それが制度化され、表現される形態は多様である。この機能を「社会的に認識されている」としたのは、その内実は、部分的であれ、政治的説得力を帯びた言説と想像や企図を媒介としているからである。単一国家においてすら、典型的には、国家の任務について、また、より広い社会に対する役割について、競合する政治的想像が存在するだけに、相互の矛盾も浮上し得る。これが政体・政治・政策という三つの区分が、とりわけ、共鳴し合う分野となる。さらには、予測されることではあるが、こうした争点は支配やイデオロギー批判と直接的に関連することでもある。

(4) 強制は国家の究極的制裁の発動であるが、国家は、また、自らの裁量において、物質的にも象徴的にも、他の介入手段を保持している。だが、その接合と展開には、様々な矛盾とジレンマが付随していて、重要な戦略的争点を呼ぶことにもなる（第3章）。

(5) 共通利益や一般意志が国家理念に即して管理されている社会は、両者が

日常的な言説と理論的作業において融合している場合があるとはいえ、国家の場合と同様に経験的所与とは言えない[14]。その範囲やアイデンティティは、国家が形成・再生産・変容されると同様のプロセスを経て構成されることが多い。これが「国民（*Staatsvolk*）」の規定と構成という点で重要な側面となる（第6章）。別の側面として、この文脈からすると国家理念ないし国家企図とは、国家の権限の一般的正統化のことではなくて（例えば、ウェーバーの用語に従えば、伝統的、合理的－法的、あるいは、官僚的）、特定の局面において、より広い社会に対し国家の性質や目的を提示する政治的想像に過ぎないことになる。

(6) 共通利益や一般意志という政治の修辞が何を示唆しているにせよ、その規定の試みが戦略的にバイアスを含んだ構造的・言説的次元で浮上し、利益と意見や価値の多様な接合と集約を内在するものである限り、常に「幻想」性を帯びざるを得ない。共通利益や一般意志は、常に、非対称的で、ある利益を周辺化し排除することで、別の利益の実現が期される。個別の利益の全てを包摂し得るような一般的利益は存在しない（第4章を参照のこと）。これは「国家理念」に関するアブラムスの理解に読み取り得ることであるし、イデオロギー批判（*Ideologiekritik*）の展開にとって重要な領域でもある。

9. 暫定的結論

今や、四つの暫定的教訓を引き出し得るに至った。第一に、アブラムスの提言を支持すべきであると判断する。というのも、彼は、現存の国家システムの複雑性に注目するとともに、支配システムとしての国家の理念の惑乱効果の役割を認めているからである。この視点からすると、国家理論の目的は国家の脱神話化に、あるいは、ミシェル・フーコーを援用すると、政治分析においては、主権国家の特権的地位をはぎ取ることで「王の首を切りおとす」べきことになる（Foucalt 1980: 121）。この結論からすると、第二に、歴史的意味論や、支配の批判とイデオロギーの批判とを結合することで、国家を批判的に研究し得る基礎が提示されることになる。そして、第三の予備的教訓は、国家とは複雑で多形的な実在であって、その要素や結晶化のひとつのみに一方的に注目す

るのではなく、いくつかの参入点や視点から分析することが最善の研究となり得るということである。(そして、第四の教訓でもあるが)、概念の混乱のなかで苦闘するよりも分析の前進を期すためには、国家の予備的規定が求められるということである。だが、以上の四段階の規定は分析の出発点となり得るにせよ、その終着点であるとは言えない。

　この分析をより明示的なものにしようとすると、諸概念の位階制(ヒエラルヒー)を構築し得るものとすることである。それは国家存在の抽象的で公式的な規定から出発し、政治レジームの具体的な個別類型へと下降するものである。もっとも抽象的なレベルでは、国家を政治的組織の形態とし、その包括的要素を指定する説明が求められる（既述を参照のこと）。そのためには、国家形成の歴史と比較の分析が有効と言える。また、国家存在の概念には多様な国家類型が含まれるが、これは社会構成体の多様な類型と結びついている。社会構成体は、例えば、支配的生産様式や社会の組織化の主軸原理の視点から区別される。次いで、典型的で多様な歴史的形態を明らかにしたうえで、さらには、通常国家と例外国家を区別し[15]、それぞれの変種の検討に移り得る（第9章）。そして、次の段階に至って、代表形式、内的構造、介入形態、社会的基礎、国家企図、ヘゲモニー・ビジョンの特定の接合形式から政治レジームの類型を差異化し得ることになる（第8章）。

　こうした概念の位階制によって、国家、国家理念、国家権力の批判を一般性の多様なレベルで展開し得る。これは、例えば、国家を社会の一般意志の具現というより支配の機制とし、その超歴史的でアナーキスト型批判から「経済危機」において追求される特殊な政策の批判に及び得る。というのも、例えば、国益の名において大規模な金融機関を救出し、健全財政を維持することが国家の責任であるとされることで緊縮策が課されるからである。この種の概念の位階制は、単一の規定に、はるかにまさる国家分析の基礎を設定し、国家性の可変性について検討するための発見的視座となり得る。このアプローチについては以下の諸章で検討する。

第 2 章　国家の概念

【注】

1) この節の表題は次に発する。Abrams 1988. 以下で検討。
2) アブラムスは、確かに、「国家の概念」という言葉を使っている。「概念(コンセプト)」ではなく「論(アカウント)」という言葉を使うのは、国家の概念との混乱を避けるためであって、本書の別の場所にとどまらず、概念史や歴史的意味論分析においても使っている。
3) ここでは「国家システム」としているが、これは、程度の差はあるとはいえ、単一国家を構成している諸制度と諸実践の統一的総体のことであって（アブラムスにおいては、暗示的に、国民的領域国家）、国家間システムを指しているわけではない。
4) 「変幻極まりない（phantasmagoria）」という形容詞は古代ギリシアに発し、「多数の」、「変動的」、「幻想的」、「幻影の」といった含意にある。マルクスがこの言葉を商品の物神性や政治的幻想と結びつけて使っていることから、「変幻極まりない」という言葉は 1802 年にロンドンで開催された錯視にかかわるエキシビションにおいて、スペクトル技術を使って幽霊を呼び出したうえで、次いで消えさせるという脈絡で使われたとする論者もいる。
5) 同一のテキスト、『政治神学（*Political Theology*）』において、シュミットは「主権者は、緊急状態が存在しているかどうかについてのみならず、それを排除するために何をなさねばならないかを決定する」と述べている（Schmitt 1985: 7. 次に引用。McCormick 2004: 203n）。
6) 関連する翻訳の参考文献（存在する場合）に加えて、グラムシ研究者においては原著（quadrno or Q）と、また、節の見出しを（§）として引用することが通例とされている。
7) 初期の空路による旅行に際しては、主権が所与の国家領域の上方と外部との点で、どの範囲に及ぶかをめぐる論争が起こっている。多様な通商と政治・軍事の利害は空域（ないし大気圏）や大気圏外の空間の規定をめぐる対立にも反映されている（Bernhardt 1989）。この問題は、なお、解釈されているわけではなく、とりわけ、大気圏外への商業旅行という現在の見通しをめぐって浮上している（Listner 2012）。
8) これにたいし、ロマやジプシーないし他の移動コミュニティは、すでに他の国家によってコントロールされている領地に移住する自由を求めている。
9) マックニコルは、「人口」という言葉がイギリスで初めて使われたのは 1771 年に遡るとする（McNicoll 2003: 731）。また、最初の公式の人口統計は 1800 年に認められている。

10) イェンス・バーテルソンは、刺激的な近著において、国家間関係において主権を承認することは、もはや、国境内の主権的権威を保全し得る能力に依拠しているわけではなく、今や、この権力が想像の国際的コミュニティの規範と価値に即して、責任ある方向で行使されるかどうかに左右されるとする（Bartelson 2013）。

11) 前者の場合、これはクーデターないし外国の侵略によると、また、後者の場合、現政府の正統性を否定し、これを打倒しようとする計画、ないし、いずれかによると言えよう。

12) 多極共存型連合とは「非領域型連合であって、その政体は"恒常的な"超世代型の宗教的・文化的・民族的ないしイデオロギー的集団に区分されていて、これが"陣営"、"部門"ないし"柱状"と呼ばれ、各集団のリーダーの連携をもって連帯し、一体的に統治されている」（Elazar 1991: xiv; cf. Lijphart 1969）。

13) ファイナーは、集権的で規格化された行政と同質の文化・言葉・法の存否を基礎に、より広範で歴史的に包括的な視点から別の類型論を提示している（Finer 1997a: 13）。

14) 後者の場合には、「方法論的ナショナリズム」の課題が浮上する。

15) 通常と例外の形態は所与の国家類型の相対的概念であり、資本主義国家類型において、通常性は民主的共和制に符合する（第7章を参照のこと）。

第3章　社会関係としての国家

　この章では、戦略−関係論的国家アプローチについて詳説する。このアプローチは、焦点を国家から国家権力に移すとともに、国家とは社会関係であるとする謎めいた主張を軸とする。この主張は、概念の説明を要すると思われる次の6つの命題を設定し、これに依拠することで「国家」分析の充実を期し得るとする。それは (1) 国家権力の行使についてであり、また、(2) 国家を制度と言説を媒介とする凝縮（反映と屈折）であるとし、(3) 諸勢力のバランス変化に左右されるとともに、(4) 諸勢力が政体・政治・政策の形態と目的や内実に影響を与えようとするが、これは (5) 機会と制約の可変的混成を特徴とする特定の局面においてのことであって、それ自体は (6) より広い自然と社会の環境と結びついているということ、これである。この章は、こうした極めて集約された命題について説明し、その発見的価値を明らかにする。また、四要素アプローチから、主として、国家装置と国家理念を中心に論じ、後の諸章で他の要素について、より詳細に検討することになる。

1. 戦略−関係アプローチ

　戦後ギリシアの政治理論家であるニコス・プーランザスは、最も知的に生産的時代をパリで過ごしている。彼は、とりわけ、カール・マルクスとアントニオ・グラムシの著作に依拠することで、一般的であった主流派の分析に比して、国家研究の困難性について、より妥当な対応姿勢を提示している。彼の解決策はイタリアのファシズムと戦間期のドイツの国家社会主義の再解釈に、また、1970年代中期のギリシア、ポルトガル、スペインの軍事独裁政権の崩壊に関する幅広い同時代的分析に発し、国家を社会関係として研究することが最善であると論じている。これは、事物（ないし、より適切には、制度的総体）と、あるいは、主体（ないし、より適切には、特定の政治的能力と資源の所産）のいずれと見なすにせよ、国家とは受動的道具ないし中立のアクターではないと

いうことを意味する。むしろ、「"資本"と同様に、……諸勢力の関係、ないし、より精確には、こうした諸階級と階級諸分派の物質的凝縮であって、それ自体は国家において特定の形態において現れざるを得ない」とする（Poulantzas 1978: 128-9）。こうした理論化は、プーランザスが国家の階級的性格に関心を深くしていたことを示しているだけでなく、より一般的説得力を帯びてもいる。これは、国家が構造的バイアスを含むことで、特定の主体や利益を優先させることを前提としている。だが、こうしたバイアスがどのように、また、どの程度に実現されるかは、諸勢力のバランス変化とその戦略と戦術に左右されるとする。さらには、社会的対立と矛盾は、国家の特定の組織と機能の形態において、また、国家内において再生産されるとも指摘している（Poulantzas 1978. コメントについては次を参照のこと。Jessop 1985; Wissel 2007; Bretthauer et al., 2001）。

　プーランザスは、この固有の視座を戦略－関係アプローチ（以後SRAと表記）として理論化している。このアプローチは、当初、国家理論の分野について、次いで、より一般的には構造と主体にかかわる争点に即して精緻化している（Jessop 2007b）。他方で、とりわけ、イギリスの政治学者であるコリン・ヘイもSRAを援用し、その深化を期すとともに、操作化してもいる（Hay 1995, 2002; Brenner 2004; Heigl 2011; Clark and Jones 2012; Valler, Tait, and Marshall 2013; Boukalas 2014a）。

　SRAの方法を採用する論者は国家を「本質」とする試みを拒否し、形態と機能や効果の点で、国家が変化することを研究するための有効な理論的・方法論的手段を精緻化しようと努めている。また、SRAは国家を実体的で統一的事物ないし単一の主体と見なすのではなく、その焦点を拡げることで、国家装置のみならず国家権力の行使と効果を捉えようとする。というのも、国家権力とは、諸勢力が国家の内部で、また、国家を媒介とすることで、あるいは、国家に対抗することで自らの利益を期そうとする諸勢力のバランス変化の表現にほかならないからである。政治闘争と政治にかかわる闘争は多くの形態を帯び、（常に幻想的な）共通利益を巡るコンセンサス志向型論争から、公然たる組織的で血なまぐさい内乱やジェノサイドの行動に及ぶ。諸勢力のバランス変化は制度や言説を、また、統治術を媒介とするが、より広い政治システムに埋め

第 3 章　社会関係としての国家

込まれ、社会関係を取り巻いている国家装置の特定の制度的構造と手続きによって制約されている。したがって、国家能力の実効性は国家の形式的圏域の外部に位置し、「力の増幅者(マルチ・プライヤー)」として行動する、あるいは、逆に、国家の介入をそらし、打倒ないし阻止しようとする諸勢力の連鎖に左右される。

　構造的に刻印された国家システムの戦略的選択性と多様な戦略を有する競合的諸勢力との相互作用が「国家効果」を生む (Jessop 1990: 9; cf. Mitchell 1999; Foucault 2007; Bourdieu 2014)。このアプローチを展開することで、国家システムに関するアブラムスの議論を解釈し、敷衍するとともに、国家を支配システムとすることにかかわる多様な間違った表現や誤解を正し得ることになる。また、経路依存と経路形成にかかわる争点を軸とする国家理論における構造－主体の弁証法を構築するための方法を提示し得ることにもなる。

　SRA の自己規定は関係論から構造と主体を再規定することに発し、行動の戦略的脈絡と諸活動の変容力の重要性を明らかにする。この視点からすると、構造は偏差を帯びた諸制約と機会からなり、主体を異に変化することになる。また、主体は構造にとどまらず、関連アクターに従って変化する戦略的能力にも左右される。この主張を補完し、規定を組み合わせることで、より一般的な主流派のアプローチと対比し得る。というのも、後者は、構造が全ての主体を一様に規制し、あるいは、その行動を助長すると見なしているからである。とりわけ、SRA は、バイアスを帯びた制約と機会の構成は特定の諸勢力によって追求される特定の戦略と結びつけることで理解し得るとするが、これは、他の諸勢力が個別の戦略をもって自らの所与の時間的次元において利益の実現を期そうとすることによる。すると、政治にかかわる行為主体が（個人ないし集団）活動の方向を選択するにあたって、「戦略的脈絡」から、こうした偏差を帯びた優先順位を考慮しているかどうかを、また、そうであるとすると、どの程度に及ぶかを問うべきことになる。換言すれば、多様な活動の時空間的次元に占める「可能性の技術」の変化という視点から、所与の現状を評価するというより、どの程度に日常的ないし習慣的に行動しているかという問題が浮上せざるを得ないことになる。

　構造は絶対的に制約するというより、戦略的に選択的なものに過ぎないから、構造の諸制約を克服し、裏をかき、あるいは、これを打開しようとする余

地は存在する。同様に、主体は統一されているわけでも、(自らの) 活動に影響する諸条件を熟知しているわけでもないし、戦略について思索し学習し続けているわけでもないので、その戦略目標が十分に実現されるとは限らない。実際、多くの主体にあって、これが現実でもある。さらには、個別の諸勢力のアイデンティティ、関心、資源、目標、戦略、戦術の変化は、特定の構造と結びついて浮上する制約や機会を修正することにもなる。したがって、国家によって組成された戦略的土俵で行動する秤量主体の性格は、部分的であるにせよ、過去の国家介入によってのみならず、所与の国家システムの戦略的選択性（国家システムの代表形態、内部構造、介入形態）によって組成されることになる。この点を、簡単であれ、国家システムの6つの次元と、また、このシステムがより広い社会システムに埋め込まれていることと結びつけることにする。個別国家のバイアスは、部分的には、(成否を問わず) 過去の戦略的選択性とその変容の戦略との相互作用に発している。

すると、経路依存と経路形成の螺旋運動が作動していることになる。特定の構造の再編と戦略方向の再設定の機会は構造的に刻印された戦略的選択性に服する。例えば、行動の空間的・時間的諸次元において戦略を追求し、多様な社会諸勢力を多様な脈絡に動員することで、特定の国家構造に刻印された固有の制約と機会を排除ないし修正することが求められる。局面のなかで、再帰的に再編された構造と言説的に選択された戦略や戦術が共進化することで相対的に安定した秩序が形成されるにせよ、これは制度的・時空間的基盤の総体に依存し、諸問題を他に転置し、将来に先送りすることで成立し得ることである（第4・7章を参照のこと）。

諸勢力のバランスは、また、特定の諸勢力の組織や戦略と戦術の変化とのみならず、経済と国家の、そして、より広い社会構成体の戦略的土俵の変動のなかでも変化する。国家と国家形態の、あるいは、レジームの所与の類型は、国家権力を握るに妥当な戦略からすると、ある諸勢力にとっては、他と比して受け入れ得るものである。すると、国家存在の形態変化の歴史的分析は国家類型（例えば、封建的〈対〉資本主義的）や国家形態（例えば、絶対主義的、自由主義的、介入主義的）、政治的代表様式（例えば、民主的〈対〉専制的）、政治レジーム（例えば、軍事的、ファシスト的、官僚的権威主義型例外レジーム、あるいは、

議会主義的、大統領制的、大衆型人民投票的民主政レジーム）と、また、特定の政策パラダイム（例えば、ケインズ主義的需要管理〈対〉新自由主義的供給サイド型政策）と結びつけるべきことになる（Jessop 1982, 1990, 2007b）。国家の歴史的・形式的構成は、常に、過去の闘争の所産であるし、闘争において、また、これを媒介として再生産されてもいる（あるいは変容する）。

　国家の中心と能力が国家内外の多様な諸勢力に与える機会は不平等であって、その総体としての国家自体が権力を行使し得るわけではない。換言すれば、権力を行使するのは国家ではなくて、その権力保持者（複数）であって、特定の局面において、国家の特定の部所にいる一連の変動する政治家と国家要員によって行使される。だが、こうした「部内者」が権力行使の鍵的プレイヤーであるとはいえ、常に、所与の国家内外の、より広い諸勢力のバランスとの関係において行動する。権力を行使している国家管理者層について、いわんや、国家自体について語ることだけでは、国家システムとその固有の能力をはるかに超えるレベルに及ぶ複雑な社会諸関係の連鎖が隠されてしまう。近代国家において、国家権力は制憲化し、集権化することで、責任は指名された官僚と機関に形式的に帰属し得ることになり、選挙ないし他のフォーラムにおいて政治アクターの答責性を問い得ることになったが、権力が国家の内外で往環する複雑で媒介型の様態が間違って表象されかねないことにもなる。そのことで、権力の両義性は国家管理者層自身によって表明される場合が多い。彼らは、戦略の一般的路線ないし特定の政策を提示し、これを実行したと主張する場合もあるが、国家活動ないし結果を、幸いなことに、闘争の場にいる他の社会諸勢力（あるいは、主要勢力）の責任に転化する場合もある。

　国家の諸権力（また、関連義務と脆弱性や無力）がどのように、また、どの程度現実のものとなるかは、国家の内外に位置する特定の社会諸勢力の活動と反応や相互作用に左右される。これは、国家と国家を取り巻くシステムに、また、国家管理者層と他の社会諸勢力との戦略的結びつきに、さらには、国家と政治システムをより広い環境に結合している相互依存関係と社会的ネットワークの複合的連鎖に左右されることを意味する。

　こうしたテーマについて検討しようとすると、国家装置と国家権力の分析に占める戦略の概念が浮上せざるを得ないことになる。国家の多様な諸層や部門

間の内部対立と対抗関係のみならず、社会矛盾や政治闘争の存在を所与とすると、国家が統一的政治力として行動し得る能力（このように行動し得るかぎり）は、国家装置において、それなりに整合的な（また、統一的な）国家企図が広く受容されるかどうかによることになる。また、戦略の路線全体を国家諸権力の行使に確認し得るとすると、ミシェル・フーコーやニコス・プーランザスが強調しているように、国家システムの選択に、また、プーランザスにおいては、国家の形式的構造を横断し、これを市民社会に結合する並行的（パラレル）な権力ネットワークによって成立する戦略的調整に負うことである（Foucault 1980, 2007; Poulantzas 1978. 次節と第9章の「深層国家」に関する指摘と比較のこと）。

　資本主義社会の国家にかかわる戦略的概念には、経済戦略、国家企図、ヘゲモニー・ヴィジョンが含まれる。国家に発する「経済戦略」とは（どこか別の場所に発する場合もあるが）、経済発展を目的とし、特定の資本主義的脈絡において偏差を含んだ蓄積（どのように引き出されるにせよ、平均以上の競争力と利潤率）を志向するものである。また、「国家企図」とは、国家の制度的統一性を創出し、再生産することである。そして、「ヘゲモニー企図」とは、より広い社会に関する国家の性格と目的のヴィジョンのことである。こうした諸概念には、より広い技術的・経済的・法－政治的・社会的想像（イマジナリー）から引き出された諸要素の特定の接合の様式が含まれているが、その成否は所与の社会構成体の、より深い構造と論理との相互補完性に、また、これを世界市場と国家間システムや世界社会に折り込み得るかどうかに左右される。こうした戦略と企図やヴィジョンが成功し得る可能性が最も高いのは、主要な構造的諸制約に対処し得る場合である。というのも、こうした制約は支配的な制度的秩序や諸勢力のバランスの趨勢と、また、新しい同盟と戦略や時空間的活動の次元によって開き得る偶発的機会などと結びついているからである。他の多くの想像や諸戦略が存在していることは当然のことであって、他の社会化の原則との、あるいは、社会諸勢力、アイデンティティ、理念的・物質的関心との関連において模索され得ることになる。

　実際、このアプローチは、当初、政治的階級支配と結びついて展開され、国家と政治勢力のバランスを媒介としていたにせよ、その有効性を期そうとすると、他の社会的支配にも敷衍される必要がある。これには（全てとは言えない

までも)、ジェンダー、エスニシティ、「人種」、世代、宗教、政治的配置状況ないし地域的布置も含まれる。実際、具体的・複合的現象を理論化し、説明しようとすると、他の参照点や説明原理が求められる。この方向で国家について検討しようとしたからといって、国家に発し、国家を媒介とする特定の構造や過程が排除されるわけではなく、これを現に前提とするということに過ぎない。

以上の論述を特定の政治的時期と局面や段階に翻案しようとすると、相互に結びついた三つの契機について検討すべきことになる。それは、(1) 国家の歴史的・形式的組成：これは複合的な制度的総体であって、諸勢力のバランスを反映するとともに、これを修正する時空間的に特殊な「戦略的選択性」のパターンを配している。(2) 特定の局面と戦略における政治勢力の歴史的・実態的組織と形状：これには、国家装置全体に刻印されている戦略的選択性を反映し、これに応答し得る政治諸勢力の能力も含まれる。(3) こうした諸勢力の相互作用：この作用は戦略的に選択的な土俵において、ないしは、これから距離をおいて、直接的目標を追求しようとすること、または、諸勢力のバランスを変えようとすることである。あるいは、国家を変容し、その基本的な戦略的選択性を変更しようとすることも含まれる。第5章で国家構築について論述するので、次に国家の歴史的・実態的組織の検討に移る。

2. 国家の諸次元

SRAを展開しようとすると、国家の六つの次元について検討することが有効である。この次元の研究は、最も基本的な国家の形態から個別の局面における特定のレジーム研究に及び得る（表3.1を参照のこと）。その三つの次元は形式的制度の側面を対象としている。これは、政治的代表様式とその接合の次元であって、国家を垂直的・水平的・横断的接合の制度的総体であるとするとともに、他の国家からの区画化と関係化、および、国家介入のメカニズムと様式やその包括的接合の次元でもある。各次元は固有の戦略を有しているし、分析的には個別的であるが、経験的には重複してもいる。別の三つの次元は国家の言説的・活動志向的側面を対象とし、より形式的特徴に内実と戦略的意味を国家に与えている。この次元を社会的基盤とすることで、国家は安定的で中心的支えを得るとともに、社会的基盤は国家の主要な物質的ないし象徴的受益者

（あるいは、両者）ともなる。国家の内定統一性と行動様式（政策形成の様式など）を組み立てるのが「国家企図」である。また、「ヘゲモニー・ヴィジョンはより広い社会ないし世界に対する国家の性質と目的を規定する。最後の二つの次元は「部分-全体」の逆説と結びついている。というのは、国家は所与の社会の多くのなかの（固有の問題内在的統一性を帯びた）制度的秩序に過ぎないが、この社会の統合と凝集化の維持について責任を負っているからである。

　三つの形式的次元と三つの実質的次元との外見的対応性（代表-社会基盤、組　成（アーキテクチュアー）-国家企図、介入-ヘゲモニー・ヴィジョン）は意図されているわけではない。この諸次元は説明の必要から分析的に区分されるにせよ、各セットの内部においては、また、相互横断的結合関係にあっては、連鎖と乖離が内在している。そして、指摘しておくべきことは、この諸次元は国民的レベルでのみ研究されるべきでないということである。というのも、国民型領域国家の盛期にあってすら、政治は地域組織の別の形態において、また、政治実践の他の規模を単位とすることで接合されてもいたからである。他の時間と空間に鑑みると、空間的組織の複雑性は、国民国家が政治権力の領域化の主要な形態となっている局面においては、より重要なものとなると言えよう（第5章を参照のこと）。

　この六つの次元が全てとは言えないにせよ、これを一体化することで国家の主要な側面を分析し、「通常」と「例外」の形態を比較するための基本的枠組みを設定するための（第9章）、また、個別国家の混成型特徴とその戦略的選択性を規定するための枠組を設定し得る。実際、国家システムの内的組織は代表と介入の諸形態間の位階制（ヒエラルヒー）を維持するという点で鍵的役割を果たしている。こうした諸形態の調和を期し得ないと、国家内の危機を呼び得ることになる。1920年代と30年代に研究されたことであるが、周知の例が大衆政治の台頭と国家の経済介入の拡大のなかで自由主義的議会主義の危機を呼ぶことになった（Schmitt 1988; Scheuerman 1996）。より一般的には、この枠組みは国家危機の諸側面を確認し、第2章で提示した三つの要素を越えるレベルに視野を広げる手掛かりとなり得る。これには、国家の代表制と制度の危機や合理性と正統性の、また、権威とヘゲモニーの危機も含め得ることである[1]。

第3章　社会関係としての国家

表 3.1　国家の六つの次元とその危機傾向

次元	規定	SRA の意味	危機の側面
〈三つの形式的次元〉			
代表の様式	この様式によって社会諸勢力は国家装置とその能力への接近手段を得る	国家への不平等なアクセス　国家から距離を置いた不平等な抵抗の能力	代表制の危機
接合の様式	国家の諸水準と諸部門の制度的構築	決定の形成と作成および実施の不平等な能力	制度的統合の危機
介入の様式	国家内外の介入の様式	介入の多様な場と機制	合理性の危機
〈三つの実質的次元〉			
国家の社会基盤	社会的妥協の制度化	国家への支援、国家企図、特定の政策のセット、ヘゲモニー・ヴィジョンを確実にするための「住民」に対する物質的・象徴的譲歩の不平等な配分	権力ブロックの危機、政党と国家に対する不満、市民の不穏化、内乱、革命
国家企図	国家とその活動力の機能的統一性の維持	国家の機関と主体に方向を設定することで統一的国家システムの機能不全化の克服	正統性危機
ヘゲモニー・ヴィジョン	より広い社会構成体のために国家の性格と目的の規定	共通善の促進などの視点から規定される国家への正統性の付与	ヘゲモニーの危機

出典：本章の議論に即した初出の編成

(1) 政治的代表制の様式とその接合

　この様式は、形式的には、基本法において規定され得るにせよ、基本法において明定された諸制度が最も重要な政治的代表の機制とは言えない。というのも、より象徴的ないし「尊厳的」であったり、より「実効的」なものもあり得

るからである。ウォルター・バジョットはイギリス憲政について紹介し、この体制における王権と内閣の役割を対比している（Bagehot 1963）。今日、支配の批判に関する鍵的問題は、国家の「実効的」部分と「尊厳的」部分との区分である（第9章を参照のこと）。同様の考察からすると、封建体制の比喩に訴えることで、統治の事実上の重要な諸部門を規定し得ることになる。周知の例が「第四階級」（通常は出版を、場合によっては暴民(モブ)や人民大衆ないしプロレタリアート）であり[2]、また、「第五階級」（労働組合、ソーシャル・メディアのネットワーク、あるいは、新プレカリアートなど）である[3]。別の有益な概念が「並行的(パラレル)な権力ネットワーク」である（既述、より詳細には以下で検討）。舞台と活動の規模に多様な政治的代表が作動しているが、その現実様式を確認する必要があるだけでなく、それが、形式的・非形式的に、どのように作動することで政治諸勢力が、多様なアクセスを媒介に政治の編成や決定の設定と実施に対して自らの偶発的な物質的利益と無限定の理念的(アイディアル)関心（ないし価値）について発言し、これを推進しようとしているかについて確認する必要がある[4]。

　狭義の国家装置に接近することは政治と政策にとって最も重要な問題であるとはいえ、公的決定には（潜在的）支持ないし抵抗の考慮が含まれるかぎり、政治的代表の様態も国家とは距離をおかざるを得ないことになる。代表制の形式的回路は重要であるだけに、政党、多様な同業組合、ロビー、圧力集団、新旧の社会運動、国家管理者層が演ずる役割と結びついている必要がある（選挙制度の影響については、例えば、次を参照のこと。Grofman and Lijphart 2003. また、政党については以下を参照のこと）。こうした主体の全てによって国家の社会的基盤が供与され、その組織化が進められ得ることになる。政治の媒介項は、政治的関心と要求の伝導役として、また、固有の、だが、内的に分化した力として、その重要性を強くしている（政治の媒介化については次を参照のこと。Cook 2005; Esser and Strömback 2014; Luhmann 2000; Meyer 2002; Kriesi et al., 2013）。したがって、ヘゲモニー的位置にあるメディアとの接近手段を欠いた集団は「通常の」諸条件においては周辺化しがちであるが、サブヘゲモニー的メディアと対抗ヘゲモニー的メディアの回路によって、それほど制度化されていない大衆政治の形態で政治動員が促進され得ることになる。近年に至って「第五階級」という言葉が使われるようになっているが、これは分散型ソー

第3章　社会関係としての国家

シャル・メディアやブログ空間を表現するためである。

　全面的とは言えないまでも、代表制の五つの理念型をリスト化することが有益であろう。それは、クライエンティリズム、コーポラティズム、議会主義、多元主義、国家理性である。クライエンティリズム（clientelism）は、有利な資源配分が政治的に媒介された見返りとして政治支援を供与することを基礎としている。これには、従属的依頼人と上位の受託者との位階制的関係が含まれる。また、著名人を中心とする幹部政党、叙任権政党、古典的政党型マシーン政治とも結びついている。

　コーポラティズム（corporatism）には、所与の経済空間の分業において、社会的に案出された機能と役割ないし課題を基礎とする政治的代表が含まれていて、「団体」の形式的対等性を特徴とし、その成員は実質的に異なった役割を遂行する。これは複数の職能型団体（例えば、古典的には、イタリア・ファシズム）と、あるいは、三者協議制（例えば、古典的には、大西洋フォード主義期の巨大企業・巨大労組、巨大政府）と結合し得る。マックス・ウェーバーが約100年も前に指摘しているように、コーポラティズム的組織は党派主義に陥りやすく、自らの代表者の役割を制約する（Weber 1994: 351-2）。抽象的視点からすると、より一般的には、ここで規定されるコーポラティズムは、より広い社会的分業に占める多様な役割と集団とを結びつけるネットワークを基礎とするガヴァナンスのパターンに見いだし得る（第7章を参照のこと）。

　議会主義（parliamentalism）は形式的に平等な個別「市民」が投票および関連する権利に訴えることで、選挙された議会ないし政治的行政部を介して政策の形成に間接的に参加することを基礎としている（ここでは、「尊厳的」権力というより、「実効的」権力を有する大統領の直接選挙を含める）。実質的平等の範囲は極めて多様で、選挙の役割と資金源に左右される（悪名高きアメリカにおける「2010年市民連合〈対〉連邦選挙委員会」に関する決定を参照のこと）。議会主義は政治組織の領域基盤（地域選挙民）と結びついていて、典型的には、政党組織に媒介される（政党形態の変化と政党力学については、以下の政党に関する関連著述を参照のこと）。

　多元主義（pluralism）は、自発的成員に依拠した政治勢力が国家装置に接近する制度化された回路を基礎としていて、この回路を媒介とすることで市民社

会に根差した関心や主張が代表され（分業による職能に対置される）、国家の関連部門によって正統であると認識される。だが、その接近手段が均等ではあり得ないし、しげく指摘されているように、「対等な競技場」において成立しているわけではない。また、多元主義的団体は国家の構造と機能の論理に従うべきであるとする圧力にも直面する。逆に言えば、国家から距離を置いた「破壊的」活動の可能性が不断に存在しながらも、これを政治的秤量の対象に転換していることになる。

　以上の脈絡からすると、多元主義は、政治学における理論的・方法論的アプローチとしてのネオ多元主義とは区別されるべきことになる。その鍵的違いとして、次の三点を挙げることができる。第一に、（ネオ）多元主義は憲政主義や制度論的アプローチとの対抗のなかで展開されたアプローチであって、紛争と競争や連合の形成が政治的安定性と変化の駆動力であるとし、この点が強調される。第二に、こうした戦略と戦術は（クライエンティリズム、議会主義、コーポラティズムを含む）多様な政治的土俵において浮上するわけであるから、代表制の固有の様式に限られるわけではないとする。第三に、（ネオ）多元主義には、上述の理念的多元主義の規定のように、「市民社会」に根差した関心や主張に限られるわけではなく、平等に分散した権限資源をもった広範な個人と集団が含まれるとする（cf. Bentley 1908; McFarland 2004; Cerny 2010）。すると、この章で展開したSRAは多様な諸勢力のバランス変化、横断的で交差型の集団と社会諸勢力、紛争・競争・連合の形成について関心を共有しているという点では、（ネオ）多元主義と一定の類似性を帯びていることになる。だが、分析的には、制度、制度的秩序、社会的形状に内在する構造的に刻印された戦略的・選択的非対称性を同様に重視するわけであるから、この点では視座を異にしている（筆者からすると説得的とは思えないが、こうした諸点はネオ多元主義に包括され得るとする近年の主張については次を参照のこと。Cerny 2010: 10-11 and passim）。さらには、他の著作を含めて本書で展開するSRAの固有の理解と比較すると、（ネオ）多元主義は資本関係の特殊性に、とりわけ、その内在的な構造的矛盾、戦略的ジレンマ、社会的敵対関係に、また、社会組織の原理としての利潤志向的で市場媒介型蓄積の優位性に、そして、こうした要因が現代社会における制約と機会のパターン全体を形成していることに、それほど注目して

いるわけではない。

　国家理性（Raison d'éfat）は、ここでの考察の対象となる第五の代表様式であって、代表の形式的チャンネルを欠いた介入の限定的ケースにあたる。これには、国家自体の安全や社会の安全に、あるいは、何らかの重大な国民的ないし公的利益の脅威に訴えることで、こうした介入を正統化しようとする試みが含まれる[5]。すると、主権的権力は「安全」を維持するための行動が、規範的には「諸権限を越える」（ultra vivres）ことを（つまり、法的権限を逸脱）することになるにせよ、あるいは、明らかに不法であるにせよ「安全」の維持に必要と見なされる限り、これを遂行し得ることになる。多くの事例からすると、国家と人民の利益とは混淆していて、いずれか、ないし両者に訴えることで緊急事態が宣言され、あるいは、例外国家が実践に転化している（緊急事態、コミッサール型と立憲主義型独裁、「深層国家」、例外レジームについては第9章を参照のこと）。

　例えば、国家の形式的領域を越えて越境型ネットワークや権力複合体を形成しようとするパラレルな権力ネットワークに認め得るように、「国家理性」は代表制の非公式のチャンネルとも結びつき得る。これが国家の中核となり、合法と非合法との中間領域において作動し、政治過程や政策争点の鍵的位置を占めることも起こり得る。こうした固有の文脈において、この現象を記述するために使われている別の用語が「二重国家」（Morgenthau 1962, Fraenkel 194）、「国家内国家」（教会、よりしげくは、警察、軍隊、治安装置）、「安全保障国家」（Tunander 2009）、「深層国家」（Park 2008, Scott 2014a）、そして「第四の部門」（Engehart 2014）である。

　「国家理性」は、この数十年間に重要性を強くしていて、テロに対する戦争の口実とされているだけでなく、用語の柔軟性も強くし、政治抗議や市民的不服従にとどまらず、内部告発や不正追求型ジャーナリズムにすら及んでいる。法の支配を基礎とする国家において、「国家理性」に訴えることは、通常、司法裁定（リアルタイムの拒否権）、事後調査、事後承認の可能性に、あるいは、政治の「通常業務」に戻った後には立法ないし選挙による承認に服する。だが、権威主義的国家が強まると、この原則は、その遵守よりも違反が賞賛されることが多くなる（第9章を参照のこと）。

こうした代表の諸形態は、政治諸勢力が政治システムに接近し得る能力のみならず、それがどのように組成されるかという点でも（決定的とは言えないまでも）一定の影響力を持ち得る。だから、議会主義は、個別の市民権の概念、財政・金融集団や依頼人集団（クライアント）の利益の競合、非経済的アイデンティティ、領域の分断と共鳴することで経済的諸カテゴリーの政治的断片化と組織の解体を呼ぶことになる。対照的に、コーポラティズムは経済諸階級の組織を個別の形式的に等しく自立的な職能集団へと導き、これが全て、協働と協調型活動によって利益を引き出し得るものと想定される。したがって、コーポラティズムは、生産者集団の組織化が敵対的で矛盾した諸階級に分極化することを避けようとするので、争点の脱政治化を呼び得ることにもなる。例えば、コーポラティズム的組織形態は長期の経済的・社会的争点に対処するために導入される場合が多く、複合的で相互依存性が長期の協調を求めることで、関連する政策領域を選挙のサイクルと議会の直接対決という短期の視野の外部におき、（認識の存否を問わず）関係組織（少なくとも、そのリーダー）は「非政治的」方法で国民的利益において政策（例えば、三者協議体における賃金抑制）を実施しようとする。
　クライエンティリズムと多元主義は特定の「経済－同業組合的」、また、「市民－法人主義的」利益の個別主義的再生産を促すが、そのことで暗礁に乗り上げたり、膠着状態を呼んだり、あるいは、自己利益型戦術同盟を基礎とする中道主義的連合に連なることも起こり得る。対照的に、議会主義は、政党がより包括的国家やヘゲモニー企図に政治的支持を動員するための手段となり得るし、内包的な政治的・知的・道徳的リーダーシップを固め得る手段ともなり得る。だが、恩顧ないし利権を支持基盤とする政党に、あるいは、国民的人気を博し得る企図というよりセクト的利益に訴える綱領に認め得るように、混在型形態も存在する（政党に関する詳論を参照のこと）。こうした政治的効果の例として、消費者を、また、選挙の回路を媒介として代表されることを求める諸勢力を犠牲として、コーポラティズムがどのように生産者グループの利益を期しているかということを挙げることができる。形式的側面は別として、代表様式の選択性は、また、対立している諸勢力や代表と介入との結びつきに左右される。代表の回路は例外レジームにおいても存在するにせよ、特定の理念や物質的利害の促進という点で、権威主義国家と全体主義国家とでは大きな差異が存

在する（次を参照のこと。Linz 2000. 本書の第9章も参照のこと）。

　代表の諸形態は代表を志向する諸勢力のアイデンティティと組織化に影響を与えることにもなるから、こうした諸勢力を、あるいは、その権力バランスを変えようとする視点から、諸形態を再編しようとすることにもなる。だから、諸階級は前もって組織された政治勢力であって、国家の外部に自立的に存在しているとか、国家の受動的道具に過ぎないとは見なし得ないことになる。というのも、諸階級は経済的主体の客観的カテゴリーであり、基本的には、社会的生産関係に占める位置から規定されるにせよ、その政治的重みは組織の形態と介入手段に依拠し、これを媒介とすることで、その（また、他の）階級的利益が表現されるからである。この意味で、階級闘争は、諸階級の闘争として現れる以前においてすら、わけても、諸階級を政治的諸勢力として組成する闘争となるのである（Przeworski 1977: 371-3）。同様の指摘は、基本的に階級基盤型であると否とを問わず、他の政治勢力にも適用され得ることである。すると、国家は政治的〔階級〕支配のシステムであって、その構造が諸勢力のバランスと政治活動の形態を規定するわけであるから、国家の役割は社会闘争に明示的効果を与えるものとして、研究の対象となり得るとする意見が補強されることになる。この一応の結論の根拠は、代表システムにおいては、特定の様式を再編することで、その重みを変えようとする営為の背後で作動している戦略的・戦術的秤量に求め得る。極端な場合には、（両者とは言えないまでも）選挙の原則の停止ないし一定の政治組織の禁止すらをも呼び得る（第9章を参照のこと）。

(2) 国家の制度論的 体　系（アーキテクチュアー）

　権力の領域と機能が国家システムの諸部分に配置されることでシステム化していることに鑑みると、国家の制度的体系はその垂直的・水平的・横断的組織を対象とせざるを得ないことになる。すると、形式的に特定されているか、あるいは、日常的相互作用において再生産されているに過ぎないかを問わず、統治の立法部と行政部との重みの相対的関係という問題が、また、行政活動の監視と拒否については外的権威ないし権力（司法、教会、あるいは暴民（モブ））の形式的範囲が、少なくとも、どの程度に存在しているかという問題も浮上する。そして、行政装置の諸部門、法の役割、資金、知識の内的組織化、国家官僚層の補

充のメカニズムの重みに、また、国家官僚層がどの程度に行政の職務と統一性を自律的に掌握しているかということに、さらには、彼らによる行政の統一性がどのような形態にあり、どの程度に及んでいるかということにも注目が寄せられてしかるべきである。こうした編成やルールが厳格すぎると、制度改革や予期せぬ衝撃への対応力を制約することにもなりかねない（以下の緊急事態に関する検討も参照のこと）。すると、国民的領域国家と生成期の越境型（トランスナショナル）および超国民型（スープラナショナル）国家の諸形態との関係が、また、中央・地方・地域・準国家の支配形態がさらに重要なものとなる。ファイナーの5200年の国家史の研究に従えば、この制度的構造がどのように適切に構想され、それなりの統一的活動力をそなえていたことを踏まえると、持続的統治の秘密を明かす重要な論点となる（Finer 1997a, 1997b, 1997c）。

　制度的体系という概念は国家装置の静態的見解を含意していよう。だが、国家とより広い政治システムにおいて政治的分業を再編しようとする試みは常に繰り返されている。これは制度的分化や脱分化を媒介とし、新しい層ないし規模を追加することで、あるいは、国家の諸部門や部所に広く特定の主題を移すことで起こり得ることである。政治の「通常」形態の変化は政府の諸部門に広く及び得る。例えば、立法部においては党派的対立と対抗政治が存在するし、（正統化の点についてだけでも）官僚制においては政治的行政と合理的－法的統治に占める「国益」の関心が、そして、裁判所においては形式的な法的立論に、さらには、最高裁においては憲法解釈について対抗政治は存在し得る。だから、抑制と均衡や対抗力をもって政治を規制することが可能性の技術となり得るが、大きな変化が求められる場合には、軋轢と遅滞を呼ぶことも起こり得る。これは、行政ないし司法部の、あるいは、クワンゴ（準自律的非政府組織）の主要な役職がスポイルズ・システムによって配分されたり、官僚層の行動が職務を全うしているわけではなかったり、ウェーバーが指摘しているように「怒りも情熱も欠いた（*sine ira et studio*）」公務員層が個人的・党派的・セクト的政治アジェンダに服している場合に浮上することである（Peters and Pierre 2004）。同様に、規制者が、規制策の共同実施の必要から、その対象と主体に配慮することで規制の囚人となったり、将来に、有利な雇用と結びつき得る部門に積極的に服従するという事態も起こり得る。

この次元を看過すると、国家は「ブラック・ボックス」視され、その内部における外部の要求と指示がどのように特定の政策に翻案されるかについて知り得ないままに外部化すると理解されかねないことになる。「ブラック・ボックス」観は「入力(インプット)」と「出力(アウトプット)」とを厳しく区別するが、システム論者が「内的入力(ウィズインプット)」と呼んでいることが無視されることにも起こる。より重要なことは、国家システムを政治支配の様式として維持することにかかわる組織と統治術の広範な固有の形態が無視されることである。それだけに、国家の持続的機能（例えば、行政の資金と要員や情報）の資源の動員にのみならず、その多様な部門と活動の形式的・実質的調整についても検討すべきことになる。この点では、諸勢力と利益のバランスを期すことが極めて重要な課題とならざるを得ない（古代国家が軍部をコントロールし、聖職層の要求をなだめるという課題に直面したことについては、次を参照のこと。Finer 1997a）。国家装置を制度的総体とし、社会的支配の機関としての統一性を期すことは容易なことではない。例えば、統治術、国家科学、重商主義(マーカンティリズム)、カメラリスティックス(国家財政の分野)（すなわち、歳入を増やし、歳出をコントロールすることを含む財政学）にうかがい得るように[6]、国家装置は特有の分野と指針に、また、行政学や新公共管理論などに依拠している。

　国家の形式的‒制度的統一性は、典型的には、官僚制化と結びついている。これには、(1) キャリア官僚層という特殊なカテゴリーが形成され、行政手段の所有とは分離していること、(2) 彼らは、指令の位階的連鎖のなかで法的・財政的答責のルールに従っていて、この連鎖が国家の多様な水準と部門を連結していること、これが含まれる。官僚制が深化するなかで、職務は専門化を強めるとともに、指令と執行は多層化もした（首長体制から初期の国家形成への移行における官僚制化の役割については、第５章で検討する）。だが、こうした形式的統一性がどの程度に実質的でもあるかとなると、これは指令の連鎖の頂点に位置する政治的執行部の統一性の程度に左右される。また、国家とは「人的組織」にほかならないから（Jones 2007）、この統一性は、国家システムの他のレベルないし他の部門の公務層の抵抗ないし不服従によって限定されたり、あるいは、切り崩されることもあるし、起こり得ることである。さらには、官僚型形態は一般法ないし法の支配による政策の執行に適合的であるとはいえ、アドホックな任意の介入形態や大型プロジェクトに、あるいは、決定作成と執

行の参加型形態に対応するには適合性を欠きかねないことにもなる（cf. Offe 1975）。これは、明定された手続きによる官僚制統治と、より非公式の柔軟で臨機応変型の介入形態との共存にうかがい得ることでもある。実際、国家システムの形式的統一性にとって官僚制が前提条件とされると、蓄積と正統性や社会的凝集性を志向する政策の実質的効果は制約される。コーポラティズム、公／私協働、外注、規制型自己規制などは公私区分にまたがる混成型メカニズムの多様な形態である。こうした形態は、制度的総体としての国家の公的領域を規定する過程において、興味深い問題を生み出している。それだけに、恩顧主義に退化する潜在的可能性によって、また、個別の「経済－同業組合的」要求が追求されることで国家の実質的統一性が脅かされかねないことにもなる。これは、官僚制的メカニズムが包括的な行政機関によって、あるいは、国家活動の相対的統一性を保障し得る横断型ネットワークによってコントロールされる必要があることを示唆している。

　国家システムの諸部門と諸省庁（クワンゴや同様の機関を含む）を接合することは権力関係を構造化するための基盤となる。省庁ないし内閣の相対的優位は特定の物質的・理念的関心のヘゲモニーの支えとなり得る。例えば、英国における大蔵省－イングランド銀行のネクサスは、国際的通商と金融資本のヘゲモニーの構造的規定性という点で重要な要素である（cf. Ingham 1984. 類似の「ドル－ウォール・ストリート・レジーム」については次を参照のこと。Gowan 2000）。これが現在も持続していると言えるのは、歴代のイギリス政府が国際資本の金融センターとしてロンドンのシティの利益を守っているからであるし、この30年間に新自由主義的金融－支配型蓄積レジームがロンドンとイギリス南東部を支えているからでもある。同様に、日本の通産省は、約30年間、産業政策をもって日本の産業資本の利益を高める役割を担っている（cf. Johnson 1982）。アメリカにおいては、1949年以降、国家安全保障局が安全保障をめぐる争点について、強力で、その役割は不断に拡大しているが、その多くは隠されている（Stuart 2008; Glennon 2014）。また、この機関は、ペンタゴンと並んで、アメリカの政治・経済の政策装置の重要な役割を果たしている。アメリカにおける国内の権力構造の転回の最近の例としては、国土安全保障省が設置され、権限の強化が図られることで恒常的例外国家が出現するという重大な変容

第3章　社会関係としての国家

の契機が浮上していることを挙げることができる（Boukalas 2014a; Hodai 2013）。

　構造的に特権化した分派が真にヘゲモニー的存在になるとすると、こうした構造的支配には「ヘゲモニー企図」が広く変容されることが求められる。この条件を欠く場合には、国家の諸構造が構造的に特権化した階級よりも、ある階級ないし階級分派に有利な企図の追求を妨げることもあり得る。これは、イギリス労働党政権が1964－70年に産業の近代化と経済の計画化を期しながら、これを果たし得なかったことに認め得ることである。というのも、この政権が「経済省（Department of Economic Affairs）」において産業資本に有利な立案を求める閣僚を配置するとともに、産業の再編を期す施策に乗り出したが、大蔵省とイングランド銀行は、なお、支配的で、財政と歳出や金融の権限に訴えてイギリスの不完全なフォーディズムの危機を銀行資本の利益に転換し得たからである。こうした緊張関係にかかわる、より近年の例として「メイン・ストリート」と「ウォール・ストリート」の対立を挙げることができる。この場合には、利潤創出型インフラストラクチャーに組織的に投資することは、国内の利子生み資本の国民的・超国民的(トランスナショナル)・国際的国家装置の構造的支配によって周辺化されている（Ingham 1984; Gowan 2000; Harvey 2005; Peet 2011; Lapavitsas 2013）。この事例からすると、ヘゲモニーの長期的変化には、「ヘゲモニー企図」のみならず、より持続的に諸勢力のバランス変化を呼び得る方向に国家システムを変えることが求められることになる。

　「通常」と「例外」レジームを想起すると、国家の内部構造も極めて重要となる。というのも、通常国家は、基本的には、民主的代表の多様な回路（恩顧主義的、コーポラティズム的、議会主義的、多元主義的）の相対的優位からカテゴリー化され得るのにたいし、例外国家は、基本的には、多様な国家装置（例えば、軍部、官僚制、政治警察、治安部門、ファシスト政党、宗教警察、あるいは、経済閣僚）の相対的優位から分類され得るからである。通常国家の場合には、国家装置の位階制が政治レジームとその多様な選択性を区別するための別の手段となるのにたいし、例外レジームについてみると、代表の多様な回路が、とりわけ、支配的国家装置と結びつける回路の相対的優位について検討することが重要となる。代表と国家の内的構造とを結合することが「専制的権力」の形

態と範囲に関する視座の端緒となる。これは、マイケル・マンに従えば、国家が市民社会グループとの慣例的な制度化された交渉を必要とすることなく、自由に行動し得る能力を指している（Mann 1984: 187-8）。換言すれば、既述の区別から、専制権力の潜勢力の評価について、よりニュアンスに富んだ方法を得られるにせよ、その現実の範囲は国家の社会的基盤と国家企図の性格や政治的表象のみならず、国家権力がどの程度のヘゲモニーと強制を内在しているかに左右されることを意味する。

(3) 国家の介入様式のメカニズムとその包括的接合

この次元は狭義の国家システムの範囲を超える多様な介入形態を対象としている。これには、公と私との領域の変化にかかわる国家の決定の役割のみならず（cf. Michell 1991）、介入に利用し得る組織メカニズムと資源も含まれる。というのも、国家が専制的に（ないし独自に）行動しているように見えると、あるいは、程度の差はあれ、他の政治勢力との開かれた提携ないし協力関係にあるように見えるとを問わず、こうした様相は可能性の技術に発しているからである。すると、この次元は、マイケル・マンが国家のインフラストラクチャー権力と呼んでいるものを、つまり、国家が社会に浸透し、政治的決定を基礎に、広く自らの領域に社会関係を組織し得る能力を対象としていることになる[7]（Mann 1984: 189; cf. 2008）。この能力は関係論的である。というのも、抵抗に見舞われない場合といえども、全ての介入様式は強さと弱さを内在しているだけに、国家は全能とは言えないからである。介入の一般的手段の基本的分類には次が含まれる。それは、組織的暴力、法律（法の支配の一般的準則に、あるいは、より偶発的ないし再帰的種類に照応しているかどうかを問わない）、貨幣（信用と課税を含む）、知識、これである（Willke 1992）。

だが、こうしたマクロ的分類は、部分的であるにせよ、国家権力のミクロ物理学の、より詳細な研究によって補完される必要がある。後者の分析は、とりわけ、今や、フーコーやアクター・ネットワーク理論と、また、規律化と標準化に関する他の実践中心的論述と結びついている（e.g., Foucault 1980, 2007, 2008; Latour 2005, 2010; Law 2009; Mackay 2006; Scott 1998; Miller and Rose 2008）。とはいえ、こうした論述は統治術の歴史という点では長い歴史を辿っ

第3章　社会関係としての国家

ている。ミクロ理論は、国家装置の外的範囲について、また、他の制度的秩序と市民社会や日常世界との重複について争点を提起している。だから、ガヴァナンスとガヴァメンタリティが国家と他の制度的秩序を結びつける固有の実践的契機であるとし、この点について関心が深まっているのである（第7章）。

　補足的ながら、少なくとも、国家の別の二つの形式的特徴を対象とする国家介入の側面が存在する。それは、課税国家という特徴である。国家は、とりわけ、課税による歳入を必要としていて（当初は、戦争と結びついている場合が多い）、これが「代表なきところに課税なし」という原則を基礎に代表制を拡げる基盤となった。貨幣は国家の基本的資源であって、専制的権力からインフラストラクチャー権力へと移行するなかで、この傾向を強くしている。また、国家が自らの活動を維持するために、あるいは、政府債や公債の安全を保障するために課税に直接的に依存するということは、国家に対する商業ないし資本の権力の源泉となることを意味する（第4章を参照のこと）。

　さらには、国家歳出の要求と結びついて（その駆動力を選挙と政策に、あるいは、軍部や経済界の指令のいずれに負うにせよ）、こうした資本の権力への従属は財政・金融危機と結びつき得る。後者は外部ないし国家システムの内部の圧力に発する。これには、（代表制の有無を問わず）課税権をめぐる、また、その抵抗と拒否をめぐる危機や国家装置内における制度的統合と調整の危機が、さらには、介入のため国家能力を左右する危機（例えば、介入による課税基盤の蚕食）が含まれる。そして、特定の課税レジームに動員される国家の社会基盤が不安定化ないし脆弱化することで正統化危機が浮上するし、政治的団結心が国家企図の挫折によって掘り崩されることで行政の脱道徳化ないし方向喪失も起こる。あるいは、社会に対する政府の性格と目的に関するヘゲモニー危機も浮上する（cf. Harbermas 1976; Poulatzas 1979）。逆に、シュンペーターが指摘しているように、財政・金融危機が国家における、あるいは、国家の既存の危機を誘発し、激化させかねないことにもなる（Schumpeter 1954）。ここから、政治的代表制を再構築し、国家の内的構造と機能を改革すべきであるとする、また、国家介入の量と様式を変更し、国家の社会基盤を再編し、国家戦略を再規定することで同意と強制とのバランスを変え、ヘゲモニー危機やより広い有機的危機に対処すべきであるとする要求を生み出し得ることにもなる（cf. Gramsci 1971. 次も参照のこと。O'Connor 1973)。

(4) 国家権力の社会的基盤

　この次元が重要とならざるを得ないのは、国家とは「投票」や「発言」を秤量し、あるいは、諸勢力の個別局面の平行四辺形における脅威に対処するためのメカニズムに過ぎないものではないからである。主体であると、あるいは、政治アクターとしては（非）組織化していようと、「社会的基盤」とは社会諸勢力の特定の配置状況のことであって、国家システムの基本的構造とその機能様式や目的を支えている。国家形成の初期にとどまらず、現代においても軍事組織とその社会的成層化や社会的基盤は権力配置状況自体の基本的要因である (cf. Andreski 1968; Finer 1975; Finer 1997a: 15-23, 59-63)。より一般的には、社会的基盤の配置状況には不安定な妥協の均衡が含まれていて、国家システムに屈折している。この均衡が多様な社会諸勢力の（これを媒介に組成される）企図と要求を反映せざるを得ないのは、こうした社会諸勢力が国家システムの内外において代表され、また、代表されることを求め、あるいは、支配的代表の形態と機能や活動に対抗しようとするからである。こうした民衆の諸勢力の代表が重視されることになったのは、とりわけ、大衆が、形式的にせよ、政治に参加することになってからのことである（一般的には、1870年以降、西欧の主要諸国において投票権が制度化されたことによる）。国家の形態に即して、代表制が多様化せざるを得なかったにせよ、これには、常に、意義深いものがあった。例えば、古代都市国家や封建システムと古典的帝国は、また、中心－周辺の区分線に即して組織され、司法システムに守られた社会は多様な社会基盤に依拠していただけでなく、その基盤を組織するための多様な様式も持っているに過ぎなかった。近代社会において、こうした政治的支えは「合意」に還元し得るものではなくて、大衆統合の固有の様式（ないし、事実上の排除）に依拠していて、この様式によって要求が伝達され、変容するとともに、優先順位が設定されているだけでなく、「妥協の不安定な均衡」の基礎を維持するための物質的譲歩が制御されてもいる。だが、そのことで、特定の政策をめぐる対立が既定の制度的枠組みや承認された「政策パラダイム」において浮上するかぎり、これを排除し得るわけではなく、政治選択の特徴を規定することにもなった。また、

第3章　社会関係としての国家

社会基盤は雑多な構成にあるし、多様な社会諸勢力は、多様な局面のなかで国家との関係を変えてもいる。さらには、物質的譲歩、象徴的報償、国家による多様な社会的諸勢力に対する抑圧には、極めて多様なものがある。こうした多様性は、典型的には、支配的な国家企図や（あるとして）ヘゲモニー・ヴィジョンと、また、これが政治の形態と内実に与える意味と結びついている。

　近代国家の社会基盤を規定する社会的妥協の制度化の分析という点で、二つの概念が有効である。それは権力ブロックとヘゲモニー・ブロックである（Gramsci 1971）。権力ブロックは支配的階級や階級分派間の持続的提携からなり、権力の政治を構造化し、政治舞台において「可能性の技術」を規定する。また、権力ブロックは、選挙によって、ひとつ以上の自然な政権党において代表され得るが、その持続性は可変的成長様式に、また、より広い国家における安定的存在に基礎を据えている——これは、ひとつの存在であって、国家企図に対する強い影響力が含まれる（以下を参照のこと）。ヘゲモニー・ブロックは国民的規模の民衆的諸勢力の、より広い総体であって、特定のヘゲモニー企図によって動員される。それがどの程度に及ぶかは、支配的階級と支持階級に、また、大衆運動と知識人の歴史的統一性に反映される。また、ある階級（ないし階級分派）によって組織された持続的同盟に左右されるが、これは、この階級ないし分派が支配的諸階級と民衆的諸勢力に対して政治的・知的・道徳的指導力を行使し得ることを体現するからである。様態を異にしつつも、権力ブロックとヘゲモニー・ブロックの力量は、攻防の妥当な戦略と戦術を媒介とする内在的に不安定な妥協の均衡を管理し得る能力に左右される。こうして、歴史的ブロックが形成され、さらには、このブロックによって、この均衡が強化されることにもなる。換言すれば、経済的基盤と法的‐政治的組織および知的・道徳的分野の相互に補完的支持関係が形成されることになる（第4章を参照のこと）。

　国家の範囲が明示されていないと批判されることがあるにせよ、これは、グラムシの関心が国家装置よりも国家権力の行使様式にあったことによる。彼においては、国家権力は、より広い政治システムと社会全体における国家と制度および諸勢力の関係によって形成されると考えられている。だから、彼は政治社会と市民社会との関係を接合し、これを媒介する政党制や知識人の役割を問

題としたのである。政党においてこそ、リーダーと国家官僚層は教育されると見なしている (Gramsci 1971. Cf., Migliaro and Misuraca 1982: 810; Sassoon 1980: 134-50 and passim)。こうした関係は国家の戦略的能力の点で、また、国家外の諸勢力から応諾を引き出し得るチャンスという点でも極めて重要である。だから、グラムシの概念の多くは政治生活における主観的要素（常識、アイデンティティ、意思形成、リーダーシップ、教育など）にかかわるものとなったのである (Jäger 1979)。とりわけ、グラムシは組織化の鍵的役割を倫理−法的・文化的制度の内部で、また、これを横断する方向で活動している「有機的知識人」や政党などの代表組織に求めている。知識人は社会的出自、知的分業に占める地位、時空間的位置、（あるとして）組織的責任、階級との関係、他の社会的諸勢力や政党との関係において役割を異にしている (Portelli 1972)。彼らは国家形態の形成に積極的にかかわり、国家の社会学の自発的哲学を規定するし (Bourdieu 2014)、ヘゲモニー、サブ・ヘゲモニー、対抗ヘゲモニーの生産と再生産にも関与し得る。

(5) 政党：詳論

政党は国家の六つの次元の全てにおいて、政治権力の組織化の鍵的役割を果たしている。政党と政党システムは国家形態と政治レジームを異に多様である。こうした多様性には、通常の政党政治が禁圧されると、「闇の議会主義」^{ブラック}が浮上することも含まれる[8]。政党は政治競争の形態変化（とりわけ、大衆への投票権の制度化）、国家介入の形態変化（強制、法律、貨幣、知識）、政治の専門化、対外政治の、また、政治管轄外の環境との関係において変化する。特定の個別政党ではなく、一般的には、政党は自由民主的レジームにとって極めて重要な、実際、代替し得ない要素である。これは、政党が公式の組織として、政治権力の領域化と結びついて、領域に規定された選挙民を基礎とする代表制の前提要件となることを意味する。マックス・ウェーバーが指摘しているように (Weber 1994)、こうした関係は経済団体に見られる関係とは対照的である。というのも、後者は経済権力を基礎に政策を設定するにせよ、選挙に動員し得る個人を基礎としているわけではないからである。また、経済団体が国際的ないしコスモポリタン的性格を帯びているのにたいし（戦略的ないし戦術的に国民

第3章　社会関係としての国家

的「様相」を帯びる場合もある)、政党は地方的・地域的ないし国民的であって、その活動は国民国家における領域型選挙民を土俵としている。この点は EU のような連邦制についても妥当することであって、ヨーロッパ型「政党」は提携を基礎とした、国民型政党の集合体である。

　政党は政策を綱領化し、政治的争点の複雑性を集約するという点で鍵的役割を果たしている。また、個別利益を代表するとともに、一定の領域における政治過程において、幻想的ではあるにせよ、国民－人民的利益に統合することで政治システムにおける全体－部分の関係を媒介している。この役割を遂行しようとすると、自然な政権党や他の網領型政党は多くの利益（新旧の社会運動、圧力集団と抵抗運動など）を、また、国家の機関と機構やコーポラティズム的ネットワークとメディアを媒介しなければならない。部分－全体の逆説は (1)「自然な政権党になることを志向」しつつも、(2) 特定の利益を代表することに、あるいは、単一の争点に焦点を据えなければならないという戦略的選択に反映される（Gamble 1973）。同様に、ミュラーとストロームは投票者の最大化、政策の形成、猟官という政党指導者にとって潜在的に厳しい選択のトリレンマについて検討するとともに、こうしたトレード・オフの関係が支配的選挙制度、党員構成、政党資金、競争的な政党システムの戦略的形状、政策に与える政党のインパクトの可視性、立法と行政とのバランスなどによって、どのように浮上するかを、戦略－関係論的視点から明らかにしている（Müller and Strøm 1999）。

　いずれの場合も、政党が選挙マシーンの役割を果たしていて、反対票が効果を帯びるとはいえ、統治に影響力を行使しようとすると、選挙において勝利しなければならない。これは、議会制と大統領制のレジームのいずれにおいても政党政治が、潜在的であれ顕在的であれ、常に、得票の計算に、また、それが諸勢力のバランスに、したがって、政策決定に与える影響を軸に展開していることによる。すると、制度化された政党システムにおける政党間競争の性格を所与とすると、政党間関係や議会政治においては、妥協が傾向化することになるし、選挙上の妥協ないし法案の提示における妥協も求められることになる（だからといって、政党システムの機能不全をもたらし、その結果として国家の挫折が生じることが排除されるわけではない）。実際、この種の立法の妥協の可能性

が議会制の主な長所となるのは、投票の最終手段が背景にあるからである。換言すれば、妥協せざるを得ないのは、これを欠くと、程度の差はあるにせよ、全当事者に不満足な結果になりかねないという理解を呼ぶからである。要するに、投票の事実上の、ないし、仮想の効果が近代の選挙型競争の、また、議会制による活動の不可欠の要素をなしていることになる。

　政党は政治的代表の手段であることは明らかである。とりわけ、少なくとも、名目的に民主的である政治システムにおいては、国家の他の諸側面を形成し、関連する諸実践ともなっている。このシステムにおいて、政党は、形式的には、なお、議会における立法と一般法に責任を負っている。また、議会外の組織ないし運動が国家に対して間接的影響力を行使しているとしても、これが政党の役割に替わり得るわけではない。これは、議員が緊急事態の継続について自らの形式的役割を放棄した場合においても妥当することである（第9章を参照のこと）。同様に、政党間競争を規定する形式的ルールを決定するのは、議会において代表する政党にほかならない。この点で、メディアと裁判所は補正の役割を果たすに過ぎない。また、公正と不正のいずれの手段によるにせよ、政党は、ゲリマンダリングによる場合を含めて、政党資金や選挙区に関するルールも左右し得る[9] (Greven 2010)。

　政党は、また、狭義と包括的意味の両者の点で国家の装置の鍵的部分（例えば、官僚機構、裁判所、公営企業、国営メディア、大学、財団）を掌握し、特定の目的のために、その地位を利用しているかぎり、国家の制度的機構の鍵的構成要素でもなる（例えば、「政党国家（パルタイアンスタート）」、「政党支配体制（パルテイトクラゼイア）」の概念）[10]。政党は介入形態に、直接関与することもあり得る。これは、例えば、クライエンティリズムとパトロネージの役割を果たすことで、また、政治機関との異常な取引を強め、大小の腐敗の機会を利用することで起こり得ることである（Tsoukalas 2003）。国家の社会基盤の組織化と維持という点で（反対派の解体と断片化による場合もある）、政党と政党システムの一般的役割の代表例として、政党が国家の企図について腐心する重要な機関となっていることを挙げることができる（とりわけ、パトロネージ型政党というより、「イデオロギー的」ないし網領作成型政党の場合）。また、安定期のみならず危機の局面においても、ヘゲモニー・ヴィジョンを提示し、これを伝える点でも極めて重要な機関ともなる。

第3章　社会関係としての国家

　要するに、政党の形態（ないし諸形態）の、また、政治権力に占める政党の役割を本格的に分析しようとすると、国家の全ての側面を含むものとならざるを得ないことになる。そのためには別の著書が求められるだけに、ここでは、自由民主的代表形態に立った先進資本主義国の政党に、また、代表の組織化や政府のプログラムと政策の展開に占める政党と政党システムの役割に、そして、社会的基盤と国家企図にかかわる両者の意味に焦点を据えることにする。

　近代の政党システムは、政体が国民型議会を有する国民的領域国家の形態を帯びた局面で登場している。確かに、政党は、それ以前にあっても、政治と政策の鍵的問題を巡って浮上してはいるが、これは特定の政策を展開し、修正するための、ないしは、これを阻止するための、あるいは、個人的利益を期すための政治的潮流ないし緩い派閥の活動体に過ぎない傾向にあった。こうした活動は大衆政治というより、宮廷や王宮の陰謀に類するものであった。大衆政治が通常国家において、とりわけ、投票権が拡大し、小都市や農村住民というより、都市住民の多くに拡げられるなかで、近代型政党システムが決定的に形成されることになった。政党は、民衆の選挙における投票の競争を組織し、有権者を動員することで、政府の意思決定に参加する権利を求める点で、極めて重要な位置を占めることになった。また、例外国家においては別の機能を持つことになったが、この場合には、議会が代表制の鍵的役割を失ったことによる（既述、および、第9章を参照のこと）。

　すると、主として、代表の政治を志向する政党（とりわけ、複数政党制においては、極めて個別主義的な場合もあり得る）と権力の獲得と維持を志向する政党とを区別することが重要となる。「政権党（Governing party）」は代表の政治に機敏であって、その感覚と国家権力の「命令」とを結合するし[11]（次を参照のこと。Gamble 1973）、狭い組織的意味のみならず、その性格は、より広く政治的機能からも理解し得る。また、政権党はヘゲモニーの創出の点で重要な位置にあるし（Gramsci 1971; Portelli 1972; Elfferding 1985）、支配的階級諸分派ないし諸階級における、また、相互間における対立を管理し、短期の戦術的同盟を超えるレベルの同盟の形成という点でも重要な役割を果たしている。この党は不断に自らを再編することで、国家企図とヘゲモニー・ヴィジョンを維持し、自らの階級的基盤を生産・再生産するとともに、自らの基盤にとどまらず国民

－人民的意思としてヘゲモニー的存在となり続けるだけの統治能力を維持しなければならない（Gramsci 1971; Elfferding 1983, 1985）。さらには、グラムシも指摘しているように、利益の一般化、同盟の形成、ブルジョア的ルールの規範化の点で別の役割を果たしてもいる。これは反対派の周辺化と脱正統化に、あるいは、これを解体しようとする営為に認め得ることでもある（Gramsci 1971: 102=Q1, §44）。グラムシはこの役割の「最も優雅な形態」として、反対勢力のリーダーと知識人をブルジョアジーとブルジョア政党に吸収することで、(比喩的に）その息の根を止めることを挙げている。他の形態として、誹謗、討論からの排除（支配的政党ないし諸政党や支配的諸勢力と連携したマスメディアの支援を得ている場合が多い）、行政部や軍事－警察権力の援助を受けた投獄と処罰や「追放」を挙げることができる。

　通常国家における近代的政党は三つの主要な役割を果たしていて、多様な、多くは経路依存的傾向の強い方法で結合することで多様な政党システムが生成している。第一に、普通選挙権が確立している場合には、体制政党が存在していて、既に、政府に代表されているし、パトロネージのために新旧の機会を利用し得ることにもなる。こうした政党が地方の名望家や政治家の支持基盤の組織化に焦点を据えるのは、官職の「利得」を与え得る、また、その意志にある政治リーダーに応えようとするからである（Weber 1994; Duverger 1954: 63-71; Shefter 1994: 29）。こうした政党は名望家ないし幹部型政党と呼ばれることが多い。これは、伝統的には、アメリカの民主・共和の両党やフェデラリスト党に、また、イギリスの自由党や保守党に例示され得ることである（Weber 1994）。

　第二に、より新しい政党は、所与の地理的領域や越境規模の空間において、広く多数の活動家を組織し、協力を求めることで選挙権などの政治的・経済的権利を（さらに）拡げるための運動に乗り出し、プログラム型綱領を基礎に投票を得るための大衆型選挙キャンペーンを展開しだしたことである。こうした政党の候補者と幹部や党のリーダーは定期の、あるいは、臨時大会のような仕組みや選出執行部をもって党員に対して責任を負うことになった。大衆が政治舞台に登場するや、党のリーダーシップはカエサル主義的ないしカリスマ的側面を帯びる。同様の理由から、こうした政党は、典型的には、「パトロネージ

第3章　社会関係としての国家

を活力源としない大衆組織のネットワーク（労働組合、農民連盟、教会、党支部）」に依存することになり（Shefter 1994: 29）、「大衆統合政党」が展開するための組織的基盤が形成された（Neumann 1956）。この例には、第一次世界大戦前後の労働者階級の政党やカトリックと保守的政党が、あるいは、大衆基盤型政党が（Weber 1994）、後には、いわゆる「第三世界」におけるナショナリスト的政党が含まれる（Shefter 1994）。前者の展開は組織資本主義の台頭、自由主義国家というより介入主義国家、議会というより行政部への政治権限の集中、主要な組織的生産者グループ、コーポラティズム的代表制の台頭、こうした状況と一体化していた。このような大衆統合政党は多様な社会分野と社会諸勢力とを結合し、より広く集団的利益に訴えるとともに、綱領的な指針を原則化したが、これは支持集団の階級的基盤、信条集団、固有の社会的・道徳的環境、特定の世界観などの信条に依拠し得るものである（Häusler and Hirsch 1987; Lepsius 1993; Rokkan 1999; Shefter 1994; Gunther and Diamond 2003; Puble 2002）。形態のいかんを問わず、大衆統合政党はブルジョア民主政のレジームにおける自由主義国家から介入主義国家への移行という点で鍵的役割を果たした。

　第三の形態は戦間期のアメリカで登場しだし、第二次大戦後の余波のなかで西欧にも広がり、大西洋フォーディズムの盛期に確立されている。それは「包括政党（キャッチオール・パーティ）」ないし「国民的政党（*Volkspartei*）」である（Kirchheimer 1966, 1969）。この種の政党は投票の獲得を最大化するためのマシーンであって、投票対象を変える層ないし浮動投票者に訴えることで選挙の中心を握りたいとする思惑から、商業と専門職型マーケティングや人民投票型広報活動（プレビシット）に訴えることになった。また、特定の階級に依拠することを放棄し、党運営と運動資金を草の根（グラスルート）の党員を越えるレベルで（つまり、個人の寄金というより、公費や主要提供者から、また、隠然と公然とを問わず、国外ないし国際的利益集団の）資源を動員することで、包括政党のリーダーは伝統的な忠誠心の厚い投票者の選挙基盤を維持することに、それほど腐心することがなくなり、選挙民の浮動票を獲得することに関心を強くすることになった（Crouch 2004; Blyth and Katz 2005; Rohrschneider and Whitefield 2012）。さらには、ボランティア型労働を提供し得る組織（例えば、労働組合、教会）は重視されることが少なくなり、選挙活動を

広報の専門家に、運動資金を「巨大資金(ビッグ・マネー)」に依存する傾向を強くした[12]。戦後の社会的妥協とそのコンセンサスが安定化するなかで、政党は選挙民の支持を最大化するための要求を綱領のなかに含め、イデオロギー的には、左右両派に訴える装いを帯びることになった。こうした要請は選挙目的に発していたということ、これが現実であった。

　包括政党は、自らの統合が選挙で勝利するための条件となるなかで、これを維持するために大衆統合政党よりも規律化され、集権化する方向に傾くとともに、そのことで、政党のリーダーと職員層は自律性を強くした。国民規模のマスメディアが発展し、テレビの、とりわけ、商業テレビが普及することで、こうした政党も、伝統的な地域規模の選挙基盤を完全に失うことなく、より「ナショナルな」傾向を強くすることにもなった (Rohrschneider and Whitefield 2012)。これは政党組織の寡頭化への別のステップを開くことにもなったし (Michels 1962)、党エリートは政治の「ため」というより、政治に「よって」生活しだすなかで、国家との一体感を深くした (Weber 1994)。こうした政党の形態は、事実上、フォード主義的大衆政党と言える。1950年代から1970年代にかけては、大西洋フォーディズムとそのケインズ主義的福祉型国民的国家 (KWNS) の盛期とされるが、この局面において、包括政党は投票者の90％以上の支持を集めた。だが、やがて、選挙民の支持が不安定化すると、浮動投票を巡る競争は階級の脱編成を、さらには、特定政党からの離反を呼ぶことになった（党派の脱編成と呼ばれる場合もある）。こうして、包括政党の形態の危機の種を宿すことになった（以下と第9章を参照のこと）。

　コメンテーターのなかには、1960年代から70年代において政党の形態は、さらに展開したとする論者もいる。この新しい形態を規定するための新しいカテゴリーとして「カルテル政党」(Katz and Mair 1995)、「改造された決定作成幹部政党」(Koole 1994)、「プロフェショナル−選挙型政党」(Panebianco 1988)、「権威主義的大衆政党」(Poulantzas 1978) といった用語も使われている。共通目的のためにカルテル化することは、「自然な」政権党が主唱する政策の収斂状況を見たこと（「別の選択肢は存在しない」というスローガン）、また、争点のなかにはキャンペーンの対象から外されるものも含まれるなかで脱政治化したことに認め得ることである。だが、「政党と国家忌避 (*Partei-and-Staatsverdros-*

senheit)」が潮流化するなかで、対抗政党や反システム政党が、また、社会運動も台頭したが、これは、政党ないし国家に対する嫌悪感や不満感が広範化したことの表現である。そして、「政治の大統領制化」が趨勢化するなかで政党のリーダーが注目されるようになり、権威の待望感も浮上しているとする論者もいるし (Poulantzas 1978; Pogunte and Webb 2007)、国家と社会との関係において、政党が (国家の活動を活性化する並行的な権力ネットワークを含めて) 国家を代表しだしているともされる。後者については、例えば、カッツとメアーは、政党の大衆選挙型基盤の衰退は、政党が国家との結合関係を強めることで補完されていると指摘している。政党は、もはや、国家と市民社会とを媒介する役割 (党紙誌や放送メディアに支えられた媒体) の機能を失い、国家が、今や、市民社会と政党を媒介する主体となっていて、国家資金やパトロネージを、また、公的メディアや国家に規制された自立的メディアなどの国家資源に接し得る状況が起こるなかで、これが政党の存続とそのスタッフに報いる能力という点で極めて重要なものとなっているとする。国家資金型議会主義的政党スタッフが政党の中央スタッフよりも重要な地位を占め、今や、他の収入を補完するために国家助成に依存する状況も強まっている。さらには、国家が政党内民主政や政党組織の他の諸側面を規制してもいる (Katz and Mair 1994: 8-10. 本書の第9章も参照のこと)。

　こうした状況と並んで、政治家と投票者とのコミュニケーションが直接化する傾向も強まっている。こうしたコミュニケーションによって大衆政党は迂回されることになっただけでなく、政治キャンペーンは委託され、マスメディアが役割を強くなるなかで、党員は添えもの化した。これが公的領域の萎縮と結びつかざるを得ないのは、「第四階級」の影響が増大し、世論は「ポピュリスト的腹話術」によって操作される傾向を強くしたからである (Hall 1983: 29, 35, 37)。これは、出版と政党が人民の名において語り、世論を再構成し得るという現象を意味する。この状況のなかで、インターネットやブログなどの社会メディアが「第五階級」として台頭することにもなった。そして、政党は、決定作成のエリートを含めて、政治階級をリクルートするという、かつての役割を失い、これをビジネス・スクールやガヴァナンス・スクールに、また、コンサルタント企業に委ねる方向に傾いた。この傾向は国際化の過程によって弾みが

つき、超国民的(スープラナショナル)ガヴァナンスがより重要なものとなっている（Rüb 2005: 406ff）。政党はカルテル政党化し、党員の社会基盤が無視され、リーダーと活動的知識人や利得のために働く同調的専門家の、また、単なる専門家（支持者でない場合もあり得る）の、さらには、政党・ロビング・事業体を渡り歩く、あるいは、国民的・国際的政治と他の機関とを媒介するロビイスト集団の複合体に転化している。かくして、クラウチは次のように予言している。

　21世紀の古典的政党は……大衆運動の基盤から遊離し、自己再生産型内的エリートとなるなかで、あっさりと多くの法人型団体(コーポレーション)に安住し、この団体が世論調査、政策の助言、集票活動に資金を供与し、その見返りとして、政権党となった場合には重視されることになり、その政治的影響力を求めることになろう（Crouch 2004: 74）。

　既述の分析からすると、個別の政党を政党システムの全体のなかに位置づけるとともに、その位置と国家の制度的構造との関係について考察すべきことになる。政党間の諸関係が政治諸勢力の組織化と解体という点で、また、集団意思の展開という点でも重要な位置にある。政党システムにおける政党の相互作用が政治生活のなかで浮上する亀裂を規定する。また、国民－人民的意思が浮上し得る枠組みに影響することにもなる。そして、国家の制度的基盤が政党システムによって構築される形態を左右する。すると、再び、複雑な弁証法に逢着する。例えば、行政部が議会を犠牲にすることで権力を握るので、政党の役割は変化し、周辺化を強くするのに対し、政治的代表の、また、政治的想像(イマジナリー)を表現するための別のチャンネルがより重要となる。そして、政策ネットワークと職能的代表が政治組織において極めて重要な機能を果たすことにもなる（第7章）。

　政党システムにとって、制度的脈絡が重要であることを示そうとすると、議会制と大統領制における政治の基本的違いを明らかにすることが求められる。ホアン・リンスは、大統領が直接的に選出され、(尊厳的というより実効的な)現実的権力を握っている大統領制は、政府とプログラムや広範な公共政策の創出と維持という点で政党の役割を小さくしがちであるとする（Linz 1994）。こ

れは、大統領が政党の支持に、あるいは、議会多数派の交替に依拠し得る場合には、とりわけ、その可能性を高くする。だが、政党と大統領との対抗関係が浮上する場合には、大統領は非・脱政党型の、あるいは、反政党型の綱領のキャンペーンを展開し得ることになる。さらには、程度の差はあるにせよ、大統領に直接的に民衆の権限が委任されている場合には、議員は選挙民の利益を代表することに焦点を据えることができるにしても、個別主義の危険を賭して、集合的意思よりも特殊利益の実現を期さざるを得ないことになる。すると、小選挙区制を採っているアメリカにおけるように、政党の凝集性と規律やイデオロギー的ないし綱領型制約を欠くことになり得るし、収賄や腐敗を呼ぶことにもなりかねない（アメリカ政治における腐敗の形態の最近の優れた類型論については次を参照のこと。Srether 2015）。これにたいし、議会制は立法部と行政部との結びつきを強くしがちで、選挙に勝利し、政治的執行部への支持の安定を期す必要から党内規律が強化されがちとなる。これは、もちろん、事例の類型化に過ぎず、この規定がどの程度に個別状況に適用し得るかは諸勢力の、より広いバランスに左右される（次も参照のこと。Linz 1990a, 1990b. また、批判的意見については次を参照のこと。Mainwaring and Shugart 1997）。

　政治レジームの構造的選択性に関する別の説明はアレンド・レイプハルトの「多極共存型民主政」に関する著作に依拠する。このレジームは社会的合意を目的としていて（断片化と分裂のリスクに関する認識の共有に負う場合が多い）、母国であるオランダを例としている。彼は多極共存型（ないし同意型）政党システムが存在しているレジームと、(単純多数派ないし相対多数派が統治党となる傾向にある）多数決型システムとの主要な違いに注目し、五つの違いを確認するとともに、多数支配が次の場合により一般的になると指摘している。それは、(1) 行政権は分有されるというより集中している、(2) 行政の優位が行政－立法のバランスに及んでいる、(3) 複数政党システムというより二党制が存在している、(4) 政党システムは複数の横断型亀裂というより、ひとつの主要な亀裂を軸に組織されている、(5) 議員は比例代表制によるよりも単純多数制によって選出されている、以上である。そして、イギリスは多数決型と、また、オーストリアとドイツは、理念型的には、多数決主義に近く、多くのヨーロッパ諸国は、合意型に近いと言えると指摘している（Lijphart 1999. より一般

的に、選挙と代表制の戦略的選択性については次を参照のこと。Lijphart 2008）。

(6) 政党システムの危機か

　代表民主政の諸制度によって、社会諸勢力の柔軟で有機的規制が、また、ヘゲモニーのスムーズな循環と再編が起こったが、それは、この制度によって構造的空間が国民‐人民的利益の枠組みを設定し、対立的ヴィジョンを追求するための方向にゲームのルールが敷かれたことによる（cf. Poulantzas 1978）。その適応性は19世紀初期と1920年代のあいだに四つの基本的亀裂を基礎に多くの政党が成立し、それが存続し得たことに反映されている。この点については、セイモア・M. リプセットとスタイン・ロッカンが400年に及ぶ国家と国民の形成過程と経済発展から確認したことである（Lipset and Rokkan 1996; Rokkan 1999, Lintz 2002）。こうした亀裂には次が含まれる。(1) 集権型世俗国家〈対〉国体主義的教会特権（あるいは、より一般的に、世俗的国家の集権化〈対〉宗教的アイデンティティと価値）、(2) 国民国家形成の形成過程における中心〈対〉周辺（対立的な地域主義的・分離主義的などの少数政党に反映された亀裂）、(3) 土地利益〈対〉産業利益（部分的には、保護貿易〈対〉自由貿易をめぐる対立に反映された亀裂、ただし、成長期の産業や多くの国内市場に有益な諸産業は保護関税を求めた）、(4) 所有者〈対〉土地借用者・労働者・被雇用者（左／右の分裂と結びついた亀裂）、これである。そして、第四の亀裂は政党システムに反映されるべき最後の亀裂となった。これを基礎に、リプセットとロッカンは、政党の展開が経路依存的であったことを示唆するとともに、制度の編成の違いが新しい政党に民衆の支持を動員し得る力量を左右することになったと述べている。その歴史的背景を宗教改革と反宗教改革、フランス革命と反革命、産業革命に求めることができる。また、1920年代に浮上していた政党システムは、ファシズムと権威主義的支配や挙国一致体制によって断絶しつつも、1960年代に至っても重要な意味を帯びることになった。

　だが、現局面において、政党と政党システムの危機が浮上している。これは、より広く、政治システムと国家システムの変化に反映されている。政党システムの危機が、とりわけ、自然な政権党ないし諸政党に影響を与えると、国家の危機と結びつく場合が多い。というのも、国家の諸権力の相対的な機能的

第3章　社会関係としての国家

統一性は（あるとすると）、憲法上の制約に発するわけではないし、単純に国内の諸勢力の平行四辺形の力学から説明されるわけにはいかないからである。というのも、国家の統一性は「党派心」の高揚を期し、その管理に腐心する政治的リーダーシップが発揮されることで国家が形状化し、その凝集性が維持されるとともに、利己主義(エゴイズム)や集団的個別主義を超える国民－人民的意識と結びつくからである。政党に替わるものはないとは言えないにせよ、政党は、とりわけ、形式的民主政システムにおいては、政治組織の極めて適応力に富んだ形態と言える。

　政党システムの危機は1970年代と80年代の大西洋フォーディズムの、また、これと結びついた国家形態（KWNS）の危機を背景に据えることで説明し得る。議会制と大統領制の両者は代表制の危機に見舞われた。これは階級と政党との提携関係の崩壊や投票率の低下と選挙民の流動化に、また、党資金と党員数の危機に、さらには、経済的・政治的危機のなかの政党とその綱領の方向喪失に認め得ることである。経済的・政治的危機は物質的譲歩の余地を狭くした。ネオコーポラティズム的危機管理が進展するなかで、既に、経済・社会政策に占める政党と議会の役割は狭小化していたし、党綱領の差異の入る余地を狭くしてもいた。そして、国際化はKWNSの実効性の低下を呼び、疑問の余地の多いものとしていたし（Jessop 2002）、超国民的および脱国民的政治の重みを高くしていた。それだけに、行政部の権限と生産者集団や企業型ロビーと比べて政党の影響力を弱くしていた。こうして、代表制の合理性と正統性の危機が複合することで、市民社会が再発見され、その重要性の認識の深化を呼ぶことにもなった（これは、新しい社会運動の台頭や、参加民主政ないし直接民主政の要求の台頭に反映されている）。また、マイノリティや抗議型の、さらには、ポピュリスト型や反システム型の政党の台頭と結びつくことにもなった（Blyth and Katz 2005）。

　だからといって、社会運動が政党の位置を占めているわけでも、政党に代替し得るわけでもない。また、社会運動は、総じて、単一争点に焦点を据えがちであるし、実効的なガヴァメントないしガヴァナンスのために妥協する意思は弱く、その圧力に服することも少ない。この意味で、社会運動は統一的プログラムや国家企図を発展させるというより、政治アジェンダを断片化する傾向に

ある。また、一時的であるにせよ、強く肩入れしたマイノリティを動員するが、その長期的支援となると、組織的弱さのゆえに運動を持続することは困難な立場にある（Kornhauser, 1959; Dalton and Kuechler 1990; Giugni 1998; Cox and Nilsen 2014）。さらには、争点を異に盛衰を繰り返すか、存続を期そうとすると、自らを改変しなければならない。また、新しい社会運動は、集合体としては、より柔軟であるとはいえ、個別的には、より脆弱でもある。同様に、少数党と抵抗政党や反システム政党の存続は（資金が重要な）選挙競争の圧力に、また、統治連合にかかわっている場合には（いわんや、政府を構成している場合には）「責任ある行動」の圧力に対応し得る能力と意志を有しているか否かに左右される。この脈絡において、少数政党は周辺的刺激剤として「代表制の政党」に留まることで小さな譲歩を引き出し得る役割を果たすか、それとも妥協の必要性を帯びた「自然な」政権党となり、経済的・政治的支配という、より広いシステムに挑戦するために、限定的統治権に制約されつつ可能性の技術を尊重すべきかという選択肢を巡って対立せざるを得ないことになる（Puhle 2002; Offe 1975）。

　政党システムに対する別の挑戦は技術の展開に発している。マスメディアは市民と政治リーダーとの直接的関係に新しい回路を開くことになり、伝統的政党の回路は必要としなくなった。インターネットにアクセスする便宜が急速に広がるなかで、市民間の直接的コミュニケーションのネットワークは大量に、また、複雑に結びつくことになったが、（高度に専門化しているわけではないにせよ）政治家と特定の社会部門との「限定交信(ナローキャスティング)」型のメッセージ交換の潜在的基盤も成立した。こうしたコミュニケーションの裏側では、ネットワーク化に膨大な費用を要するという事態も起こった。これは、メッセージの作成と政治家の魅力的なイメージを作るためには、コンサルタントへの支払いが求められることになったことを意味する。この点で、諸国のなかには（とりわけ、アメリカにおいては）商用の宣伝のためにTVやラジオの時間を買う必要も起こり、キャンペーン費用は劇的に増加し、政党は公／私レベルで財源の調達を迫られるなかで腐敗や疑惑を呼ぶことも起こっている。

第3章　社会関係としての国家

(7) 国家企図（プロジェクト）

　この概念は、統一的国家システムが前もって存在し得るわけではないことを前提としている。国家企図とは、政治的想像（イマジナリー）と企図や実践のことであって、(1) より広い社会との対応において国家システムの範囲を規定し、これを規制するとともに、(2) このように画定された国家装置に実効的で実体的な内的機能の統一性を与えることで、この装置が継承された、あるいは、再規定された「社会的了解済みの」課題を遂行し得るものとすることにある（第2章を参照のこと）。国家装置を総体として捉えると、その存在は十分に組成され、内的に統一的で、極めて有機的な機能的に閉じられたシステムであるとは言えない。この性格はより広い国家装置の総体についてのみならず、国家のハードな中心（例えば、軍部の多様な部門、中央銀行－財務省ネクサス、歳出にかかわる主要省庁、政治的行政部）についても妥当することである。要するに、国家は、形式的同型性や補完性が存在している場合といえども、制度的総体として矛盾のない実体的統一性をそなえているわけではない。国家企図は（例えば、多様な社会諸勢力と結びついた知識人を媒介とすることで）所与の国家の外部に発し得るし、国家装置の（諸部分の）内部において練られたり、あるいは、他の部所のコピーであったり、外部の諸勢力によって押しつけられる場合もあり得る。持続的企図は、一般的には、立憲体制や妥協の制度化に埋め込まれているが、いずれの場合も、（常に相対的な）国家の統一性は特定の操作手続きと調整手段や目的の指針化を媒介とし、国家システムの主要部分において案出される。要するに、国家企図は国家の過程ないし政体の形成において極めて重要な役割を占めていることになる。また、国家企図は固有の国家理性（ここでは、既述のように、代表形態というより特有の統治合理性を指す）と、また、多様な場と規模や行動分野に及ぶ多様な部門と機関の活動に統一性を期すための統治術とも結びついている。こうした統一性が求められるだけに、国家の危機が制度的統合と国家活動の凝集性の危機として現れるのである。

　統一性を狭義に理解すると、国家の役職者が制度化された暴力などの手段に訴えることで、制度的総体としての国家装置を再生産し、抵抗を排して国家の政策に従うことを確保し得る能力のことでもあるとも言える。すると、この課題には、国家財政学と警務学や行政学といったテーマが含まれることになる。

統一性とは、より広く、国家装置が当該領域における全般的政治秩序と社会的凝集性を維持し得る能力という視点からも理解し得る。このように見なすと、国家企図は統一的マトリックスないし枠組みを設定するものであって、これによって、国家の個別主体や機関が政策と実践の調和を期すとともに、周到に結合（共振）し[13]、多様な政策を連結することで、（程度の差はあるにせよ幻想的な）国民的利益と公共善や社会福祉を追求し得ることになる。この意味で、国家企図は、典型的には、多様な政策パラダイムと接合することで、政策の方向付けや特定分野における決定の枠組を設定する。すると、植民や帝国の、あるいは、列強の国家企図がこうしたコントロールの次元を、また、それぞれの国民的領土を超えるレベルで政治的権限の相対的統一性を拡げようとするのも根拠のあることになる。

　国家企図をめぐる競合は（現実的ないし潜在的）国家機関に矛盾のなかの「装置の統一性」を課そうと闘争を呼ぶ。すると、常に傾向的な国家の制度的論理や固有の関心と国家企図とが結合すべきことになるから、所与の局面で、国家企図が政治的にヘゲモニー的ないし支配的なものになると言える。だが、確定的国家が最終的に所与の領域に埋め込まれ、その後、固有の明示的で固定的な、また、不可避の法則に従って、いわば、自動的に作動することなどあり得ない。いわんや、単一の国家企図がヘゲモニー的となり、全ての国家管理者層が固有の統治階級の成員として、自らの義務と関心のモデルとし、これを機械的に適用するという状況が到来し得るわけでもない。国家について精確に語り得るかとなると、あるいは、どのように、また、どの程度に精確に語り得るかとなると、これは、個別性の差異はあるにせよ、「国家企図」を実現しようとする闘争の偶発的で暫定的な結果に左右される。というのも、憲法が近代国家を法的主体とし、その統一性と主権性について、どのように規定し、闡明していようと、所与の国民的領域において、暫定的でローカルなヘゲモニーをめぐって、幾つかの「諸国家」が対抗している場合が多いからである（上述の概念枠組を使ってのことであるが、中国に関する有益な事例研究としては次がある。Mulvad 2015）。

　国民的境界が生成期の国家企図において、その確定的次元をなしているわけではない。多国籍的ネットワークや超国民的ネットワークと国家権力の回路の

第 3 章 社会関係としての国家

構築を目指す戦略を排除すべき理由は存在しないが、この点はローカルないしリージョナルなレベルの国家企図についても妥当することである。すると、例えば、EU にうかがい得るように、超国民的ないし脱国民的国家形成の企図の源泉について興味深い疑問が浮上せざるを得ないことになる（危機のなかの EU 再構築を目指した三つの競合的企図の分析については、次を参照のこと。Georgi and Kannankulam 2012; Kannankulam and Georgi 2012）。国家活動の始原的主体は確定的国家に発するわけではなく、対立的「国内諸国家」ないし競合的社会諸勢力が複合的な戦略的土俵で何をなし、また、現に、活動しているかという点で、その偶発的で、意図せざる複合的所産であると見なすべきである。

(8) ヘゲモニー・ヴィジョン

「国家企図」は国家の「部分 - 全体」の逆説の「部分」にあたる契機であるのにたいし、「ヘゲモニー・ヴィジョン」は「全体」の契機を反映する。既述のように、この逆説が浮上するのは、国家が複合的社会秩序の一部に過ぎず、全体の他の部分に対する介入の能力が限定されつつも、全体に対する責任を負い、最終審級として、制度的統合と社会的凝集性を維持するために介入せざるを得ないからである。この脈絡において、ヘゲモニー・ヴィジョンは、より広い社会構成体のために国家の性格と目的を彫琢する（初期の著作において、筆者は、こうしたヴィジョンを「ヘゲモニー企図」と呼んでいる。例えば、次を参照のこと。Jessop 1990）。ヘゲモニー・ヴィジョンによって、国家政策を実施するための全体的指針が提示される。こうしたヴィジョンによって国家の性格と目的は公益という、より広い（だが、常に選択的な）政治的・知的・道徳的ヴィジョンと、また、良き社会やコモンウェルスないし類似の社会組織の原則と結合し、特殊と普遍との調和が期される。「幻想的」な公的利益によって、いくつかの物質的・理念的関心とアイデンティティや空間と時間性などが他の要素よりも重視されるとともに、内包的形態（例えば、自由民主政）が唱道され、あるいは、明示的に排除的な形態（例えば、アパルトヘイト型国家）が登場し得ることにもなる。こうしたヴィジョンは、まず、特定の経済的・政治的・社会的想像と結びつき、次いで、所与の社会構成体の、より深い構造と論理と結合することで世界市場と国家間のシステムや世界社会に浸透する。こうしたヴィ

ジョンが成功し得る可能性が最も高くなるのは、既存の支配形態によって、また、諸勢力の支配的バランスによって、さらには、新しい連合と戦略や行動の時空間的次元による諸勢力の変容の見通しによって課せられた主要な構造的諸制約を対象とする場合である。

　「一国民」型企図と「二国民」型企図を区別することが有益である。この用語は19世紀イギリスの保守派の政治的言説に発している[14]。また、「国民」とは想像の「国家国民（Staatsvolk, people-nation）」のことである（国民の別の意味については、第6章を参照のこと）。「一国民」型企図ないしヴィジョンは膨張的・包摂的ヘゲモニーを志向し、物質的譲歩と象徴的応報を媒介として動員される広範な人民の支持を基盤としている（例えば、社会帝国主義ないしKWNSにうかがい得る）。これは、現実的であるというより、修辞的である。これにたいし、「二国民」型戦略は、明示的ないし暗示的に、より限定的ヘゲモニーを志向し、住民の戦略的に重要な部門の支持を基盤としていて、企図の負担を他の排除された部門に押し付けようとする（例えば、ファシストやアパルトヘイトのレジームのように）。経済的危機や物質的譲歩の範囲が限定されている局面においては、「一国民」型戦略の展望は（犠牲の平等な負担を期し得ないなら）限定的なものとならざるを得ないし、「二国民」型戦略が追求される可能性が高くなるが、後者は相対的に安定した経済においても成立し得る。いずれの場合においても、「二国民」型企図には、封じ込めや「他の国民」の抑圧（ないし、「諸国民」という比喩に訴え続けること）すらも必要とするし、より「友好な国民」に選択的に接近し、譲歩することを含む。これは政治的支持を再編しようとする営為と結びつくだけに、経済的には「生産的」と「寄生的」部門との、政治的には「忠誠派」と「不実派」との、また、市民社会の視点からは、「文明派」と「非文明派」との垂直的な敵対的亀裂として現れ得ることになる（例えば、それぞれ、サッチャー主義、スターリン主義、アパルトヘイト）。要するに、「一国民」型戦略には、多様な経済的機能を遂行し、政治的意見を異にする、また、生活スタイルを多様にする諸集団を対象とする差違に関する多元主義的言説が含まれているのにたいし、「二国民」型戦略は二分論的敵対主義の言説に支えられていることになる（cf. Laclau and Mouffe 1985）。こうした対照的戦略が国家権力を行使するための妥当な社会基盤となるとすると、妥当な組織と代表や

介入の形態と一対化すべきことになる。

　制度と階級の連鎖を形成し得るヘゲモニー・ヴィジョンを欠くと、政治家や国家管理者層はより広い社会の一般的政治機能を犠牲に国家装置を再生産するという国家の、より狭い政治を軸に国家を統一しようとする。そうしないと、国家の統一性が、再び、完全に崩壊することにもなりかねないからである。六つの次元とその接合についてはすでに検討した。だが、この論述をもって近代の国家システムの形態ないし機能が内在的に資本主義的であることを意味しているわけではない。この種の理解は、国家の多形性の指摘をもって、また、形態が機能を問題とする様式の論述をもって、さらには、全ての国家形態が国家の挫折に服し得る傾向を宿しているという指摘をもって排除されている（第6章を参照のこと）。

3. 国家と社会の逆説

　より広い社会的責任を追求しようとするなかで、国家管理者層は利用可能な戦略能力に訴えるが、その能力は、常に、自らが直面する課題との関係に制約される。近代国家は全般的政治秩序と制度的統合や社会的凝集性の維持に責任を負っているが、その物質的基盤は暴力の制度的独占によるのみならず、これと結びついて、社会的活動主体（個人ないし組織）を自らの裁断下に拘束する決定を行使し得る能力に依拠している。その「理念的」基盤と駆動力は、国家とは法的主体であるし、国家管理層を「普遍的階級」とすることで社会の利益が代表されるとする主張に負う[15]。だが、いずれの場合にも、そのことで、国家管理者層の（あるいは、他の）個別利益は別として、この層によって、現に、全体の福祉が促進されているわけではない。こうした擬制が政治的期待と行為を左右するだけに、破ることが、むしろ名誉とされることも起こる。だが、こうした期待や行為も擬制であるし、国家が社会構成体と構造的に一対化した部分に過ぎないだけに、国家は自らに期待された役割を果たし得ない。というのも、国家は制度的総体であって、主体ではないからである。共通善の概念について合意が浮上する場合といえども、それは、常に、部分的意味を内在する個別概念に過ぎないし、国家権力の行使は不断に構造的制約性にのみならず、社会構成体をコントロールし得る能力は限定されるべきであるとする抵

抗にも服している。こうした政治的擬制と政治的現実との複合的混成のなかで、国家の傲慢と悲劇の両者が不断に再生産されている（Willke 1986, 1992）。

　以上の基本的逆説は国家 – 社会関係の四つの別の側面にも反映される。

(1) 社会のアイデンティティを規定するという点で、国家は鍵的役割の位置にあるとはいえ、それだけに、それ自身のアイデンティティが他の諸次元に根差した諸勢力の挑戦にも服する。一方で、社会は国家システムに先立って存在するわけではなく、部分的であるにせよ、国家システムの活動を媒介として組成される。既述のように、国家が支配している領域と社会とは、当該の国家のことであるとされるようになる。また、外交と戦争やスポーツと文化交流に及ぶ外的諸問題において、国家は広く社会を代表すると見なされている。他方で、政治システムの内外にいる多くの非国家型諸勢力は国家を（再）構築し、その企図を再規定しようとする。ここから、規定と再規定をめぐる持続的サイクルが浮上し、このサイクルにおいて、国家が社会に、また、社会が国家に形態を措定することになる。

(2) 国家は固有の力学的・戦略的能力を保有していて、外部からの直接的コントロールに抵抗するとはいえ、社会の他の圏域も固有の論理と能力を保持している。個別の国家は固有の政治的言説とリズムや時間性を、また、固有の利害や能力を展開している。だから、国家は個別性を帯び、自らの内的複合性のゆえに外的コノトールに抵抗することになるし、それだけに、また、国家を超える主体の考慮の対象とならざるを得ないのである。他の制度的秩序も、同様に、内的複合性を保持していて、固有の秤量様式によって機能し、時間的パターンに従っているだけでなく、一定の資源と能力を持ってもいる。だから、国家の直接的コントロールに服することに抵抗するのである。

(3) 国家はより広く社会の多様な圏域に介入するので（国家権力は生成することを示唆している）、他の二つの変化によって弱体化もする。第一に、その権力は内的に複雑化し、諸部門や政策ネットワークに断片化しているだけでなく、調整の問題も錯綜するので、国家の統一性と固有のアイデンティティは希薄化する。それだけに、新自由主義者の主張に従えば、国家の志向と権力が制限される場合に最強の存在となり得るとされるのである。逆に、国家介入が強まると、国家の活動が成功し得るかどうかは、他の社会諸勢力の協力が得られるかどうかに左右さ

れる傾向を強くせざるを得ないことになり、国家権力は外的諸勢力に服しがちとなったり、あるいは、これと結合する。だから、国家論者のなかには、近代国家が強力なものとなるのは、主権の要求を放棄し（あるいは、専制的権力に訴えることを止め）、他の諸勢力と権力を共有することで自らのインフラストラクチャー権力を強化する場合であるとする論者もいるのである（e.g., Mann 1984, 2008; Hall and Ikenberry 1989）。

(4) 国家が国家理性の名において行動したり、通常の代表制の機制を停止する緊急状態に訴える場合であっても、その正統性は国家の関心と活動を「社会」の関心と活動に結びつけ得るかどうかに、また、できるだけ早く「通常のレジームの形態を回復する」という言質が信頼され得るかどうかに左右される。国家理性は、常に、共通善や国益と、あるいは、両者の主張と結びついている。また、緊急事態ないし独裁期は最終的には通常に戻るものと想定されていることが一般的であって、国民－人民的利益をめぐる競合が、再び、政治の言説の常態となると考えられている。すると、言説の表明には一般的範囲が存在するが、これと並んで、政治の言説に携わる人々は、政治の世界のかなたから争点をまとめる特別の理由を持つことになる。そうでないと、国家や公的言説の自己充足は期し得ず、「外的」諸勢力による接合の再編と混乱に服することになる。

4. 結論

こうした部分－全体関係から逆説が浮上するが、これには、戦略的選択性を必要とするジレンマを伴う。いずれの選択であれ、一方を重視しなければならないというジレンマはつきものであるから、他の選択肢を無視することに発する諸問題は増幅し続け、戦略の変更が求められることにもなる。この視点からすると、多くの分野で、なぜ政策のサイクルが浮上せざるを得ないかを説明するための手掛かりが得られることにもなる。例えば、介入し得ないと、他の制度的秩序が自由に固有の論理に従い、国家の目標に有害なものとなり得る。だが、介入によって他の制度的秩序の混乱と抵抗を、あるいは、逆効果の結果を呼びかねないだけに、介入は失敗に帰すことも起こり得る。ひとつの採用し得る解決策は、前もって他のシステムの諸機関との調整を基礎とするメタガヴァ

ナンスという戦略に訴えることである。また、こうした諸機関の活動を国家が形式的ないし実質的に支え、その諸活動と目的と所与の合意を期すとともに、当該の機関に依拠しつつ、その固有の論理において諸目的を実現し得る最適の方法を発見することである。だが、こうした国家介入の形態は国家の側においてのみならず、社会の目的における、より広い合意が存在しないと、国家の断片化と統一の欠如を強くすることにもなりかねない。以上の考察からすると、SRA は構造的諸矛盾や部分－全体の逆説を、また、他の戦略的ジレンマを関心の対象としているだけに、その有意性を強くすることにもなる。次章では、戦略と構造との戦略－関係論的相互作用について検討する。

【注】

1) 代表制の危機、ヘゲモニーの危機、有機的危機の概念はグラムシに発する（Gramsci 1971）。また、「合理性の危機」と「正統性の危機」の概念はハバーマスに（Habermas 1976）、そして、制度の危機はプーランザス（Poulantzas 1974, 1979）に発する。
2) 一般的用例はカーライルが指摘しているように、エドムンド・バークが1787年の著作において、出版は聖職層、貴族層、下院をチェックする役割にあると規定し、これをカーライルが援用したことに負うとされる（Carlyle 1908）。
3) それぞれについては次を参照のこと。Taylor 1978; Dutton 2009; Allegri and Ciccarelli 2014.
4) マックス・ウェーバーがこの区別を設定したのは、社会活動の動機と秤量を分類するためである。物質的利益の秤量は道具的であって、コストと便益の相対化に発し、結果が関心の対象となるとした。また、理念的関心を志向する活動は無条件的であって、「何らかの倫理的・審美的・宗教的、あるいは、他の行為類型のゆえに価値の信念に規定されていて、成功の期待から自立している」とする（Weber 1978: 24-25）。ウェーバーは、また、この著作において、（慣習を基礎とする）伝統的行動と（感情に発する）情緒的活動についても検討している。伝統は正統的権威（支配）の源泉と、また、情緒的活動はカリスマないし復讐の感情と結びつき得る（9月11日のアメリカの外交政策は、この例にあたると言えよう）。
5) ここで「国家理性」という言葉を使っているが、この概念はサーニーの「国家の理性〈対〉世界の理性（*raison d'état vs raison du monde*）」という対句とは

用法を大きく異にしている。サーニーにおいて、前者は、より国民－国家中心型統治の合理性を、後者は、より超国民的・ネオ多元主義的統治性を指すものとし、生成期の世界政治型上部構造を志向するものとしている（次を参照のこと。Cerny 2010: passim and esp. 27, 157, 244, 269, 297, 306）。

6) この言葉はラテン語の「カメラ（*camera*）」に、つまり、「貯蔵庫」に発し、これがドイツ語の「カメラ（*Kammer*）」に、つまり、「官房」という言葉に連なった。

7) 合理的官僚制、領土統合、近代的コミュニケーション・システム、大衆教育が台頭するなかでインフラストラクチャー権力は強化される。また、戦争の産業化は、戦時の犠牲を補完するために社会的包摂（ないし、その約束）の努力を誘発する

8) この言葉はグラムシに発し（Gramsci 1971: 252=Q14, §74: 1743）、「闇市」の類語にあたる。

9) アメリカの共和主義諸政党は、近年、「市民連合〈対〉連邦選挙委員会」における最高裁判決（558US310、2010 年）を頻繁に利用し、「独立」の政治組織を設立し、これを資金の収集と支出の機関とするとともに、自らの候補者の公式的キャンペーンとの協力関係の程度を隠す手段としている。

10)「政党国家（*Parteienstaat*）」とは、戦後先進資本主義の国家形態であり、強力な国家的伝統と政治的官僚制の特徴を帯びたポストファシスト型とポスト権威主義型民主政に、より一般的である（ドイツ、オーストリア、イタリア、ギリシア）(Leibholz 1966; von Beyme 1993)。

11) こうした「命令」は、言説的に（部分的には、政党を媒介としている）構成されるが、物質的基盤にも依拠していて、蓄積戦略、国家企図、ヘゲモニー・ヴィジョンと結びついている。また、有機的である場合には、権力ブロックを固め、歴史的ブロックを変え、その安定を期す役割ともなる（Gramsci 1971: 366-7=Q10II, §6)。

12) 最近の反例はオバマの第 1 期大統領選キャンペーンであるが、短命に終わったのは、その政権の主張とは裏腹に、資金がキャンペーンにおいて、より重要なものとなったからである。

13)「共振する（collibrate）」という言葉はアンドルー・ダンサイアの造語である（Dunsire 1990: 4. 次も参照のこと。Dunsire 1993, 1996）。彼は語源について説明しているわけではないが、ラテン語のリブラ（*libra*、バランス）と前置詞の「カム（*cum*, with）」との複合語であることは明らかであって、彼においては、複数の目的と過程ないし関係間のバランスを操作することを意味するものと受け止め

られている。ここでは、均衡と共振とを区別し、均衡は二つのことが平衡化されがちであることを意味するのにたいし（例えば、規模）、共振とは諸勢力の周到なバランス化のことであると付言し得よう。ダンサイアはこの点を次のように説明している。「共振動ないし同時振動（コリブレーション）という言葉は造語であって、分割と支配を規定するための用語であって、規模を変更し、市場を準備し、書物をいじくり、運動場をならし、ゴールポストを移動することなどに類することである。これは全て、バランスを崩し、あるいは、バランスを立て直すようにすること、ないしは、バランスのポイントの移動を指している」と（Dunsire 1996: 318-19）。すると、共振（コリブレーション）という言葉は、バランスをつけるために対立する個別の制度的ないし組織的表現を基礎とする自動的抑制と均衡を含意していることになる（Dunsire 1996: 320-1）。もっと早い局面の論稿で、ダンサイアは次のように述べている。

　共振（コリブレーション）はガヴァナンスの手段であって、その本質は、いずれの関心領域であれ、どのような対立的諸力がすでに作動しているかを、また、平衡〔均等な圧力による均衡、緊張、あるいは、吸引〕の作動点が公共政策と合致しているかどうかを確認し、必要ならば、中央の決定という事項を「導入すること」、あるいは、基準ないし禁止規定を設定しようとするのではなく、一定の支持を必要とする側ないし利益のために、バランスを期すことで介入することにある（Dunsire 1990: 17）。

　換言すれば、共振によって対抗と敵対ないし矛盾の多様な側面を表現しているシステムにおいて、多様な抑制と均衡間の諸関係が修正されることになる（Dunsire 1996: 320-1; Jessop 2013）。類似の観念は、ピエール・ブルデューも指摘している。というのも、彼は、国家とは「象徴的資本の中央銀行」や他の資本の中央銀行（彼の言葉の意味において）であって、「メタ資本」の中心であると述べているからである。これは国家が（例えば、経済・象徴・文化・情報・政治）といった多様な資本間の関係を修正し、公的利益を維持し、その固有の諸利益を保持しようとする、あるいは、いずれかを期そうとすることを意味する（Bourdieu, 2014: 197, 222-3, 345-6）。共振とは、純粋に技術的ないし専門技術的過程ではなくて、国家権力の他の諸側面と同様に、ガヴァメントないしガヴァナンスの特定の対象と技術や主体を軸に組織され、より広い「不安定な妥協の均衡」を維持し、あるいは、再起動させようとする営為が含まれている。さらなる検討については、本書の第3・6・8章を参照のこと。

14）代表的には、やがて、イギリスの首相となるベンジャミン・ディズレーリの次

の小説を参照のこと。*Disraeli, Sybil, a Tale of Two Nations.* この小説は1845年に出版されているが、同年に、エンゲルスの『イギリスにおける労働者階級の状態（*The Condition of the Working Class in England*）』も出版されている。ディズレーリは労働者階級を社会・政治秩序に慈恵主義的に統合すべきであるとする考えを提示している。

15）国家管理者層がこうした法的確信を内面化し、これを自らのアイデンティティと行動指針の本質的構成要素としている場合には、国家を集合的主体と見なし、これについて語り得ることになる。

第4章　権力、利益、支配、国家効果

　本章では戦略−関係アプローチ（SRA）から三つの問題について論ずる。第一は概念の問題であって、権力と利益の本質とは何かということである。第二は、国家を権力関係の特殊な制度的表現とし、この視点から国家について考えるという課題である。第三は、国家がどのように権力関係を組成し、どの程度に特定の利益と結びついているかという問題である。支配が多くの形態や場と、また、駆け引きや戦略と結びついていることに鑑みると、ここで、そのすべてを取り上げることは困難である。そこで、第二と第三の課題から「国家の資本主義的類型（資本主義的国家類型、capitalist type of the state）」ないし「資本主義社会における国家（資本主義社会の国家、state in capitalist society）」に焦点を据え、支配によってどのような差異が生起するかについて検討することにしたい。この課題は、形式的には民主的であるにせよ、経済と政治のシステムとが強く制度的に分離している社会における階級権力と国家権力との関係を問うことになる。それだけに、論争的トピックでもある。第1章で概括した六つのアプローチからすると、資本主義的国家類型の研究の多くは制度論に依拠している場合が多く、階級支配を維持するための国家の典型的諸形態とその補完性や妥当性（ないし、その欠如）という問題も、この視点から説明される。だが、資本主義社会における国家を研究しようとすると、歴史的・主体中心型の説明が適切であると思われる。そこで、イデオロギー批判（*Ideologiekritik*）にコメントを付したうえで、マルクス主義の国家と国家権力の分析の限定的範囲について論ずることで結ぶことにする。

1. 権力は説明項か、あるいは、被説明項か？

　広く「権力」と呼ばれているが、その現象は社会諸関係を説明するには不適なほどに複雑で重層的現象でもある。これは、部分的にせよ、権力とは差異を生み出し得る能力のことなのか、それとも、差異が現実化する方法において、

こうした能力を駆使することなのかという点で混乱をきたしていることによる。さらには、権力とは、一定の構造的諸制約において何らかの、また、全ての効果を生み出すための一般的条件に過ぎないとは言えないかぎり、特定の状況における特定の行為主体による権力の行使の効果は説明項（説明自体）ではなく、被説明項（説明されるべき対象）とされるべきことになる。だが、所与の活動の脈絡の特定化が詳細になるほど、その脈絡において活動の効果に帰すべき範囲は限定され得ることになる。これは、局面が十分に特定されると、「権力」は残余カテゴリーとなり、運ないし偶発事を含めて、脈絡的要因によっては説明のつかないことだけが説明の対象となり得ることになる。また、「権力」を説明項とすると、因果分析においては自立的位置を占め得ないことにもなる。これは、権力とは中身のない形式的概念であって、特定の効果がどのように生み出されるかということを説明し得ない概念とされるか、あるいは、一時的に設定された概念に過ぎず、特定の効果を生み出す実質的メカニズムが明らかにされると用済みのものとなるかのいずれかとしかなり得ないことを意味する。こうした二元論を認識しそこなうと、権力行使の結果を権力行使自体から説明するといった循環論に陥ることになる。この種の問題を避けようとすると、「権力一般」とか「一般的権力」と呼ばれているものなど存在しないということを受け入れるべきことになる。そうすることで、個別の権力の多様な組合せの重みを比較し得ることになるし、起こり得るとすると、それがどのように結合することで一定の支配構造が成立するかという課題に取り組み得ることになる。

　諸効果を権力の行使に求めようとする考えには、こうした行動が自由に選ばれ、因果論的に規定するということが暗黙裡に想定されている。だが、権力の行使とは、意思が機械的に衝突することではなく、一定の社会的・物質的存在条件が含まれていて、他の社会的諸決定との結びつきによって制約されている。だから、政治は「可能性の技術」と呼ばれているのである。こうした限界と制約の分析は、論理的には、所与の局面における権力関係のなかにいる行為主体の行動研究に先行する。さらには、主体の行動が制約されない自由意思の行使に発するわけではないとすると、行動の可能性は当の主体の特定の資質によって、どのように制限されるかということについても検討すべきことにな

る。これは、社会的諸力の結合、物質的・象徴的資源、秤量様式、戦術と戦略、社会技術、構造的制約について、また、所与の効果を生み出し得るだけの十分な偶発的機会について歴史的に論述すべきことを意味する。権力の分析は、こうした多様な諸要因がどのような相互作用に服することで諸力のバランスが規定されるかを、また、その効果が多様な時空間的次元の活動にも及ぶかを明らかにすべきことになる。

　同様の議論は、批判の多いことではあるが、「相対的自律性」の概念にも妥当する。この概念の支持者において何が可能となるかと言えば、外的諸要因によって国家の諸形態と諸機能を説明しようとする試みと、あるいは、絶対的自律化を主張することで国家に制約なき意思とその実現能力があるとする試みと自らのアプローチとを区別し得ることぐらいである。だが、相対的自律性論者が特定の事例研究に着手すると、この概念は記述的概念に傾き、事例を異に内実は多様化する。すると、より一般的には、「権力」の概念と同様に、相対的自律性の概念は説明項とはなり得ず、被説明項とすべきことになる。

　国家と他の制度的秩序とを区別することが国家の「相対的自律性」にとって極めて重要であるとされる。だが、この区別は資本の集合的利益（マルクス主義的分析においては、国家の分離の一般的意味）を、また、個別の利益に対して国民的利益（保守派とリベラル派の一般的主張）を、あるいは、他の国民的国家の利益に対して国民的利益（リアリスト派とネオリアリスト派の著作に一般的な意味）を追求するために必要とされる自律性を保証するというより、この種の行為に対する重大な挑戦を突きつけることになる。これは前章で分析したように、部分－全体のパラドックスと強く結びついていると言える。現実の国家の「相対的自律性」とは、経済領域と（「私的」で非経済的諸関係の場としての）市民社会との分離、独特の制度的構造、支援と抵抗の社会的基盤、所与の目標ないし機能を実現するための政策の実効性という点で、国家が帯びざるを得ない（諸）形態の複合的所産にほかならない。以上からすると、「相対的自律性」や国家権力とは抽象的で、汎用の説明原理とはなり得ないことになる。

2. 利益と支配

「利益」とは見せかけの比較概念である（Barry 1965 : 173-87）。主体の利益の

秤量は実現可能性とは無関係の絶対優位ではなくて、特定の脈絡における比較優位に左右される。利害は所与の状況における構造的諸制約や偶発的機会と、また、多様な時空間的次元における多様な利益の集合間のトレード・オフの可能性と結びつけられる必要がある。これは、有利（不利）一般について包括的に議論するのではなく、主体の利益のいずれの側面がどの点で有利（不利）であるかを明らかにすべきことを意味する。さらには、主体が多様な関係のなかにいるかぎり、あるいは、多くの主観やアイデンティティを宿しているかぎり、矛盾した利益を抱えていることにもなる。こうした複雑性のゆえに、多元主義とネオ多元主義の政治と政策の分析は、所与の政体（ないし、国家システム）の形状と結びついた諸制約を無視することで「合理的核心」を提示し得ることになる。利益は、矛盾に満ちているだけに戦略の策定、政策の立案と決定において不正な（あるいは「決定不可能な」）問題を招来するし、選択のための明確な公理や手順を欠くと、選択の先送り、恣意的ないし（習熟度の違いはあるにせよ）場当たり的選択、投票の計測、諸勢力のバランスの秤量、操作ないし主要勢力による政策決定と、あるいは、新たな価値原理の模索と結びつき得ることになる。

　権力を支配とし、これを分析するということは、能力を社会的に無定形な（あるいは、場当たり的な）ものとしてではなく社会的に構造化されたものとすることである。すると、一度限りの一方的意思の押しつけではなく、体系的で制度化され、規則的に再生産される相互関係が問題とならざるを得ない。すると、ジェフリー・アイザックが指摘しているように、「AはBが行おうとはしないことをさせるということではなく、権力の社会的関係とは、典型的には、AとBが日常的に繰り返していることにかかわること」であると言える（Isaac 1987 : 96. フーコーの統治性(ガヴァメンタリティ)の概念との類似性に留意）。諸関係が継続性を帯び、非対称化することが多くなると、能力の差異や強弱が生ずることになる。この点で、一般的パラダイムとして、ヘーゲルの主人－奴隷の弁証法を、すなわち、奴隷は主人に、主人は奴隷に依存するというパラダイムを挙げることができよう（Hegel 1977）。このパラダイムは奴隷制や植民地主義にも援用されているだけでなく、マルクス主義者のなかには階級支配と結びつける論者もいるし、フェミニストのなかには家父長的支配と、さらには、（思慮深い）エコロジ

第 4 章　権力、利益、支配、国家効果

ストのなかには人間と自然との相互作用の弁証法と結びつける論者もいる (e.g., Brennan 2007)。そして、重要なことに、人々の活動がグローバルな進化を変更するに至って、このパラダイムは、とりわけ、いわゆる人間中心時代にも適用されるに及んでいる (cf. Crutzen 2006 ; Steffen et al. 2011. また、批評については次を参照のこと。Moore 2015a, 2015b)。

　周到な SRA からすると、個別の状況において特定のアイデンティティを内面化した個別の主体にとって、どのような帰結が潜勢しているかという視点から利益を評価しようとすることになろう。というのも、この状況には、多レベルの客体－主体の弁証法が作動するからである。すると、第一に、客観的利益を所与の局面と特定の空間における個人ないし集合的アクターの特定の主観性（アイデンティティ感覚）と結びつけなければならないことになる。これは、理念的であると物質的であるとを問わず、利益は所与の状況におけるアクターのアイデンティティに即して多様化するからである。「理念的」利益が（救済のような）来世の問題や（社会的地位のような）象徴的システムと結びついているのにたいし、物質的利益は現世の問題や物質的利害関係と強く結びついている。だが、マックス・ウェーバーが述べているように (Weber 1978)、利益の多くは理念的要因と物質的要因の混合体である (cf. McIntosh 1977 ; Swedberg 2003)。こうした主観的でアイデンティティにかかわる側面からすると、社会的主体が自らの利益を見誤らないということにはならない。というのも、主観的アイデンティティを準拠点とすると、利益は主体の知覚にのみ依拠するわけではなく、社会関係と価値システムに客観的に底礎されているからである。この点は、気まぐれや特異な、あるいは、無定形なものではなくて、制度化された構造と結びついているかぎり、理念的利益についても妥当することである。

　第 2 に、脈絡を異にしつつも、主観的アイデンティティの、また、これと結びついた客観的利益の再規定ないし再結合をめぐって闘争が浮上することである。これには、主体が既に確認しているアイデンティティの優先順位を再整序したり、別のアイデンティティを受け入れさせたりする営為も含まれる。この場合には、他の利益が内在していることも多い。この論点は「インターセクショナリズム」の、つまり、階級・ジェンダー・民族などのアイデンティティをめぐる示差的接合の研究者には周知のことであって、多元主義的論述に傾か

117

ざるを得ないのは、多様な理念的・物質的利益が作用し、活動が多様な時空間的次元を帯びるからにほかならない。

要するに、権力や利益の意味を特定の局面における社会諸関係間の諸関係と結びつける必要があるということである。また、構造的制約とは、ある状況における諸要素のことであって、この状況は所与の時間的局面における主体によって変更され得るわけではないが、全社会構成体における主体の戦略的配置状況のなかで変化することになる。この構成要素には潜在的諸権力の複合的位階制(ヒエラルヒー)が含まれていて、他の主体を規制する有効な諸要素となり得る機会の範囲と限定性によって規定されている。こうした権力の潜勢力は社会構成体における位置間の関係のみならず、社会的諸勢力の組織・秤量様式・資源にも左右される。現実の権力バランスは事後的に規定される。というのも、このバランスは、アクターと行動に即して変化する構造的諸制約によって設定された範囲において、社会的諸勢力が追求する（戦略的）活動の相互作用を媒介としているからである。諸利益はこのような影響に服しているから、関係論的に評価されねばならないことになるし、所与の局面における偶発的機会と権力の潜在的バランスに、さらには、行動の諸次元にも左右されることになる。こうした諸条件はすべて、時間的局面を異にしつつも、政治戦略の秤量に影響するわけであるから、国家権力の本質という問題に対する偶発的で関係論的アプローチの重要性が浮上することにもなる（第3章を参照のこと）。そこで、次に、資本主義国家と資本主義社会における国家についてマルクス主義の活動家と研究者がどのように苦心を重ねてきたかを例証することで、この議論の検討を深めることにする。

3. 国家と階級支配

マルクス主義の研究者は社会権力と階級支配の再生産との関係について研究している。また、主体、アイデンティティ、敵対、支配の類型を、主として、それぞれが階級支配とどのように関連し、その条件となっているかという視点から考察してもいる（概要については次を参照のこと。Jessop 1982 ; Barrow 1993 ; Hirsch 2005 ; Domhoff 2013）。他方で、ウェーバー派の研究者も同様に、階級・地位・政党という支配の三形態の分析を重視している。さらには、同様の

第 4 章　権力、利益、支配、国家効果

姿勢は権力と支配をめぐるインターセクショナリストの分析にも見出すことができるが、ラディカル・フェミニズムの分析が、総じて、家父長的支配を重視するという点では姿勢を異にしている。対照的に、多元主義者とネオ多元主義派は、一連の資源・アイデンティティ・利益の存在を認めつつも、これが潜在的には横断的で対抗関係として多様に遍在しているだけに、永続的支配のシステムとして実質化し得ないとしている。マルクス主義者とウェーバー派の研究者やインターセクショナリストも国家と階級支配との関係を追究しているのにたいし、多元主義者たちは、両者がどのように結びついているかという点では立論を異にしつつも、「国家」と「階級の権力」との違いが実体化されているわけではない。これは、(1) 国家とは自律した主体とは言えないし、国家権力はその固有の属性であって、社会の外部と上部にそびえ立ち、固有の資源を持っているわけではないと、また、(2) 階級権力が経済ないし市民社会に広く根を張っているとは見なし得ないとしていることに、さらには、(3) こうした国家と経済ないし市民社会とが明確に分離されることで、とりわけゼロサム的性格において、他者をコントロールしようとする主体の活動が諸勢力の対立関係として現れるわけでもないとしていることにうかがい得ることである。だが、(記述概念と説明原理のいずれとしてであれ) こうした方向から「国家権力」と「階級権力」とを区別しようとする試みをすべて拒否するにしても、軍部や官僚といった政治的カテゴリーの影響力を無視するわけにはいかないし、国家が多様な組織的能力や資源を有していて、権力の行使という点で、このカテゴリーが特有の利点を得ていることを否定すべきでもない。重要なことは、国家権力とは、所与の状況における̇す̇べ̇て̇の諸勢力間のバランス変化に媒介された結果にほかならないということである。すると、国家権力とは̇被̇説̇明̇項̇であって、説明原理ではないことになる (Jessop 1990: 117-18)。また、国家ないし国家の行動が特定の結果に結びついたかのように話す場合があるにせよ、これは、もっと複雑な戦略 - 関係論的局面の手短かの表現 (および、誤解を招きかねない表現) に過ぎない。

　より一般的には、SRA は、階級闘争が国家内にとどまらず国家を超えるレベルにも及び得ることを、̇ま̇た、国家主体が領域の内部のみならず、外部においても影響力を行使し得るとする。この視点からすると、国家権力と階級権力

との関係を研究しようとすると、特定の社会と局面において国家権力がどのように行使され、特定の階級利益と結びついているのか（あるいは、そうではないのか）について、さらには、その逆も同様であると言えるかどうかについて検討すべきことになる。多様な同盟関係、動機の混在、両義性を帯びた結果が伏在し得るが、これは、とりわけ、国家権力の社会的基盤の維持、国家企図の明示、ヘゲモニー・ヴィジョンの確立という点で、階級諸力と階級利益が唯一の要因として作動するわけではないことによる。実際、ヘゲモニーは、それがヘゲモニー機能を帯び得るかぎり、広範なアイデンティティ、方向設定、諸利益の接合を媒介として成立することであって、その多くが階級利益と明示的に結びついているわけではない（後述）。

したがって、資本主義社会の国家の分析において、資本蓄積が準拠点と説明原理という二つの機能を有することになる。

・資本蓄積を準拠点とすると、国家権力の行使は特定の国家の形態ないしレジームの形態と結びつくことで、他の諸階級や社会的諸勢力による権力の行使と比較して資本の理念的ないし物質的利益（あるいは、両者）をどの程度に期し得るかを秤量するための基礎を設定し得ることになる。だが、以下でも論述することになるが、こうした利益が絶対的ではなくて関係論的であることを確認しておきたい。また、資本蓄積が準拠点となるにせよ、自らの行動によって蓄積を再生産しようとするアクターが、その結果を自覚していることまで求められるわけではない。
・資本蓄積を説明原理とすると、階級諸力の蓄積の差異と動員の形態や方向が国家装置の形態と機能をどのように左右し、浸透しているかについて、また、国家介入の効果を（完全に規定しないにせよ）規制するかについて検討し得ることになる（cf. Jessop 1982）。

同様の二重の機能は、国家権力と他の支配形態（たとえば、軍国主義、軍事指導者体制、アパルトヘイト、民族差別、中心－周辺関係、神権政治、家父長制、異性愛主義〔ヘテロノーマティブティ〕）との関係の検討についても妥当する。

マルクス主義の研究者は、支配について、主として、相互に関連す四つの

テーマに即して追究を進めている。第一のテーマは、権力関係が、強い社会的基盤を欠いた純粋に個人間の現象というより、階級支配の特定の様式ないし形状として現れると見なし、この視点から権力関係について研究している。これは、権力や抵抗が明確な階級的アイデンティティと階級的利益を持った社会的アクターの内在的属性とは言えないことを意味する。むしろ、この分析の焦点は階級意識の諸形態と諸水準よりも、政体・政治・政策の固有の形態の階級的有意性に据えられることになる。この視点からすると、特定の局面において何が階級的有意性を構成するかということ、この点を明らかにすべきとなろう（以下を参照のこと）。第二に、マルクス主義者は階級支配の経済的・政治的・イデオロギー的形態の連鎖（ないし、その欠如）について検討している。ここから多くの理論的・経験的不一致も浮上することになっただけでなく、アプローチを異に階級権力は社会的生産関係や国家のコントロールと、さらには、精神や感情に与えるヘゲモニーの機能と結びつけられることにもなった。第三に、筆者の立場でもあるが、純朴な、あるいは、非教条的マルクス主義者は、階級権力と支配が限定的とならざるを得ないことを指摘するとともに、この点を資本関係に内在する矛盾と対立から、あるいは、他の支配の形態や社会組織の競争原理から説明しようとしている（次を参照のこと。Jessop 1982, 2002, 2013, 2014a, 2015a）。純朴なマルクス主義者は、階級支配と結び付いた社会権力のすべての形態が脆弱で不安定であるし、暫定的で一時的であることを、また、闘争が持続するには階級支配を維持し、抵抗を克服するだけでなく、階級権力を合理化ないし神秘化することが求められると考えている。そして、第四に、特定の時期や局面において階級支配を再生産するだけでなく、これに対抗し、あるいは、転覆しようとする戦略が求められるとし、この点が関心の対象とされてきた。すると、戦略の時空間的次元が重要となる。

(1) 経済的階級支配

生産様式は生産諸力と社会的生産諸関係との特定の結合からなる。また、生産諸力は原料、生産手段、所与の原料と生産手段に対応した技術的分業、および、生産手段を稼働させるにあたって求められる直接生産者間の相互依存と協働の関係からなる。そして、社会的生産諸関係は、多様な生産活動への資源配

分と、生み出された剰余の収用をコントロールすることから構成されている。換言すれば、社会的生産諸関係は社会的分業（あるいは、労働者を多様な生産単位の多様な活動に配置すること）、所有関係を基礎とする階級関係、生産手段の所有、経済的搾取の形態（つまり、剰余労働の収奪）からなることを意味する。こうした諸関係のなかで、利用可能な生産諸力が選択され、生産に配置されるだけに、構造的矛盾と階級対立が潜在するし、戦略的ジレンマにも逢着せざるを得ないことになる。

　資本主義的賃金関係はこの状況をよく示している。というのも、労働者は賃金を得るために労働力を自発的に売ることで、剰余労働を支配する資本家に自らをコントロールする能力を譲渡する。すると、形式的に自由な交換が職場における専制（管理特権の行使）と経済的搾取（剰余労働の収奪）の契約論的基盤となり、労働過程の組織化が資本家と労働者との対立の主な舞台となるだけでなく、職場を超える広範な対立の場ともなる。労働市場と労働過程における労働者の抵抗に鑑みると、権力の行使は不平等な社会的生産関係によってのみ実現され得るわけではないことになる。マルクス主義者は、また、生産過程の組織そのものについてのみならず、資本関係の他の側面との結びつきについても検討してきた。そのなかには、産業資本ないし金融資本の、独占資本ないし零細・中小企業の、多国籍ないし国営企業の、そして、国内の成長と輸出に利害関係を有する企業の相対的重要性に関する研究も含まれる。どのように焦点を据えるかによって、資本の理念的利益と物質的利益は多様化することになる。

　以上のような経済的階級支配をめぐる論点は、次のような近代国家の一般論と結びついている。第一に、個別資本は労働過程において、また、他の資本との競争において直接的強圧力の行使を禁じられている一方で、国家は資本全体のために私有財産と契約の神聖性を保証する。これは、資本が労働過程を管理し、剰余労働を収奪するための、また、他の資本との契約を実現するための公的権利が保護されることを意味する。第二に、資本主義が合理的に組織されるためには、自由な賃労働を必要とすることである。これは、国家が封建的特権を廃棄し、共有地を囲い込むとともに、浮浪者を罰し、労働市場への参加を義務化したことにも認め得ることである。また、国家は、労働者が自らの労働力を「自由に」売ることを可能にしただけでなく、賃労働を再生産するための条

第4章　権力、利益、支配、国家効果

件の整備も保証し、工場法を制定するとともに住宅問題に対処し、安価な食糧を供与し得るようにしたことなどがある。第三に、近代国家は自らの利潤のために経済活動に従事することはなく、資本がこうした活動に就くとともに、国家には経済的・社会的に必要でありながらも利益を生まないような活動に従事することを求めることになった。こうした活動は時空間を異に多様である（以上の論点に関する個別の分析については次を参照のこと。Offe 1972. また、さらなる検討については次を参照のこと。Jessop 1982: 78-141）。興味深いことに、この指摘はウェーバーの論述にも認め得ることであって、資本主義的経営の最大の形式的合理性の諸条件をめぐる議論として浮上している（Weber 1978: 136-40, 150-6, 161-6）。

　第四に、近代国家は租税国家（*Steuerstaat*）であって、その財源を国ないし国家管理の有用財産からではなく、主として、本質的に私的な経済秩序における独占的課税権によって調達している（Goldscheid 1976; Schumpeter 1954; Krätke 1984: 25-6）。この課税力は自らの強制力の独占によって支えられている。さらには、国家が公債に依存する場合には、国家の課税権を背景としているということ、これが一般的でもある。

　こうした二重の独占は、典型的には、「代表なくして課税なし」という原理において正当化されている。その含意は、課税の水準と範囲や目的が市民を始めとする他の主要諸勢力の正義と善政に即すべきであるとする考えに発している（Krätke 1984: 67; Théret 1992: 133）。租税国家は内外主権と政治的正統性の保持と並んで、財政（歳入）と歳出の両次元において公的財政を政治的に正統化する必要に、また、蓄積の要求にも応えなければならない（O'Connor 1973; Théret 1992; Streeck 2014）。そのことで国家の術策の余地が制約されざるを得ないのは、国家が生産的資本ないし債権所有者の不断の（とめどなく激化する）攻撃の脅威にさらされるからである。租税国家が現行と新規の債務の防波堤として、課税権を強化しようとすると、債権者や信用格付会社の判断が重要なものとなる。とりわけ、過重の外債を抱えている債務国は、その帳消しや返済猶予の道を探ろうとすることになろう。この場合、一方的な行動は、たとえ可能であるにせよ、信用度をさらに低くせざるを得ないことになる。また、国家が内的投資を期待し、地域企業の活性化策に訴えようとすると、この問題はさら

に複雑化する。だが、免税条件を緩和し、助成策を採用しようとすると、納税者は財政の直接的基盤と国家の正統性を脅かしかねないと受け止めるし、国家に対する資本の権力を強めることにもなる。だから、近代国家の活動には健全で成長型の（あるいは、少なくとも利益を生み得るような）経済活動が必要とされ、政治のプログラムは経済的指令と結びつかざるを得ないとされる（Offe 1975）。従属的諸階級は、こうした制約においてのみ物質的譲歩を引き出し得るのであって、収益性を期待し得ないとなると、この譲歩は破棄されてしまう。国家が私的蓄積の継続に依存するだけに、危機的局面においては、資本の権力の強化すらも起こり、オルタナティヴな経済構想は脆弱化し、抵抗組織は解体されかねない。だが、資本が自らの経済的優位性を強硬に主張すると、国家の政治的正統性は崩れかねないことにもなる。というのも、通常は法の支配と世論の尊重が条件とされているからである。

(2) 政治的階級支配

マルクス主義者の多くは支配の経済的基盤から出発しているとはいえ、階級関係の維持と強化にとって、あるいは、その解体にとって政治が決定的位置にあることを踏まえるとともに、その重要性を自覚してもいる。国家は、狭義においては、政治権力の中枢に位置しているだけでなく、より一般的には、階級権力の中心的位置にもある。この認識が問題提起的なものとならざるを得ないのは、国家システムの機能的自律性のゆえである（第1章と第3章、および以下を参照のこと）。政治的階級支配論のなかには、経済的階級支配の諸条件の維持に占める国家の直接的・間接的役割から出発するものもあるとはいえ、多くは「階級に分裂した社会」の構造的統一と社会的凝集性の維持に占める国家の役割を強調している。というのも、この機能を欠くと、矛盾と対立が革命的危機を呼ぶことになるし、あるいは、「対立している階級の相互破滅」を呼びかねないからである（Marx and Engels 1976b）。だが、社会的凝集性の脅威は階級関係にのみ底礎されているわけではなく、蓄積と政治的階級支配の経済的・経済外的条件を維持しつつ、どのように社会的凝集性を期すかという課題に発していることを、再度、強調しておくべきであろう。だからといって、これが保障されているわけでもない。

第4章　権力、利益、支配、国家効果

　多くの理由から国家が強調されているが、ここでは三つの理由を挙げるにとどめおこう。第一に、市場諸力だけでは資本蓄積に必要な諸条件がすべて確保され得るわけではないし、市場の失敗を呼ぶ恐れもあるので、市場を支え、その失敗を埋め合わせるためには市場の外部と上部にいくつかのメカニズムが求められることである。第二に、資本間の経済的・政治的競争はその集合的利益を組織するとともに、一組だけの資本主義的利益を一方的に追求しようとする危険に歯止めをかけ得る力も必要とされる。そして、第三に、より広い社会における経済的搾取に起因する多様な跳ね返りを管理する必要があるという点でも国家が求められることになる。これは、国家が十分な制度的統合と社会的凝集機能を果たし得る場合にのみ、経済的に合理的な秤量のための、とりわけ、蓄積のための経済外的条件が保障され得ることを意味する。そのためには、既述のように、極めて論争的なことではあるが、特定の階級利益から「相対的に自律」した主権国家が必要とされ、そのことで、より広く民衆の利益に依拠した企図を展開し、推進し得ることになる。この枠組みからすると、こうした相対的自律性が国際化と超国民化という脈絡において、どのように作動し得るかという問題が浮上するが、これは、帝国主義国家、超国民型(トランスナショナル)権力ネットワーク、相対的に自律したグローバル・ガヴァナンスの諸制度に結び付いたグローバルな資本循環という極めて重要な視点から論ずべき課題である（第8章を参照のこと）。こうした経済的戦略、国家企図、ヘゲモニー・ヴィジョンが「経済活動の中枢に位置している指導的集団によって行使される決定機能」を反映している場合、国家は経済的階級支配を支え得ることになる (Gramsci 1971: 161=Q13, §18: 1591)。この事態が独裁的レジームよりもブルジョア民主政において成立しやすいのは、ブルジョア民主政が階級権力を神秘化し、状況の変化に応じて権力関係を柔軟に再組織し得るからである（第3章と第9章も参照のこと）。

　マルクスは、政治組織の形態と経済組織の形態とは対応すると述べている (Marx 1967: 791)。つまり、私有財産、賃金関係、利益志向的で市場媒介型の交換を基盤とする経済秩序は法の支配、法の下の平等、統一的主権国家を基盤とする政治秩序に「適合」的である、あるいは、「対応」していることになる。これは、ブルジョア民主政と強い利益志向型の市場媒介型資本主義との「形式

125

的適合性（アデクアシー）」を指摘している。というのも、自由民主主義国家においては、経済主体が交換関係を取り結ぶ自由（労働過程における経営の「専制」によって裏切られる自由）は、法の支配の下における市民の政治的自由（国家が資本の論理に従属していることで裏切られる自由）に対応しているからである。したがって、資本主義的国家類型の明示的組織原理には階級が入り込まないことになる。これは支配階級の法的独占性も政治権力の排他性も存在せず、その成員ないし代表者は従属階級と形式的に平等な条件において権力を競わなければならないことを意味する。この点が通常のブルジョア国家に関するエブゲニー・パシュカーニスの分析のキーポイントであって（Pashukanis 1978）、経済 – 同業組合的ないし非階級的利益をめぐる交渉のためから、対立的階級利益は政治的闘争においては押さえ込まれると指摘している。

　こうした脈絡においては、経済的闘争は市場の論理（すなわち、賃金・時間・労働条件・代価）をめぐって起こるということが一般的である。また、政治的闘争は、法の支配を基礎に代表制国家の論理（すなわち、国民的利益の規定をめぐる対抗を軸とし、市民と財産所有者の個別利益を「幻想的な」全体利益において調整しようとする目的）において起こるということ、これが一般的である。より広い視点からすると、階級支配をめぐる闘争の重要な側面には、こうした経済と政治の領域の物神的分離を維持することが、また、（少なくとも、従属階級にとっては）これと結びついた闘争が含まれる（cf. Streeck 2013）。だが、資本主義社会の国家のすべてがこうした形態を十分に持ち合わせているわけではない（本章の「形態分析の限界」の節と第9章を参照のこと）。また、形式的適合性によって物質的適合性が保障されるわけではない。換言すれば、時空間を問わず、自由民主政によって継続的蓄積の経済外的諸条件が常に保障されるわけではないということである（次を参照のこと。Abrams 1988; Barrow 1993; Gramsci 1971; Marx 1978a, 1978b; Moore 1957; Offe 1983; Poulantzas 1978）。

　以上の分析から、国家とは、経済的階級闘争のなかの政治闘争の舞台であるという特殊性が浮上することになる。経済と政治の両秩序が分離することで、経済的階級関係と政治的カテゴリー間の諸関係との直接的な同型性が排除される。実際、国家が支配的（諸）階級の直接的経済利益をあからさまに守ろうとすると、近代国家の正統性は崩壊せざるを得ない。近代国家がヘゲモニーを組

第 4 章　権力、利益、支配、国家効果

織しようとすると、一定の装置の統一性と自律性を保持する必要があり（第 3 章を参照のこと）、そのかぎりで、国家は支配的（諸）階級に短期の経済的犠牲を課すことで、その長期の政治的支配を維持することができるのである。この点で、知識人とイデオロギー的階級闘争が極めて重要なものとならざるを得ないのは、資本主義社会における社会関係の全てが同意の関係として現れるし、物理的暴力の正当的行使の必要条件ともされるからである（次節を参照のこと）。これは支配階級と被支配階級との政治的関係のみならず、支配的（諸）階級の多様な分派間の関係にも妥当することである。利益は多様であるだけに、統一的権力ブロックが形成され、それなりに安定したものとなり続けるためには、これを戦略的に整序すべきことになる。こうした事態は資本の一分派のヘゲモニー下でも起こり得ることではあるにせよ、この種のヘゲモニーは知識人の活動、資本の頂上組織、自然な政権党、そして、実際、国家管理者層に依存する（e.g., Gramsci 1971; Poulantzas 1973; Portelli 1972; van Apeldoorn 2002）。

　階級関係と政治的関係との結び付きは、より広範な社会構成体において国家権力を行使しようとする諸勢力の支配的バランスに左右される。すると、再び「相対的自律性」という問題が浮上せざるを得ないことになる。この問題について、マルクスは「むきだしの剣の支配」に依拠していて、一般大衆の支持よりも 60 万挺の銃剣に支えられたルイ・ボナパルトの親衛隊体制の例外的自律性について論じている（Marx 1986: 848）。彼は、この問題を資本主義国家類型の一般的性格という視点からではなく、階級闘争の偶発性から説明しようとしている。とりわけ、ブルジョアジーに関する論述において、「彼らの社会的権力を無傷に保つためには、自らの政治的権力が打ち砕かれなければならない……彼らの財布を助けようとすると、彼らの頭から王冠をたたきおとさなければならない」と述べている（Marx 1978b: 143）。この指摘は、すでに、『フランスにおける階級闘争：1848 年から 1850 年』（Marx 1978a. 初出は 1850 年）において明らかにしていて、基本的な諸矛盾を民主的憲政の核心に宿していると述べている。というのも、憲政が社会的隷従の永続化を求めている諸階級にも普選をもって政治権力にかかわり得るとしながら、ブルジョアジーの社会的権力は私有財産を保障する憲法によって守られ、この権利によって、主として、支配的階級の利益が維持されるからである（Marx 1978a: 77）。要するに、ブル

ジョア自由民主政の安定は、政治諸勢力が何を政治主題とし、どのような自己規制を課し得るかに左右されるということである。権力ブロック内において、さらには、支配階級と従属階級との間で必要とされる妥協が解体すると、経済的ないし政治的非常事態が宣されるという、また、法の支配を停止し、政治的抵抗を表現するための諸形態と討論の場やその空間と方法が制限されるという法的・現実的可能性は常に伏在している。そして、国民の安全や経済復興を求める声が強まるなかで、「通常の」民主主義政治に優先されることも起こり得る（第9章を参照のこと）。

経済と政治の領域とを区別することが重要である。だから、マルクスは特定の政治レジームの展開や特定の国家政策の内実を説明するにあたり、経済的議論を直接的に展開することが少なかったのである。これは、両者の個別性が直接的経済状況よりも政治的闘争の特定の力学に左右されることによる。この点についてもグラムシは次のように指摘している。

> 史的唯物論の不可欠の前提からすると、政治とイデオロギーの変動は全て（経済）構造の直接的表現であり、この構造から説明し得るとする考えがあるにせよ、これは児戯に等しい理論にすぎず、実践的には、具体的な政治と歴史の著者であるマルクスの至当な検討から論破されるべきことである（Gramsci 1971: 407=Q7, §24: 869）。

この文脈において、グラムシは、さらに、次のように述べている。(1) 政治的レジームの展開には、進化論の原理からすると、変容・選択・保存（バリエイション・セレクション・リテンション）の原理と呼び得るものが含まれる（グラムシは、また、こうした原理によって現在の傾向と対抗傾向の長期的意味をリアルタイムで分析し得るわけではないと指摘している）。(2) 戦略と戦術の秤量には誤りがつきものであるだけに、試行錯誤から学ばざるを得ないし、危機を引き金とし、諸勢力の活動によって助長されることも多い。(3) 政治的活動の多くは組織の必要性に発していて、階級利益よりも国家の維持や政党の統一と結びついている（Gramsci 1971: 407-9=Q7, §24: 869-71）。要するに、経済状況の変化、経済危機、基底的矛盾などから、政治を直接的に読み取ることは困難であるということにほかならない。

(3) イデオロギー的階級支配

マルクスとエンゲルスは『ドイツ・イデオロギー』においてイデオロギー的階級支配について言及し（Marx and Engels 1976a)、「いずれの時代の支配的理念も支配階級の理念である」と述べるとともに、この原理を知的生産手段に対する支配階級のコントロールとも結びつけている。また、彼らはイデオロギー的階級支配について、いくつかの視座を残している。これは、商品の物神崇拝の神秘化のインパクトから市民権のような政治形態によって生成する個人主義的発想に、さらには、市民社会における精神と感情をめぐる闘争にまで及んでいる。この三つの視座のなかでも、第二の視座によって、国家の形態がイデオロギー的支配形態に与える特殊な効果を、また、商品の物神崇拝のインパクトに類する影響を確認することができる（前節を参照のこと）。マルクス主義のイデオロギー的階級支配に対する関心は、19世紀後半に民主的政府と大衆政治が台頭するなかで、また、20世紀にマスメディアと大衆文化の重要性が増大するなかで深まり、いわゆる西欧マルクス主義の主要テーマともなった（有益な概要については次を参照のこと。Anderson 1976; Kellner 2005; Therborn 2010. また、多様なイデオロギー・アプローチについては次を参照のこと。Rehmann 2013）。

既に幾度も指摘したことではあるが、ここで想起されるべきことはアントニオ・グラムシの指摘である。彼の主要な関心は、資本主義社会において自律したマルクス主義政治学を展開することであり、国家と政治の類型とを区別するとともに、社会革命の諸条件を明らかにすることにあった。彼がとりわけ関心を深くしたのは「西側」（西欧とアメリカ合衆国）の政治状況の特殊性であった。この脈絡において、最も注目したことは、革命の展望であり、「東側」（すなわち、ツァリスト・ロシアと他の東欧諸国）とは別の「西側」に相応しい戦略であった。彼は領域・装置・住民の三幅一対型の分析から出発したわけではない。これは、部分的であるにせよ、当時のイタリアは国民-国家（ネイション・ステイト）の形成過程にあったし、多くの点で挫折国家に類する状況にあったことによる。また、ウェーバーが合理的に組織された行政装置による強制的調整に関心を深くしたのにたいし、グラムシは、この域を脱するとともに、主として、国家を抑圧装置に還元するレーニン主義的国家観の域を超えてもいた。彼は、狭義には、国家を政治的-法的装置、政府の立憲的・制度的特徴、統治の公的意思決定手続

きとその一般的政策のことであるとしつつも、広義には「包括的意味における国家」(すなわち、統合国家)に焦点を据え、「政治社会＋市民社会」であるとしている (Gramsci 1971: 263=Q6, §88: 763-4)。この脈絡において、国家とは「支配階級が自己の支配を正当化し、維持するだけでなく、被統治者の能動的な同意を調達しようとする実践的・理論的活動の複合的総体」であると規定している (Gramsci 1971: 244=Q15, §10: 1765)。このアプローチは、国家を分析の焦点に据えることで聖化ないし中心化するという方法から離脱し、その中心に階級支配の諸様式を置くことで国家装置を物神化するというリスクを回避している。あるいは、実際、国家をより広い社会から分離し、国家を社会から離脱化している。

グラムシは、階級支配の二つの主要な様式を挙げている。それは物理的力 (強制装置によって人民大衆を特定の生産様式の要件に従属させ、追従させること) とヘゲモニー (支配階級が「集合的意思」ないし「国民－人民的」合意を引き出すために政治的・知的・道徳的リーダーシップを行使し、被支配階級の「積極的同意」を動員し、再生産し得ること) である。物理的力は国家にのみ帰属するわけではない (たとえば、グラムシはファシスト型の準軍事的テロ集団についても言及している)。また、ヘゲモニーは市民社会に限定されるわけでもない (法的－政治的装置は倫理的－政治的機能も果たす)。グラムシは、全体的には、資本主義国家を強制装置として見なすべきではなく、強制・欺瞞と汚職・受動的革命・能動的同意の可変的混合体を基盤とする制度的総体と見なすべきであると述べている。さらには、特定の制度や装置を技術的統治手段とし、これについて論ずるというより、その社会的基盤について検討するとともに、国家権力が経済システムと市民社会と結びつくことで、その様態がどのように組成されるかについても考察すべきことを強調している (cf. 第3章)。

イデオロギー的階級支配について研究するにあたり、グラムシはイデオロギーを諸理念のシステムと見なし、個人生活と集団生活の多くの側面において顕在化し、ある世界観を当該の行為の準則に転換するような世界の概念のことであるとしている。この点では、とりわけ、次の三点に注目すべきであろう。第一に、グラムシは、倫理的－政治的理念が経済基盤と法的－政治的上部構造の、また、道徳的・知的領域の相互の形成において、その鍵的要素となると指

第4章　権力、利益、支配、国家効果

摘していることである。「歴史的ブロック」という概念は社会構成体の所与の構造的統一体のことであって、グラムシは、狭いセクト的で専門的な、あるいは、局地的な利益を広範な「倫理的－政治的」利益に翻案する特定の知的・道徳的・政治的実践を媒介とすることで、このブロックがどのように構築され、強化されているかについて論じている（Gramsci 1971: 366-7=Q10II, §6i）。倫理的－政治的実践は一体化することで経済構造を組成するだけでなく、この構造に存在根拠と正統性を付与するとしている（たとえば、財産権・交換の自由・経済的妥当性といったブルジョア的観念を媒介とすることで）。第二に、グラムシは、「ヘゲモニー・ブロック」とは、ある階級（ないし階級分派）によって組織された階級諸勢力の持続的提携関係のことであって、支配的階級間においてのみならず、従属集団に対してもリーダーシップを行使し得ると理解している。この点で、さらには、「有機的知識人」に、つまり、支配階級ないし従属階級と有機的に結びついた知識人に鍵的役割を措定し、それぞれが長期の階級利益を「国民的－人民的」視点から表現し、ヘゲモニー企図に接合し得る役割にあるとしている。

　第三に、この脈絡において、グラムシは「イデオロギー」を区別し、恣意的イデオロギーと歴史的に有機的な「イデオロギー」とを分けている。筆者は、第一義的には、表象(イマジナリィ)という表現を充てたいが（「社会的構想とイデオロギー批判」の節を参照のこと）、イデオロギーとは、蓄積戦略・国家企図・ヘゲモニー・ヴィジョンといった点から解釈することができよう（第3章を参照のこと）。「恣意的イデオロギー」ないし恣意的企図は特異であって、現実の基底と（あるとして）限定的にしか結び付いていない一方的思い込みであって、所与の局面において実現の見込みのないオルタナティヴを未来像として提案しようする試みに過ぎない。これにたいし、「有機的イデオロギー」は実現性を帯び、何が潜在的可能性として実在しているか（つまり、所与の時空間における行為の次元において何が実現され得るか）を明らかにし、その可能性を実践に転化するにふさわしい戦略を提示するものである。すると、有機的イデオロギーは権力ブロックの次元で全社会ブロックのイデオロギー的統一性を期す役割の位置にあることになるが、この点は、同様に重要なことに、従属階級の主要な部門についても妥当することである。

131

4. 経済的・政治的・イデオロギー的支配の接合

既述の指摘からすると、階級支配の多様な形態間で分裂が起こり得ることになる（論述の必要から、粗雑ながら経済・政治・イデオロギーに類別した）。また、それぞれが特定の社会的形態と制度的実体や行動の論理を内在している。だが、社会構成体の統一自体は、確実とは言えないにせよ、少なくとも、こうした秩序に広く及ぶ制度と理念の統一性に依拠している。だからといって、同型性や社会的規模のコンセンサスを不可避としているわけでもない。制度的補完性と一定の自己規制が求められるのは、自らが依存している他者に対する有害な作用を（また、そのことで起こる逆襲を）避けるためであるだけに、補完性と自己規制がより重要なものとならざるを得ない場合が多い。また、グラムシが指摘しているように、資本主義社会においてはヘゲモニーが決定的に重要な経済的核を持っていなければならない（Gramsci 1971: 161=Q13, §18: 1591）。この指摘からすると、戦略－関係論的視点から経済的・政治的イデオロギー的支配間の関係が特定の支配形態のバイアスに、また、その選択性を規定する（あるいは、切り崩す）戦略に、どのように依存しているかについて検討すべきことになる。

このテーマについて検討するために次の二つのステップを経ることにする。第一に、資本主義経済と国家の法的－政治的形態、および、この形態が政治的実践に与える意味の三者間の制度的照応性の形態－分析を提示する。第二に、こうした補完性によって、経済的・政治的・社会的秩序の戦略的統一性が保障されるわけではないことを明らかにする。というのも、何か別のことが、つまり、特定の経済的・政治的・社会的戦略が求められることになるからである。このステップを経ることで、こうした戦略には何が含まれるかということだけでなく、どのように創出され、確定されることで制度化されるかについても検討し得ることになる。

表4.1は国家の資本主義類型の六つの鍵的な制度的特徴を示している。この表は経済を利潤志向的で市場媒介型の社会に埋め込まれた活動領域であるとし、その基本的な制度を起点としている。また、政体を法的－政治的に媒介され、社会的には埋め込まれてはいない領域であって、その活動は集団的目標を

第4章　権力、利益、支配、国家効果

実現することにあると見なしている。第1列は資本主義における経済と国家との接合の重要な諸側面を確認することで両者の統一内分離を反映している。なぜこの言葉を使うかと言えば、この分離が実在的であるとはいえ、より大きな社会的総体の一部であって、社会的組織の基本原理である利潤志向的で市場媒介型の蓄積の陰で組織される傾向を帯びる限り、具象化することで幻想化することを示すためである。この統一内分離は資本関係に底礎されていて、その再生産を助けもする。さらには、経済と政治の個別のシステムは固有の機能論理と時空間的力学や循環様式をもっているだけでなく、相互に分離している。それだけに、相関しつつ矛盾のうちに展開し得る実践として現れる。両システムは、また、相互関係にあり、構造的に一対化しつつ共進化する。
　　　　　　　　　　　　ストラクチュアリ・カップルド　コ・エボルブ

　第2列は、この制度的分離が階級関係と資本主義経済の全力学にどのような含意にあるかを示している。というのも、この分離を所与とすることで資本主義経済は利潤志向的で市場媒介型蓄積を基礎とし得るからである（政治的資本主義については、第8章を参照のこと）。第3列は、この慣行が国家装置、国家権力、政治形態、政治的階級支配に与える結果を示している。第2・3列で示した諸争点が資本と階級の支配の構造的権力の分析にとって極めて重要であることは当然のことである。この付表は全体として形態分析の発見的可能性を提示するものである。

　戦略−関係アプローチからすると、この種の形態分析は所与の国家類型ないしレジームの形式的組成と形式的適合性を、また、その中心的役割を戦略的選択性の源泉ないしバイアスと見なし、それが社会的主体、アイデンティティ、利害、行動の時空間的次元、戦略などにとって相互に適合しているかどうかについて検討する位置にある。SRA は、また、形態から派生する機能というより、形態が機能を問題提起的なものとすることを示すことにもなる（Jessop 1982）。これは、形態分析に訴えることで (1) 多様な社会的諸勢力が個別の形態の組合せないし集合を基礎とする戦略的に選択的な土俵で自らの利益を追求するので、多様な問題に直面することを分析し得ることになるし、(2) 国家システムと国家権力の行使に内在する危機の潜在的場を確認し得ることにもなる（第2・3・8・9章を参照のこと）。

表 4.1　国家の資本主義的類型の鍵的特徴

資本主義における経済と国家との接合	経済と階級関係に与える意味	国家と政治に与える意味
・市場経済、主権国家、市場と国家の外部に位置する公的領域（市民社会）の分離。	・経済は資本主義の価値法則の下で組織され、諸資本と経済諸階級との競争を媒介とする。	・国家理性、固有の政治的合理性*、損益型市場の論理から、また、宗教的・道徳的ないし倫理的原則から分離。
・国家によってコントロールされた領域における組織的強制力の独占の正統的ないし制度化の立憲的主張。 ・国家とその活動の正統化における法律の役割。	・強制は労働過程の直接的組織から排除される。強制ではなく、価値形態と市場諸力が資本蓄積の軌跡を形成する。	・軍事・警察の専門機構は立憲的コントロールに服する。強圧が抑圧機能とイデオロギー機能を持つ。 ・法に従って、国家は国民的利益ないし共通善から市場の失敗を補完するために介入し得る。
・「課税国家」：国家歳入は、主として、経済的アクターとその活動および市場のアクターが得たローンに発する。	・課税は私的収入からの徴収によるが、市場経済と社会的凝集性に、あるいは、いずれかに不可欠と見なされる公共財を生産するために使用される。	・国家の領域内住民は、国家の特定の活動を承認すると否とを問わず、納税の一般的義務を負う。
・国家は利潤を生産し、自らとその活動を維持するために財貨とサービスを生産し、また、これを売却する、あるいは、いずれかの機能を果たし得る固有の財産を保持してはいない。 ・課税力は法的権威と強制力に依存する。	・ブルジョア的税制：課税は政府歳入の一般的資金であり、国家が自由に業務を正統化するために適用し得る継続的基礎において課される。課税形態は特定の業務のための個別的・場当たり的なものとすべきではないとされる。	・国家の法定紙幣は国税の支払い手段であり、より一般的には、国民的空間において（また、恐らくは、これを越えて）流通する。 ・課税力は公的債務に対する安全策の機能を果たす。 ・課税は階級闘争の最初期の焦点のひとつである。
・独自の採用と訓練のチャンネルを有し、固有の職業倫理を持った専門的行政スタッフ。 ・このスタッフは政治的行政部の権威に服し、市場と地位によって区別された社会的カテゴリーを形成する。	・国家は肉体労働と精神労働との分業において特殊な位置を占める。公務員と政治的階級は専門的知識と権力との密接な関係を有していて、知的労働に特化している。 ・知識と情報は国家の能力の主要な基盤となる。	・公的言説が国家権力の行使において鍵的役割を果たす。公／私の知識人が国家企図とヘゲモニー企図を設定し、これが国民的と「国民－人民的」利益を、あるいは、いずれかを規定する。 ・国家は、国民的利益と「国民－人民的」利益を、あるいは、いずれかを反映することで正統性を確立する。

（続く）

第4章　権力、利益、支配、国家効果

・国家は法の支配を基礎とし、法には、理念的には、私法・行政法・公法の区分が含まれる。 ・支配的（諸）経済階級の手中に、形式的には、政治権力が独占されることはない：「法の下の平等」は鍵的法原理である。 ・国際法が諸国家間の関係を統治する。 ・形式的には、主権的国家は固有の排他的領域を有していて、この次元で国家は、形式的には、他の国家の介入を受けることなく自由に行動する。 ・実質的には、諸国家は、国際的諸力のバランスによって主権の行使を制約される。	・経済的主体は、形式的には、労働力を含む商品の自由で平等な所有者である。 ・私法は所有権と契約法を基礎に展開した。 ・国家は経済交換と私的利潤を実現するための外的条件の確保という点で、鍵的役割を果たす。 ・経済は世界市場における抽象的な「フロー空間」でありながら、ローカル化された諸活動の総体であり、政治的には、重層的に決定された性格にもあるという点で緊張関係にある。 ・個別資本は、世界的競争のなかで諸国家から支援を得ようとする。	・国家の公的主体とは市民権を付与された個人であって、封建的身分ないし集合的に組織された生産者グループないし階級ではない。こうした権利を拡げ、守ろうとする闘争が国家の諸活動を広くする鍵的役割を果たしている。 ・公法は個人−国家、公−私、国民−国際の区分を軸に組織されている。 ・理念的には、国家は、領域の主権者として他の国家から承認されてはいるが、強力をもって自らの領域の保全を期す必要にもある。 ・政治的・軍事的敵対関係は国民経済の力量によって規定されている。

＊「国家理性」は、ここでは、狭義の国家再生産に根差した秤量の固有の様式を、また、国家企図を追求するための諸条件を指す。第3章で紹介したように、表象の諸原則のひとつの限定的意味では使われていない。
出典：Jessop 2002: 39-9.

　だが、第2章で指摘したように、国家は多形的である。利潤志向的で市場媒介型蓄積は幾つかの別の利潤志向のひとつであるし、また、差異化された蓄積と並ぶ他の社会的組織の原則も存在する（cf. Weber 1961, 1978. 第8章も参照のこと）。いずれの原則が支配的なものとなるかによって、国家権力の形態とインパクトは異なるし、それ自体は多様な企図に動員される諸勢力のバランスの偶発的所産にほかならない。すると、近代国家が、常に（あるいは、不断に）資本主義的であることを基本的性格としていることにはならない。また、資本の代表者や資本主義的合理性がその組織基盤に深く根差している場合といえども、国家の企図は、典型的には、他の機能的要件や市民社会のことを考慮することで、国家の領土的空間において制度的統合と社会的凝集性を期すことが求められることになる。

　利潤志向的で市場媒介型の資本蓄積の特殊性は商品生産の一般化という性格に、したがって、価値形態に発している。この形態は多数の相互に結びついた

構成要素からなり、この要素が資本関係の再生産自体において多様な契機(モメント)として有機的に結合している。これには商品、賃金、貨幣、価格、課税、企業利潤、利害、レントなどの形態が含まれる。これが価値形態の要素として連鎖化することで統一性を帯び、その契機が蓄積のパラメーターを規定するとともに、資本主義において浮上し得る多様な経済危機の規模を設定もする。だからといって、価値形態の支配が資本蓄積の方向を完全に規定するわけではない。蓄積は、資本が賃労働を価値化し得るかどうかに、したがって、諸勢力のバランス変化は価値形態を越えるレベルの多くの要因によって形成される諸闘争に左右される。価値形態の多様な契機とは（上記を参照のこと）、形式的統一性であって、商品生産の一般化の表現様式として統一されているに過ぎない。商品循環の実質的統一性とその再生産の継続性は、価値形態の枠内の多様な契機を調整し得るかどうかに依存している。しかも、その実現は事後的であるし、アナーキー的状況のなかにもある。これは、この循環が多くの点で機能不全化し得ることを意味する。資本利益の構築とその後の表現を分析することが極めて困難なものとならざるを得ないのは、その不確定性(インディターミナシー)に負うことである。資本主義経済の実態的統一性とその方向が不確定であるとすると、資本主義の利益をどのように確定し得るのであろうか？

　抽象的レベルからすると、こうした利益には、価値形態の多様な外的存在条件に即して、その形態を再生産すること（商品生産の一般化）が含まれることになる。これは資本主義の規定に暗示的に認め得ることであるにせよ、同語反復的のようにも思われる。だが、この抽象のレベルにおいてさえ、この外見的同語反復に「資本一般」のレベルで実体的内実を措定することは困難であるし、特定の資本については言うまでもない。というのも、「資本一般」の利益は矛盾とジレンマの、また、両義的で不明確な価値と非価値の連鎖の再生産からなっていて、これが世界規模の継続的蓄積を有利にしているからでもある。この連鎖は、常に、対立的・暫定的で、不安定でもある。この点は、とりわけ、この分析を自由市場における貿易や資本主義的生産の合理的組織（合理的資本主義）のみならず、多様な政治的資本主義に、また、金融投機と伝統的商業資本主義に、さらには、世界市場における両者の接合にまで広げ得ることである（第8章を参照のこと）。ここでは、個別資本については別に考察すべきこ

ととし、全資本循環を指すために「資本一般」という言葉を使い、現実効果を帯びた現実的構造を指している。だが、「資本一般」という表現は主体や打算的権力を欠く言葉であるが、これは個別資本によって行使され得るに過ぎない。資本一般が客観的な構造と過程であるように、個別資本も相互依存的である。前者は一連の個別の資本活動を欠いては再生産され得ないし、後者は資本循環によって形成される経済的連鎖の外部では機能し得ない。だが、資本一般の再生産には、幾つかの可変的な個別資本のサブセットが必要とされるに過ぎない。実際、その存続には破産と価値低下を、あるいは、他の資本の買収を必要とする。

　要するに、資本関係とは決定度の低い領域であって、この次元において、多様な利害を帯びた多様な主体が蓄積戦略の実現を競い合うのである。この戦略は、多様な、また、矛盾と対立をはらんだ様態において折り合いをつけ得るのであって、ルソーの政治経済学に関する言説を借りるなら、統合的「一般意思」と相反する「全体意思」で頂点に達する特殊利益の追求の緊張関係に調和を期し得ることになる（Rousseau 1758. 次も参照のこと。Rousseau 1792; Foisneau 2010）。こうした不完全で暫定的な、また、不安定な「一般意思」を模索しようとすると、三つの方法があり得ることになる。

　第一は、資本の最も強力な分派の諸利益と一般意思とのアナーキー的に創出された偶発的一致を媒介とすることであって、その利害が消極的ないし積極的調整を媒介として他の分派に課せられる（第7章を参照のこと）。これが成立しそうにはないのは、資本一般の必要とは、直接的には、明示的ではないし、恐らくは、時代と局面や視点を異にする多様な個別資本によって追求されるに過ぎないからである。

　第二の可能性は、現実の集合的資本主義的アクターが登場し、修辞的のみならず実践的にも資本一般の利害を代表することである。その例には、金融資本、ビルダーバーグ・グループ、日米欧三極委員会、ヨーロッパ産業家ラウンド・テーブル、アメリカ商業会議所、世界経済フォーラムといったグループとフォーラムないし団体があり、その役割を志向し、あるいは、自らの任務であるとしている（例えば、それぞれ、次を参照のこと。Hilferding 2007; Estulin 2007; Gill 1991; van Apeldoorn 2002; Rupert and Solomon 2006; Marshall 2015）。だが、

多くの団体と組織やシンクタンクと戦略フォーラムが競合していて、多様な経済戦略に関する資本主義的利益を集約し、宣明にしようとしているにせよ、他の多くの社会空間的利害によって分断されていることは、相対的に閉じられた国民経済というより、世界市場という視点から考察するときに明らかである。要するに、世界規模で資本一般に有利な国家システムを全体的に接合し得るだけの強力な戦略的バイアスを欠いているだけに、その戦略は多元主義的な資本主義的「全体意思」を再生産しているに過ぎないことになる。

　第三に、より可能性に欠けることではあるが、資本循環の外部に位置する機関が資本の代弁者となり、現実の資本家層に「一般意思」を課すことである。この役割は国家に求められる場合が多く、国家（ないし、これにあたる存在）はこの方向に構造化されることで、個別資本の対立的要求が国家の機能において、また、これを媒介に集約され得るなら、資本一般の必要と両立し得るものとなろう。だが、既述のように、国家の固有の関心は法的－政治的装置として自らを再生産することに、また、明らかに、資本の直接利益には仕えてはいないという国家企図とヘゲモニー・ヴィジョンを構築することで自らの権威を正統化することにある。

　この三つの解決策は、所与の戦略と企図やヴィジョンが（個別に対置される）現在の、いわんや、将来の「資本一般」の利益全体の階級的有意性を設定するための準拠点であるとすると、これには複数の課題が含まれるだけに、説得力をさらに低くせざるを得ない（上記の120頁を参照のこと）。これは、四つの仮説を設定すると、より容易に理解し得ることである。それは、第一に、資本蓄積には力学の方向は存在せず（Postone 1993）、そのコースは過去と現在のヘゲモニー的ないし支配的戦略に、また、世界市場における、この相互作用に左右されることである。第二に、戦略は階級利益や同盟と相互構成的であって、不安定と危機ないし移行の局面において活動方向を設定し、資本の論理に照応するなら、方向を提示し得ることになる。第三に、有利な戦略的条件のなかで方途を模索することが最も有望な手段であり、この方途において、また、これを媒介とすることで資本一般と個別資本の偶発的利益が発見され得るとすることである（第三の点については次を参照のこと。Clarke 1977）。そして、第四に、危機を駆動メカニズムとすることで、どこで主要な利益が無視されてきたかを明

らかにすることである。ただ、この場合といえども、原因と解決をどのように解釈するかとなると、諸問題が浮上する（Jessop 2015. また、第5章の時空間的解決法についても参照のこと）。

　以上の考察から、別の、より偶発的解決策が浮上する。これは「歴史的に有機的」な蓄積戦略（例えば、国家企図）を構築し、資本循環の多様な部分（例えば、銀行資本、利潤生産資本、商業資本）をひとつの分派のヘゲモニーのもとに統一することである。こうした解決策によって利害の競争と紛争が処理されるわけではないが（なくし得ない）、競争が生成し、紛争に対処することで妥協が成立し得る安定した枠組みが設定され得ることになる。この解決策は単純な経済的想像が共有されることで観察と秤量やガヴァナンスの枠組が設定されるとともに、現実の世界過程や実践と照応していて、ヘゲモニー分派の目的に適しているかどうかだけでなく、個別資本の重要な集団（総数、範囲、連関性）にとって妥当であるかどうかということにも左右される。主導的な資本主義的利害がこの戦略的方向の鍵的役割を果たす一方で、これを精緻化し、政策に翻案するためには、多くの専門的知識と専門家を必要とする。その目的は、この戦略の経済的・政治的機能の一定の「同質性と認識」を資本に与え、蓄積戦略に適合的な価値と非価値との関係を組織するとともに、政治的統治と社会的ヘゲモニーとの関係を組織し、政治的統治と社会的ヘゲモニーの課題を遂行することにある。こうした条件は、国家には「統治の装置にとどまらず、"ヘゲモニー" ないし市民社会の私的装置」も含まれると理解されるなら、より説得力を持ち得ると思われる（Gramsci 1971, 261=Q26, § : 801）。また、こうした戦略が成功し得るか否かということは妥当な制度的・時空間的・社会的拡大適用（フィックス）にも左右される（第5章を参照のこと）。さらには、ある戦略が真に「ヘゲモニー的」なものとなり得るのは、経済的に従属的な、あるいは、収奪される諸階級のみならず、非ヘゲモニー的資本分派によっても受容される場合においてのみのことである。すると、ヘゲモニー的蓄積戦略は資本と労働の諸勢力のバランス変化と結びついているだけでなく、他の階級ないし非階級の影響力によって、適宜、修正されるべきことになる（例えば、伝統的小ブルジョアジー、キリスト教右派、新しい社会運動）。

5. 形態分析の限界と資本主義社会における国家

　前節の議論は別の分析類型の範囲を示すものであって、国家の形式的組成というより、その歴史的構成と諸勢力の支配的バランスとその戦略的方向や戦術の選択に依拠している。この分析類型の潜在力は、(必ずしも十分に理解されているとは言えないが) 国家の資本主義的類型と資本主義社会における国家との一般的区別に反映されている。形態分析は前者に適合的であると言えても、後者についてはそうとは言えない。また、OECD の構成国を資本主義的国家類型の代表例とすると、34 の国家からなり、このカテゴリーに含め得ることにもなるが、現実には、この類型の鍵的特徴を欠いているものもある。他の諸国家の大部分について言えば、国家を制度的総体とし、より歴史的・主体中心的に論ずるとともに、総合的意味の国家に固有の形式的・実態的特徴の物質的妥当性に焦点を据えることが適切である。すると、政治勢力間において政治過程を形成しようとする公然たる闘争が重視されることになり、どのように社会化の原則よりも蓄積が優先されているかを分析し得ることになる。分析の指針は、政治と政策によって固有の内実と使命や目標と対象がどのように設定されているかということに、また、程度の差はあるにせよ、それがどの程度に、所与の局面において、あるいは、中・長期的に差異化された蓄積を支える経済的・経済外的条件の維持に適合的であるかどうかということに求められることになる。これは、資本主義社会における国家 (*state in capitalist society*) と国家の資本主義的類型 (*capitalist type of state*) とは研究を異にしていることを示唆している。というのも、前者においては、この国家の歴史的組成やその能力が資本主義的目的に道具的に利用されていることが検討されるのにたいし、後者においては、この国家の形式的組成が対象とされ、資本主義的利益が埋め込まれ、構造的に特権化していることについての研究が求められるからである。

　表 4.2 は国家の資本主義的類型と資本主義社会の国家を六つの次元から比較し、関連する理論的・方法論的問題を提示している。この付表を基礎にすると、国家の資本主義的類型の分析はその歴史的特殊性を確認するとともに、その多様な形態の類型論と時期区分を設定することを端緒とし得ることになる。これは純粋な資本主義的社会構成体における所与の国家類型の形式的適合性を

表 4.2 国家の資本主義的類型と資本主義社会における国家

	国家の資本主義的類型	資本主義社会における国家
歴史的特殊性	国家の資本主義的類型を他の生産様式と結びついた類型から区別する。	継承された国家形態が新しい歴史的文脈において、どのように利用されているかに焦点を据える。
社会組織の支配的軸線	資本蓄積の論理が支配的である。	社会的組織化の他の軸が支配的であるか否かにある。
国家発展に関する主要アプローチ	形式的構成（国家がどのように「形式的妥当性」を帯びるかということ）と「形態が機能を問題化する」様態に焦点を据える。	歴史的構成（国家形成が多様な企図を志向する諸勢力のバランス変化によって、どのように媒介されるか）に焦点を据える。
適合性の基準	形式的適合性に、つまり、国家形態と他の資本関係の形態との同型的適合性ないし総体的補完性（前者が後者を補完するといった）に焦点を据える。	機能的ないし物質的適合性に、つまり、国家能力の実効的行使に焦点を据え、蓄積と政治的正統性の鍵的条件の維持という視点から、こうした能力がどのように形成されているかを問う。
階級権力としての国家権力	階級権力は構造的で不透明である。この国家の類型は（少なくとも国民的には）資本全体のための機能に傾きがちであって、公然たる階級闘争に左右されることが相対的に少ない。	階級権力は道具的で透明である。国家は特定の資本の利益や他の特殊利益を追求するために利用される。
時期区分	形式的発展、国家の資本主義的類型における、また、その危機、通常と例外の局面の反復。	歴史的発展の局面、制度的構図における大きな変化、統治と政策における変化。

出典：次の論稿に所収の付表の大幅な修正版。Jessop 2007a.

研究し、その形態が、典型的には、自らの機能性を問題とさせることを認識するとともに、広義の政治的実践が特定の時期や局面で、どのように、また、どの程度に、こうした問題を克服し得るかについても検討し得ることになる。対照的に、社会において現に存在している国家が資本主義的生産関係によって支配されているわけであるが、その分析は、相対的に、より具体的で複合的視点を端緒とし、最初から、より歴史的アプローチに立ち、諸勢力のバランス変化を志向するものとなろう。また、政治的階級闘争とその結果は特定の時期と段階や局面に固有の制度的形体と国家の資本主義類型との対応性を問うことなく、こうした制度的形態によって、どのように媒介され、凝縮しているかを示

し得ることになろう。さらには、個別の部門と部所や配列と権力センターないし権力ネットワークが資本蓄積と政治的階級支配にとって機能的ないし物質的に適合しているかどうかについての検討にも及び得るであろう。そして、その適合性が、特定の局面において、特定の戦略や社会諸勢力によって、どのように実現されているか（あるいは、されてはいないか）を調べ得ることにもなる。こうしたアプローチは特定の目的にとって有効であるし、国家を社会関係とする主張にも符合している。また、こうしたアプローチを実効的に結合しようとすると、政治の制度的・組織的形態という極めて重要な媒介的役割について、また、これが諸勢力のバランスに与える戦略−関係論的意味について、より詳細な検討が求められることになる。

6. 社会的想像（イマジナリー）とイデオロギー批判

　記号現象、言説、言語（とマスメディア）は、国家と政治闘争の中心において政治的想像を形成する鍵的諸力である。とりわけ興味深いことは、特定の政治戦略が追求される以前においても、言語や他の表意形態に刻印されている仮説と枠組みや感情の構造である。イデオロギー支配の「原料」は意味システムと生活経験であり、これが、この記号論的原料の特有の接合を基盤として特定の「想像（イマジナリー）」として現れる（Laclau and Mouffe 1985; Rehmann 2013; Sum and Jessop 2013）。こうした特定の想像は、さらには、階級関係とアイデンティティ政治とのみならず、国家権力の行使に関する説話と修辞ないし論争の特徴と結びつくことにもなる（Jessop 2002; Müller et al., 1994; Neocleous 2003）。この点で、極めて重要なことは、特定の局面において、生活経験や想像に「バイアスをかけ」、を特定のアイデンティティへと、また、その理念の変化や物質的関心へと導く源泉とメカニズムである。だが、こうしたバイアスは作用するにせよ、こうした源泉やメカニズムが常に「イデオロギー的」であることを、つまり、権力と支配との相関化を不可避としていることにはならない。いわんや、こうした諸関係の維持が企図されているわけでもない。実際、この視点からすると、最も強力なイデオロギー効果は直接的な意識的活動に発するというより、この効果が物神主義の形態に刻印され、沈積し、資本主義的生産関係のカテゴリーとして所与視されることなどに発していると言える。

第4章　権力、利益、支配、国家効果

　すると、基本的カテゴリーや一般的な社会的想像が、持続性の差異はあるにせよ、どのように世界像を形成し、これを支配的なものと、あるいはヘゲモニー化しているかを問うべきことになる。一つの側面は、こうしたカテゴリーや想像と「生活経験」との結びつきや「生活経験」において定着している程度と様態がどのようなものであるかを、つまり、アクターがひとつ以上の主体の立場と視点から、どのように自らの（諸）世界を現実的で意味あるものとして経験し、理解しているかを、また、こうした基本的カテゴリーと想像が、相互に、どのように結びついているかを問うことである。生活経験は記号論外の_{エクストラセミオティック}現実を反映するわけではなく、自然的・社会的世界の有意味な先解釈_{プレ・インタープリテーション}を基礎とする感覚と意味形成を内在している[1]。その形態は先与的_{プレ・ギヴン}ではなくて、学習空間を創造する。それだけに、生活経験は、断裂と対抗や再政治化にとどまらず、関連する社会的表象を含めて、意味システムを回復・変更し、あるいは、逆転しようとする闘争にも開かれている。社会諸勢力は、個別の脈絡において、何らかの表象をヘゲモニー化ないし支配的「枠組」にしようとする。あるいは、補完的ないし対抗型想像を構築しようとする。この点で、鍵的役割を有機的・伝統的知識人が果たしているだけでなく、マスメディアがその役割を強くしている。こうした営為は、人々が想像の恣意的・対立的・構成的性格を失念する限り機能し、想像が「意識を形成する唯一のものとなる」(Taylor 2001: 2)。

　既述からイデオロギーの戦略-関係論的批判を展開するための基盤を提示し、これを軸に生活経験と想像が特定のアイデンティティと関心に「バイアスをかける」源泉とメカニズムについて検討し得ることになる。これには次の6つのステップが含まれる。(1) 記号現象の役割を複雑性の縮減作用における意味のプールとして認識すること、(2) 社会的想像を、つまり、意味（ないし記号）システムの特定の集まりを確認し、その形態と内実を規定すること、(3) こうした想像における内在的矛盾と統一性の欠如をテキストと言説の内在的批判をもって検討すること、(4) 特定の理念的ないし物質的関心に即応的な支配の条件が特定の局面において維持されているという点で、その偶発的接合と機能を分析すること（これは、部分的には、分析主体が利用可能な文脈的知識に左右される）、(5) 意味や何らかのイデオロギーのシステムが他者を支配し、あるい

は、ヘゲモニーを確立するにあたって記号論的・記号論外的メカニズムがどのように作用しているかについて探究すること（これは支配の批判と結びつく）、(6) こうした営為の動機となる事例とそれが沈殿化した意味の効果の事例とを区別すること、これである（精緻化については次を参照のこと。Sum and Jessop 2013: 164-72）。

7. 結論

　序章で設定した区別に従って、この章では国家の資本主義類型の形成的構成の制度的分析を、また、この国家が経済的・政治的・イデオロギー的階級支配にどのような意味を帯びているかについて制度論的分析を試みた。同時に、機能が形態に先行するはずであるとする機能主義を慎重に避けるとともに、特定の構造的ないし制度的形態は、形式的には、適合的であると、つまり、資本関係の基本的形態と同型的であり、補完的であるとした。また、これがどの程度に物資的適合性に転化する（適切な政治と政策あるいは諸勢力の均衡を保障する）かとなると、それは、より広い局面のみならず、社会的主体の活動に左右されることを指摘した。実際、資本主義のバイアスは国家の資本主義的類型のマトリックスに深く埋め込まれているにせよ、資本主義国家の政策は、対抗勢力が国家装置を掌握したり、これに圧力を強めることで資本主義的には非合理的政策を追求せざるを得ないことで資本と対立することも起こり得る（例えば、最終局面のナチの「警察国家」ないしジョージ・W・ブッシュが進めた国民安全保障国家。より一般的事例にあたる例外国家については以下と第9章を参照のこと）。この理由から、筆者は国家の資本主義的類型と資本主義社会における国家の権力関係の実質的批判とを区別した。

　この二つのアプローチを並置することはマルクス主義の強みと弱さを示している。第一に、階級支配を重視することで、マルクス主義は社会支配の他の形態（家父長的、エスニック的、「人種的」、ヘゲモニー的男性中心主義的、リージョナルないし領域的な形態など）を周辺化し、こうした形態は、せいぜい、階級支配を重層的に規定しているに過ぎないと、あるいは、階級支配の変化に対応して変動する要因に過ぎないとされる。第二に、マルクス主義的分析は階級支配の構造的統一性を強調するあまり、その離脱と矛盾や相殺傾向を無視しがちとな

第4章　権力、利益、支配、国家効果

る。統一的支配階級という概念は階級権力の配置状況の雑然性にはそぐわないし、その経済的・政治的・イデオロギー的次元において、また、相互間においても軋轢を内在しているだけでなく、社会組織の多様な規模、戦略・戦術・政策の矛盾内在的性格と効果、国家と市場の失敗と可能性、従属的諸勢力の抵抗力、こうした要因も存在している。多くの経験的分析はこうした雑然性と複雑性を明らかにしているが、抽象的マルクス主義の理論化はこの点の指摘を欠いている。第三に、マルクス主義者たちは、経済的・政治的・イデオロギー的権力の制約性を階級矛盾に還元するという危険に陥っていて、他の挫折の源泉を見失っている。第四に、戦略と戦術を強調することは、資本が半自動的に自らを再生産し、人々の活動を必要とするわけではないとする構造主義の幻想を避けるためには重要なことではあるが、特定の局面やより広い構造的脈絡を踏まえることなく、戦略と戦術が検討されると、主意主義の危険を冒すことになる。

　SRA を自明の教条的見解を再叙述するための台座とするのではなく、真摯に受け止めるなら、以上の制約を克服し得る手段となり得る。これは、他のアプローチと出発点や視点の批判的考察がどの点で有益であるかを示すものでもある。というのも、SRA は、国家と国家権力を分析するにあたって、資本蓄積を発見的準拠点として一方的に焦点を据えるという落とし穴に陥る可能性を明らかにするからである。だから、国家の資本主義的類型というより、三要素型国家アプローチを本書の主要な参入点としたのである。また、このアプローチを「国家理念（アイディア）」をもって補完すべきである。さらには、経済戦略、国家企図（プロジェクト）、ヘゲモニー・ヴィジョンの重要性を強調したのである。そして、結論的には、国家の資本主義類型の研究と資本主義社会における国家の研究との理論的・方法論的区別が重要であることを強調することになったのも、こうした理由からである。

　四つの条件を確認することで本章を結ぶことにする。それは、この条件が差異化された蓄積を国家と国家権力を分析するための特別の参入点となり得るからである。第一の条件には、思考実験が、つまり、資本蓄積と階級支配の再生産に形式的に適合的な国家の合理的抽象ないし理念型を構成することが含まれる（表 4.1 と 4.2 を参照のこと）。こうした実験の目的は合理的抽象を引き出すこ

とにあるとはいえ、その分析は具体的事例から着想を得るべきことになる。第二の条件は、所与の国家ないし一組の諸国家がより複合的で多型的（ポリモルフィック）であるにせよ、それがどのように、基本的には、当該の（諸）社会構成体にとって形式的に適合的な資本主義国家類型に収斂するかということである。すると、こうした国家に構造的に刻印された戦略的選択性がどの程度に、また、なぜ所与の時期ないし局面における権力の行使となって現れるかを注目すべきことになろう。第三の条件は、社会化の支配的原理が利潤志向的で市場媒介型蓄積であるとはいえ、国家がどうして一つの典型的な資本主義的国家として浮上しないかということである。国家システムが特定の社会化の原理の選択と保持に組み込まれているかどうかについて、また、そうであるとすると、その様態について研究しようとすると、かなり一般的条件として資本主義社会の国家の研究に適切な理論的・方法論的手法が求められることになる。第四に、逆説的ではあるが、蓄積を社会的組織の支配的原則にしようとする社会諸勢力の強力な内的ないし外的同盟が存在している場合といえども、その挫折について研究し得るわけであるから、これが第四の条件とすることができる。国家の挫折の問題は他の三つの事例にも関連している。その可能性については以下の諸章で検討する。

【注】

1) 生活経験には、関係性（他者との生活関係）、身体（生身の肉体）、空間性（生活空間）、時間性（生活期）が含まれる。また、精神性（幻想的他者との内面的会話を媒介とする精神世界との生活関係）も加えることができよう（Archer 2003）。

第Ⅱ部　領域・装置・住民について

第5章　国家と空間−時間

　戦略−関係アプローチ（SRA）は、国家権力を国家の基本的構造と制度的仕組みや特有の組織形態の観点からのみならず、政治システム内部の国家の戦略的能力、さらには、機能的諸システムや日常世界のより広い連鎖との関係における国家の戦略的能力の観点からも検討する。こうした能力は国家の時空間性と、また、他の制度的・組織的秩序との適合性のあるなしと深く結びついている。すると、所与の国家システムの構造的に刻印された戦略的選択性の時空間的諸相に関心をもつことになる。時間と空間は密接に関連していて、構造的諸相（所与の制度的・組織的秩序の時間性と空間性の相互連関）および戦略の諸相（例えば、活動の特有の時間的・空間的地平、陣地戦と機動戦、時間−空間において社会諸関係を再編しようとする営為）をもっている。こうした論点に視点を据えることで、国家の領域という狭い論点にとどまらず、これを超えることにもなる。したがって、本章では、時空間という入り口から国家形成、第3章で考察した国家の六つの次元、さらには、第4章で検討した支配の諸問題についても論述する。

　第一に、国家の活動の全てが特定の場所と時間に根差しているにせよ、空間と時間における外的座標をもって国家の時空間的特徴を汲みつくし得るわけではない。また、その活動は経路依存的遺産や現在の時空間的マトリックス、さらには、将来の活動の地平に特徴づけられる。第二に、その活動は固有の内在的で内部化した時空間性をもっていて、それは、部分的にせよ、狭義の国家の時空間的特徴と国家活動が埋め込まれている社会秩序の時空間的特徴との連鎖に左右される。例えば、世界市場がより統合されるようになると、国家の空間的基体と活動の地平は、典型的には、国家の領域的主権に対する挑戦との対応において変化する。同様に、より広い社会へと社会的に加速するという一般的趨勢のなかで、国家の時間的主権は脅威にさらされている（第7章）。それは、旧来の政治的・政策的手順のスピードをあげる圧力をつくり出し、ペックとセ

オドアが「迅速政策(ファースト・ポリシー)」と呼ぶものをもたらす (Peck and Theodore, 2015)。すると、第三に、国家は他の制度的秩序や日常生活に時空間的効果を与えることになるから、国家活動の反響は、成否を問わず、時間と空間に広く及ぶことになる。そして、第四に、既述の諸章で指摘したように、国家は他の物質的・言説的特徴を帯びていて、これがガヴァナンスの潜在的対象としての国家を他の制度的秩序から差異化する。だが、第五に、国家の活動が成果を収め得る条件は、ガヴァナンスが服する時間と場所を超え得るということである。このことは、ガヴァナンスとガヴァナンスの挫折について大きな疑問を投げかける（第6章）。

1. 社会空間性

空間は社会的活動の社会的に生産された格子と地平からなっていて、これが物質的・社会的・想像的世界を区分し、かつ組織するとともに、こうした区分から行動に方向を与える。物理的・社会的現象を形象化し、変容し、諸現象に社会的意義を与える社会的実践の産物として、空間はガヴァナンスの場やその対象や手段として機能し得ることになる。継承された空間的形状とその機会構造は、ガヴァナンスが確立され、疑問視され、修正され得る場 (*site*) である。また、空間は物質的・社会的・象徴的な領界や境界や前線や閾域を設定し、操作し再編し除去する結果でもあるかぎり、ガヴァナンスの対象 (*object*) ともなる。そして、空間が「内部」と「外部」や「閾」空間の点で活動の地平を規定する場合には、また、多様な時空間的技術によって行為主体と活動や出来事間の結びつきを形状化し得る場合には、ガヴァナンスの手段 (*means*) ともなり得る。というのも、境界は内封するし、また、つなぐからである。境界は相互作用を選択的に枠づけ、特定のアイデンティティや利害を重視するだけでなく、規模を異にする他の場所や空間とのつながりを構造化する。こうした空間的区分は根本的敵対関係を生み出し得るが、連帯と位階制やネットワークや市場ないし他のガヴァナンス・メカニズムによって、空間と場所や規模をまたぐ方向で協調を促し得ることにもなる。

空間は多くの規模で構築され、統治されていて、身体と個人の空間から地球的水準や「大気圏外」にまで及ぶが、筆者の焦点は、国家の空間的諸次元に、

国家空間内の諸次元の接合にある。また、国家を越える空間性の諸形態との相互作用に、さらには、国家存在の六つの次元の言説的-物質的枠組を提供する時空間的想像性にもある。とくに関心を深くしていることは、国家システムの全組織や諸国家権力の行使における領域と場所や規模とネットワークのが相対的な重みである (Jessop, Brenner and Jones 2008；Jones and Jessop 2010; 以下も参照のこと)。これが重要な論点となるのは、政治権力の領域化が国家の三つの規定的特徴の一つであるにせよ、国家の社会空間的組織の最も重要な側面とは言えないからである。とりわけ、諸境界の組成に焦点を据えるよりも、国家領域の境界内で何が起こるかについて考察しようとする場合にそうである。

2. 領域化と国家形成

すでに、国家の鍵的要素である領域と領域化に逢着している。また、第 2 章では分析が、主として、比較だったので、この章の分析は歴史的になる。領域化とは、一般的には、社会的諸関係をそれなりに有界化され、画定された政治的単位に囲い込むことを、あるいは、確立されている単位を再編しようとする試みを意味する。国家は場所を領域的境界内に囲い込むのみならず、一連の目的から、領界内で起こる社会諸関係を取り締まろうとする。これは、第 2 章で指摘したように、「権力容器（コンテナ）」という比喩を意味する。もっとも、領堺を連接する役割よりも、容器であることが強調されると、誤解を呼びかねないことになる。

国家形成は一度限りの過程ではない。また、国家は一つだけの場所で創発し、そこから拡散するというものでもない。国家は何度も建設され、浮沈を辿り、集権化と分権化、融合と分裂、また、領域化と脱領域化の循環を経ている。そして、国家形成は多くの制度的形態を帯びてもいる。これは遊牧民のそれぞれの回遊領域の境界の相互承認から、族長体制を経て、初期の諸国家や諸都市国家、そして古代帝国、封建国家、絶対主義の初期近代国家、ウェストファリア体制の発展、そして、いわゆる、ポストモダンの国家形態の出現に至るまでの諸形態である。これは政治考古学と政治人類学や歴史社会学、比較政治学や進化的制度経済学と史的唯物論、さらには、国際関係論の豊かな分野である。国家の起源は多様な単一因果論的手法で議論されてきたが、いずれの説

明も説得力ある一般的説明を提示しているわけではない（cf. Wright 2006）。マルクス主義者たちは経済的剰余の発生に焦点を据えていて、それが（階級に）分断された社会の凝集性を維持しようとする、専門的で、経済的に非生産的な政治装置の成長を可能にしてきた（古典的には、次を参照のこと。Engels 1972）。他方で、軍事史家たちは、国家建設に占める軍事的征圧に、あるいは、領域保全の必要に焦点を据えている（その例は次である。Hintze 1975. 次も参照のこと。Porter 1994；Gorski 2001；Nelson 2006）。さらには、国家によって統治された住民に象徴的統一性を付与するという点で、専門化した聖職層や組織された宗教の、あるいは、他のイデオロギー権力の諸形態の役割を強調する論者もいる（次を参照のこと。Claessen and Skalnik 1978. また、より一般的に、カリスマ的権威については次を参照のこと。Breuer 2014）。そして、フェミニスト理論家たちは国家形成に占める家父長制の役割について、また、ジェンダー分割の再生産に占める国家の持続的役割についても検討している（e.g., Rapp 1977；Ortner 1978；Gailey 1985）。近年に至って、国民国家が構築される「想像の政治共同体」に焦点を据える研究者もいる（古典的には次である。Anderson 1981）。

　より妥当なアプローチは多因果論的で、多脈絡論的であり、それは、国家は持続的に変化し、崩壊や部分的挫折、融合と分裂や位階的秩序化とそれへの抵抗への傾向をもち、新しい形態で、運営の新しい能力と機能と範囲と規模によって再建される等々と認識するだろう。こうした再構成は過去の実験から得られた知識に、あるいは、他の事例の観察から得られた教訓に依拠する場合も多いと言えよう。国家システムの進化は、国家に組織された社会の類型と他の社会の類型との相互作用によって形成されてもいる。こうした相互作用には、遊牧民と定住民との強い相互作用が、また、農民と漁民とを、狩猟民と牧羊民とを、高地人と低地人とを結びつける相互作用が含まれる（次を参照のこと。Scott 2009；Finer 1997b）。

　国家形成を理解するための手がかりは一次的国家形成にかかわる考古学的成果を検討することである。これは、ある「国家」が初めて出現した事例や、その過程が、いわゆる、二次的国家形成の事例と比較すると相対的にゆっくりとしていた事例、新しい国家が既存の国家との脈絡で創造されたという事例につ

いて検討することである（この区別の重要性については次を参照のこと。Service 1962, 1975；Wright 2006；Breuer 2014）。この例にはメソアメリカ［マヤ・アステカなどの文明が興ったアメリカ大陸中部］、ペルー［インカ文明の地］、エジプト、メソポタミア、インダス渓谷、中国が含まれる。一次的国家の多様な個別の起源と、その後の地球規模の国家形成の波及は、欧州中心主義的な国家的存在の分析に対する警告になるはずだ。一次的国家の崩壊やその統合が多様な手段を媒介とし、より包括的な政治的秩序に統合されたことに鑑みると、（不可逆的な）進化論的アプローチに訴えることは妥当とは言えないことにもなる。実際、国家のコントロールに服していた住民が国家を逃れ、固有の空間で自治を再び獲得しようとする企てが繰り返されている（Gledhill, Bender and Larsen 1988；Scott 2009）。同じ警告は古代国家の伝統の多様性や近代におけるその残存によって正統化される。例えば、ヨーロッパを事例とし、近代国家の形成を初期ルネサンス期に求め、その歴史的（および、地理的）出発点の多様性を前提とすると、近代および現代の国家は多様に分岐した制度的・空間的諸形態を帯びていて、いずれの国家も近代の官僚制的－民主的国家という単一のモデルに収斂するわけではない。これは驚くに当たらないことである（Escolar 1997；Dyson 1982；Mann 1986, 1996；Finer 1997a, 1997b, 1997c；Rokkan 1999）。ヨーロッパの伝統とともに、中国国家の伝統を援用することができる。それは儒教的国家企図とヘゲモニー・ヴィジョン、遊牧民帝国と他の国家との相互作用をもつ。また、初代マウリヤ朝（紀元前300年頃）にさかのぼるインド国家の伝統を例に引くこともできるが、ここでは、皇帝がバラモン法を敷き、地方豪族間にプラグマティックな現実主義を促していた（この伝統は『アーサシャーストラ』に反映されていることであって、この書は、ヒンドゥー教にとってのマキャヴェッリの『君主論』に匹敵するものである）。さらには、イスラム世界を例とすると、この世界では、ウェストファリア平和条約（1648年）後のヨーロッパに見られるような国家と宗教との区分線は不分明である。

一次的国家形成の鍵は領域と住民をコントロールし、内務行政を専門とするに至っていた多水準型行政装置（マルチレベル）によって広大な領域を統治し得るだけの兵站力を発展させたことにあった。このことは、三要素のアプローチが国家形成にとって、また、後の国家とその変容についても有用であるということを示して

いる。多様な理論的・歴史的研究は、政治的進化が、大まかには、3つの局面を経たことを示している。

　第一の局面は相対的に平等な社会であって、氏族型結合ないし村落型定住を、あるいは、両者を基礎とした社会組織の分節的諸形態である。この社会では、限定的剰余は家族成員と互酬性を基礎に分配され、相対的に単純な（使用目的を二重にしている場合が多い）戦闘具が広範に配分されていた。政治的指導は分権化し、相対的に短期で、世襲というより、異例の知恵や勇気のような個人的資質に依拠していた。また、政策決定は集団的であったし、自然のサイクルや特別の儀式の、あるいは、緊急事態に応じて開かれる定期的な寄合である場合が多かった。

　第二の局面は社会的に階層化した社会であり、その社会は原初的政治分業に依拠していて、首長の権威に類する政治的権威の制度化された形態を基礎とし、首長の行政的随員をともなっていた。この形態は、理由は多様であれ、個別の就任者が退位した場合といえども、職位として残存している。したがって、ある首長が亡くなると、同等の立場にいる誰かが彼の職位を継ぐことになった。公式の行政装置が存在しているわけではないし、強制力が独占されているわけでもなかった。また、剰余は市場交換によるというより互酬性と再分配によって配分されていた。国家形成にとって時間性と空間性が重要であることを示しながら、集権化された権威は、分節型社会に見られるような間欠型の集合的熟議よりも迅速な政策決定を生み出す。だが、それだけに、首長の随員を支えるための諸資源を動員し得るだけの「インフラストラクチャー型権力」に依存することにもなる。すると、個別の首長が異国品を獲得することで、あるいは、軍事的成功を収めることで首長の栄光を強くしたいとする欲求から、交換ないし襲撃によって相互作用を繰り返していたにせよ、遠方の領域の征服に乗り出すことは稀であったし、折々に貢納を求めることはあったにせよ、遠隔地を長期にコントロールすることは、はるかに少なかったと言える。というのも、こうした征服とコントロールは二つの重要な制約に服していたからである。第一に、半日の徒歩の旅が25～30kmに過ぎなかった時代に、ある単一の中心地からコントロール圏を拡大しようとすると兵站の（つまり、時空間的な）困難があったことである。第二に、複雑で専門化した業務への政治的分業の欠

第5章　国家と空間－時間

如である。というのも、首長の権限を委任すると、不服従を呼び、主要な諸資源を服従者が握ることも起こりかねないし、反乱や分裂の危険も伏在していたからである（Wright 1977, 2006 ; Earle 1997 ; Pauketat 2007）。こうした要因が複合することで、首長の権力や諸資源の支配力が強まり、やがて衰退期が訪れるという目印をもつ政治的循環がもたらされた。こうした反復のなかで複合的で「至高の」首長体制が形成される場合もあったし、単純な首長制に戻る場合も起こった（Wright 2006）。より一般的には、兵站と資源収奪の能力の制約は多くの古代の政体にとって難問であって、首長体制に限らない問題であった（Mann 1984 ; Finer 1997a, 1997b, 1997c）。マックス・ウェーバーは長距離輸送と意思疎通の技術を国家形成の重要な前提条件としているが、上述の説明はこれを補完するものである（Weber 1978 : 956-1005）。他の前提条件として、文字が読める行政官たち、筆記、記録保持の手立て、貨幣鋳造が挙げられている。

　第三の局面は集権型官僚行政を基礎とする国家の出現であって、これによって既述の時空間的・行政的制約が克服されている。周知のことではあるが、初期の国家は首長体制に発している。もちろん、全ての首長体制が国家に転化したわけではないにせよ、全ての一次的国家の形成においては、つまり、第一世代の国家が従前の諸国家と接触することなく進化した場合には全て、より広範で専門化した多水準の行政装置が発展し、多層型のコントロールと「政治的」分業体制が深化しているということ、これは、今や、広く認められていることである（Spencer 2003 : 1185 ; cf. Carneiro 1981 ; Earle 1997 ; Wright 2006）。

　国家は、中心－周辺線に即して組織された社会構成体に、また、機能の差異化を基礎とする社会構成体に区分され得るのであって、これが国家の全領域に及んでいる（Innis 1951 ; Polanyi 1957 ; Fried 1967 ; Eisenstadt 1963 ; Flannery 1972, 1999 ; Service 1975 ; Luhmann 1989）。首長体制は暴力を使用するにせよ、軍事技術の発展は限定されていただけに、その制約に服してもいた（だから、武器の所有と使用は多くの主体にも接近可能なものともなる）。また、戦闘形態の深化と政治的・軍事的分業の専門化とは、諸国家が安定するにつれて、ある種の物理的強制力が国家要員の諸範疇ないしより広い社会の類似の集団によってのみ行使されることを意味する。とりわけ、戦闘は常備軍と官僚制、国民規模の課税、成文法、明確な国境の前線、統一市場の創設を前提とするので、帝国

155

の形成や絶対君主制の発展にとって重要である (Anderson 1974a ; Goody 1980 ; Parker 1996 ; Porter 1994 ; Rogers 1955)。

　サミュエル・ファイナーは政府史において「国家が原初的で部族的な社会からどのように出現したかとなると、これは極めて曖昧で論争的な問題である」として避けて通る一方で、「今日、国家と呼ばれているものがどのように出現したかについては、もっと小さな領域規模の単位がどのように集まり、あるいは、より大きな領域規模の単位が分散したか」について検討すべきであると指摘している (Finer 1997a : 9)。だが、実際には、一次的国家形成はファイナーが示唆しているほどに漠然としていたわけではない。この問題の研究を包括すると、その過程は、(1) 集約的農業によって得られた剰余、(2) 戦争や領域と人びとの征服、あるいは、(3) 町や都市の出現、ここからは説明し得ないことになる。こうした要因が国家の更なる展開と、それに続く帝国の形成を促したにせよ、この三つの要因は全て、一次的国家形成にはるかに先立っていた (Service 1975 ; Spencer 2003)。すると、こうした要因が国家形成を可能にする要因であると言えても、その引き金とはなり得なかったことになる。考古学的記録からすると、むしろ、重視すべきことは、政治の中心ないし首都から一日往復の旅よりも先にある区域を経済的・政治的にコントロールするための能力が拡大したことである。このことは、マンのインフラストラクチャー型権力という考えに照応している (Mann 1986, 2008)。すると、領域を拡張することで貢納の徴収という形態で諸資源が動員され、行政の変容を媒介し、官僚制的ガヴァナンス、貢納による資源の収奪、さらなる領域の拡大という有効な循環を呼び得たことになる。こうした膨張は隣接する政体の領域に侵入することで起こったが、対象とされた政体がより小さく弱い場合には、より容易なことであった (Service 1975 ; Finer 1997a ; Spencer 2010)。首長体制と同様に、国家は通常、競争的同盟を基礎にネットワークを形成した。だが、首長体制のネットワークとは違って、国家のネットワークは漸次的に単一の政治単位に権限が集中し、いくつかの政体を包含するものとなった。この政治単位は「帝国」と呼ばれ得るものともなった (Finer 1997a, 1997b. 帝国と帝国主義については後述を参照のこと)。さらには、コントロールをめぐる競争のなかで政治的・行政的・軍事的改革が求められることになり、政治権力の領域化という点で、より大き

な区域と多数の住民に対する国家の能力を高めることにもなった（Redmond and Spencer 2012；Wright 1977）。

　要するに、国家形成とは国家を首長体制を越えるレベルに引き上るたことであって、その鍵的論点は空間－時間の距離の兵站によって、また、中心的権威の官僚制化によって領域のコントロールを拡大し得る能力に求め得ることになる。

　国家の支配者は首都の近隣や遠隔の地に従者を派遣することで、地方の政務を管理することができる。また、派遣した官吏の権限を狭く規定することで、反乱の危険を最小に留め得ることにもなる。さらには、権限を従者に部分的に委任する能力は、国家に地方の政務に進出し、多様な収奪策に訴えて財政を豊かにし得る潜在的能力を与えることにもなる（Spencer 2010：7120）。

　これは、細かい分業の中で、個別の政務にあたる常用の専門家たちによってみたされる官職の行政位階化を含んでいる（ウェーバーの他に次も参照のこと。Eisenstadt 1963；Flannery 1999；Fried 1967；Service 1975；Finer 1997a）。委任業務を細分化することで国家はより大きな領域をコントロールし、分割支配の戦略を展開し得ることになる。すると、首長体制の政策決定は、通常、三層以上には及び得なかったが、国家においては四層以上に及び得ることになる（Wright 1977, 2006）。こうした分業の記号論的手がかり（歴史的意味論）を考古学的・歴史的記録に求めることができる。また、首長体制に見出されるものと比較すると、相対的に小さな国家といえども、名称のある行政職が過多であるということができる（Spencer 2010）。補完的行政センターが設けられると、人口規模に応じた位階制を伴った二次的・三次的、さらには、四次的センターにすらもの入り組んだ格子形態がしばしばもたらされた。また、政策決定の水準や委任業務の範囲が広がると、過去・現在・未来を結びつけるために記録保持の改善と、政策決定に際しては情報を収集し、これを利用し、使用する他の能力の強化も求められる。ここにおいて権力－知の関係が役割をもつようになる（意思疎通、記録保持、時間－空間の距離化の諸形態については次を参照のこと。Innis 1951；Giddens 1981）。ファイナーの指摘に従えば、アッシリア帝国が最初

に帝国型支配の諸制度を作り上げたとされる。これは、中央で任命された官吏が征服地を統治するために地方行政区に分割したことを意味する（Finer 1997a: 89）。

領域化の展開には、政治的な領界と境界や前線を持続的に再編することを随伴する。単純な、また、複雑な首長体制の、そして、初期の国家や帝国の諸形態に限らず、政治的領界は中世的多形態やウェストファリア的排他性の、さらには、ポスト・ウェストファリア的複合性に特徴づけられる。こうした領域の範囲は、その後の、国家の組成と変容にとって重要である。一例として、領域のコントロール範囲が政治的代表の類型を規定し、この形態が中世ヨーロッパで維持され得たことを挙げることができよう（Blockmans 1978, 1996; Tilly 1992; Finer 1997c. また、中世および近代初期ヨーロッパの領域の範囲、人口密度、課税能力、政治的代表の諸形態については次を参照のこと。Stasavage 2011）[1]。同様に、マルセロ・エスコラールが指摘しているように、どの程度に政治が集権化し、国家が近代化していたかということ、これが、近代国家の建設の圏域を異にしつつも、領域の区分とその代表の実際に大きく影響している（Escolar 1997）。別の視座からすると、都市が国民規模の経済システムに統合され、国民型領域国家の政治権力に従属するにつれて、資本主義が固定化し、都市の規模が国民的に侵食されたことになる（Tilly 1992）。さらには、国民的規模はグローバル都市のネットワークの挑戦に服している。というのも、このネットワークは国民的後背地よりも地球的規模の他の都市を志向しているからである（cf. Braudel 1975; Taylor 2000; Brenner 2004）。

上述と結びついて、広狭の差はあるにせよ、政治と行政の権力を保留し、中央の国家装置から一定の自律性を帯びた領域の下位区分をどのように管理するかという問題がある。伝統的な単一国家と連邦国家の区分に加えて、国家形態の「空間的選択性」を形成するさらに重要な差異がある。こうした差異から地方と地域の機関間の協調と競争の枠組が、また、両者と国民的規模の領域国家との関係の枠組が設定されているし、さらには、間接的ないし直接的に、多国籍的・超国民的規模の機構と機関との関係の枠組が設定されている。この点は、領域型空間を有界型容器として生産し、自然化するとともに、これを管理する技術と実践の可変的総体にも妥当することであって、この容器において政

治権力が行使されることで、多様な、程度の差はあるにせよ、統一的な、そして可変的な政策目標が達成されている。

このように国家権力の戦略と兵站を検討しようとすると、ガヴァメントとガヴァナンスにかかわる一連の諸問題を、また、その対応策を関心とせざるを得ないことになる。サミュエル・ファイナーの権威ある著作に説明を付して、ある研究者は以下のように記している。つまり、この種の関心があったからこそ、

> 彼は、典型的には、分析対象とした政府がガヴァナンスの5つの基本的課題にどのように対処しているかについて検討せざるを得なかったのである。それは、(1) 外部の敵対的圧力に抗して領域的境界をどのように維持するかということ、(2) 有能な宮廷幹部をどのように補充し、その答責性を維持するかということ、(3) 軍部の物理的強圧資源への文民統制をどのように維持するかということ、(4) 対立的主張を調整する司法部の責任について、どのように主権意思のバランスを期すかということ、そして、(5) 宗教者の潜在的に競合的な正統性をどのように操作し、これを吸収するかということ、これである。中央政府と地方行政区との統治責任の形式的区域的分業——低次の輸送と、より弱体な意思疎通のつながりで結びついていた時代における帝国レジームの緊張の恒常的原因——について検討したうえで、結論として、彼は、為政者が自らの意図をどの程度に社会に刻印し得ているかという点に確かな痕跡を求めている（Van der Muhll 2003：359. 次も参照のこと。Finer 1997a：1-99, 1997b：603-621, 855-95, 1997c: 1261-305）。

ファイナーにとっては、5,200年に及ぶ国家形成の典型的支配形態は単一の個人と彼の（時には彼女の）宮廷による独裁的・専制的支配である。だが、これは、より具体的で複雑な問題を、例えば、「こうした［主権ある］個人がどのように選ばれたか、その統治権はどのように正当化されていたか、彼らはどのような資源を握っていたのか、その実効権力は宮廷人のあいだにどの程度に広く分散し、宮廷人たちはその任免権にどの程度服したのか、その後、典型的には、どのような結果を呼ぶことになったのか」という疑問を呼ばざるを得ない（Van der Muhll 2003：367）。ファイナーは例外を探すなかで、一つの別のあり

159

かたを確認している。それは（ギリシャの僭主とジュリアス・シーザーにさかのぼる）「王宮－合議体」政体である。この政体は、とりわけ、いくつかの中世イタリアの都市国家に例示される。また、事実上、いくつかの近代型全体主義レジームに代表されるものでもあって、そこでは「支配者は、まさしく、王宮様式で統治している」。ファイナーは、また、二つの小さな理念型も確認している。それは「教会型政体と貴族型支配」である。だが、純粋形態では、これらは、世界史の周辺的役割にしかなかったと言えよう。ヴァチカンとチベット［訳者注：歴代のダライ・ラマの支配体制］（1642-1949年）は純粋な教会型政体にあたるであろうし、18世紀のポーランドは貴族支配の稀な例と言えよう。また、13世紀の東部バルト海地域のチュートン騎士団［訳者注：「ドイツ人の聖母マリア騎士修道士会」］は教会－貴族型政体のユニークな例にあたると言えよう（Finer 1997a：36-58）。

　国家から帝国に視点を移してみると、ここでも、極めて多様な形態に出合うことになる。それにともなって帝国の定義の問題が浮上せざるを得ない。最小限の定義は、いくつかのエスニック集団やコミュニティから、あるいは領域からなる極めて広大な国家のことであって、征服によって存在するに至り、領域の中心（都市国家、領域国家、あるいは、近代の国民的国家）から統治されていて、一つ以上の周辺との対応のなかで中心が形成されていることになる（cf. Finer 1997a：8）。フィリップ・ポムパーが指摘しているように、帝国の定義は形式的定義から広範な定義に及び、前者は、程度の差はあるにせよ、帝国型制度の明示的照合表に依拠し、後者は大国と帝国とを合成しがちである（Pomper 2005）。歴史上の帝国の特徴に関する彼の基本的照合表は以下である。
キー・フィーチャー

　　軍事的征服；例えば、貢納と課税および徴用の形態による、あるいは、いずれかによる被征服民の搾取；帝国の諸機関による土地所有者と入植者への資産の公然たる没収とその分配；帝国を自称するレジームによって持続的に追求される帝国的な企図と戦略や設計；帝国のシンボルの誇示と帝国的諸制度；自らの子弟を命令者に教育し、他の諸階級の模倣者たることを求めるだけでなく、支配の実効化を期すためには被征服民から行政官と兵士を補充することが有効であるとする帝国型エリート；魅力的で征服可能な領域を編入することについて、折に触れ協議し設計し得る

第5章　国家と空間−時間

エリートの帝国型クラブ。このクラブは、また、非情な競争のなかで裏切りを呼びかねないことにもなる（Pomper 2005：2）

　帝国的企図には決定論は存在しないように思われる。国家の内部者──数世紀に及ぶ宮廷と寡頭政治の執政者、主要参議──は帝国的企図を遂行し得るか否かについて、また、どこで、どのような手段で、どのような目的で遂行すべきかについて決定している。とはいえ、その決定が日和見主義的となる場合も多いだけでなく、他の諸国家が浮沈を繰り返し、新しい演者が大国の舞台に参入するという国家間関係の変化も反映する（次を参照のこと。Eisenstadt 1963；Finer 1997b, 1997c；Mann 1986, 1996；Tilly 1975）。だが、資本主義が発展するなかで、資本関係が地球規模に広がるという固有の傾向がみられる。世界市場は資本蓄積の前提条件であり、また、その帰結（結果）でもある。これが帝国主義の新しい誘因になったとはいえ、歴史からも明らかなように、世界市場が明確な領域ブロックに厳密に分割され、それぞれが所与の大国によってコントロールされ、収奪されるという形態には必ずしもならなかった。むしろ、広く分散した複数の経済的諸空間を領域的に直接コントロールしようとすると経費がかさむし、反生産的ともなり得る。これは、とりわけ、民族自決権や民主的権利が主張される時代に妥当することである。1917年のロシア革命からソ連圏の崩壊に至る時期においては、二つの対立する世界システムが張り合うなかで、この原則をどのように実現するかをめぐる政治的・イデオロギー的競争の空間が開かれていた（第8章も参照のこと）。

3. 領域、場所、規模、ネットワーク

　領域のコントロールは国家学（*Staatslehre*）の伝統においてのみならず、国家への他の主要な諸アプローチにおける国家存在の三つの規定的特徴のひとつであるが、既に、これに「国家の理念」を加えた。だが、領域とその住民のほかに、国家は、少なくとも、三つの別の主要な空間的契機をもっている。それは、場所の構築と場所の連結に占める国家の役割、規模の分業の組織化と再組織化、ネットワークの（メタ）ガヴァナンス化に占める国家の役割である。4つの側面──領域、場所、規模、ネットワーク──は、後に、TPSN図式とし

161

表 5.1　社会空間性の四つの側面

契機	社会空間的構造化の基盤	関連する社会空間の形状	社会空間の諸矛盾とジレンマ
領域	有界化、区域化、区分化、囲い込み	内／外区分の設定、外部の構成的役割	有界化された関係〈対〉越境的関係（例、「一人ぼっち国家(ハーミット)」対「自由国家」）
場所	近接性、空間的埋込み、区域的分化	空間的分業の構築、「中心」地対「周辺」地の水平的区分	容器〈対〉連結器(コネクター)（例、個別主義〈対〉コスモポリタニズム）
規模	位階化、垂直的分化	規模の分業の構築、「支配的」・「結節(ノダル)的」・「周縁(マージナル)的」規模間の垂直的区分	単一規模(スケイル)〈対〉多規模性（例、単一都市国家〈対〉多規模型メタ・ガヴァナンス・レジーム）
ネットワーク	相互連結性、相互依存性、横断的ないし「根茎(リゾマティック)型」分化	結節的連結性のネットワークの構築、位相型(トポロジカル)ネットワークにおける結節点間の社会諸関係の配分	囲い込まれたネットワーク〈対〉ネットワークのネットワーク（例、「機能的地域(リージョン)」ないし「公式的地域」対「制限なき地域」ないし「仮想型(ヴァーチャル)地域」）

（出典）次から採録。Jones and Jessop 2010.

て提示する。社会空間的諸側面にとどまらず、国家は、また、時間の諸契機をもってもいる。すると、国家は特有の時間基準と時間間連鎖を内包し、固有の言説的・戦略的・物質的時間性を、また、行動の固有の時間的地平と兵站学的意味をもっていることになる（例えば、次を参照のこと。Innis 1951）。第３章では国家の六つの次元について論じたが、この側面はその全てに影響するし、相互的比重と包括的接合が別様に作用することで国家形態と政治レジームに特徴を与え、差異化することにもなる。

　表 5.1 は、この四つの側面と関連する空間化の諸原則を示している（cf. Jessop et al., 2008；Jones and Jessop 2010）。横軸の最初の三つの列は、主として、定義上の目的に役立つものである。これに対して、第四の列は構造的矛盾の潜在的場と戦略的ジレンマの土俵を確認するためであって、これらは (1) 社会的空間性への力学的要素、(2) 戦略 − 関係論の視点において両立可能性と両立不能性を分析するための参入点、(3) TPSN の形状の内部とそれを横断する時

期区分と、より厳密な比較分析のための基礎、そして（4）国家の社会空間的変容の議論に戦略的主体を導入するための手段、これらを導入する。したがって、表5.1は時空間の拡大適用や特定の社会空間的形状に占める諸矛盾の、また、社会空間の戦略的脈絡の分析という点で、さらには、変革の諸戦略の検討という点でも、とりわけ有効であると言えよう。

　既に領域について検討したが、この点については、後に再論することにもなる。ここでは、まず、地勢的なもの(テレストリアル)と領域的なもの(テリトリアル)との区別を想起しておきたい。前者は原初的な社会空間的関係にとっての地球物理学的素材ないし基層のことである（そして、社会空間的変革によって「第二の自然」となる）。これにたいし、領域化とは、地勢的なものの社会空間的な領有と変容の一形態である。すると、（遠隔装置(テレマティーク)ないし電子空間(サイバースペース)[2]が登場するまでは）社会諸関係は全て地勢的空間において生起しているのにたいして、社会的諸関係の全てが国家装置によって組成され、コントロールされている領域において生起するわけではないことになる。

　場所ないし場面（locale）は、程度の差はあれ、有界化し、広狭の違いはあれ、広がりをもっている。また、個人間の対面型の諸関係の、あるいは、社会諸勢力間の直接的相互作用の他の諸形態の場である。場所(プレイス)は、一般的には、日常生活と密接に結びついていて、時間的奥行をもち、集団の記憶と社会的アイデンティティに結びついている。そして、場所（ないし場面）は直接的相互作用の戦略的に選択的な社会的および制度的舞台を提供する。また、一連の規模において、所与の場所をこえて他の場所や空間との結合関係を構造化してもいる。それゆえ、場所形成が重要な過程となる。日常空間内に、また、程度の差はあれ、親密な相互作用内に社会諸関係を枠づけるからである。すると、場所の分化とは、多様な地景において多様な場所を水平的に分化することにほかならないことになる。場所形成と分化に際して、それをどのように呼称し、範囲を定め、意味を付与するかということは、常に、論争的で、可変的でもある。また、所与の物理的空間座標、アイデンティティや時空間的境界と社会的意義を帯びた多様な場所に結びつけられ得ることになる。だから、場所の名称と範囲限定や意味付与には、どの場所中心的活動が行われるかの点で、また、その実体的結びつきの性質の点で、かなりの変動を認め得ることになる。場所の変

163

容の近年の例は、さまざまな大陸や諸国で登場した「占拠(オキュパイ)」運動に認め得ることである。

　規模とは、例えば、地方的(ローカル)、地域的(リージョナル)、国民的(ナショナル)、地球的(グローバル)という異なるサイズの有界化した空間の入れ子状の位階制的構造のことである。規模という言葉によって（地勢的ないし領域的な）空間的範囲における差異を、垂直的ないし水平的分業における組織的ないし行政的コントロールの範囲の差異を、さらには、重要性を異にする資源・能力・権能をコントロールし得る相対的優位の差異を示し得ることになる。規模を垂直的位階制に限定し、区域的分化を無視する場合といえども、単一の包括的頂点（例えば、主権型世界国家）が存在し、そこに多規模の位階制が累積していることにはならない。むしろ、多規模の秩序が存在していて、これが個別的に絡まりあっていたり、あるいは、相互の結びつきを断ったりしていると言えよう。行動についての多くの規模(スケイル)と時間性を識別し得るにせよ、明示的に制度化されているものは、（なお多いにせよ）相対的に少数に過ぎない。それがどのように（また、どの程度に）制度化されるかとなると、行動の特定の規模と時間性を同定し、制度化する権力の支配的技術によって左右されることになる。

　ネットワーク化という言葉はもう一つの多価的用語である。すでに、並立する権力ネットワークに触れている。だが、本章の脈絡からすると、ネットワーク化とは、第一義的には、空間的指示対象にあたる。近年の一部の研究のなかには、ネットワーク化とは平面的で分権的な社会関係のセットのことを指していて、ネットワークとは領域ないし規模の原則というより、機能ないしフローの線上で組織された中心をもつ権力関係の総体との対称的結合性を特徴としていることになる。だが、この「平面的存在論」の視座はネットワーク内の、また、ネットワーク間に見られることの多い位階制的諸関係を無視するという危険を冒している。というのも、全てのネットワークにおける権力関係が平等主義的で対称的である場合といえども、不平等と非対称性がネットワーク間関係において、なお、生起し得るからである。これは、ネットワーク化された活動主体が自らの固有の戦略を追求し、その利益を実現する不均等な能力という点に表れている。こうした非対称性と不平等性はネットワークの定礎（グローバル都市ないし周辺地）から、また、それがその点で、そして横断的に作動する

相異なる規模(支配的・結節的・周縁的規模――この点については次の段落を参照のこと)から、さらには、規模と結びついた領域的利益(例えば、中心〈対〉周縁、強い国家〈対〉弱い国家、帝国主義ないし帝国)から浮上する。すると、ネットワークの妥当な地形学はネットワークをより広い時空間的、戦略‐関係論的脈絡に措定すべきことになる。これがSRAの基礎的な方法論的原則である。

　さらには、二つの別の一般的な規模の概念が国家装置と国家権力の分析にとって有効である。それは、(1) 規模の分業と (2) 規模の跳躍である。コリンジは、前者は多様な業務ないし機能を規模の垂直的位階制において、多様な規模に配分することであるとする(Collinge 1999)。これにたいし、空間的分業とは、同一の業務ないし機能が同一の空間的規模において多様な場所にどのように分割されているかに関連しているとしている。業務の区分は空間と規模の両方で秩序化されている場合が多い。最も強力な機関や行為主体が最上位ないし頂点の規模に位置していないこともあり得る。実際、多水準型ないし多層型の政　府（ガヴァメント）の編成が絡み合った権力の位階制と結びついている場合が多い。すると、規模への相異なるアクセスは、国家と政治レジームの社会空間的選択性の一側面であることになる(以下を参照のこと)。重要な事例は形成過程の国家としてのヨーロッパ連合である。というのも、EUの諸機関が国民的規模の国家に対して持っているよりも、いくつかの国家のほうがEUの水準を凌ぐ権力を保持しているからである。(この主張は、国家とはモノや主体ではなく、社会関係であるという戦略‐関係論的観察によって制約されてしかるべきである。そこから導かれるのは、国民的利益はEUの諸機関の内部で非対称的に代表されているだけでなく、EUの諸原則が国民的規模で内部化されているということである)。

　すると、規模の跳躍は、行為主体が自らの物質的・理念的利益に最も望ましい規模で政策を形成し、紛争を解決し、権力を行使しようとする場合などに生起する。規模の跳躍は、ある諸勢力、行動の空間的地平、戦略、政策等を他に対して特権化するような、構造的に刻印された規模を利用しようとする欲求から浮上する。規模の分業と規模の跳躍は、こうした分業を再規定・再秤量しようとする、また、規模間の接合に関与し、新しい規模を制度化し、あるいは、古い規模を廃止しようとする、さらには、規模の選択性を再規定することで跳躍のゲームにおいて優位を得ようとする企図と結び付いている。規模の戦略は

一組の可能な空間的戦略に過ぎず、他の戦略が社会的諸関係の別の空間的諸次元を対象とし得ることにもなる。

　グラムシの狭義の「国家」と統合的意味の「国家」の区別にしたがって（本書の第4章。次も参照のこと。Gramsi 1971：239, 267, 271 = Q6, §155, Q17 §51, Q6 §10）、狭義の「国家」の時空間的次元と統合的意味における国家の時空間的次元について検討することができる。「狭義」の国家空間とは、国家を政治権力の領域化を基礎とする法的-政治的諸制度および規制力の総体とし、その空間性を指す。この意味からすると、空間性には、わけても、国家の領域性の意味と組織の変化が、つまり、領界と境界や前線の役割の変化が、また、国家の領域的組織と国内行政の分化に発する国内の地理的変化が含まれる（cf. Brenner 2004）。空間性には、さらに、場所間の関係における不均等発展を促進し、これに対処したり、あるいは、逆転させたりする国家の役割が、また、自らの内的な規模の分業を再編し、法的-政治的装置の内外のネットワークを管理する国家の役割も含まれる。「統合的」意味の国家空間とは、国家空間のより広い社会空間的支えと意味づけを、また、国家装置と国家権力の特定のTPSNの形状を社会空間的に埋め込むことを意味する。これには、社会的・経済的諸関係を戦略的に規制し、再編するために国家の諸制度が動員される際の、領域と場所と規模とネットワークに特有のありようが含まれている。より一般的には、社会的・経済的過程への国家介入の地理的変化が含まれる。

　この点では、別の鍵的概念は空間の想像性である。空間的想像性はとは言説的現象（意味論的総体および関連する意味論的実践）のことであって、特定の場所と規模や領域とネットワークを、あるいは、空間一般を、本来的には構造化されてはいない空間化された世界の複雑性から区別する。こうした想像性には、空間を表象するための多様な方法が含まれていて、なかでも、その表象の中で、場所と規模と領域ないしネットワークにあれこれの重みを与える方法が含まれている。また、その想像性は「場所〔および領域〕の複合的実際を能動的に単純化することで、統御可能な地政学的抽象に好ましいように」作動する（Agnew and Corbidge 1995：48-49）。空間的想像性が競合することで国家と政治空間は多様に表象され、国家をお互いに区別するための、また、国家とより広い政治システムとを区別するための、さらには、より広い政治システムとそれ

第 5 章　国家と空間 – 時間

以外の社会とを区別するための基礎となる。マルセロ・エスコラールは政治権力の領域化にとっての表象実践の中心的役割に留意していて、この実践によって、長い 16 世紀に近代の国家（間）システムが形成されたとする（Escolar 1997）。彼は、過去から継承された中世の制度化された地景が根本的に再編されたことについて検討するなかで、領界が政治的・宗教的・軍事的などの権威の諸形態が重複し、浸透しあっている領地間の、相対的に流動的な遷移圏であったとする。また、近代の国家間システムは地形的白紙状態で構築されたわけではなく、中世の複雑で多形態な地景から結晶化したし、それ自体も、より以前の国家建設の諸段階を継承しているとする（例えば、次を参照のこと。Finer 1997c；Mann 1996；Poggi 1978；Jones 2007）。

　社会空間的想像性は領域・規模・場所・ネットワークに特有の国家介入の諸形態を動員するための、また、国家内（および、国家に対抗する）領域的政治の重要な基盤をも提供する。たとえば、アンリ・ルフェーブルは、「各国家は何かが実現される空間を——何かが完成される空間すらを、つまり、統一されていて、それゆえ、同質的な社会を創出することを求める」と述べている（Lefevre 1991：281）。彼は、また、日常の抵抗の政治や新しい諸社会運動の登場について、さらには、新しくて、潜在的に変革的な空間の利用の成長についても検討している（Lefevre 1971：2004）。だが、近代国家は、部分的であれ、空間を同質化することで政治的コントロールの目的の理解を期し得るにせよ（cf. Scott 1998）、その過程は抵抗に見舞われているし、地勢的なものを領有し、領界に挑戦し、場所を形成し、都市への権利を主張し、コントロールを脱しようとする、競合する試みにも見舞われる（cf. Poulantzas 1978；Roberts 2006；Harvey 2008；Lefevre 1968；Scott 2009）。多くの空間的想像性には、この世界の別様の解釈が含まれているに過ぎないにせよ、なかには、空間性の言説的－物質的構成によって行為遂行的インパクトを与えようとするものもある。だが、「恣意的でも、合理主義的でも、意図的とも」言えず、特有の空間的秩序に固定された空間的想像性でさえ不安定化しがちである。これは、いずれの想像性も現実世界の複雑性に十分に適合し得ないことによる。この点は、また、政治と政治的共同体や政治的諸闘争をめぐる民衆の地勢学的想定の変化にも反映されている。

167

最後の概念は国家の空間的戦略というものである。これは、国家諸制度と国家管理者層（および、彼らが代表する社会諸勢力）が領域と場所や規模とネットワークを再編することで、狭義の国家の再生産を保障し、また、統合的意味における国家の社会空間的次元を再配置し、特定の蓄積戦略と国家企図やヘゲモニー・ヴィジョンを促進しようとする歴史的に固有の諸実践のことである。こうした戦略は重要なインフラストラクチャー次元と専制的次元をもっていて（Mann 1984）、特定の時空間的想像性と結びついているだけでなく、特定の技術や統治の実践に左右されもする。こうした戦略は、主要には、経済地理学の視点から議論される場合が多いが、多くの別の（複合的）動機と目的や効果をもち得る（cf. Lefebvre 1991；Prescott 1987；Hannah 2000；Brenner 2004）。この点で、国家の空間的戦略は社会空間的ガヴァナンスの視点からも研究され得ることになる（第6章）。

　すると、こうした空間性の諸契機を結合することで、特定の社会空間的形状をより具体的で複雑な分析を産出し、特定の実体的関係と過程に結び付けることができる。表5.2は、TPSNの枠組に基礎を置いた形状の諸例を示している。16のます目は各社会空間の契機を構造化の原則とし、四つ全ての社会空間的契機を適用分野として交差させることで一覧表にしている。この手法は二次元のマトリックスを超えて拡張され得るが、この限定的な表だけからも、社会空間性の複合性を、また、それが国家システムと国家権力の分析にとっての意味を読み取り得るであろう。

　特定的には、このマトリックスは、各社会空間的概念が三通りに展開され得ることを示している。例えば、領域を次のように検討の対象とすることができる。

- 即自には、領界化の戦略の所産として（領域－領域）。
- 構造化の原則（因果的な過程ないしメカニズム）として。これは社会空間的関係の他の分野にインパクトを与える（マトリックスを横に読んで、領域場所、領域規模、領域ネットワーク）。
- 構造化された分野として。部分的には、他の社会空間的構造化の原則が領域の力学に与えるインパクトを媒介として創出される（ここでは、マトリックスを縦に

第 5 章　国家と空間−時間

読み、領域の列に焦点を据え、場所と領域との、規模と領域との、また、ネットワークと領域との連鎖を考察している)。

　包括的には、この二次元型マトリックスは次のことを示している。(1) 社会空間的諸関係の構造化原則としての領域、場所、規模、ネットワークの相対的重要さは、時空間的拡大適用の類型ごとに変化し、所与の脈絡における時空間的諸関係の包括的凝集性の保障という点で、領域、場所、規模、ネットワークが、その時々に、より重要になる。換言すれば、(2) 資本主義的（および、他の) 社会構成体において時空間的諸関係の包括的凝集性の保障という点での、四つの構造化の原則の相対的役割は、歴史や脈絡において変化することになる。(3) 危機と危機解決の企てや新しい時空間的拡大適用の創発は、対抗ヘゲモニーの企図の最も有効な社会空間的基礎や組織的構造と戦略の変化と結び付いている。(4) 危機解決の戦略には四つの次元を、また、関連する制度的表現の相対的重要性を再編しようとする企てを含み得るし、それだけに、危機傾向と諸矛盾を転位しようとする点で、その役割の比重を修正する企ても含み得ることになる。実際、表 5.2 の諸ます目は多様な社会空間の形状を示すものであって、それは社会空間的な戦略と拡大適用の対象となり得る。2 例だけを挙げておこう。国際化が深化するなかで、国民的国家内の地方政府からグロー（ナショナル・ステイト）　　　　　（ローカル・ガヴァメント）バル都市の統治ネットワークへと戦略の焦点再設定がありうる。あるいは、領域型権力容器としての国家を規制することから多孔化傾向にある領域間のフローを統治するための国際的レジームの建設へと焦点再設定がありうる。

4. 新しい TPSN の拡大適用へむけて
　　　　　　　　　　　（フィックス）

　（少なくとも、現在支配的な新自由主義形態での）グローバル化によって、北アメリカとヨーロッパの大西洋フォード主義的循環の中の戦後景気や、ラテンアメリカの国民的規模の輸入代替型工業化の時代、また、当初、キャッチ・アップ型経済発展と輸出先導型成長と結びついていた東アジアの経済的奇跡の時代を継承した国民中心型時空間的拡大適用は崩壊した。現局面のグローバル化時　　　　　　　　　　　　　　　　（フィックス）代においては、空間的規模が増殖しているだけでなく、(規模が単純に入れ子状化しているというより) 複雑に絡み合った位階制型構造のなかで空間的規模の

表 5.2　社会空間性の多次元的分析にむけて

構造化諸原則	作用する分野			
	領域	場所	規模	ネットワーク
領域	現存の前線、領界、境界であって、これが国家を権力容器として組成する。	場所を一つの領域に統合し、不均等発展を管理する。	連邦システム多水準型ガヴァメント	国家間システム、国家間同盟、多区域(エリア)型ガヴァメント(マルチ)
場所	中核－周縁、境界地、帝国	街場、周囲、都市、地域、地方、地球性	グローカル化、グルーバル化（グローバル－ローカルとアーバン－グローバルな接合）	地方的(ローカル)、都市的(アーバン)、地域的(リージョナル)なガヴァナンスあるいは協働
規模	政治権力の規模分業（単一国家、連邦国家など）	ローカル⇔グローバルな区域的（空間的）分業	入れ子状の、あるいは、絡み合った規模の位階構造、規模の跳躍	パラレルな権力ネットワーク、非政府型国際レジーム
ネットワーク	越境型地域、仮想的地域（BRICS、「4つのモーター」など）	グローバル都市ネットワーク、多核的都市、網状型の場	多様に規模化した場所のネットワーク	ネットワークのネットワーク、フローの空間

出典：Jessop et al., 2008

結合が相対的に緩くなっている。さらには、経済的・政治的諸勢力が変化の過程にある国際秩序に参入するための最も有利な条件を追求するなかで、規模の戦略が複雑に混合するという状況も強まっている（Jessop 2002）。国民的規模が戦後の優位さを失ったものの、だからといって、他の経済的・政治的組織の規模が（「グローバル」と「ローカル」を、あるいは、「都市的(アーバン)」と「三極的(トライアディック)」を問わず）同様の優位さを獲得したとは言えない。むしろ、多様な規模に位置づけられた多様な経済的・政治的範囲と諸勢力が、蓄積ないし国家権力の、あるいは、両者の主要点ないし結節点を求めて競合している（第8章）。

　規模の相対化は、規模の跳躍や規模間接合の闘争をめぐって新しい重要な機会も提供している。これは、長期の解決策には、一連の補完的な結節的規模と周縁的規模に支えられた新しい支配的規模が求められているかどうかという問

いを発していることになる。あるいは、規模の相対化とは新しい規範であって、今や、調整のネットワーク形態に添えられた重要性は、この状況への有効な戦略－関係論的対応策であるかどうかという問いを発していることにもなる。

　次いで、大西洋フォード主義の事例から上述の議論のいくつかを例解しておこう。大西洋フォード主義が第二次大戦後に主導的経済として構築されている。この経済における国家の社会空間的マトリックスは規模とネットワークよりも領域と場所の優位を特徴としていた。とはいえ、規模とネットワークを欠いていたわけではなく、国家の三つの形式的側面（代表、制度組成、介入）と3つの戦略的側面（社会基礎、国家企図、ヘゲモニー・ヴィジョン）において、それほど顕著な位置にはなかったに過ぎない（第2章）。国家介入は資本の収益性の、そして、住民を労働力として、また、国民的規模の一群の市民として再生産するための諸条件を保障するよう設計されていた。さらには、国際的通貨よりも国民的貨幣が重視されていただけでなく、個人的・社会的賃金は国内需要の源泉として国際的生産費用よりも重要な位置にあった。これは、国民経済と国民規模の福祉国家や国民型社会が優先され、国民型領域の統一を期し、不均等発展を縮減することに関心をもつ国民的国家によって管理されていた。要するに、この時代においては、国家の社会空間的形態は経済的・政治的空間の「国民化」を強い特徴としていた。国民的規模が相対的に安定した規模の分業の中では支配的だった。ただ、一部の研究者が指摘しているように、国民経済、国民的国家、国民的市民権レジームは自由主義的国際秩序に埋め込まれていたし、経済・社会政策の補完的諸形態の配置という点では地方国家の結節的役割に支えられてもいた。そして、ネットワークも代表制と国家の社会的諸基盤の保障という点では、鍵的役割を果たしていた。たがその性格はコーポラティズム的で、クライエンティリズム的だった。また、このネットワークは大西洋フォード主義的蓄積レジームとその調整様式と結び付いていたし、国民的規模の大西洋フォード主義の経済的・政治的基盤の内で作動していた。

　1960年代と1970年代に世界市場の国際化が増大して、固有のTPSNマトリックスとともにあったこの時空間的拡大適用は崩れ、大西洋フォード主義とその多様なケインズ主義的福祉型国民的国家（KWNSs）の危機を伴った。と

りわけ、国際化のなかで、国民的貨幣や財政政策よりも国際通貨と資本のフローの力が強まり、個人的・社会的賃金は生産経費と見なされるようになった。これは、また、国民経済・国民的福祉国家・国民的社会・国民的規模の国家の補完性を掘り崩し、多様な場所とリージョンにまたがる不均等発展を激化した。それは、ブレンナーが「空間的ケインズ主義」と規定した政策は、KWNS が是正を追求した過程でもあった (Brenner 2004)。論者のなかには、国際化とは政治権力の脱領域化の促進であるとか、あるいは、領域の範囲が上方へ、超国民的ないしグローバルな水準へ移行したり、さらには、下方へ、地域的ないし地方的な水準へ移行すると見なす論者もいるが、筆者は近年の変化を、むしろ、規模の相対化という視点から理解すべきであるとしている（ただし、第8章を参照のこと）。これは、規模の政治的分業という点でその主要な規模を欠いていることを、また、主要な規模をみずからの水準に位置づけようとする多様な規模の利益の代表者間の闘争を意味する。こうした変化によって、大西洋フォード主義以後の世界の北大西洋諸国家の包括的構成において、領域と場所や規模とネットワークの役割は変化してしまっている[3]。

　筆者が示唆しているのは、大西洋フォード主義期の領域と場所の相対的優位性は、規模とネットワークの相対的優位によって替わられたということである。とりわけ、フォード主義以後の規模の相対化は組織のネットワーク形態をともなった実験を促した。それは、変化の過程にある経済と政治の空間を増大する不均等発展を特徴とする統合化の過程にある世界市場へ結びつけることをよりうまく操縦できるような、安定したポスト国民的国家の展開に貢献していると言えよう。戦後のヨーロッパと北アメリカの好景気というフォード主義期においては、国民的国家は政治組織の主要な規模であったが、現局面のフォード主義期には、多様な組織の規模を横断して政治と政策の争点は拡散し、いずれの規模も明らかな優位に立っていない。こうした展開によって、規模間の行動の凝集性を保障することについての問題が浮上し、国民的領域国家の危機に対処する、国家存在の新しい形態と機能の模索を導いている。（第8章を参照のこと）。さらなる危機（とりわけ、新自由主義の影響下で組織された世界市場における金融支配型蓄積の危機）のインパクトを受けて、ポスト国民規模の不均等発展するグローバル経済を再編する適切なありようをめぐる試行錯誤の実験と論

争を、私たちは目撃しているのだ。実際、国家システムの意義と妥当な組成をめぐって、また、促進してしかるべき最も適切な国家企図とヘゲモニー・ヴィジョンをめぐって代表的公的立場の知識人のあいだで驚くべき転向も起こっている（2つの例として次を挙げることができる。Fukuyama 1992, 2011；Friedmann 2005, 2008, 2011）。

5. 支配と時空間的拡大適用（フィックス）

国家システムの空間性と時間性は多面的であって、複雑に結びついてもいる。次に、支配の構造としての国家システムにとっての、空間性と時間性の意味を検討する。この点で次の2点は注目すべきである。(1) 狭義および統合的意味における国家システムのTPSNマトリックスの接合、(2) 権力関係の構造化のメカニズムとしての制度的・時空間的拡大適用、である。

第一に、社会空間的組織の各原則は固有の包摂−排除の諸形態を、また、国家権力を行使するための示差的な能力をもっている。すると、戦略的分野が生まれ、そこでは、多様な社会的諸勢力が多様な社会空間的代表様式と国家の「内的入力」（ウィズインプット）や介入形態に特別の地位を与えようと追求し、各社会空間的次元と結びついた国家能力を再編し、最も重要な能力が措定されている領域と場所や規模への、あるいは、ネットワークへの特権的接近手段を追求しようとすることになる。いくつかの例として、選挙区の境界のゲリマンダリング、有権者の規制、場所を基礎とする不均等発展と中心−周辺の不平等の促進ないし弱体化、規模の位階的構造の再編と規模の跳躍、国家内外における公式の垂直的・水平的な権力区分と交差する並行的（パラレル）な権力ネットワークの編成、これを挙げることができる。

第二に、（資本関係のような）基本的な構造的諸形態と、また、多様な社会空間の諸形態（表5.1参照）と結びついた諸矛盾とジレンマを所与とすると、こうした諸矛盾を管理するための営為の直接的・間接的コストを空間的に転位し、あるいは、時間的に引き延ばすことで諸矛盾がどのように管理されるかについて分析し得ることになる。この点で、構造と戦略の役割を照射する二つの相互に連関する概念として、制度的拡大適用と時空間的拡大適用とがある。いずれも、国家システムと国家諸権力のみに関連しているわけではない。とはい

173

え、両者は狭義と統合的意味の国家の根本的様相でもある。また、国家システムと国家権力の活性化は、より一般的には、制度的・時空間的拡大適用を形成することにもなる。

　制度的拡大適用とは一組の補完的諸制度のことであって、制度の設計や模倣や押しつけによって、あるいは、機会の進化によって（所与の媒介変数の枠内で）暫定的で部分的で、また、相対的に過ぎないにせよ、経済的・政治的ないし社会的秩序の保持にかかわる調整の問題に安定した解決を提供する。とはいえ、制度的拡大適用は純粋に技術的とは言えず、所与の調整問題の事後的解決を与えるというより、部分的であるにせよ、この秩序を組成し、制度化された、不安定な妥協の均衡に、あるいは、最悪の場合には、むきだしの強制力の行使に依拠している。こうした解決法は、また、時空間的拡大適用（STF）としても検討されうるし、逆にもなる。つまり、STFが制度的拡大適用として検討され得る。STFは空間的・時間的領界を措定し、その内部において、所与の秩序の常に相対的で不完全な、また、暫定的な構造的統一性（したがって、制度的相補性）が――適当である限りにおいて――保障されることになる。STFの鍵となる貢献はこうした統一性の保障の物質的・社会的コストを制度的拡大適用の空間的・時間的・社会的境界を超えて外部化することにあるが、それはそのコストを転位ないし延期することで（あるいは、両者によって）、二つの解決策は固有の空間的・時間的・社会的境界の外部に統一性を保障する物質的・社会的コストを外部化するので、相対的安定性の圏域は他の圏域の不安定性に左右されることにもなる。また、「内部の」領界内においてすら、こうした時空間的領界内の諸階級と階級諸分派や社会的諸範疇ないし他の社会的諸勢力は周縁化され、排除されたり、強制力に服したりする。そこでは、STFは諸矛盾を調和させるように見えるに過ぎず、諸矛盾は多様な形態で持続することになる。こうしたレジームは部分的・暫定的で、不安定で、こうしたレジームを押し付けようとすると、内外の「逆流」を呼びかねないことにもなる。

　理念的・物質的関心の矛盾とジレンマや対立は、抽象的には、永久に解決されてしまうのではないものの、矛盾の一面やジレンマの一角を、あるいは、ある利益だけを優先するメカニズムや企図によって、暫定的・部分的に調和を期

し得る。これは「理念的には」、少なくとも、短期的には、特定の、必然的に選択的な解決策を（常に幻想的な）一般利益の体現として上手に提示することで、達成されうる。これを期し得ないとなると、「解決」はより可視的で、強制の戦略と戦術さえ含むであろう。これは論争的過程であって、さまざまの経済的・政治的・社会的勢力と、多様な戦略と企図を含んでいる。以上の脈絡からすると、諸矛盾や、これと結びついたジレンマには以下のように対処され得ることになる。

- 位階制化：いくつかの矛盾を他よりも重要なものとして扱う。
- 優先化：ある矛盾ないしジレンマの一側面を他の諸側面に優先させる。
- 空間化：多様な領域・場所・規模・行動ネットワークに依拠して、あれこれの矛盾ないし側面に対応する。あるいは、無視されている側面に関わる諸問題を周辺の、ないしは、遠隔の多様な領域・場所・規模・ネットワークに転移する。
- 時間化：従来、無視されてきた課題が喫緊化しないよう、ある矛盾のあれこれの側面に、順次、定例的に対処し、あるいは、諸矛盾やジレンマの、ないし諸側面の部分集合に一方的に焦点を据える。

　こうした戦略間の関係を利用して、制度的・時空間的拡大適用がどのように特定の支配の型を保障するのに役立つを探究し得ることになる。例えば、資本主義の成長レジームに即してみると、多様な矛盾とジレンマの重みが比較秤量されているし（位階制化）、その多様な側面のいずれかが重視されている（優先化）。さらには、この視点から多様な領域・場所・規模・ネットワークが差異化されているし（空間化）、矛盾とジレンマが時間的にパターン化されている（時間化）。制度的・時空間的拡大適用は純粋に技術的なものではなく、国家権力の他の諸側面と同様に、特定の対象と技法、ガヴァメントないしガヴァナンスの主体を軸に組織された、より広い「不安定な妥協の均衡」を保障し、作り変えようとする営為が含まれている。資本主義の調整には「社会的拡大適用」も含まれていて、これが、部分的であるにせよ、純粋な資本関係の不完全性を補強し、諸矛盾とジレンマを処理する手法によって資本関係に相対的な構造的統一性を与えている。

6. 結語

　上述の省察は、国家形成に関する周知の議論を補完するものである。なじみの薄いのは、国家の形成と変容の社会空間的・時間的複合性である。だから、本章では、国家システムの包括的構造化に占める領域と場所と規模とネットワークの接合に光を当て、その戦略 – 関係論的意味のいくつかを明らかにしたのである。さらには、制度的拡大適用と時空間的拡大適用という概念を導入したが、これは、国家システムと支配の形態とが密接に結びついているという一般的議論を補強するためである。そして、素描に過ぎないにせよ、多様な空間的想像性とその制度的・時空間的拡大適用との結びつきがイデオロギー批判の有意性を指摘する上で大変重要なのである。後の諸章では、現代国家の時空間的マトリックスにおける危機傾向を4つの社会空間的次元の全てに即して検討することにする。

【注】
1) スタザヴェーグは中世と近代初期のヨーロッパにおける代表制議会と公的借り入れとの共進化について検討している（Stasavage 2011）。政治的代表の能動的諸形態によって、ヨーロッパ諸国はいち早く有利な信用供与を得たにせよ、これは、まとまった地理的空間と強力な重商主義体制に負うことでもある。小規模国家の能動的代表制議会 – 政府に融資する重商主義グループに支配された議会は信用供与を保持しがちであった。こうして、ジェノヴァやケルンといった、より小さなヨーロッパの都市国家がフランスやカスティリヤのような、より大きな領邦国家にまさる立場にたち得たのは、重商主義のエリートたちが政治制度を組織し、公的信用を実効的に監視し得たことによる。だが、この事態は金融を必要としていた都市国家に有利に作用したものの、その長期的効果となると、もっと漠然としたものに過ぎなかったとスタザヴェーグは指摘している。最善の信用供与を得た都市国家は、最も閉鎖的で、寡頭制的代表システムであることが多く、経済的革新に欠け、結局、金利生活者型共和国に変容してしまった。
2) 電子空間（サイバースペース）といえども地形的基盤を必要としているが、領域の区分化ないし領域外の規制に服する傾向を強くし、場所と規模やネットワークの点で、程度の差はあるにせよ、集約的で緊密に作動している。

3) フォード主義は大量生産のことであると理解されているが、消滅してしまったわけではない。当初は北アメリカや南ヨーロッパの周辺部フォード主義経済に、その後はラテンアメリカや東アジアの、さらには、社会主義以後のヨーロッパに「オフショア」化し、あるいは「外注化」している。

第6章　国家と国民

　国家と国民（nation）という問題は修正版の国家へのアプローチの四要素の最後の二要素と結びついている。第三要素は国民（*Staatsvolk*）であって、この存在は国家の権威に服しているだけでなく、国家に対抗する諸権利が付与されていると想定されている。諸権利が存在する場合には、人民とは単なる住民や危険な大衆ではなく、あるいは、民衆や統治されるべき群衆（*mobile vulgus*）ではなくて、政治的に想像された社会勢力－人民（*populus, il popolo*）－であって、権力の源泉と見なされている（Canovan 2005）。ここで問題となるのは、国家建設の共同構築の特徴としての、「人民の形成」（people building）である。これは、既述のアプローチの第四要素である「国家理念（state idea）」と結びつくことにもなる。人民は（国民（ネーション）と同様に）正統性の源泉であり、想像の共同体であって、再構成された過去と想像された現在を、また、開かれることになる将来を基礎とする歴史的持続性を有している。人民は政治的権威の源泉であり、国家は人民の名において、永遠とは言えないにせよ、限定されることなく人民を拘束する決定を下し得ることになる（Canovan 2005）。これは人民に団体的人格を付与することになるのであって、人民は多数からなる統一体（*unum e pluribus*）として形成される（ibid.）。

　エドマンド・モーガンは極めて重要な批判的読解を提示している。彼は、主権人民とは「擬制」であって、別の擬制である王権神授説に挑戦し、これにとって替わるべく作為的に発明されたとしている。イギリスの内乱期に「代表者たちは、主権が自らに帰属することを主張するために人民の主権を考案した――人民の名において、彼らは政府の全権を掌握したのである」（Morgan 1988: 48-50. 次から引用。Canovan 2008）。

　以上のことは、三つの興味深い問題を提示する。第一に、国家権力の主体を

179

「人民」に限定すべきであるとすると、もしそうならば、この主体とは個人、家族、あるいは、共同体や「人種化した」主体ないし民族集団などと理解すべきであろうか。また、国家権力の主体は何らかの公認の法的人格（法人、結社などを含む）であって、法の支配などの国家介入の諸形態に服するのであろうか。さらには、この主体には、国家介入の対象となる担い手や機関も含まれるのであろうか。あるいは、社会的に組成されていると否とを問わず、国家によって無視されている対象も含まれるのであろうか。ここで問題となるのは、国家権力は（一般に、国家の定義において提示されているように）集合的に拘束する決定に限定されるのか、それとも、不規則で無定形な一時的効果ではなく、構造的効果を生みだすような、国家能力の行使に依存する全ての介入形態に及ぶのか、である（第2・3章）。

第二に、上記とも結びついてのことであるが、住民を人的主体とすると、個人の身体を形成し、規律する国家の役割を考察すべきであろうか（フーコーの解剖政治学）、また、人口学的（広義と狭義のいずれであれ）・経済的・アイデンティティ的などの形態でみた住民の包括的構成のような生政治的な基本争点を措定し、これに取り組む国家の役割を考察べきであろうか（Foucault 2008）。こうした統治活動には、国民（*Staatsvolk*）の世代間や生涯や、また、日々の再生産と再構成にかかわる言説や装置（*dispositif*）が含まれている。さらには、国家の多形性に鑑みると、生政治は、政治主体、市民、労働力、予備軍、宗教団体など、社会組織の諸原則からこうした課題にアプローチできることになる。

第三の争点は「国民」（nation）であって、国民的国家の基礎とみなされることが多い。その理論的・実践的問題の中心は、「国民」の指示対象である。また、だれが国家に帰属し、その内部で市民的諸権利を持つことになるかという点での、あるいは、市民権や（散見されることであるが）居住国とかかわりなく、だれが国家に従わなければならないかという点での、国民の定立に占める国家の役割である。この最後の問いから出発することにする。

1. 国民的国家(ナショナル・ステイト)と国民－国家(ネイション・ステイト)

国民と国家とは別個の概念で、「国民－国家（nation-state）」という不明瞭な

第 6 章　国家と国民

概念で結ばれている場合が多い。また、それほど多くはないにせよ、「国家－国民（state-nation）」という逆の概念と結ばれている場合もある（後者については次を参照のこと。Stepan, Linz, Yadav 2010: 1-38. 次の段落も参照のこと）。国民－国家の概念は、とりわけ混乱している。これは、分析的には、また、多くの場合、経験的にも別個２つの国家類型が合成されていることによる。ひとつは、ドイツの国家理論家たちが領域国家（the territorial state）と呼んでいるものであって、ひとつ以上の都市とその後背地からなる相対的に大きな領域において組織的強制力の正当な独占を成功裡に主張している国家を指している。最も明確にする必要から、このドイツ語の意味における領域国家は「国民的（領域）国家」と呼ばれる場合もある。そうすると、シンガポールのような都市国家やリヒテンシュタインのような小公国は除外されることになる。両類型は、それぞれの領域において公式の主権を持っているし、他国から承認されているとしても、である。このように、領域を軸に理解すると、国民－国家とは領域型国家のことであって、これには小国家（例えば、デンマーク、アイルランド）のみならず[1]、多くの標準時を使っている準大陸国家（例えば、ロシア、アメリカ合衆国）と亜大陸国家（例えば、インド、中国）や群島国家（例えば、インドネシア）も含まれることになる。別の意味からすると、国民－国家とは、その境界が国境とほぼ一致している国民的な想像の共同体との共有された一体感によって、排他的に、ないし一義的に定義された住民に対して、権力を行使している国家のことであるとされる。換言すれば、この場合の国民－国家とは、国民存在（ネーションフッド）のひとつ以上の形態にアイデンティティを覚えている住民をもつ国家を指している。既述の広義の４要素のアプローチからすると、「国民－国家」の第一の意味（領域的国家や国民的国家と、あるいは、最も明示的には、国民的－領域的国家として識別され得る）は領土（Staatsgebiet）を、つまり、政治権力の領域化の特定の形態を指しているし、「国民－国家」の第２の意味は国民（Staatsvolk）、つまり、国家の定住民の組成やアイデンティティと結びついていることになる。

　前段落で指摘したように、「国民的国家」という言葉（つまり、領域的国家）と「国民－国家」とは互換的に使われることが多いが、どちらが一方だけが理論的に、あるいは、政治的に妥当な言葉とされてしまうと、とりわけ、厄介な

181

問題を呼ばざるを得ない。例えば、グローバル化によって「国民 – 国家」がどのように掘り崩されているかという議論においては、総じて、グローバル化が、住民の国民的アイデンティティ感というより、国民的国家の領域的主権や安全保障を弱体化しているかが問われがちである。実際には、グローバル化の過程は、国民的アイデンティティを強めていると言えるのかもしれないし（例えば、国民的競争力を高める必要があると表明され、また、国民の福利と文化の自律性が脅威にさらされているとされること、などで）、あるいは、住民の多民族化と多文化化や忠誠の越境化のせいで国民的アイデンティティを希薄化しているとも言える。こうした両義的状況によって、領域的国家としてのヨーロッパ連合（EU）をめぐる議論や、また、ヨーロッパの国民的アイデンティティの行方をめぐる討論も活発化している。そして、「国家 – 国民」という概念は、住民が2つ以上の民族(ネーション)からなることを認めている国家が、少なくとも、憲政上、政治的編成を妥当なものとすることで、その共存を促すことに関与していることを示すように用いられる。近代の周知の実例にはインド、ロシア、スペインが含まれることになる（cf. Stephan et al. 2010）。この議論は（1）全ての国家が領域的国家ではない、（2）全ての領域的国家が国民 – 国家ではなくて、なかには、明確な国民的基盤を欠いていたり、多国民的国家も存在している、（3）全ての国民が自前の国民 – 国家と結びついているわけではない、ということを示唆している。（3）の類型の状況は、国民のアイデンティティが国家存在において、また、この存在を媒介とすることで政治的に表現される状況にはない場合とか（ジェノサイドとさえ結びつき得るような否定的状況）、その成員が複数の国家に分散していて、いずれの国家においても多数派とはなり得ていない場合に浮上しうる。

　「国民的国家」（明確を期そうとすれば、国民的領域型国家）概念は、当面の行論においては、議論の必要には、まず、ないと言ってよかろう。権力の領域的組織化は国民形成にはるか先行しているし、国民的領域型国家の近代的形態（ウェストファリア国家と誤って記述される場合もある）は17世紀までにはヨーロッパに現れた。もっとも、広くヨーロッパの脈絡だけに鑑みても、帝国などの形態は、さらに、2世紀も生き延びたのであるが。

第6章　国家と国民

　三つの驚くべきことが起こった。第一に、ヨーロッパのほとんど全てが国民的国家を形成し、境界を確定するとともに相互関係を結ぶに至ったことである。第二に、ヨーロッパ的システムが、事実上、全世界に広まったことである。そして、第三に、他の諸国家は協調しつつ、新しい諸国家の組織と領域に増大する影響力を行使した。この三つの変化は密接に関連している。というのも、ヨーロッパの指導的諸国家は植民地化と征服によって、また、非ヨーロッパ諸国家へ侵入することで、このシステムを積極的に広めたからである。まず、国際連盟が、次いで、国際連合が創設されたが、これは、地上の人々の全てを単一の国家システムに組織することを承認し、合理化したに過ぎない（Tilly 1992: 181）。

　国家間システムにおいて、主権国家が形式的に対等と平等の関係にあることは国際連合の構成国であることに表現されていて（現在、193の構成国がある）、構成国は小さな島国であるツヴァルから「超大国」アメリカ合衆国に及んでいる。だが、諸国は内外で異なる問題に直面しているし、異なる歴史も持っている。また、力量の差異はあるにせよ、こうした問題に対応し、再編し得るだけの異なる能力を具えてもいる。国際的な交戦のみならず国内問題についても、ある国は他の国よりも強力である。国連や他の国際的な政策フォーラムやレジームにおいて、とりわけ、国連安全保障理事会と世界銀行や国際通貨基金と世界貿易機関のような強力な組織体においては、重大な不平等が存在している。この点はヨーロッパ連合についても妥当する。EUの構成国の範囲はより限定されているものの、マルタは最小で、島嶼国であるし、ドイツには最も多くの人々が住んでいる。国家の影響力と国家能力の違いが、ヨーロッパ的な政策決定を形成している。その政策決定は世界の政治体制における、ヨーロッパの個別国家と他の国家との同盟によって、また、EUが多規模型国際秩序（マルチスカラー）に組み込まれるありようによってはさらに修正されている。

〈国民存在（ネーションフッド）〉
　再び、国民に戻ることにする。政治的ないし分析的目的から、国民存在（ネーションフッド）の原初的基準を設定しようとする多くの試みがなされてきた。言われたことには、血縁、言語、共有された文化、共通の運命が、あるいは「自然な」ないし「自

183

然化された」特性や諸特性の組合せが含まれている。私見では、それらは、せいぜい、こうした特徴を基礎に国民的アイデンティティを社会的に構築しようとする営為として解釈されるのであって、所与の国民の社会的構築に先だつ「実在の」歴史的存在を設定しようとするものであるとは言い難い。要するに、国民存在の原初的性格は語られ、あるいは、「発明」され、次いで、生きられた経験という「日々の一般投票〔プレビシット〕」(Renan 1882) において受容されねばならないものである。国民的アイデンティティの共有経験は、劇的環境のなかで、あるいは、時には精神的傷となるような環境の中で案出されたにせよ、陳腐になり得るのではあるが。

　以上の全ては、ベネディクト・アンダーソンの有名な「想像の共同体」としての国民に反映されている。この概念が指し示すのは、国民とは、その成員が個人的に互いに知らなくても重要な特徴を共有していると想像している（あるいは、そうであると納得している）人々の大きな集団であって、こうした特徴が彼らを国民として統一し、政治的代表と民族自決の権利を正当に主張し得る、ということである。共有された国民存在と想像する基準はかなり多様であるし、対立することも多いが、総じて、国家存在〔ステイトフッド〕についての受容された理念に即して変化する。多くの人々が仮想の共有された属性をもとにして相互に承認することは、同一国民の成員である資格を人々に認めることであり、もちろん、他者を区別することに役立ち、そして他者はその共同体から排除されることにもなる。これは差異に過ぎないにせよ、競争と敵対の基盤となり、究極的には最も悲劇的な場合には、追放やジェノサイドの運動を導くことにもなる。

　領域型国家存在は、挑戦に服しているとはいえ、今や、ほぼ普遍化しているが、国民－国家存在が一般化しているとは、なお、言い難い。表6.1は国民の主な三類型を、また、これに対応する想像の国民的共同体における包摂（と排除）の基盤を、さらには、国民的国家存在と国民的アイデンティティの形態変化の分析に有効な別の二つの側面を提示している（より詳細な全体像については次を参照のこと。Delanty and Krishan 2005）。三つの主要形態は以下である。

・民族国民 (ethnic nation, *Volksnation*) は社会的に構築され、実在であれ擬制であれ、共有された民族的〔エスニック〕アイデンティティを基礎としている。民族性を強調する

表6.1 国民−国家と結びついた想像の政治共同体の類型

国民の類型	単純な国民的共同体	共同体成員の基礎	国家における複数の表現	分解し得る表現
・民族国民 (Volksnation)	民族(エトノス)	血縁ないし自然化	多民族的	「るつぼ社会」
・文化国民 (kulturnation)	共有された文化	同化、順応	多文化的	ポストモダンなアイデンティティの戯れ
・国家国民 (staatsnation)	立憲的愛国主義、市民的国民主義	政治的忠誠審査	多層型政府に対する入れ子状の政治的忠誠	超国民的空間における「柔軟な市民権」

(出典：Jessop 2002：173の修正版)

と論争を呼ばざるを得ないので、これを避けるため、血統共同体（*Abstammungsgemeinschaft*）という別のドイツ語で置き換える論者もいる。この言葉は祖先や始祖を共通にしていることを意味する。民族国民的国家とは、第一義的には、民族国民（*Volksnation*）という想像のアイデンティティを主に基礎とする国家のことであるが（例えば、ドイツ）、民族的国民存在や民族自決には多くの道筋が存在している（Balibar 1990: Brubaker 1992: Gellner 1983: MacLaughlin 2001: Smith 1986）。だが、これぞ、民族国民型国民−国家となると、一〇分の一にも満たない（Smith 1995: 86）。多くの国民的領域国家は多民族的性格を帯びているか、あるいは、「るつぼ社会」へと発展するなかで民族的アイデンティティの明確な感覚を失していて、社会的に構築された民族的アイデンティティは、別々に構成されたエスネ（*ethnē*）間の混血（異型配偶）が深まることで希薄化している。

・文化国民（cultural nation, *Kulturnation*）は国家自体によって十分に規定され、積極的に促進された共通の国民文化の共有を基礎としている。この国民は言語、共通の宗教、共通の文化的伝統を、あるいは、世代間の伝承や新しい主体の順応に発する社会文化的表現を基礎とすることもあり得る。また、類推をもってすれば、こうした共有の文化に訴えることは、他の文化的に想像された共同体をもって政治的アイデンティティを主張するための企図を形作り得ることになる（例えば、クイアやゲイのナショナリズムについては次を参照のこと。Walker 1997）。国民−国家という主題に戻ると、順応と同化は国民建設の鍵的要因である。フラン

スは文化的国民 – 国家の事例とされる場合が多い（Brubaker 1992 参照）。これにたいし、多文化主義は多様文化的伝統の共存を基礎とする文化的多様性を積極視し、あるいは、これに寛容であることを含む。こうした対抗関係は、明示的な（創造された、あるいは、再創造された）文化的伝統がポストモダンな「差異の戯れ」によって置換され、市民や帰化人が多様な目的と脈絡から多様な文化的アイデンティティを採用するなかで次第に消えていくことも起こり得る。

・国家国民ないし市民的国民（state or civic nation, *Staatsnation*）は国家の憲法と政治的編成への忠誠心や一体感を基礎としている。この国民の類型は憲法と包括的な政治秩序の正統性への愛国心に依拠している。この概念の典型例が多民族的・多文化的国家国民であるアメリカ合衆国であって、国旗・憲法・大統領制・代表制政府への忠誠が市民権の鍵となる審査になっている。だから、「非アメリカ人」であるという非難の準拠点ともなる。インドは多数の民族的・言語的・宗教的・文化的共同体をかかえていて、別の事例のにあたる。だがヒンドゥー・ナショナリズムの対抗運動が強まっている。市民的国民は、補完性に依拠した決定を、つまり、できるだけ特定の場所にいる市民に即した政治的決定を下すことを優先するかぎり、連邦制や多層型政府とも両立し得る。この種の政治的編成においては、権力が、第一義的には、国民的規模の領域次元で行使されつつも、地方的・地域的次元への残余の忠誠に基づくこともありえる。だが、こうした国民存在の類型は、国家の正統性をめぐる論争や、内戦や、国家の破綻によって政治的権威が失墜したり、離散民族の共同体が発展して二つ以上の国家への忠誠を経験することになると、分解しがちになる。

全てとは言えないにせよ、ほとんどの実在例は混在している。国民存在(ネーションフッド)に関する上記三つの分析上は区別できる形態は互いに補強しあうことがあるし（例えば、デンマークが一つの国民 – 国家と見なされるように）、一体化することで国民的国家と国民 – 国家との相対的に安定した混合形態を創出することもあるし（英国本土はイングランド、ストコットランド、ウェールズという、少なくとも三つの国民的アイデンティティをもっているが、多くの人々にとっては、英国人らしさという感覚と両立している）。あるいは、国民 – 国家の妥当な基盤をめぐる紛争を呼ぶことも起こり得る（例えば、カナダ、スペイン、旧ユーゴスラヴィアのよう

第6章　国家と国民

に)。さらには、多くの仲間が近隣諸国に居住しつつも、諸民族の政治的中心地となっているような国民型領域国家も存在している（例えば、ハンガリーやアルバニア）。そして、既存の国民的国家の領域的境界内で、地域を基盤とする民族的少数派に大きな自治を認めるべきであるとする圧力が高まったり（例えば、スペインや英国本土)、国家権力の行使については、多様な民族に適切な（あるいは、比例型でさえある）代表制が保証されている「多極共存型」政府形態を確立すべきであるとする圧力が高まることも起こり得る（例えば、ベルギーやアボリジニー諸民族からなるニュージーランド。多極共存主義については、とくに、次を参照のこと。Lijphart 1969)。それなりに安定している場合でも、国民存在が所与の国民-国家の領域的境界の内外で社会的排除を制度化しようとする基礎ともなる (cf. Tötölyan 1991)。最後に指摘しておくべきことは、対応する国家や地域を持たない民族の事例が多いだけでなく（例えば、ロマの人々)、対応する民族を持たない国家も多いことである。国家なき民族の側から国家存在や地域の自治を求める主張がヨーロッパでは強くなっている。これにはCorse（英語名コルシカ)、Kernow（コーンウォール)、サヴォア、スコットランド、南チロル、フランデレン（フランダース）が含まれる。世界の他の地域に広げると、この例はさらに多くなる。

　特定の国民-国家における競合する複数の国民像とその選択や固定化には、国民構成の問題にとどまらないものが含まれている。というのも、ヨーロッパの王朝型支配者は婚姻や血統によって相互に結びついた家系であるだけに超国民的性格という歴史的変則性を帯びているし、国民的アイデンティティは階級闘争によって形成されるだけでなく、階級的アイデンティティと階級闘争の諸形態を形成することを手助けしているからである。また、世界市場と世界社会は国民的領域型国家に区分されていて、なかには国民-国家として定立しているものもあるので、特定の国家の政治形態と時空間のマトリックスにも影響している。これは、例えば、ブルジョアジーのなかの民族資本と買弁資本との分裂や超国民的資本家階級の存在にも反映されている。同様に、国民的アイデンティティは労働市場を分断し、政治的な分割統治戦術を促してもいる。ナショナリズムとインターナショナリズムやコスモポリタニズムの重要性も時代によって、階級諸勢力を横断して多様であるし、他の諸要因によっても重層的に

規定されている（例えば、戦時期、臨戦期、戦後期におけるナショナリズムの台頭）。

国民像は他の型の理念的・物質的利害のみならず、他の社会紛争の軸（代表的には、ジェンダーが含まれる）によっても形成される。実際、国民的国家と国民－国家は、常に、「"男性支配（andro-cratic）" 型政治が栄える制度化された家父長制」をともなったジェンダー化された国家であった（Ling 1996: 27）。その結果、国家間システムも男性型合理性を前提とし、交易と暴力のために組織され、女性は、典型的には、国民の生み手であり、その象徴的アイデンティティの鍵的表徴と見なされた（Anthias and Yuval-Davis 1989; Yuval-Davis 1997）。この視点からすると、第2章で指摘したように、国民的国家の第一義的機能は住民とその再生産や移民のパターンを管理することで国境を守り、福祉と市民権を制度化し、統治することである。こうした特徴は、それぞれ、ジェンダー性を帯びているだけに、ジェンダー集団にとどまらず、階級と人種や都市－農村のアイデンティティなどに及ぶ多様な関与をひきつける。つまり、国家による国民的企図への関与である（Jenson 1996; 2007; Walby 2003）。この分析は、さらには、国民の三つの主要形態である民族国民、文化国民、国家国民について考慮することで深めることができる。ジェンダーが第1の民族国民にとって決定的であるのは、国民という「想像の共同体」の成員が祖先に発し、家系によって継承されているからである。だから、女性は民族の母なる「生み手」という鍵的役割を与えられ、「国民的」利益の名において、女性の再生産上の役割が厳格にコントロールされることにもなる（Yuval-Davis 1997）。また、文化国民の成員は、より強く順応や同化に左右されがちとなる。だが、女性は、なお、国家および非国家のイデオロギー装置と並んで、社会化の担い手として、その鍵的役割を果たしている[2]。国家国民（*Staatsnation*）は、はるかに開放的である。というのも、それへの包摂は憲法への忠誠心と愛国心に依拠しているからである。だが、初期ブルジョア民主主義国家における市民権は当初は形態上、家父長制的で、市民権は男性に限定され、兵役と法的・政治的権利と結びついていた。また、市民権が女性にも広げられた諸国においてすら、市民権を公／私の圏域に分離することが前提とされる傾向がある。この分離は女性の政治参加と影響力も削ぐ傾向がある（eg., Lloyd 1983; Pateman 1989; Sauer 1997）。こう

して、女性は国民的アイデンティティの設定と国家企図において補助的役割を果たすに過ぎなかった。これは公的政治への参加から相対的に排除され、私的圏域へと相対的に閉じ込められたことによる。あるいは、分断されている場合が多い労働市場の周辺に押し込められたことによるだけでなく、政治の主流は白人で異性愛可能な身体をもつ男性（WHAMs）への関心が支配的であったことによる。この事態は国民的アイデンティティの特定の形態とかかわりなく、なお、維持されているように思われることが、問題なのである。

　国民－国家の個別の形態が分解すると、その再生産に占めるジェンダーの役割全体に重きが置かれる。こうした分解は、また、脱国民的(ポストナショナル)時代に至って国家に所属することの意味について再考し得る機会ともなる。この時代は、国民性（*nationality*）の民族的ないし文化的基盤が解体しつつあり、社会が多民族化と「るつぼ」化の傾向を強くし、多文化化し断片化され、あるいは、「混合型」のポストモダンなアイデンティティの遊技場になっている時代である。こうした趨勢は、女性が国民の、また、国民的アイデンティティの「生み手」であるとする地位を掘り崩すだけでなく、政治空間を開放することで市民権を再定義するとともに、国境の内外で正当な政治活動の圏域を多層化し、政治的忠誠心を重層化し、重層的な政治的忠誠心、あるいは、コスモポリタン型愛国心すら発展させた（さらなる検討については次を参照のこと。Jessop 2004, 2007b）。

2.　ヨーロッパ：単一の領域型国家と国民－国家としての

　国民的国家と国民－国家という概念を使うことで、ヨーロッパ連合（EU）が長い対立の形成過程を経て単一領域型国家という特徴をもっていることと、将来は単一の国民－国家になるかもしれないこととを、区別し得る。こうすることは個別の構成国をめぐる議論にとっても有意義なものとなる。というのも、各国民存在の（あるとして）特有の形態を、また、国民的アイデンティティがどの程度に安定し、あるいは、不安定であるかを問わないとすると、ルクセンブルクは別としても、全てのヨーロッパの諸国家は国民的国家ないし領域型国家にほかならないからである。実際、確定的で、論争の余地のない国境線は EU に加盟するための前提条件とされているし、こうした理由で完全な構成国は承認された領域型国家でなければならないともされている（ウクライナ

の地位をめぐる近時の論争がこれを立証している)。すると、EUの国家建設が深まると、構成国は領域形態を変えざるを得ない圧力に服することになる。これは、国家存在の脱国民化と政治の脱国家化という共通の傾向に反映されている(第9章を参照のこと)。2009-14年にユーロ通貨圏で発覚した(また、2015年3月の執筆時点でも続いている)危機は、政治が国民的形態へと回帰することになるのか、それとも、財政-金融力の集権化を基礎により深い超国民的(スープラナショナル)統合へと向かうのかという興味深い諸問題を提起している。だが、国民存在を主張する基礎が、また、ヨーロッパの国民的ないし脱国民的アイデンティティの範囲がどのようなものとなるにせよ、この争点は、EUの国家形成が国民-国家の将来にどのようなインパクトを与えるかとは区別される必要がある。

　一方では、EUを領域型国家の一形態であるとし、その特徴について検討することができる。EUの形成期の国家形態としての特徴について、少なくとも、視点を異にする五つの説明がある。(1) 自由主義的政府間関係論：EUは国民的国家間の伝統的国際紛争にとって重要な場である。(2) 超国民主義論：EUは規模再編された潜在的な単一の国民的国家であって、伝統的な国民的国家と同様の能力と権能を徐々に具えつつある。(3) ネットワーク国家論：EUの権限は多様な公的・経済的・市民的行為主体のあいだで再配分されつつあり、これらは実効的政策を実現するために協力しなければならない。(4) 多水準型(マルチレベル)ガヴァナンス論：EUでは多層的で多利害関係者型の単一の政治編成が生成している。その体制は補完性の諸要素を含んだ複雑な位階的権力構造をもっているが、共同の政策決定の必要から拒否可能な事項をもっている。(5) 多規模型(マルチスカラー)メタ・ガヴァナンス論：脱国民的国家存在が影を落としている（最初の四つの見解の批判について、また、第五の見解の予備的考察については次を参照のこと。Jessop 2007b)。こうした説明のいくつかを結びつけることは、「ひとつをもって全てに対応する」というアプローチよりも優れていると言える。というのも、それぞれの説明項特定の被説明項にとって、より良い入り口を提供するからである。上記の5つの説明は、ヨーロッパの経済統合とヨーロッパの国家存在の発展における多様な局面に、また、法的・政治的権限の多様な配分と結びついた多様な政策分野に、さらには、規模の飛躍を含めて諸勢力と関連する国家企図や社会空間的戦略における均衡の偶発的変動に、危機傾向の多様

第6章　国家と国民

な類型に、それぞれ、示差的な有意性をもっている（e.g., Falkner 2005; Zeitlin and Pochet with Magnusson 2005; Wolf 2011; Ziltener 2001）。いずれにせよ、こうした制度的分析は、個別の支配レジームの意味、そのレジームが関連し、正当化される競合する複数の想像性のイデオロギー的意味とともに結びつけて検討されるべきである。

　政府間関係論は、EU は、国民的領域国家が協力することで相互の利益を呼び得るような集合財を作り出すが、自らの国益を脅かすようなヨーロッパの決定に拒否権を保持している一つの土俵に過ぎないとされる。これを別とすると、構成国数を変えつつも、国民的領域国家からなる連邦ないし連合国家を通じて形成された、単一の超国民的政治レジームと見なし得ることにもなる。この過程を辿ったとすると、アメリカ合衆国に類するような準大陸型領域国家としてヨーロッパ「合衆国」のようなものが出現することになる。この国家は、ウェストファリア型国家の基本的特徴の、上方への規模再編に基づいて、EU が新たに形成された国民－国家にとっての選挙有権者の二次的単位という特有の性格をもつのか、それとも、国民との対応関係を欠いた国家となるかということにはかかわりなく、生起するかもしれない。起こり得ることと言えば、新しい連邦（ないし連合国家）をともなった強い政治的アイデンティティ、また、立憲的愛国主義（パトリオティズム）に基づく感覚を発展させて、ヨーロッパ合衆国は新しい国民的基盤を得ることになるということぐらいであろう。だが、今のところ、その兆候はほとんど見当たらない。これは、国民投票によってヨーロッパ憲法が拒否されたこと、国民的・地域的・地方的忠誠心と比較すると、ヨーロッパ型の政治制度に対する政治的忠誠心が相対的に弱いことから明らかである。このように、いかなる国家国民（*Staatsnation*）の形態も重層的な政治的忠誠心を帯びざるを得ないようである。

　他方では、EU が固有の国民存在の新しい形態を発展させ得るかどうかという疑問を発することができよう。そのアイデンティティは、新たな民族的アイデンティティを基礎にしたヨーロッパ型民族国民（*Volksnation*）に基づくとは言いがたいが、新しい形態の立憲的愛国主義（前段落を参照のこと）に、あるいは、生成期のヨーロッパ型文化アイデンティティ（文化国民、*Kulturnation*）に依拠したものになりうるであろう。単一の文化国民の形成にはヨーロッパ文

191

化の強い共有感の陶冶が求められることになり、おそらく、より特有の国民的・下位国民的ないし国民横断的文化を伴うことにもなろう。EUがこの種のアイデンティティの創造を意図する一連の政策を打ち出していることは確かである。これは、例えば、ヨーロッパ共通文化プロジェクトや「ヨーロッパ文化都市」プログラムであって、国民的文化と地域的文化の違いを尊重しつつ、同時にヨーロッパ的意識の発展が期されている。こうした政策は、「ヨーロッパ」という理念が、また、ヨーロッパ型の文化的アイデンティティ感がヨーロッパ的政治レジームの権力の強化を正当化するためには不可欠であるとする確信を反映している（例えば次を参照のこと。Sassatelli 2002）。とはいえ、想像の共同体が政治的一体化と文化的一体化のいずれを基盤とするにせよ、ヨーロッパ的アイデンティティの規定には、ヨーロッパ的「国民」の成員から他者を排除する境界線が求められる。この点で、重要なテストケースは、ベラルーシ、ロシア、トルコ、ウクライナが、それぞれの政治レジームを、あるいは、文化的伝統を根拠に、EUの一部となり得るかどうかである。

3. 単一の世界国家と世界社会へ向かうのか？

広く共有された一次的なヨーロッパ規模の政治的・文化的アイデンティティを基礎とする単一のヨーロッパ型領域国家という考え以上に挑戦的なのは、グローバル規模のアイデンティティの共有を基礎とする単一の世界国家という考えである。「現存国家」の将来という視点からすると、次の三つの可能性について検討すべきことになる。(1) 対応するガヴァメントないしガヴァナンスの形態をともなった、「世界社会」。(2) コスモポリタン型アイデンティティを基礎とする明確な政治的志向としてのコスモポリタニズム。(3)「グローバル市民社会」：単一の共通の人間性と共通の運命を基礎に政治的アイデンティティの共有感を展開するための基盤となる。

世界社会（*world society*）は社会科学においてポピュラーな概念となりつつあり、日常の物質的生活の多くはローカル性を脱し得ないにせよ、社会活動の究極的地平がグローバル化していることは確かであると指摘されている。こうした展開は、1960－80年代が国民的市場、国民的国家、国民的社会の盛期であった（少なくとも、北の「第一世界」では繁栄した）ことに比べると、それが

第6章　国家と国民

弱まったことを反映している。この脈絡において、世界社会という概念は、私たちは国際秩序のなかで、つまり、基本的には、明確に国境線を引かれた経済的・政治的・社会文化的実体間の相互作用よって形成された秩序のなかで生活している、とする考えに挑戦するものである。このような秩序は実在的というより、常に、擬制的であるものの、国民型領域的想像性の基盤はグローバル化と結びついた重層的過程によって、さらに弱体化することになった。こうした変化によって、世界は超国民化したという議論を、つまり、国民的なものをもって社会変容を確認するための指標にしようとする議論を弱いものとさせることにもなった。だが、世界社会を描くための鍵的概念としての「国際的なもの」とか「超国民的なもの（トランスナショナル）」の有意性を否定したとすると、「脱国民的（ポストナショナル）」という概念がより有効な代替概念となるのであろうか。

　世界社会が「脱国民的」方向へと向かっているという指摘は、「るつぼ（メルティング・ポット）」型社会の成長やアイデンティティのポストモダン的戯れ、また、離散民族型ネットワーク・コミュニティの拡大、さらには、多水準型ガヴァナンスの台頭から、一定の説得力を獲得している。さらなる説得力は、(1) 規模の相対化（国民的規模の第一義性の喪失）、(2) 政府の権力と権威の領域的な規模再編、(3) その結果、範囲を広げつつある政府の活動領野を越える政治権力の可変的幾何学と絡みあった位階制が増大していることからも、獲得している。とはいえ、国民的境界や国民的アイデンティティが経済的・政治的・社会文化的編成の根本的前提とはなり得ないことは明らかであるにせよ、「脱国民的」というものの、その実質的内容は、なお、不分明である。

　国家と国家間システムに即してみると、「脱国民的」は、国民的領域国家の有意性が低下するなかで断片化の増大を意味しうる。別の言い方をすると、地域的（リージョナル）規模の諸国家を基盤とする安定した政治秩序の発展、また、グローバルな凝集性を高めるためにソフトパワーとハードパワーを行使し得る超国家型（スーパーステイト）権力の増大、あるいは、ある種の世界国家さえ意味しうる（世界国家（ワールド・ステイト）の不可避性については、周知の、だが、論争を喚起した主張として次がある。Wendt 2003）。別の立論として、先国民的（プレ・ナショナル）領域型権力の傾向的な復活を確認できる。これは帝国と帝国主義の新形態論であって、自由帝国という装いで強く指示される場合もあるが、古典的帝国主義の新版に過ぎないと批判されてもいる（e.g., Callinic-

193

os 2009; Ferguson 2004; Hardt and Negri 2000)。グローバル秩序に固有な複雑性を、また、より重要なことに、いずれの社会的下位システムであれ、他の下位システムの活動を操縦し得る能力には限界があることを前提とすると、単一のグローバルな超大国や世界国家が世界社会を実効的に統治し得ることにはなり得ないと思われる。もっと控えめな、グローバル・ガヴァナンスを確立しようとする試みさえ、グローバル水準にのみ限定され得ず、重層的な場と規模を横断する複雑な調整形態を媒介として実現されざるを得ないことになろう。

　政治的共同体（ないし公共の場）とは、諸勢力が政治システムにおいて自らの活動の方向を設定している場であるが、さまざまに想像し直されつつある。その諸例として次を上げることができる。新しい「想像の国民」が、既存の国民的国家の上下で、あるいはこれを横断する方向で、一定の領域の内部における自治を、あるいは、所与の領域をコントロールすることを模索している。また、グローバルな市民社会がコスモポリタンな愛国主義や国民的市民権を超える人権の優位性、あるいは、その他のグローバルなアイデンティティを基盤としている。さらには、新しい「運命共同体」論が、特定の領域的位置にとらわれず、恐らくは、グローバルな性格をもった共有されたリスクによって規定される（例えば、地球的温暖化を軸に形成された共同体）。そして、新しい利害共同体が特定の領域的位置にとらわれることなく、共有のアイデンティティ、利害、価値に規定される（例えば、サイバーコミュニティ）。こうした政治的共同体の新しい領域的ないし領域外的概念が国家の性格と目的を再規定する闘争と結びつけられ、領域型政治権力とは別の諸形態を発見し、政治権力が、領域的であると否とを問わず、奉仕すべき想像の一般的利益を再定義する。

　こうした移行は脱国民的アイデンティティの意味に諸課題を提示している。これは、別の積極的アイデンティティの創発を（例えば、コスモポリタンな信条に依拠したアイデンティティ）、そして、より始原的アイデンティティへの反転を、あるいは、複合的で偶発的・多元主義的な、また、非敵対的であることが望まれるアイデンティティの戯れを意味する。第二の可能性は、地球的規模の「文明の衝突」というサミュエル・ハンチントンの逆ユートピアの予測に示されている（Huntington 1998）。これは、民族的(エスニック)アイデンティティや宗教心などの社会的敵対の名でなされる国内の、あるいは越境的な紛争への傾向の中にも

うかがい得ることである。その主な表現は原理主義である。つまり、競合的で、潜在的には敵対的な(想像し直された)始原的アイデンティティを、あるいは、歴史的使命観を基礎とする世界観の発展である(Ali 2002; Barber 1995)。第三の可能性は、(始原的であるだけでなく、ポストモダンでもある)価値・アイデンティティ・利害の多元性の深まりである。これは、グローバルな複雑化が進むことで産み出された方向喪失効果や新しい機会に、人々が多様な方法で対処するべく動員される。こうした価値とアイデンティティや利害の範囲は、超国民的ないしコスモポリタンなアイデンティティから、「柔軟な市民権」の修正形態、そして(Ong 2000)、地方主義的・「部族的(トライバル)」などの個別主義にまで及ぶことになる。

　コスモポリタニズムは古代ギリシャに発し、啓蒙期に復活している。この史的脈絡においてコスモポリタニズムは普遍的権利や恒久平和と、また、単一の世界国家(あるいは、より近時に至ってはグローバル・ガヴァナンス)と一体化することになった(Fine 2007)。こうした歴史的連関に鑑みると、コスモポリタニズムは、総じて、ナショナリズムや内外の戦争と、また、国民的国家からなるアナーキーな世界と対置されてきたことになる。その理念は多くの(例えば、経済的、法的、道徳的、政治的)装いを帯びているが、本章はその政治的表現のうちの4つに焦点を据えることにする(さらには、次も参照のこと。Beck 2005; Harbermas 2002)。これには次の要求を確立することが含まれている。(1) 単一の集権型世界国家(既述で検討)。(2) 自発的で、権力の制限された、緩い単一のグローバルな連邦。(3) 特定の分担金をともなった、程度の差はあるにせよ、広範で分権的な国際的政治レジームの単一のネットワーク。(4) 単一の多層型(マルチタイアー)コスモポリタン民主政の形態(この形態については、例えば、次を参照のこと。Held 1992)。これらの構想の多くは、世界市場や世界社会の基本的動向の現実主義的分析に依拠しているというより、規範的で希望論的である(第8・10章を参照のこと)。とはいえ、これらは、「もう一つの世界は可能だ」という信念の持続には役立っていて、グローバルな危機や世界支配の新しい形態を冷ややかな姿勢で助長するという宿命論的あきらめに対峙している。

　最後に、グローバル市民社会(*global civil society*)は、重層的領域的編成と政府間機関とを結合することで、また、脱国民化した「世界社会」によって生

成され、社会的アイデンティティを特徴とし、グローバルな争点や、あるいは、よりローカルな問題の解決を目指すグローバルな活動にかかわる運動を特徴としている、創発しつつある空間と定義できる。すると、この社会は「新しい公共圏」となり、世界の状況とそこに見られる諸問題を是正しようとする行動にかかわる、広範な社会諸勢力、利害、価値を代表するような組織とネットワークや運動が交流する場を提供してくれる。多くの政府ないし政府間機関が何らかの市民社会組織や社会運動の正当性を認め、政策決定と政策実施への接近・代表・参加の権利を認めている。グローバル市民社会の表現のひとつが社会フォーラムの拡大であって、経済フォーラムや政府間フォーラムから独立して活発化している。こうしたフォーラムは、連帯という視点からの持続的対話に基づいた、結社型民主政(アソシエーショナル・デモクラシー)の新しい形態であると積極的に受け止められているだけでなく、多様な行動の場と規模を横断する草の根型社会運動を調整する手段を提供してくれる。現下の重要な事例として気候変動・自然災害・種の絶滅・汚染をめぐるグローバルな環境の言説と積極的行動主義の登場を挙げることができる。

　グローバル市民社会とはグローバルな非対称性が再生産される別の場に過ぎないと論ずる批判者もいる。この種の批判は別としても、社会フォーラムが直面している主要な問題は、個別のローカルな闘争を結びつけ、一般化し、よりコスモポリタンな、あるいは、普遍的な社会変革の企図に連結することである。さらには、グローバル市民社会がグローバル・ガヴァナンスにおいて有力な構成要素となるためには、特定の機能システムと結びついた制度的論理(例えば、利潤志向的で市場媒介型資本主義経済の論理、科学の権威、法への物神崇拝、軍事的安全保障の優先化)などによる、あるいは、超大国や諸国家のブロックの権力利害によるヘゲモニー化・支配・植民地化に抵抗するために、その資源と能力や集合的意思の発展を必要としている。そうなったときにのみ、グローバル市民社会は対話の場となり、多くの多様な機能システムを横断して、また、世界社会という幅広い枠組において相互理解を発展させ、多様な組織を調整し得る。そうなれば、グローバル市民社会は(多様なアイデンティティに根差した)社会的エネルギーと「感覚(インスティンクト)」の貯水池となり、より広範な社会構成体を植民地化しようとする、あるいは、支配しようとする企てに抵抗するよう

動員されうる社会的資源ともなる。これは、政治組織と国民的アイデンティティの領域型形態や、国民‐国家への一つのオルタナティヴを提供するだろう。

【注】

1) 明確さを期し反復を避けるために、領域には、ひとつ以上の都市とその後背地が含まれるものとする。
2) 戦時の強姦は民族国民と文化国民に対する凶器であって、家族と文化を破壊する。

第7章　ガヴァメント＋ガヴァナンス
：位階制の影のなかで

　ウェーバーとグラムシは強制とヘゲモニーに焦点を据えているが、本章では、これを超えてガヴァナンスとガヴァメンタリティ（統治性）の視座から国家装置と国家権力について検討する。ガヴァナンスとは、他とは多かれ少なかれ区別された一連の政治実践であって、長い歴史を経ているが、「ガヴァナンス」に理論的関心が高まったのは、ここ40から50年のことに過ぎない。この関心は、この時期の先進資本主義諸社会において、国家と市場の失敗との結びつきと、また、社会の凝集性の衰退によって生じた諸問題について認識が深まったことを反映している。1960年代後期と70年代には、国民的・超国民的エリートの側で自由民主政のさまざまな問題──政府の過剰負担、国家の挫折、正当性の危機、統治能力の一般的欠如を含む──への懸念が深まるなかで、これに対処するための政治的・社会的編成が模索されることになった。ひとつの対応策は「より多くの市場、より少ない国家」を求める新自由主義の要請であった。もう一つは、民主的政府が実現できることへの民衆の期待を低くしようとする試みであった（例、Crozier, Huntington, and Watanuki 1975）。そして、第三の対応策は、目下の目的からするとより重要であって、自己組織型ネットワークや協働(コラボレーション)などの再帰的協調体制による調整の潜在力に関心が強まったことである。これは、政体における、いわゆる「ガヴァメントからガヴァナンスへの移行」にかかわる主張に、また、他の社会分野における位階制的権威からネットワーク型ないし異階層型(ヘテラーキカル)調整への同様の移行にかかわる主張にも反映されている。これは、歴史の意味論の視座から考察するという点で機の熟した題材であって、ガヴァナンスという言葉を社会の複雑性の深化と結びつけることになる。

　1970年代後期以降のガヴァナンスの研究の多くは、ガヴァナンスの特定の目的を志向する特定の実践ないしレジームを検討するものであって、特定の政

策分野の計画策定と実施計画(プログラミング)や規制を、あるいは、経済成果にかかわる争点と結びついていた。こうした実践は、社会の複雑化についてのそれなりに適切な応答であると、また、戦後の国家介入と市場諸力への(再)転換が、悪化させたわけではないにせよ、未解決のままに留めおいたと思われる旧来の問題を克服するための新しい方法を提供すると、あるいは、このいずれかであるとされる場合が多かった(ガヴァナンスについては、例えば、次を参照のこと。Streeck and Schmitter 1985；Kitschelt 1991；Kooiman 2003；Messner 1998；Pierre 1999；Scharpf 1999；Bevir 2007)。だが、1990年代中期から、ガヴァナンスのいくつかの限界が認識されるにつれて、ステアリング[ガヴァナンスと同義]の楽観主義は放棄されなかったものの、学習、対話、最善の実践への転換へと、より一般的には「メタ・ガヴァナンス」へと転換することになった。

こうした先進諸国の移行は大西洋フォード主義やケインズ主義的福祉型国民的国家(KWNS)の危機と符合していた。1990年代中期にこの移行に弾みがついたが、これは、市場への過剰に熱狂的で物神崇拝的な転回には限られた成功しかなかったという認識が増大したことによる。それはまた、市民社会が称揚され、コミュニティ組織と新旧(特に新しい)社会運動を統合して、政策決定と政策実施に組み入れようとする努力がなされた時期でもあった。こうした展開に力を得て、ガヴァナンス研究者のなかには、主権型国民的国家は権威と影響力を失い、ガヴァナンス編成が広まり、強化されることになると主張し、あるいは、これを予想する者もいた。ガヴァメントからガヴァナンスへの移行という主張が説得力を持ち得たが、それは、こうした編成が、多くの社会分野と機能システムの内部で、またそれをまたいで、そして、多様な組織の規模で、またそれをまたいで、さらには、国家と社会の伝統的な法的・政治的境界を横断して起こったことによる。要するに、ガヴァナンスへの転回は一般的趨勢であって、国家ないし政治システムを超えて広がると見なされたのである。

本章では、こうした混合状況にあるネットワーク・ガヴァナンスの意義の増大と、このガヴァナンスが複雑な社会諸関係の包括的調整でのガヴァナンスを扱う。その議論は次の六つのステップで進める。(1) 社会の複雑性のなかの調整の諸実践という広範な分野にガヴァナンスを措定する。(2) 他の調整様式との固有の差異(*differentia specifica*)を確認するようなガヴァナンスの狭い定義

を提示する。(3) ガヴァナンスの失敗の諸形態とその対応策を確認する。(4) ガヴァナンスの三次形態として共振(コリブレーション)（均衡再調整）の概念を導入する。それは、他のガヴァナンス諸形態間の関係を調節し、時空間の中に秩序づけることに関わっている。(5) 共振(コリブレーション)を統治性および統治性化（governmantalizaton）と結びつける。(6) ガヴァナンス、メタ・ガヴァナンス、共振(コリブレーション)が政治経済と支配の諸形態やイデオロギーへの、より一般的な批判にどのように収まり得るかを明らかにする。この議論は、包括的には、政治社会＋市民社会という統合的意味における国家に別の光を当てるものである。

1. ガヴァナンスと複雑性

国家存在(ステイトフット)（あるいは、より抽象度の低い表現においては、権威的政府）は国家装置・領域・住民を前提にしているが、ガヴァナンスという概念は、こうした核となる法・政治的な、あるいは、その他の相対的に固定的で制度的な引照点を欠いている。また、国家存在は、一次的には、政体と結びついているが、ガヴァナンスは政治や政策とより強く結びついていて、その関心は公的政治や公共政策に、あるいは、公的諸問題にあり（Larsson 2013：107）、これらが発生する枠組である国家＋政策にはない。だが、ガヴァナンスの範囲がより広いものとなるのは、政体に限定されていないからである。実際、ガヴァナンスは（ビロードの手袋で覆われている場合といえども）国家権力の鉄拳を避けるための手段として支持される場合が多い。このことから、ガヴァナンスと統治性の概念が、国家概念の具象化に批判的であったり、現実の国家に幻滅した研究者に、あるいは、国家とその構成上の（諸）外部との区分線を――しばしば意図的に――交差し得る特定の分野の政治と政策の個別事例に関心をもつ研究者に、気に入られる理由を部分的には説明できるだろう。

ガヴァナンスは、広義には、操作上は自立した行為主体と組織や機能システム間の複雑で双方向的な相互依存関係における調整のメカニズムと戦略を指している。ガヴァナンスの実践は、国際的・超国家的(スープラナショナル)レジームの拡張から、国民的・地域的(リージョナル)規模の公私協働や、そしてより地方的(ローカル)な権力と政策決定のネットワーク、さらには、少なくとも、一部の研究者にあっては、とりわけ、フーコー派にあっては、精神と身体の統治にまで及んでいる。行為主体はこの複雑

な世界の全要素を把握することは困難であるので、選択的な感覚と意味の形成によって認識上で複雑性を縮減し、諸関係の部分集合のいくつかを関心にあわせて取り出すことでガヴァナンスの課題を単純化しなければならない。そのためには次が求められることになる。(1) 極めて複雑な世界において有意な特徴をもつ部分集合を確認し、それらが特定の時空間的制約のなかで満足のいくように統治されること、(2) ガヴァナンス能力を開発し、構造化されていない複雑性を構造化された複雑性へと変換し得るような諸資源を供与すること、これである（cf. Jessop 2009, 2011）。だが、こうした活動は現在の諸コストを他に転位したり、将来のガヴァナンスの問題を蓄積することもありがちである。

次にガヴァナンスの四つの様式を区別しておこう。それは、交換、指令、ネットワーク、連帯である（表7.1参照）。その第三の様式が狭義のガヴァナンスであって、対話型ガヴァナンスとも呼ばれていて、ガヴァナンスに固有の運用方式を、つまり、ネットワーク内と相互間の対話と交渉を、より明らかに示している。この脈絡からすると、国家の古典的三要素の説明を受け入れるにせよ、戦略－関係アプローチ（SRA）は、国家権力が命令的調整に、つまり、集権型計画立案ないし上意下達型介入に限られると想定すべき理由など存在しないことを示唆していることになる。国家権力は強制・指令・計画立案・官僚制によってのみならず、ネットワーク・協働・連帯の訴えなどによっても行使され得る。また、この脈絡からすると、国家（ないし政体）は、ガヴァナンス（政策）を媒介とする特定の難題への対応方法をめぐる政治的対抗（政治）のための制度的マトリックスを供与しているのである。

交換には、希少資源を競合する諸目的に効率的に配分することを指向する、公式の手続き的合理性に依拠した事後的調整が含まれる。市場が文字通りの「無政府」状態にある場合には、交換は利潤の最大化に向けた絶えざる「経済化」効果を含むことになる。固有の限定的条件においてすら効率的に作動すべきものとすると、厳しい諸条件が求められることになる。これは、市場の失敗論において古くから認識されていたことであるし、近年においては、効率的市場が金融支配型蓄積を管理するための基盤であるという仮説が幻想化したことに例証される。

指令には、上部（企業、組織ないし国家における位階的指令）から指示された

第 7 章　ガヴァメント＋ガヴァナンス：位階制の影のなかで

実質的な集合的目標を追求する際の事前の命令的調整が含まれる。これは、何よりも一連の政策目標を「実効的」に追求すべきことを求めるが、交換と同様に、厳しい前提条件に服している。というのも、妥当な組織的能力を創造し維持するという課題と並んで、この計算方法には複雑で混乱した環境において効果的な事前の調整が求められるだけに、厳しい認識上の要求が課されるからである。そして、市場調整と同様に、指令は制限された合理性や日和見主義に、また、資産の限定性といった問題に含まれている（Coulson 1997）。これは市場媒介型決済のみならず、社会生活の他の多くの側面についても妥当する特徴である。

　対話には、環境の変化のなかで長期の合意の形成を企図して目標を再規定することを指向する、ネットワーク・交渉・熟議を基礎とした持続的な再帰的自己組織性が含まれている。この企図は行動の否定的・肯定的調整の基盤であると見なされている。否定的調整とは、ある者が自らの行動の方向を決定するに際して他のパートナーないし利害関係者にとって問題を誘発することを避けようとする暗示的ないし明示的合意のことである。また、肯定的調整とは、共通目標を追求するにあたって、積極的に協力し合うことである。このガヴァナンスの様式は実質的・手続き的合理性を宿していて、独白的というより対話的であるし、一枚岩的というよりも多元的である。また、位階制的ないし無政府的というよりも異階層的である。対話は、交渉による同意、資源の共有、互恵的な共通の企図にかかわる行動のための基盤を確立するために、継続的対話を基礎に調整を必要とする特定の課題を解決することを目標としている。対話を左右するのは情報を生み出し、共有しようとする（そのことで、制限された合理性という問題を排除し続け得ないにせよ、縮減しようとする）姿勢が持続すること、また、パートナーを短期的・中期的・長期的な時間の地平をめぐる一連の相互依存的決定に固定することで日和見主義を弱めようとする姿勢を維持すること、さらには、対話のパートナー間の連帯を強めることで「資産の限定性」と結びついた相互依存性とリスクを基礎にしようとする姿勢が存続すること、である。

　連帯には、非再帰的で無条件の関与が含まれる。その「最も濃い」形態は、一般的には、小さな単位に限られる（例えば、一組のカップル、家族、強く結び

表 7.1　ガヴァナンスの諸様式

	交換	指令	対話	連帯
合理性	形式的・手続的	実質的・目標志向的	再帰的・手続的	非再帰的・価値志向的
成功の基準	諸資源の効率的配分	効果的な目標達成	交渉による合意	謝恩的関与
典型例	市場	国家	ネットワーク	愛情
計算の定式的様式	経済的人間	位階制的人間	政治的人間	誠実な人間
時空間の地平	世界市場、逆転可能な時間	組織の空間、計画立案	規模の再編、経路形成	いつでも、どこでも
失敗の一次的基準	経済的非効率	無効果	「雑音」、「おしゃべり」	裏切り、不信
失敗の二次的基準	市場の不適切性	官僚主義、繁文縟礼	秘密、歪んだ意思疎通	共依存性、非対称性

出典：Jessop 2007b

ついた運命共同体、共有の感情・価値、相互の愛情、カリスマ的指導者の支持を基礎とする同盟組織（Bund）など）[1]。単位が大きくなると連帯は薄くなり、強度を弱くしがちである（例えば、想像の国民的共同体ないし、人類全体の場合）。結局、連帯は練達の実践者の専門技能を「信頼」するという、より一方的形態へと変化し、彼らが依頼人においては調達し得ない財とサービスを提供することになる（信頼とその失敗については次を参照のこと。Luhmann 1979；Gambetta 1988；Fukuyama 1995；Misztal 1996；Adler 2001；Nooteboom 2002）。

2. ガヴァナンスの失敗とメタ・ガヴァナンス

　ガヴァナンスの様式は、それぞれ、固有の一次的失敗形態と典型的な二次的失敗形態を宿している（表 7.1 を参照のこと）。失敗はメタ・ガヴァナンスの試みに結びつく。この概念は、わけても、自己組織性の組織化、自己規制の規制、自己操縦の操縦、ガヴァナンス・ネットワーク内のゲームに類する相互作用の構造化、そして、包括的システムにたいする媒介変数の変動に影響する見

表7.2　二次的ガヴァナンス

メタ交換	メタ指令	メタ対話	メタ連帯
個別市場の再設計	組織の再設計	ネットワークの再秩序化	新しいアイデンティティと忠誠の展開
脱規制と再規制	組織生態の再秩序化	自己組織性の諸条件の再組織化	古い社会運動から新しい社会運動へ
市場の位階制の再秩序化	基本制度の変更	対話の新形態	連帯実践の新形態

出典：Jessop 2007b

解をもった行為主体間の相互作用であると定義されている。最も基本的な（だが、最も折衷的な）意味において、メタ・ガヴァナンスとはガヴァナンスのガヴァナンスを意味する（メタ・ガヴァナンスの理論的・政策的文献の包括的研究整理については次を参照のこと。Meuleman 2008）。交換・指令・対話・連帯を第一次的調整ないしガヴァナンスの四形態とすると、二次的ガヴァナンスには（表7.2を参照のこと）、制度的諸条件が時代にそぐわないとか、機能不全をきたしているとか、あるいは、ガヴァナンスの観点からすると有害であると判断される場合には、これを修正し、それぞれの成功の基準に照らして、その運用を改善しようとする試みが含まれる（cf. Kooniman 1993）。こうした調整メカニズムをそれぞれ再設計しようとする営為は、両者とは言えないまでも、メカニズム自体に、あるいは、その促進諸条件に焦点を据えることになるだろう。

　市場の失敗は、市場が貨幣化された私的利益の追及によって希少資源を効率的に配分し得なかったときに起こるとされる。この場合、一次的対応策として市場メカニズムのさらなる拡張ないし市場の位階制の再秩序化が期されることになる。指令は関連組織が変化するにつれて失敗し、その第一次的対応策は、一般的には、組織の再帰的に再設計（Beer 1990）、媒介組織の創設、組織間関係の再秩序化、組織生態の管理である（つまり、多くの組織が共存・競争し、協調し、共進化する状況で、組織の進化の諸条件を再組織することである）（cf. Fischer 2009；Hood 1998）。より特定的には、国家の失敗は、国家管理者層が（常に幻想的である）公益の政治的予測に基づいて決定した実質的な集合的目標を確保し得ないときに起こるとされる。国家の失敗に対する典型的な一次的対応策

は、法的－政治的制度設計や知識の、ないし、政治実践の改善の試み、あるいは「より多くの市場、より少ない国家」という政策になる。

ネットワーク、対話ないし異階層型ガヴァナンス――要するに、狭義のガヴァナンスは、固有の問題を誘発することなく市場と国家の失敗という諸問題を克服すると想定され得る「魔法の弾丸」であると喧伝されたこともある。だが、対話も、理由や方法と効果を異にするにせよ、挫折を免れ得ない。こうしたガヴァナンスが当面の交渉と考察によって諸目標を修正することをめざしている場合には、ガヴァナンスの失敗とは、多様なパートナーたちにとって、目標が、なお、有効であるか否かをめぐる不一致が存続するなかでは、これを再定義することが不可能であることを意味する。こうした失敗の一次的対応には、対話（ないし、再帰的自己組織性）が起こる枠組を再規定することで、再帰的自己組織性の諸条件を再帰的に組織化することが含まれ得ることになる。これは「自発的社交性」の諸機会の供与から（Fukuyama 1995；次も参照のこと。Putnam 2000）、ネットワーク化と交渉を促進しようとする多様な措置や「制度の濃密性」を促進しようとする刷新策の導入にまで及ぶ。

最後に、小規模な社会単位や地方的集団において、また、強固な運命共同体において、どのような潜在力を宿しているにせよ、連帯は一般化されたメカニズムとしては制約されている（cf. Adler 2001；Nooteboom 2002）。一次的対応には、自発的であれ、治療的介入に媒介されていようと、治療的活動の諸形態が含まれているが、これは忠誠感情と無条件の関与を修復し、あるいは、焦点を据え直すためである。

一次的ガヴァナンスと二次的ガヴァナンスの失敗に対応するための用語が三次的ガヴァナンスである（Kooniman 2003）。別の用語として、他の種類のガヴァナンスとの混同を避けるために共振(コリブレーション)という用語も使われるが、これは語源学的にも概念的精確さの点でも好ましい（本書の109頁を参照のこと）。共振(コリブレーション)の目的は、個々のガヴァナンス様式の比重を変え、より高次の、ないし、より包括的な社会組織の水準にあるガヴァナンスの諸編成の全体系が複雑な社会諸関係を調整してより良く適合され、メタ・ガヴァナンスの三次的形態に携わっている人々の戦略的目的に沿うようにすることである（Dunsire 1990：17）。二次的ガヴァナンスが多くの分野や政策領域で生じ、国家（主要に

第7章　ガヴァメント＋ガヴァナンス：位階制の影のなかで

は、この二次的文脈において、指令的調整の有効性に関連している）を巻き込む必要はないのにたいして、三次的統治は、ガヴァナンス様式間の包括的均衡の責任を取ることで社会の諸問題を解決するための上訴にとっての最終審の引き受け手として、国家をより巻き込むことになるだろう（社会資本の諸形態間の関係の再均衡化に占める国家の役割については、次を参照のこと。Bourdieu 2014）。実際、国家管理者層は、社会諸勢力からのガヴァナンスの失敗を処理すべきであるという要求への最終審の引き受け手としてただ対応するというよりも、より伝統的な上意下達的な政府形態の補助役ないし代替役として、こうしたガヴァナンスの新しい形態を積極的に促進している。この視点からすると、コリブレーションはその活動の一側面にほかならないことになる。国家管理者層はこのように行動し、こうした形態を促すこともあったが、それは政策決定と政策実施をより効率的・実効的・透明なものとし、有意な利害関係者と道徳的基準に応答的にして、「良きガヴァナンス」に導こうという希望ないし期待に発していた。だが、この行動様式は国家管理者層の再生産とともにと他の社会的支配の形態をも促す再生産することで、自らと国家装置の利益に役立つことでもあった。

　ローゼナウに従えば、グローバル・ガヴァナンスの新しい諸形態は分散的で分権的世界を反映していて、新しい権威の領域を有し、単一の組織化の原則を欠き、より大きな柔軟性をもち、統制メカニズムの行使における刷新と実験をともなっている。この主張の後半部分については……統治性のアプローチから注目される世界は分散的で分権的と見なされることになった。だが、こうした分散化と分権化は、逆説的ながら、支配的諸国家が遂行した戦略の結果にほかならない。〔しかも〕……グローバル・ガヴァナンスについて誤解されていることは、諸国家によって強いられ、諸国家に課され、諸国家を通じて追求されることになった新自由主義的統治性の形態だということである（Joseph 2014:12）。

　より一般的には、コリブレーションは、国家の鍵的活動であって、ガヴァメントからガヴァナンスへの移行の対抗傾向と見なすことができる。また、形式的に公的であると私的であるとを問わず、社会の重要な領域におけるメタ・ガ

207

ヴァナンスの多くの側面について政府(ガヴァメント)が大きな役割を果たしているだけでなく、その役割が強まっていることを含んでいる。明示的には、政府はガヴァナンスの基本的規則と規制体系を供与することで、ガヴァナンスのパートナーがその目的を追求し得ることになる。また、政府は多様なガヴァナンス・メカニズムやレジームの両立可能性ないし凝集性を確保する。そして、政府は対話のフォーラムを創出し、あるいは、政策共同体間の対話の主要な組織者としての役割を果たす。組織的知識や情報をそれなりに独占することで、認知的期待を形成し得ることにもなる。さらには、ガヴァナンスの内部で、また、ガヴァナンスをめぐって浮上する係争の控訴審の役割を務める。システム統合と社会的凝集性の視点から弱体化した勢力ないしシステムを強化することで、レジームの権力偏差と戦略のバイアスを再均衡しようとする。多様な戦略的文脈において個人的・集合的行為主体のアイデンティティ、戦略的能力、利害に関する自己理解を修正しようとする。すると、政府は、選択した戦略・戦術の自己理解の意味を変更することになるし、必要な多様性をもって弾性を維持するために冗長性と重複性を組織し、想定外の諸問題に対応する。また、重要ではあるが、崩壊しがちな調整形態の安定を期すために、物質的・象徴的な支援と側面援護の措置を講ずる。そして、公共財の生産を助成する。さらには、実効的な調整を促すために犠牲にたっている人々にたいして援助金を組織する。加えて、多様な場と規模や行為主体を横断して、短期・中期・長期の時間地平と時間的リズムとを嚙み合わせることに貢献し、部分的であるにせよ、ガヴァナンスの編成への機会主義的な入退出を防いでいる。国家を超える領域においてガヴァナンスが失敗した場合には、最終手段の引き受け手として、政治的責任をとることにもなる（次を参照のこと。Jessop 2002: 219；Bell and Hindmoor 2009）。

　ガヴァナンスには、その多様な目的に適合的な制度設計のみならず、主体の変容と世界への方向づけも含まれる。ここにおいて、フーコー派の統治性の研究者以上のものを提供するのである（Lemke 1997）。フーコー派はとりわけ、社会的担い手の属性と能力やアイデンティティの形成に占める権力と知の役割に、また、再帰的ガヴァナンスの脈絡に、そして、こうした担い手が自己組織的で自己変革的となり得ることに、関心を深くしている（cf. Miller and Rose 2008）。これは、ガヴァメントからガヴァナンスへの移行を特徴とする時代に

は一つの生産的なアプローチであるし、「先進的自由主義」(つまり、市場と国家を超える新自由主義的ガヴァナンス)の研究にとって有益でもある。というのも、こうした国家企図は、自らの選択と権利のみならず、市場メカニズムと国家介入のそれぞれの範囲と権力を変化しうる行動にも自覚的な起業家的主体と厳しい消費者を創造する試みを求めるからである。

こうした研究者はガヴァメントないし統治性の論理と合理性や実践に焦点を据える傾向があり、権力関係やガヴァナンス様式や社会的支配の共振(コリブレーション)と制度的統合における国家の鍵的役割についての、より広い関心から切り離されている。制度的補完性にかかわる争点に加えて、このことは、対称的なガヴァナンス諸様式を維持するためにふさわしい戦略と戦術を創造的・自立的に追求する個人的・集団的諸能力の配分にもかかわっている。ここが、国家がコリブレーション的役割を果たし得るもう一つの分野でもある。

コリブレーションに携わる際に、国家は、最高位の指令の体現者(他の「組織」の指令に服しない主権的「組織」)というより、複雑で異質の、しかも、多水準型の社会諸関係のネットワークにおける同輩者中の首座として振舞っている。このことが示唆あるように、形式的主権とは、強制力を独占した圧倒的で支配的な資源——単一の位階型指令構造における確定的主権的権威として国家に帰属する資源というより、相互連結した一連の象徴的・物質的国家能力を補強するものと見なしたほうが妥当なことになる。コリブレーションにおいて他の利害関係者も別の象徴的・物質的資源(例えば、私的貨幣、正当性、情報、専門知識、組織能力、数の力)に貢献していて、これが国家の主権や他の能力と結合することで、集団的に合意された目的と対象を増進させている。

3. ガヴァメントからガヴァナンスへ

ガヴァメントからガヴァナンスへの移行についての主要な次の五つの説明が1970年代中期以降に展開されてきた。これは先進資本主義社会における戦後国家の失敗が顕在化した時期にあたる。なかには、同一の広範な変化についての相異なる叙述がある。他のものは、理論的な視座からみたより根源的な移行も含んでいる。

第一に、国家の脱位階制化傾向である。この過程において、国家ないしその

管理者層は自らの領域と住民（ここでは、集合的担い手にとどまらず、個人と家族を含むものとして定義する）を統治するために他の形態に変わることによって、とりわけ、国家の企図と政策の規定と実施に協力する多様な公私協働（パートナーシップ）によって、社会に対するコントロールを保持ないし回復しようとする。類似の過程も存在する。そこでは、現実主義的国際関係論者によれば、単一の世界国家が存在しないことによる政治的無政府状態は、政府間協調によって、あるいは、単一自己組織的世界社会によって、主権が貯蔵ないし共有されることに置き換わる。この類似的過程は国際政治分野の異階層化（heterarchization）であると言えよう。

　第二に、この過程の別の側面に光を当てる別の叙途として、国家権力の再秤量（recalibration）と呼び得るものである。これは、社会の複雑化が進むなかでも政治的実効性を維持する一手法として、政府がネットワークなどのガヴァナンスの様式をより広範に利用することである。ここでの焦点は、国家が強制や法・計画立案・位階制的官僚型編成に基づく指令的調整にそれほど依存しないという明らかに単純な事実よりも、いま問題にしている複雑で分散した多元主義的ガヴァナンス編成に据えられることになる。

　第三の、より普通の叙途は、政体のより一般的な組織に関心を移すことで、国家を分析の中心から外すものである。政治の脱国家化に光が当てられることになる。これは、位階制的国家からネットワーク型政体へと称される移行に反映されることになる（参照 Ansell 2000）。こうした移行には混合型のガヴァナンス編成が含まれていて、水平的・垂直的調整のパターンや多数の公・私部門の担い手、また、多様な利害関係者がそれぞれの能力と権能や理念的・物質的利害に従って供給する資源の利用を特徴としている。

　第四に、一歩進めて、権力の脱政治化が起こっているとされることである。この概念の意味は、政体・政治・政策の区別に発する。このように区別すると、この過程は、国家が他の政治諸勢力により大きな役割をはたすように勧奨し、あるいは、これを許容することで政治的分野から撤退していることにとどまらず、幾つかの問題については、名目上、非政治的な政策決定の形態がより適切であると規定しようとしていることも指すことになる。市場化の多様な形態が一例にあたるが、ガヴァナンスの理論家にとって、より興味深い形態は、

(前段落で検討したネットワーク型政体の広がりに対置される)政体を超えるネットワーク・ガヴァナンスの台頭である。こうした編成においては、国家に固有の諸資源(例えば、強制と課税の独占、集団的に拘束する決定権)は、他の社会の下位システムと制度的体系や組織ないし集合的行為主体(例えば、社会運動)に固有の諸資源と結合される。こうした対応策は、その範囲と政治的幾何学のいかんを問わず、ガヴァナンスの実践が既定の限定的領域で起こる諸活動よりも、主として、機能的相互依存関係の管理に関連している場合に浮上しがちである。ガヴァナンスの諸問題が領域的境界を切り裂いている場合には、もっと浮上しがちであろう。

　第五に、フーコー派が指摘していることは、統治性(governmentality)の先進(新)自由主義的形態への移行が起こったということである。統治性とは、多様な統治術に訴えて市民社会のエネルギーを動員するとともに、これを規律することで、単一の主権的権威による直接の指令とコントロールというより、社会諸関係を間接的に統治することでる。このアプローチは、とりわけ、言説的に構成された多様な問題(*urgences*)を軸に組織された新しい種類の装置(*dispositifs*)の展開に対する関心と結びついている(この点で、次はフーコー派の問題構制を要約している。Bussolini 2010)。英米のフーコー派研究者からすると、このアプローチは国家の役割を強調しないものであるが(例えばMiller and Rose 2008)、別の論者にあっては──とりわけ、フーコーの統治性と領域化や「国家効果」に関する後期の講義に影響を受けた人々にあっては──、この言説-装置アプローチは、権力関係の戦略的コード化にかかわる、国家権力の様態と国家の役割についての代替的な説明を提供している(cf. Foucault 1977; Kelly 2009: 61-2; Joseph 2014)。すると、統治性は権力ネットワークを組織し、「ガヴァメントの国家化と国家の統治性化」を促すことになる(Foucault 2007: 109)。

　多様な場と行動圏間の機能的連鎖と物質的相互依存性について集合的学習を促すことが国家の役割となる。また、ガヴァナンスの補完的諸形態を結合し、その効果を最大化し得る共有された構想を発展させることに参加するのが、地方・国政の政治家の任務となる。こうした課題は、特定の国家機能への寄与という点においてのみならず、政治的階級支配と社会的凝集性にとっての意味と

いう点でも、国家によって遂行される。こうした創発しつつある役割が意味するのは、ネットワーク化、交渉、不快音(ノイズ)の縮減、消極的・積極的調整が「位階制の影のなかで」起きていることである。この語句が導入されたのは当初は、フリッツ・シャープによって(Scharpf 1993)、強制を含めて、国家にしかない固有の権能と権力を当てにしている行政ないし立法の行為への実在の、あるいは、想像上の脅威に訴えることで、政治社会と市民社会の他の行為主体や勢力に行使し得る間接的影響力を示すためである。

4. メタ・ガヴァナンス：政治と政策として

ここで特に興味深いことは、新しいガヴァナンスの諸形態が階級権力と政治的支配の包括的配置状況に収まるありようである。フーコー派とグラムシ派の視座を結合すると、また、近代政治の本質は国家と社会との本来的に柔軟な境界を再生産することであるとするミッチェルの指摘を考慮すると（第2・4章を参照のこと）、筆者は「包摂的な意味における国家」とは「位階制の影のなかのガヴァメント＋ガヴァナンス」であると定義し得ることになる。この定義はグラムシの周知の国家規定、「支配階級が自らの支配を正当化し、維持するのみならず、彼らが支配している人々の積極的同意を勝ち取ろうとする」実践的・理論的諸活動の複合的総体と照応するものである（Gramsci 1971：244＝Q15, §10：1765）。その階級還元主義的性格から、グラムシは国家権力の他の諸局面と比較すると相対的に些細なこととして退けたが(ibid)、当面のところ、それを問わないとすると、この定義は国家を法的・政治的装置としての国家から国家権力の行使の諸様態へと関心を向けさせることになる。すると、筆者が提案した再定義は次のように認識することになる。国家権力とは(1)強制と指令的調整と実在法を越えて、貨幣と信用の動員と配分、情報と統計などの知識を戦略的に利用することを含むように拡張する（Willke 1977）。(2)国家権力は、狭義の法的・政治的意味の国家を越える位置にある（あるいは、それを越えて活動している）諸勢力から積極的同意ないし消極的遵守を動員し得る能力に左右される。(3)国家権力には、国家の担い手が政府(ガヴァメント)とガヴァナンスの諸様式を戦略的に再均衡化しようとする営為が含まれるが、これは間接的・直接的国家介入の効果を改善するためであって、これには、国家とは距離を置いた権

第7章 ガヴァメント＋ガヴァナンス：位階制の影のなかで

力行使も含まれている（cf. Joseph 2012）。

　この点で、国家の管理者層が、適宜、実体的目標を設定し、これを追求することは、狭義の国家に固有の国家能力（例えば、憲法上の組織的強制の独占、課税権、法的主権）の行使に限られるわけではない。また、この追求は、市場・対話・連帯のようなガヴァナンスないし統治制化（governmentalization）の様式にまで広がっていて、それは国家を越えて活動している。すると、ガヴァナンスは、伝統的公／私の両区分に及んでいて、「絡みあった複数の位階制」や並行的(パラレル)な権力ネットワーク、あるいは、政府ないし機能的諸領域を横断する他の連鎖を意味し得ることになる。政府とガヴァナンスとはメタ・ガヴァナンスないし共振(コリブレーション)という競合する実践を媒介とすることで、つまり、国家内外の多様なガヴァナンスの諸形態を再均衡化することで、位階制の影のなかで、結合している場合が多い。ガヴァナンスとは、確かに、純粋に技術的問題ではないし、国家（ないし、他の社会諸勢力）によって規定された特定の諸問題に限定されていない。組織設計や公行政の、また、世論管理の専門家によって解決され得るような問題には限定されていない。ガヴァナンスには、常に、程度の差はあれ、ガヴァナンスに反抗的な特定の対象と技術や主体も含まれている。ましてや、コリブレーションも技術的な問題解決策以上のものである。関連する実践には、特定の政治と政策の分野における特定の政治ないし政策の結果のみならず、より広く国家能力に与える効果も含まれている。こうした諸実践によって、政府とガヴァナンスの技術の使用可能な配合は修正され、諸勢力の均衡が変化することにもなる。メタ・ガヴァナンスの任にあたる要員は継承されてきた公私の区分線を引き直し、政治的システムと他の機能システムとの相互浸透の形態を変え、諸システムと市民社会との関係を国家能力に与える（感知された）影響という視点から修正し得る。コリブレーションは国家の主要なメタ政治的諸活動のひとつであり、国家が特権的な戦略的位置を持っている活動であるが、この活動は、メタ・ガヴァナンスの諸企図が競合するだけに、熱い論争になることも多い。

　実際、コリブレーションはより広い「妥協の不安定な均衡」の管理と結びついている。これは、典型的には、国家の最も一般的な機能――階級に分断した（より適切には、社会的に分断した）社会における社会的凝集性の維持、の観点

から遂行される。したがって、ガヴァナンス・メカニズムは固有の文脈において、特定の技術的−経済的・政治的・イデオロギー的機能を習得し得るにせよ、ガヴァナンスは、常に、政治的なものの優位の下で、つまり、経済的・政治的優越と、社会的凝集性への国家の究極的責任との緊張を管理するという国家の関心の優位の下で遂行される（参照 Poulantzas 1973）。これによって、問題を定義するという特定の過程はいずれにしても政治的性格を帯びるとともに、国家の制度的統合と分断社会の社会的凝集性を維持しつつ、国家のヘゲモニー的企図ないし支配の企図を追求する能力への、特定のガヴァナンス形態の効果を国家が監視することになる。

　換言すれば、ガヴァナンスとメタ・ガヴァナンスは、特定の技術的−経済的な、性格的に狭い法的−政治的な、そして、きつく集点を絞った社会的−行政的な、あるいは、細かく枠づけられた問題の中の争点をどのように解決するかという問いに還元され得ないことになる。それは、複雑な世界において多様な問題分野間の物質的相互連結性のゆえのみならず、全てのガヴァナンスの——とりわけ、メタ・ガヴァナンスの——実践が諸勢力の均衡に影響することにもよる。この事実は、市場と夜警国家との距離をおいた関係という自由主義的処方箋を困らせる。というのも、政治的優位と社会的不安とが問われている局面において、国家（ないし、少なくとも、国家管理者層）が圧力に抗して介入し得るほど強力なことは少ないからである。より一般的には、特定の諸機能の観点からのみならず、党派的および一般的な政治的優位の視点からも、国家はガヴァナンスを開いたり閉じたり、あるいは、巧みに操作し、再接合する権限を留保している。後に検討するように、この権限は最終手段である緊急事態の宣言と結びついていて、この宣言によって、国家の官吏には政府とガヴァナンスの編成を再編する特別の権力が付与される。それほど極端とは言えない状況にあってすら、この権限によって国家の管理者層が、公益についての常に選択的で偏りがあるものの合意のある解釈を追求し、社会的凝集性を促そうとする国家の包括的能力を特性にして自らの特殊利害を守ろうとする行動に従事してしまうことも起こりがちである。

　ガヴァナンス（ないし、統治性）の多くの個別形態を「受動的革命」や順応主義（*transformismo*）の点から、解釈し得る。受動的革命とは、対決型

第7章 ガヴァメント＋ガヴァナンス：位階制の影のなかで

政治を官僚的ないし技術的問題へと転換するような、変革と吸収や包摂の過程を表現している（Gramsci 1971：105-14, 291 = Q15, §11：1766-9, 1822-4, Q22 §6：2155）。これには、また、政府に固有の技術を導入することで個人と集団や組織の、あるいは、全「利害関係集団」の自己責任化の条件を創出することも含まれていて、科学的専門知識、助言する顧問、専門家システム、計算法、度量衡、格付け、指標による測定、是認された行動に対する偶発的報償などに依拠している（専門知識については Fischer 2009、度量衡については Barry 2002、信用格付け諸機関については Sinclair 2005、統治性化については Miller and Rose 2008 を、それぞれ参照のこと）。こうした技術は、政府の過剰負担の軽減の点で正当化される場合もあるにせよ、細身の国家という新自由主義的企図と類似性を帯びていて、国家を超えて作用する多様な支援・側面掩護のメカニズムに依存し、共振（コリブレーション）ないしメタ・ガヴァナンスによって調整される必要がある。

　より一般的には、この点についてグラムシは官僚制に鍵的役割を求め、官僚制が技術的・政治的機能を果たすとしたのである。官僚層は事物の技術的行政に限定されず、国家とその諸政策に忠誠を尽くし、抵抗を最小限にとどめるとともに、被支配者の服従を確保する最良の方法について知っていることが期待されてきた（Gramsci 1971：144=Q15, §4：175）。また、社会生活が複雑化するなかで、官僚制は有機的に肥大化して、「私企業の有能な専門家を吸収し、今日の巨大で複雑な国民的社会に不可欠の実践的活動を管理するという具体的問題に特化した要員をまとめる」（Gramsci 1971：27=Q12, §1：1532）。この文脈からすると、技術的能力が公的・法的指導力よりも重要となり、政治はイデオロギー的内実を奪い取られる。同意は、もはや、修辞的言説によって組織されるのではなく、期待の標準化と行為規範によって組織されることになる（cf. Migliaro and Misuraca 1982：90）。だが、今や、逆の過程が起こっているのではないかとも言える。換言すれば、技術的専門家や知識人を官僚的に吸収することで統治性を国家化するというより、政府の位階制の影のなかで責任が「外注化される」ことで国家の統治性化（governmentalization）が起こっていることになる（cf. Joseph 2012）。

　この文脈からすると、受動的革命とは反対派の指導的人々のエネルギーと専門知識を吸収する企てである。この企ては、当初、議会に限られていたが、後

215

に、大衆政治の登場によって、全ての集団を圧倒し（Gramsci 1995=Q8, §36：962-7）、政治的正統性の喪失を緩和するとともに、政府の過剰負担に関する諸問題を解消し、抵抗ないし障害の潜在的原因を自己責任を負わされて自ら従属的になる担い手に転換し、さらには、経済的・政治的・社会的支配の実効性を高めている。そうした高まりは、複雑化する社会構成体の諸気孔に浸透する微細な管理によって実現されるのであって、この社会構成体は監視・指令・統制のいずれの点でも不透明で、市場諸力の見えないが温和な手に任されることもないのだ。

5. 位階制(ヒエラルヒー)の影のなかのメタ・ガヴァナンスの成功と失敗

多様な調整様式がどのように作用するかは、政治秩序（位階制の影のなかのガヴァメント（政府）とガヴァナンス）におけるその相対的優位に、また、利害関係者の制度的支持や資源への差異ある接近に、左右される。ここで重要な論点は、とりわけ、国家が導入する側面援護と支援の措置であり、物質的・象徴的支援の供与であり、また、他の調整メカニズムによる重複と対抗の程度である。さらには、ガヴァナンスと政府(ガヴァメント)の両メカニズムは多様な規模上に存在しているので（実際、その機能のひとつは規模を架橋することである）、ある規模での成功が他の規模における実践と事象に左右されることも十分に起こり得ることである。同様に、調整メカニズムは多様な時間的地平を持ち得る。また、多様なガヴァナンスと政府のメカニズムの時間性間のずれが存在し得る。これは、配列の問題を越えて、所与の調整様式の実行可能性に影響するに至る。さらなる逆説も指摘されている。ポール・ケアエルが欧州連合について論じているように、矛盾した展開を辿っているというより、統治の強化がガヴァナンスの深化を、あるいは、その逆をも意味しているという点で、統治（governing）とガヴァナンスは相互構成的である（Kjaer 2010）。他方で、ベント・ラーションは、国家が統治のネットワークを活用することで権力を強化しうる一方で、ネットワークは主権的権力に依拠することで実効的ネットワーク型ガヴァナンスの諸条件を維持し得る、としている（Larsson 2013）。

既述のグラムシ派とフーコー派の再定義が共振(コリブレーション)における国家の役割に光を当てたとすると、他の研究者たちは、この点で国家の「影」の役割に相当する

第7章　ガヴァメント＋ガヴァナンス：位階制の影のなかで

機能等価物が存在するとしている。これには次が含まれている。(1) 程度の差はあるにせよ、ネットワークの自発的でボトム・アップ型の規則・価値・規範・原則が展開する。ネットワークはこれを承認し、従うことになる（Kooiman and Jentoft 2009）。(2) 利害関係者型民主主義を媒介とする市民社会集団の熟議と参加が深化する。この民主主義は、ガヴァナンスにかかわっている国家管理者層や他のエリートたちの外的圧力となっている（Bevir 2010）。(3) 国際的な政府・非政府諸機関がとる行動が強まり、これによって破綻ないし脆弱国家がメタ・ガヴァナンスを構築し得ないことが補完されている（Börzel and Risse 2010）。この第三の例には、位階制の影の規模再編が含まれると思われるが、こうした行動は、典型的には、強力な諸国家に支持される限りにおいてのことに過ぎない（ベルゼルとリッセ自身の指摘）。

　ガヴァナンスとメタ・ガヴァナンスのいずれによるにせよ、その挫折の傾向は「統治能力」の二つの一般的問題に由来する。つまり、まず、社会的・言説的に組成されたガヴァナンスの対象が埋め込まれている物質的・社会的・時空間的諸条件の複雑性と混乱を前提とすると、こうした対象を管理し得るかどうかという問題と結びついている。そして、ガヴァナンスの特定の対象や担い手と、また、双方向型相互依存性の特定の調整様式と、さらには、未知の行動条件と予期せざる結果という周知の問題と結びついた、「統治能力」にかかわる特有の争点に由来している。未知の行動条件や予期せざる結果という争点は、ガヴァナンスの対象が変化に服している場合には、あるいは、これが埋め込まれている環境が混乱していて、戦略的学習を困難にしている場合には、とりわけ問題含みとならざるを得ない（次を参照のこと。Haas and Haas 1995；Eder 1999；Dierkes et al., 2001）。資本蓄積の論理の現代的支配がこうした問題の主要な源泉となっているが、これは資本関係に内在する諸矛盾と敵対関係によっており、また、世界市場の統合が深化するなかで、諸矛盾と敵対関係が一般化することによる。とはいえ、貨幣への執着心が全ての悪の源泉とは言えないように、資本が全てのガヴァナンス問題の源泉とは言えないことは認められるべきである！多様な社会編成（societalization）の原則が様々な問題の組み合わせと結びついているだけに、国家とガヴァナンスの多形的性格が対象とされなければならない。

ガヴァナンス能力の欠如に、あるいは、ガヴァナンス対象に固有の論理矛盾と統治能力の欠如によるにせよ、第一次的ガヴァナンスの挫折傾向を所与とすると、メタ・ガヴァナンスとコリブレーションも挫折しがちとなる。こうした挫折が起こりがちなのは、ガヴァナンスとメタ・ガヴァナンスにかかわる対象が複雑化し、相互に連結し、おそらくは、内的にも相互的にも矛盾をきたしている場合、また、先立つ成功の印象が、ガヴァナンスの諸問題を、所与の一組の社会的諸勢力に固有の時空間的地平の向こうへと転位したことに依拠していた場合である。すると、ガヴァナンスの成功（あるいは、より精確には、ガヴァナンスの成功という外見の創出）の重要な側面は、特定の時空間的拡大適用（フィックス）が確定されていて、この枠組みにおいてガヴァナンス問題が管理可能に見えることである。というのも、幾つかの統治不可能な様相が別の場所で現れるからである。この枠組みからすると、二つの推論が成立し得ることになる。それは、当面の安定圏とは将来の不安定圏を意味すること、また、この場における安定圏は別の場における不安定圏を意味することである。実際、問題を先送りし、これを転位し得る能力は、ガヴァナンスとメタ・ガヴァナンスの文献における「ステアリングの楽観主義」の源泉のひとつである。――特に、破れかぶれで新しい時空間的拡大適用を創出することで過去の失敗の結果を免れる能力によって補強されている場合にはそうである。対照的に、「ステアリングの悲観主義」のための源泉のひとつは、有効なガヴァナンスとメタ・ガヴァナンスにとっては基底的な長期の構造的障害を重視する傾向であって、これを無視すると、無視され、周辺化され、転位され、あるいは、先延された諸問題の「逆襲」を導く場合が多い。これが、とりわけ、システム統合や社会的凝集性が危殆にさらされる真の危機の時期である（第９章を参照のこと）。ここでは、メタ・ガヴァナンスと受動的革命との結びつきがとくに強く、蓄積レジーム・国家企図・社会ヴィジョンなどにおける大きな変動が危機の脈絡において起こる可能性が高い（Jessop 2015a）。

　さらに三つの指摘がガヴァナンスとメタ・ガヴァナンスをSRA（戦略－関係アプローチ）の枠内に位置づけるのに有益であろう。第一に、特定の調整様式に特有の問題と挫折傾向やジレンマに加えて、ガヴァナンスの成功は、また、資本蓄積が市場化された組織形態と市場化されていない組織形態との間の矛盾

第7章 ガヴァメント＋ガヴァナンス：位階制の影のなかで

した均衡の維持に依存していることによって影響を受ける。これは、以前には主として市場と国家との均衡という点から論じたことであるとはいえ、ガヴァナンスによって中立的な第三項が導入されるわけではなく、均衡が争点となり得る別の場が追加されるということに過ぎない。というのも、新しいガヴァナンスの諸形態が蓄積と政治動員という対立する論理の新しい交差の場となるからである。第4章で、また、上述でも指摘したように、資本主義的社会構成体におけるこの問題の鍵的側面は、特定の時空間的拡大適用を発展させ、固定化する能力なのである。戦略的には、資本主義の矛盾とジレンマは抽象的には解決不能であるから、その解決は、せいぜい部分的で暫定的に、特定の時空間的脈絡において、多様な経済的・政治的規模で、特定の蓄積戦略を立て、実現させることである（第4章を参照のこと）。こうした時空間的拡大適用は主要な空間的・時間的境界を限定し、その内部で構造的凝集性が確保され、これを確保するためのいくらかのコストはその境界外に外部化されることになる。こうした解決法が指定される主要な規模と時間的地平やその相対的凝集性は、時間的にはかなり可変的である。これは、行動の多様な境界と境界ないし前線の照応関係が可変的であることに、また、多様な規模の首位が変化することに、反映される（第1・4・5章）。

ジョナサン・デイヴィスはガヴァナンスに新グラムシ派アプローチを提示している。これは著者の統合的国家の再定義を補完するものであるが、より強く、現在の新自由主義的グローバル化の過程にある資本主義に焦点を据えている（Davies 2011）。明示的には、彼は、位階制からガヴァナンスへの運動――市場を媒介して、と示唆しているが――を、新自由主義下の持続的なヘゲモニー闘争の一側面であると解釈している（Devies 2011：128；参照 Provan and Kenis 2008）。この文脈から彼が強調するのは、ネットワーク型ガヴァナンスが（少なくとも、位階制的ではないという意味で）対称的だという主張に対して、極めて非対称的であるということ、また、この非対称性は資本主義的社会構成体の、より広い矛盾に発し、これを媒介としており、権力と富が強く集中し、競争と慢性的不安定を強めるということ、である。ここから、彼は、新自由主義の枠内におけるネットワーク型ガヴァナンスの諸形態の新しい類型論を概説している。それは、包摂的ガヴァナンスやサブヘゲモニーと対抗ヘゲモニーの形

219

態に及ぶものである。また彼は、ネットワークを媒介とする解放の条件についても検討している。さらには、類似の物質的・文化的資質に恵まれた行為主体の強力なネットワークが、なぜ他のネットワークのタイプよりも影響力を持ち得るかについて、また、多様なネットワークの結節的な行為主体が、なぜ他の行為主体よりも密接な相互関係を結び得るかについても検討している（Davies 2011：131）。そして、ネットワークの調整が位階制的調整へと退化しがちなのは、脱政治化し、信頼を基礎とするネットワークにおいて政策や管理の問題を解決し得る統治主体（彼はこの層を「結合主義的市民活動家（コネクショニスト）」と呼んでいる）を育成し得ないからである、と指摘している。結論として、彼は、ネットワーク型ガヴァナンスが挫折すると、国家権力はグラムシ的な合意と強制の連続体（コンティニアム）に沿って、ヘゲモニー的指導力から支配へと移動すると論じている（Devies 2011：132）。上途の視点からすると、彼の指摘も位階制の影について再論していることになるが、特定の階級企図と結びついていることを指摘していると言える。このアプローチを新自由主義に限定する必要はなく、ガヴァナンスの対象が、部分的であるにせよ、搾取ないし支配という社会関係に根差した「邪悪な問題」と結びついている時にはいつでも、ガヴァナンスの役割にも援用し得ることになる。

6. 結論

　本章は、SRA（戦略−関係アプローチ）に依拠することで主流派のガヴァナンス研究を、また、統治性研究のミクロ分析的・反国家論的偏りを超える動向を促そうとした。そのため、ガヴァメントからガヴァナンスへの移行があったとの共通する一方的な主張を批判している。これは、この主張が国家を、指令的調整を媒介とする法的−政治的統治装置とする狭い見方に依拠しているという根拠による。こうした見解は、国家権力の他の様態を看過するものであって、国家が他の支配技術を用いるなら「後退」に違いないとすることを意味する。だが、この移行の一部として、国家は、市場の再設計や憲法の改定、組織の形態と対象の法的再規制に、また、ネットワーク化された自己組織性の諸条件の組織化に、社会関係資本と専門職能をはじめとした専門知識の諸形態の自己規制に、そして、最も重要なことに、第一次ガヴァナンスとメタ・ガヴァナ

第7章　ガヴァメント＋ガヴァナンス：位階制の影のなかで

ンスの多様な形態の 共振(コリブレーション) に、常に取り組んでいる。ガヴァナンス概念が1970年代と80年代に大復活を遂げ、その後、1990年代半ばにガヴァナンスの挫折とメタ・ガヴァナンスの期待に関心が寄せられることになったにせよ、これは新しい展開とは言えない。そして、今や、メタ・ガヴァナンスの挫折も顕在化している。これは、いくつかのガヴァナンス問題の「邪悪な複雑性」のせいであり、また、諸勢力の均衡の移動する制度的に媒介された物質的凝縮でとしての国家の不可避的政治化のせいでもある。

　こうした展開が、第3章で論じたように、部分−全体の逆説の別の面を示している。というのは、この傾向を二様に読み取り得るからである。一方では、それほど主権中心的ではないがなお国家中心的なガヴァナンス論によって、国家がガヴァナンスの多様な様式の相対的比重を修正し、国家権力を持続的に保持するための営為の一部として、必要な場合には、国家権力を社会的担い手や経済と市民社会に発する諸勢力と共有することで、あるいは、多様な政府間レジームにおいて他の国家と主権を貯蔵することで、どのような国家企図を促進しているかについて検討し得ることになる。すると、国家は社会的凝集性に責任を負う装置として、自らの役割を再主張していることになる。他方で、よりガヴァナンス中心的なアプローチからすると、国家が多様な社会的分野におけるガヴァナンスの諸実践にどのようにかかわっているかについて考察し得ることになろう。この場合、国家は首位の駆動力や同輩中の首席としてではなく、他とともに行為主体兼利害関係者のひとつとして関与しているのであって、国家を超えて始められたガヴァナンスの編成と企図に貢献する固有の資源を全関係者が保持していることになる。すると、国家は多くのうちの一部に過ぎないことになる。

　筆者が批判的政治経済学に依拠することで、ステアリングないしガヴァナンスの楽観主義の固有の限界に光を当てたのは、こうした理由による。この種の楽観主義は誇張されることが多いし、実際、ユートピア的であって、「イデオロギーの最も重要な特徴のひとつを、つまり、社会的諸矛盾の未熟な調和を創造している」からである（Bloch 1986a：156. 参照 265）。と言うのは、資本関係ないし「支配（*Herrschaft*）」の諸形態に根差した根本的難題が存在していて、それは行為主体中心の制度論的アプローチでは適切に、あるいは、全く対処さ

れ得ないことによる。これには次が含まれる。つまり、社会諸関係の基本的に敵対的な性格およびこの関係と危機の病因学や力学との関係。分極化し、相互に対立し、交渉不可能と見なされるアイデンティティや利害に対置される、多元的で非敵対的な、潜在的に和解可能なアイデンティティや利害の構築にかかわる社会的諸実践。(他の政治レジームについては言うまでもなく)自由民主政においてすら集合的諸問題の性格を規定する非対称的権力。諸問題を他に転位し、あるいは、先送りすることでしか「解決」され得ない「諸問題」に内在する統治能力の欠如、これである。

　著者は戦略－関係論的分析の内側で、政府とガヴァナンスを結びつける作業の知的価値を強調したが、経済的・社会的介入の諸様式の点で政府とガヴァナンスには重要な差異がある。というのも、主権国家とは、本質的には、統治はするが、統治されない政治的単位である一方で、自己組織性がガヴァナンスの本質を供与しているからである。この文脈からすると、主権国家は、主として、自らの領土的版図の諸活動を統治し、他の国家や侵略的諸勢力から領土の保全を期すが、ガヴァナンスは、機能的相互依存関係の（変化し得る場合が多い）領域的範囲がどうであれ、これを管理しようとする。こうした違いによって、複数の規模を越えて作動しているだけでなく、特定の機能的諸問題について国家と非国家的諸行為主体を調整するガヴァナンスの諸形態に関心が深まっていることは説明できる。そうした諸問題は可変的な領域の幾何学をもっているからである。理論家のなかには、調整の垂直的次元（多水準型の政府ないしガヴァナンス）を強調する論者もいるし、水平的次元（ネットワーク型ガヴァナンス）に焦点を据えている論者もいる。いずれの場合においても、国家－領域型組織の複数の規模にまたがる多数の利害関係者(ステイクホルダー)の再帰的自己組織化において、また、実際、多様な領土外的脈絡において、国家は持続的役割を与えられている。その役割は、単一の位階制的指令構造における確定的な主権的機関の役割というより、複雑で異質の多水準型ネットワークのなかの同輩中の首席の役割である。すると、公式的主権とは、圧倒的な支配的資源というより、一連の象徴的・物質的国家能力であると見なすべきことになる。他の利害関係者も他の象徴的ないし物質的資源（例えば、私的貨幣、正当性、情報、専門知識、組織力、あるいは、数の力）に貢献していて、これが国家主権などの能力と結合

することで、集合的に合意された目的や対象を支持するようになっている。すると、多水準型ガヴァナンスへの国家の関与は位階制的ではなくなっているし、集権的でも直接的でもなくなっている。理論的には、主権国家と結びついた領土的権力の明確な位階制と比較すると、国家は、典型的には、もつれた複数の位階制と複雑な相互依存関係を意味することになる。

【注】

1)「結びつき（Bund、複数形は Bünde）概念については次を参照のこと。Herman Schmalenbach, 1922.

第Ⅲ部　国家の過去と現在（諸未来）

第8章　世界市場と諸国家の世界

　1970年代半ば以降、社会科学の研究に限らず巷間の評論においても、現行のグローバル化を視点として国民型領域国家の将来について議論されることが多くなっている。そのパラダイムのなかには、国民型領域国家の終焉が迫っているとするものもあるが、その予言が的中したわけではない。この議論は他の二つの議論と結びついている。ひとつは、国家システムの再規模化について関心が高まっていることである。これは、国家の権力が国民規模の領域レベルから上方と下方へと、また、側方へと移動しているという理解に反映されている。この過程は、主要な国家活動の場となる制度化された規模が増殖し、その緊密化も深まっているだけでなく、ローカルなレベルから都市とリージョンの、さらには、越境規模や大陸規模の協力関係に及び、多様な超国民的実体（スプラナショナル）が形成されていることにうかがい得ることである。第二の議論は、多様な規模のガヴァメントからネットワーク型ガヴァナンスの諸形態への移行を対象とするものであって、諸国家をまたぐ方向で同様の規模の活動が連鎖化しているとする。この種の移行論は国家の管理者層と装置の適応力のみならず、経済競争と政治的正統性や社会的凝集性の諸条件の維持という点で国民的国家が、なお、重要な位置にあることを、また、自らの規模を含めて、諸規模において国民的国家が国家の活動を調整しているという点で、その役割が増大していることを反映している。この国家の課題からすると、国民的領域国家は代替され得ないことになるが、この点については、後に検討することにする。こうした国家形態の存続は、また、より広い経済地理学的・地政学的秩序における非対称的権力関係を反映していて、より強力な資本と国家が征服と占領や脅迫よりも、主権型国民的国家を公的に形成している内外の諸勢力のバランスを媒介とすることで政治と政策に影響力を行使し得ることを示している。世界市場の統合と世界社会の相互依存関係が、総じて、深化していることに鑑みると、西側の先進資本主義経済と結びついた古典的な国民的領域国家の領域的・時間的主権は、

確かに、従来になく制約される方向を強くしていることになる。これは、領域型国家について、より強く妥当することである。というのも、この国家は、これまで国民的自律性と形式的独立性を実現し得たにせよ、今や、国家能力を相対的に弱くするとともに、従属的資本主義の発展と結びついているからである。

1. 問題の枠組み設定

　グローバル化によって国民的国家が蚕食されているとされるが、この主張の主要な準拠点は大西洋フォード主義の盛期に存在していたような戦後の「イギリス圏」や西欧の主権型国民的領域国家に求められ、これが定型であると見なされる場合が多かったことによる。こうした比較は1980年代に浮上した諸困難の局面でも、既に表明されていたことであるが、その後、国民的国家によって組織された経済的・政治的諸勢力が、盛期のように、国家の主要な経済的課題を国民経済の成果を高める方向に設定し、これを操縦するという方向で活動し続けることは困難であると見なされることになった。だが、この視座に立った著作は、典型的には、グローバル化が「先進型」メトロポリタン国家に与えるインパクトに焦点を据えていて、こうした国家（あるいは、その先行国家）が帝国主義と植民地主義によって、経済的・政治的・社会的に他の国家と社会構成体にどのような影響を与えたかということを看過している。こうしたグローバル化と国民的国家に関する見解をアイロニカルに読解すると、主として、「北側」の反応であると受け止めるべきことになる。というのも、当初は「東側の」経済とその開発主義的諸国家が世界市場において経済的・政治的権力を獲得するなかで、（日本を含む）直接の帝国的支配ないし植民地的支配から解放された諸空間の「復讐」への対応であると、次いで、「北側」が世界中で新自由主義的改革を求めることで、また、債務国となった、あるいは危機傾向にある諸国に構造的政策条件(コンディショナリティ)を課すことで、さらには、国際的経済レジームを新自由主義的方向へと転換することで、自らのヘゲモニーを、あるいは、少なくとも優位を奪回しようとする経済的・政治的対応であると言えるからである。この点では、（全てとは言えないまでも）主流派の多くの研究も、世界市場の統合という視点から、多様なブロックにおいて従前の、また、継続的な２国間お

第8章　世界市場と諸国家の世界

よび多国間の政策協調がどの程度進んでいるかという問題について論じているわけではないし、多様な国際的レジームと機構や政策分野において超大国のヘゲモニーがどの程度及んでいるかという問題を無視している。

　グローバル化と国民的国家との関係の論述については、さらに、二つの問題点が浮上する。第一はグローバル化の非歴史的で、時空間の意識を欠いた解釈である。第二は、グローバル化の影響を受けたとされる国家形態が過度に単純化されていることである。次に、この問題について、順次、検討することにする。

　第一に、グローバル化とは、普遍的で統一的な論理に従った単一の因果メカニズムではないということである。それは極めて複雑で、多くの事象と過程や変容の不断の進化の所産であって、多中心的・多規模的・多時間的・多形態的である。すると、全てとは言えないにせよ、一部の企業と金融機関や資本分派がグローバルな規模とリアルタイムで活動し得る余地は広がりつつも、重要なことに、世界市場統合という古い波も持続していることになる。というのも、領域国家や都市ネットワークは、1970年代から80年代に始まる近時のグローバル化の局面よりも前に、程度の差はあるにせよ、世界市場に統合されていたからである（また、その経験のなかで形成されている）。これは、最近の波が地球規模の資本主義化によるというより、リアルタイムで資本主義が連鎖化し、その反応の速度が加速化していることによることを意味する。実際、国家管理者層がグローバル化から感じざるを得ないとする圧力の多く（都合のよい言い訳に過ぎない場合もある）は空間的拡張というより、時間的圧縮に発している。世界市場の統合や高速技術と超流動的金融資本によって国境間の軋轢が縮減するにつれて、国民的国家に対する資本の論理の挑戦が強まっている。すると、世界市場の統合が進むなかでも、多くの国家装置が、なお、基軸的位置を占めているだけに、両者の矛盾は国民国家の領域主権という問題を浮上させるにとどまらず、資本の加速化が通常の政策サイクルを切り崩すかぎり、国民的国家の時間的(テムポラル)主権も問題とならざるを得ない（加速化については次を参照のこと。Rosa 2013. また、時空間の圧縮と迅速(ファースト)政策については、それぞれ、次を参照のこと。Harvey 1996；Peck and Theodore 2015）。もちろん、他の要素や諸力も国家の領域的・時間的主権に試練を突きつけていることは言うまでもない。する

と、政体と政治や政策をめぐる諸課題が浮上せざるを得ないことになるが、この問題については、この章の結びで検討する。

　第5章で領域-場所-規模-ネットワークという枠組みを設定したが、これに依拠すると、世界市場の力学とはフローの空間に過ぎないものではなくて、重要なことに、領域的次元が含まれていることになる。これは、多様な場所と多様な程度とが結びつくことで不均等発展を呼ぶだけでなく、雑然とした場合が多い位階制において多様な規模で展開するとともに、他のガヴァナンス・メカニズムや多様なネットワークによって媒介されていることにもなる。資本の構造的権力（資本循環の脱人格的論理に根ざしている）と可動的で競争的な資本の戦略的権力は、世界市場が新しい形態の経済的搾取や政治的支配によって、また、両者が他のシステムの制度的基盤との接合を緊密にすることで、さらには、多様なガヴァナンス・レジームが相互依存性を深めることで強化されることになる。こうした現象は地理的に不均等な展開を呼ぶことで空間と規模の社会分業に影響を与え、多様なネットワーキングの範囲を変え、さらには、経済的支配の空間的次元を再秩序化することにもなる。これは、また、グローバルな競争を拡大し、その深化と強化をみることで、資本と労働に対する競争圧力を強めることになるし、国家管理者層は多様な圧力に服さざるを得ないことにもなる。したがって、一方の影響力の増大が他方の犠牲を強いるとするゼロサム的市場-国家間関係の枠組みでのみ捉えると、こうした複合的状況が看過されてしまうことになる（以下を参照のこと）。

　第三に、国民的国家の安易な一般化を求めると、グローバル化の影響下にある国家形態と政治レジームの多様性が無視されることになる。さらには、国家が、主として、「権力」ないし「富」の容器の役割を果たしているという、一方的だが、なお、常識的な仮説に傾くことにもなる。だが、国家は、諸国家の、また、非領域型政治組織のネットワークにおける「権力連結器（コネクター）」ともなっていて、このネットワークはそれぞれの政治空間において諸勢力のバランスを反映し、屈折させてもいる。こうした連結性とは、ローカル・リージョナル・ナショナルな国家が、差異を含みつつも、近年のグローバル化の影響を受ける以前に、すでに世界市場（や他の国際関係）に統合されていたことを意味する。その影響の受け方の違いから、世界市場への参入様式の差異も浮上している

第 8 章　世界市場と諸国家の世界

（例えば、アラブ首長国連邦のようなレント型石油国家、スイスのように工業型およびポスト工業型リージョナル・クラスターという恵まれた環境に依拠し、強力なローカルとリージョナルな権威を有する小規模型開放経済、アメリカのような準大陸的経済、あるいは、カンボジアのような低技術・低賃金型輸出諸国）。

　国家は、様態は多様であれ、自らの経済から距離をおき、個別の領域に属していて、互いに外的関係にしかないかのように見なされるべきではない（第 2 章を参照のこと）。そうではなく、通常国家は、典型的には、積極的ないし消極的に、あるいは、いずれをも欠きつつも（「ならずもの」国家や「挫折」国家の場合）、多くの点で、経済を組成する諸制度や諸実践と深く結びついている。この関与機能には、世界市場の統合を積極的に進めることが、あるいは、少なくとも、消極的であれ、これを受容することが含まれていて、グローバルなレベルで直接的に、あるいは、リージョナル統合の諸形態やその 2 次・3 次・n 次の連鎖を媒介としている。そして、グローバル化は他の規模における諸過程とも結びついている（229 頁を参照のこと）。これには、例えば、リージョナル化や三極化（北米・ヨーロッパ・東アジアの、いわゆる三極の地域連鎖化）、グローバルな都市ネットワークの構築、バーチャルな大陸間規模のリージョンの形成（ブラジル・ロシア・インド・中国・南アフリカの BRICS 諸国間の生成期の、なお、不均等な連鎖）、国際的ローカル化（製品とサーヴィスをローカル市場に適したものにしようとするグローバル戦略）、国境横断化、これが含まれる。すると、国家と国家管理者層のみならず、これによって代表される諸勢力は、こうした他の社会空間的諸過程の展開と修正を期し、あるいは、抵抗しようとすることになる。これは、直接的とは言えないにせよ、グローバル化を呼ぶことになるし、あるいは、純朴なマルクス主義者なら指摘するように、世界市場の編成と結びつくことにもなる。というのも、世界市場の編成とは複合的総体であって、異質の諸領域と不均等に連結した場所や規模の入り組んだ位階制的構造が、また、市場諸力の自由な活動のための水平な表層というより、不均斉なネットワークが含まれているからである。経済の新自由主義的グローバル化様式といえども、新自由主義を展開しようとすると、また、市場の失敗や危機傾向と抵抗のなかで新自由主義を維持しようとすると、政治制度や政策イニシアティヴに依拠し続けざるを得ない。この点は、とりわけ、北大西洋の金融危機

231

にたいする対応策に明白である。この危機は、当初、2006年から2007年に表面化したが、その原因となると、それ以前に発していて、その影響は不均等に拡散しつつ世界市場の他の部分にも及ぶことになった。

政治エリートのなかには、グローバル化と結びついた諸力や過程に対抗して、ある程度の公的主権を保持しようとしたり、あるいは、未発達の産業や他の経済的利害を保護しようとするものもいる。他方では、グローバル化が国益にかなうことであるとし、これを進めることで国家の能力を高めようとするエリートも存在している。後者の戦略の重要な事例は、もちろん、アメリカの連邦国家が追求する戦略にほかならず、新自由主義的なグローバル化を長く、もっとも声高に求めてきた。イギリスは別の主要な事例にあたるが、ドイツは世界市場の統合については、より新重商主義的アプローチ(ネオ・マーカンリスト)を求めている。というのも、(とくに、資本財の形成のために)その生産や付加価値の高いデザイン集約型の高品質の耐久消費財に特化しているからである。とはいえ、ユーロ圏の危機との対応において、ドイツも南ヨーロッパの債務国家に対して新自由主義型の緊縮政策を求めることになった。中国の新重商主義戦略は「世界の工場」という役割を自らの課題としているだけに、その基盤を大きく異にしている。とはいえ、中国も同様に、上昇戦略を追求していて、その経済的・金融的範囲をグローバルに広げるとともに、国内消費の強化を目指している。

こうした圧力は、国家が社会的関係という性格を帯びているだけに、国内にも反映されざるを得ず、グローバル化は経済と政治の諸勢力のバランス(資本の分派間の関係や資本-労働関係を含む)のみならず、市場と国家との関係の変化を呼ぶことにもなった。こうした変化は、さらには、国家自体とその政策にも反映されている。グローバル化は、また、空間的拡大と社会生活のリズムの加速化を内在しているだけに、市場諸力が規制されていないと指摘されることで、その対抗運動を呼ぶことにもなった(以下を参照のこと)。

2. 世界市場と諸国家の世界に関する理論的論争

既述の理論的検討から、もっと根本的問題が、つまり、世界市場と諸国家からなる世界との構造的一対化(カップリング)と共進化(コ・エボリューション)をどのように解釈すべきかという問題が浮上せざるを得ないことになる。この点で二つの対立する、しかも、いずれ

も不適切な理論的アプローチを挙げることができる。ひとつは、こうした事象は固有の論理を内在する個別の要素であって、純粋に外在的で擬似機械的関係にあるにすぎないと見なすものである。他は、こうした要素を包括的資本関係の弁証法的「分離内統一」の相互依存的な経済的・政治的な契機であるとし、その固有の役割は資本蓄積の諸条件の維持という論理に帰し得るとするものである。最初の選択肢は、外見的には個別の要素の相互依存関係を軽視し、第二の選択肢は二つの契機（二つのみ）を措定し、その統一性を誇張するものである。戦略的－関係論的視座は、人口に膾炙した言葉に訴えると「第三の道」の必要に発し、意味論的・制度論的・時空間的位相について説明するものであって、暫定的であるにせよ、世界的規模で相対的に安定した示差的蓄積のための偶発的な必要条件がどのように維持され得るかについて説明しようとするものである（第四章を参照のこと）。また、グローバルな政治秩序において諸国家が平和裡に共存し得るための諸条件や気候変動の課題を解決するための諸条件が、あるいは、他の喫緊の課題について妥当な制度的・戦略的解決策を構想するための諸条件が問われてしかるべきとすると、戦略的－関係論的視座は、多様な概念が求められることを、また、多様な解答があり得ることを示すものでもある。

　すると、こうした必然的に偶発的な関係の複雑性は、方法を異にする研究者において、この複雑性にどのようにアプローチし、規定することで最善の説明を導き得るかという点で熱い論争を呼ばざるを得ないことになった。この論争は、資本－理論的、階級－理論的、国家－理論的問題のいずれに焦点を据えるかという点で区別され得る。論争の焦点のひとつは、世界市場統合に関する資本－理論的立場の対立と結びついている。論点は次の論理のひとつ、あるいは、いくつかがどの程度に作動しているかをめぐるものである。(1) 単一のグローバルな力学。これは生成期の超帝国主義ないしスーパー帝国主義の論理に、あるいは、確立された世界システムの論理に依拠しているとする（超帝国主義論については次を参照のこと。Kautsky 1914. また、世界システム論については次を参照のこと。Wallerstein 2000 ; Arrighi 1994）。(2) 資本主義の国民的多様性（VOC）の相互作用。その多様性については、当初、グローバルな脈絡に占める強弱を顧慮することなく、個別に検討されている（今日の古典的論稿としては

233

次がある。Hall and Soskice 2001)。そして、筆者の立場であるが、(3) 世界的規模における不均斉な資本主義の展開。これは偶発的で生成期の論理を帯びていて、その論理はグローバル規模の資本分派の支配の影響下や指導下で、あるいは、その従属下で組織され得るし、グローバルなインパクトを内在する蓄積戦略を、あるいは、資本主義のヘゲモニーの、ないし支配の多様性を招来する (Jessop 2011, 2014b, 2015a)。資本主義の多様性にかかわる研究の問題（国民経済のレギュラシオンとガヴァナンスに関する研究についても言える）は、国民的モデルないし特異性を物神化し、これを対抗者や競争者と見なすことで、より広範な国際的ないしグローバルな分業の潜在的な補完性や共存可能性という問題を無視しがちであるということにある。こうした補完性や共存可能性に鑑みると、グローバル化によって資本主義の多様性が制約されることには、より大きなものがあることになろう。世界市場のレベルにおいては、現在のところ、不均斉性が新自由主義のもとで再構成されているが、ヨーロッパの経済においては、ドイツの新重商主義の影響力が支配的である（さらなる議論については次を参照のこと。Jessop 2014)。本質的なことは、加害者であると犠牲者であるとを問わず、「国家の多様性」はグローバル化の具現化と結びついていると認識すべきことになる。資本主義の多様性〈対〉不均斉性型資本主義との論争から類推すれば、単に諸国家からなる世界について語るのではなく、帝国主義的方向に組織され、ガヴァナンスの失敗という特徴を深くしている不均斉な国家間システムないしグローバルな政治システムについて検討することが適切であろう（第7章を参照のこと）。

　議論の第二の焦点は、世界市場の統合に関する階級−理論的立場の対抗状況と結びついている。この議論は二極からなる。それは、(1) より理論的視点から、とりわけ、ブルジョワジーがヘゲモニーを発揮している局面において、資本関係の歴史的に特殊な形態とその固有の制度的基盤がどのように、また、どの程度に、さらには、なぜ経済的・政治的闘争に影響を与えるのかという問題を重視している。そして、(2) より政治的な動機に焦点を据え、サバルタン集団の立場を反映することで、グローバル化が階級闘争の全般化を呼び得る可能性を、あるいは、抑圧され、周辺化した人々からなる多元的「マルチチュード」が資本関係のあらゆる形態と契機を打破し、諸闘争をグローバルに連鎖化

第8章　世界市場と諸国家の世界

するための戦略について検討するという、より広い動員の可能性を問題としている。この議論は、いずれも長所と短所を帯びている。第一の極は、より子細な論述に、また、陰影を広く異にする事例研究と理論的考察に依拠しがちであって、個々の事例研究の必要から木を見て、グローバルな規模の示差的蓄積という森を見ないという傾向を帯びることになる。第二の極は、資本関係とグローバルな危機傾向との相互関係を、とりわけ、諸闘争を固有の論理を内在する個別の物象化した経済的・政治的制度の形態に導く改良主義の意味を照射している（第4章も参照のこと）。だが、この指摘が有意性を帯び得るには、本質主義的論証の形態を援用するというリスクを冒してのことであるだけに、階級闘争の不均等な展開とその防御的・攻撃的側面を、さらには、その広範な社会的諸勢力を横断する連携の構築という課題を無視せざるを得ないことにもなる。

　この議論の（とりわけ、本書に関連する）第三の焦点は諸国家からなる世界の性格の変化を、また、政体・政治・政策の三つの意味で理解され得るグローバルな政治システムに占める国家の位置を対象とする。すると、このシステムが、主として、次のいずれからなるかという問題が議論の焦点とならざるを得ない。(1) 世界は国民的国家からなり、国際化の過程にある経済において個別の民族資本のために活動している（e.g., Weiss 1998）。(2) 生成期の一連の下位国民的ないし国民横断的地域国家からなり、個別の後背地を保持している（e.g., Ohmae 1995）。(3) 相互に連結しつつも、部分的には競争関係にある一連の国民的国家からなり、この国家が内外のいずれのレベルでも資本主義的企業を代弁しているだけでなく、個別の経済空間で活動し、より競争的経済に対抗して経済的依存性と従属的関係を再生産し得る（e.g., Poulantzas 1975, 1978）。(4) 何らかの多水準のコングロマリットな、あるいは、半球的国家からなり、アメリカのために指導的な組織的役割を担っている（e.g., たとえば、Shaw 2000）。(5) 戦後アメリカの帝国主義国家が優位を占めていて、この国家が世界市場の国際的な、近時に至っては、超国民的統合を組織する責任を負っている（e.g., Panitch 2000, Panitch and Gindin 2012）。(6) 生成期の超国民的国家が生成していて、これが国民的諸国家と国際的諸機関や超国民的ネットワークの連結環となっている（Robinson 2004）。(7) 帝国が生成していて、ネットワーク化

235

の性格を帯びることで強力なアメリカ国家すらも凌駕している（Hardt and Negri 2000）。このリストは用語の点で（もっとニュアンスに富み、複雑な主張もある）、また、グローバル化や国民的国家(ナショナル・ステイト)と国民－国家(ネイション・ステイト)、あるいは、両者に関する議論が広範に及んでいるという点でも、この議論に留まらないものがある。

3. 世界市場の統合と国家システム

　まず、指摘しておくべきことは、グローバル化の複雑性と国家間の差異を踏まえると、世界市場の統合が進んでいるからといって、それが圧力となって（主権的であると否とを問わず）国家を政治組織の一般的な超歴史的形態に変えるわけではない（また、あり得ない）ということである。グローバル化には多くの社会的諸勢力やメカニズムが作用していると言える。だが、その圧力は固有の国家能力と責任を有する特定の国家形態に作用し得るに過ぎない。あるいは、こうした国家形態を強化するということ、これが実態である。また、国家は、それぞれ、グローバル化の複雑性の多様な影響に服することにもなろう。国家がこうした影響を受けることで、その圧力は国内の諸勢力のバランス変化を呼ぶことにもなる。というのも、能力の強化と弱体化はなんらかの示差性を免れないだけに、経済的・政治的・社会的諸勢力の差異を招来するし、これに対応しようとすることから、国家の形態と能力を再組織化しようとする闘争の空間も産まれ、あるいは、これを創出しようとすることにもなるからである。また、形態のいかんを問わず、グローバル化の圧力のなかで、国家は収奪と搾取や抵抗と対抗の能力の点で、その力量を大きく異にせざるを得ない。いずれの国家も、グローバルな実効的影響力の射程と自らの慣行に取り込み得る能力とを結合することで超流動的資本の時間－空間に対応しているわけではない。また、より強力な国家といえども、他の諸国家と権力センターや世界市場の論理といった外圧にとどまらず、自らの政策の内的インパクトやそこから派生する逆流や抵抗に出合わざるを得ない。超大国であるアメリカが近年の金融・経済・軍事・地政学の点で控えめになっているのも、この事実を例証している。だが、西半球におけるアメリカの主要なライバルたちが弱い立場にあるだけに、アメリカが全方位型支配を維持し、超国民的資本の利益のもとに世界市場のガヴァナンスを再編しようとする試みを繰り返すことで、失ったヘゲモニー

第 8 章　世界市場と諸国家の世界

を回復しようとするだけの能力を保持していると言える。
　グローバル化を活性化している多くの社会的諸勢力とメカニズムは国家の特定の形態に圧力をかけている。それだけに、この国家の形態は特定の国家能力と責任を保持しつつ、諸勢力間の多様で、不安定な均衡を形成せざるを得ないことにもなる。また、こうした領域型国家の全てが国民的国家ではない（この点については、第3章と第5章で規定している）。都市国家とその後背地は「地域型国家（リージョナル）」と張り合え得るだけの位置にあるとされるが、こうした国家のほかに、多くの島嶼国家ないし小国家が存在していて、さまざまの「不生産的」な資本主義的営業のための主権型「オフショア」の基盤となることでグローバルな蓄積の鍵的役割を果たしている。さらには、（とりわけ、新自由主義的な形態の）世界市場によって重大な被害を受けている国家や国民も存在するし、既存の国家能力が侵食され、挫折した国家もある。そして、軍閥主義や麻薬型支配が、あるいは、ノーメンクラトゥーラによる資産没収などが蔓延する場となっている事例もある。他方で、世界市場へ統合されることで、また、良きガヴァナンスの圧力によって恩恵を受けている国家や国民も存在していることに鑑みると、その様態は多様である。
　さらには、国家の能力の形成という点で、世界市場が国内の諸勢力のバランスを変えることにもなった。この結果は戦略‐関係論的諸仮説に照応していると言える。というのも、能力の示差的損失（ないし利得）は経済的・政治的・社会的諸勢力に不均等に作用するだけでなく、国家の形態と能力を変えようとする、あるいは、グローバル化を促進しようとする、さらには、その方向の転換を期し、対抗しようとする闘争の場を生み出したり、これを早めたりもするからである。こうした問題については、グローバル化の諸様式や国家形態と政治レジームの特異性の検討が求められる。その諸側面が相関化している場合が多いのは、グローバル化が伝統的様式を基礎に世界市場に組み込まれ、典型的には、権力ブロックと階級間妥協体制の改変と結びつくだけに、国家の類型を異にグローバル化の様態が種差性を帯びざるを得ないからである。この点は、グローバル化の示差的で不均等な力学がメトロポリタンな資本主義国家、輸出主導型開発（デベロップメンタル）国家、レント型産油（オイル）国家、脱植民地（ポストコロニアル）国家、旧社会主義国家など、類型を異にする国家に与えるインパクトの示差性についても妥当すること

である。

　こうした理論的考察からすると、世界市場の統合と国家権力についてゼロサム的アプローチを採り得ないことになる。とりわけ、このアプローチが次の視点から設定される場合である。すなわち、不変的時間において単一のボーダーレスなフロー基盤型経済が生成していて、これが既定の境界をコントロールしている「権力容器」である伝統的な国民的領域国家の多元的構造を犠牲にすることで拡大していると見なされる場合である。こうしたゼロサム的アプローチは世界市場の複雑さや対立的力学を過度に単純化するものであって、この力学が場所を基盤とする競争優位の変化にどの程度に依存しているかという問題が、また、経済活動が時空間の制約に服さざるを得ない経済外的支えに広く依拠せざるを得ないということも無視される。だから、産業・商業資本については言うまでもなく、金融資本の観点からも、グローバル経済が現実にどの程度に及んでいるかという点で、その規模を誇大視せざるを得ないことにもなる。さらには、グローバル化の経済論理（および非論理）の展開が政治システムの機能にとどまらず、個別の企業と支社やクラスターをどの程度に制約しているのかという問題も無視されることになる。他方で、こうしたゼロサム的アプローチからすると、近代国家システムにおいて主権国家は形式的に対等とされているにもかかわらず、全ての国家が対内的と対外的に、あるいは、両者において、権力を平等に行使し得るわけではないという事実も看過される。国家は内外で異なる問題に直面していて、その諸課題にどのように取り組み、対応策を練り直すかという点では多様な歴史と能力を持っているし、国内事情のみならず、海外問題と直面するなかで、これに対応し得る能力は国家を異に示差性を帯びている。

　以上の考察から三つの結論を導くことができる。第一に、製品、生産的資本、利子生み資本、可変資本（すなわち、労働力移民のフロー）のいずれであれ、世界市場の力学はフローに還元され得るわけではないということである。この力学には重要な領域的諸次元が含まれている（産業特区、集積経済、グローバル都市、地域的ないし国民的資本主義といった概念に反映されている）。第二に、国家とは「権力連結器」ないし「権力容器」に過ぎないものではないということである。第三に、グローバル化が国家に与えるインパクトは国家能力や諸勢

第8章　世界市場と諸国家の世界

力のバランス変化に媒介されるわけであるから、グローバル化によって国家の権力が単純に縮減しているとは言えないことになる。というのも、政治諸勢力がどのように、また、どのような目的から国家能力を行使する（ことを選ぶ）かというのみならず、国家能力をどのように変えることで市場諸力に対する力量を強化し、適応しているかを、あるいは、縮減しているかを知る必要があるからである。すると、政治と経済の、また、それぞれの制度的具象形態の組織的変化に焦点を据えるべきことになるし、前線や領堺が所与で、固定されているわけではなくて、能動的に再生産され、偶発的なものに過ぎないと見なさねばならないことになる。この三つの結論はすべて、戦略‐関係アプローチ（SRA）を援用することで例証され得ることである。このアプローチは資本と国家を社会的関係であると見なすとともに、諸勢力のバランス変化が国家と資本の社会形態と制度的枠組みを媒介として、どのように凝縮されているかに焦点を据えるものでもある。

4. 資本の論理の優位化

　この節では、資本‐理論的および階級‐理論的パースペクティブを導入する。世界市場の統合は次の条件において資本の経済的・政治的権力を強化する。すなわち、(1) 世界市場の統合によって、組織労働者が経済的・政治的・イデオロギー的分野においてサバルタン集団との協調行動に訴えることで経済的収奪に抵抗し得る能力を弱体化する場合である。そのための行動という点では「マルチチュード」だけがその有効なオルタナティヴというわけではない（この点については、次を参照のこと。Hardt and Negri 2000）。(2) 世界市場の統合によって、主として国民的な枠組みにおいて国民国家の経済活動の規制力が侵食される場合である。新自由主義（ネオリベラリズム）は世界市場の統合を拡大し、その深化を期そうとする施策であるが、この施策によって資本関係における使用価値よりも交換価値の契機が強化される。また、動的価値（すなわち、流動資本）が重視されることで、労働者は配置転換し、代替し得る生産要素とされる。さらには、賃金は（国際的）生産コストと、また、貨幣は国際通貨と見なされるだけでなく（とくに、デリヴァティヴが重要性を増したことによる）、自然が商品化し、知識は知的所有権と見なされることになる。さらには、資本が国民的権力

239

容器の制約から解放され、他のシステムに埋め込まれることがなくなるなかで、社会的に必要な労働時間と社会的に必要な回転時間の、また、自然の再生産に必要な時間（たとえば、富の源泉としての「自然」の再生産時間）の短縮が期され、その際限のない短縮競争が資本蓄積の力学として、より強力に作動することになる。

　以上からすると、諸国家は、総じて、規模を異に次の (1) と (2) との緊張関係に対応することが求められることになる。これは、(1) 潜在的に流動的な資本が固有の空間的従属性を縮減し、時間の制約からも解放されようとする、(2) 国家は（有益であるとされる）資本を自国の領域内にとどめ、その時間的次元やリズムと、国政の、また、政治の慣例とテンポや危機傾向との両立性を期そうとする関心を強くする。だが、この両者には緊張関係が伏在するだけに、国家はその対応を求められることになる。規模を異に「競争国家〈コンペティション〉」化の展開をみたが、これは、こうした圧力に対する重要な反応のひとつである（Altvater 1994 ; Hirsch 1995 ; Cerny 1997, 2010）。こうして、狭義の経済的競争力が強化されることになっただけでなく、それまで「経済外的〈エクストラエコノミック〉」と見なされていた多くの次元が、今や、蓄積の要請に従うべきものとされ、その方向が模索されることにもなった（Jessop 2002: 95-139）。こうした国家を確立しようとするなかで権威主義的国家主義が台頭し、行政の強化と政治のメディア化が起こり、そのなかで国家権力を資本主義的利害と結びつける権力ネットワークも拡大することになった（第9章）。

　主流派の議論では、上述の諸傾向は国家－理論的視点から狭く捉えられがちである。というのも、この視点からすると、国民的国家は国益の守護者とされるだけに、こうした傾向は領域的・現実的主権に対する脅威と見なされ、あるいは、より狭くは、国民的国家が固有の論理と利害とをもつ機構であるだけに、対峙せざるを得ない諸問題への対応策であるとされるからである。だが、資本－理論的ないし階級－理論的視点からすると、世界市場の統合との対応という点で、こうした傾向は資本関係の経済的・政治的契機を再接合するための（より精確には、資本関係に内在する諸矛盾と危機傾向の全般化と深化に対応するための）手段として、あるいは、強力な階級的諸勢力を指導者とし、市場－国家関係を自らの利益（もちろん、この数十年にあっては、とりわけ、国際的金融資本

などの超国民的資本の利益) において再編成しようとする、より広範な力学の一部として顕在化していると言えよう。

5. 国家対応における傾向と対抗傾向

次いで、より国家 – 理論的ではあるが、国家中心的とは言えない視座を援用する。グローバル化によってすべての国家に等しく影響するような単一の圧力が生成するわけではないのと同様に、グローバル化の多様な形態に対して、すべての国家が同様に対応しているわけでもない。だが、国民的領域国家の再構成は国家とレジームを異に多様であるにせよ、現代の先進資本主義諸国家の変容と再機能化という点で三つの一般的傾向を認めることができる。この脈絡からすると、この傾向とは、第2章で確認した国家の三形態の、とりわけ、国家の制度的構成という点で、経験的に観察可能な諸変化の既定の事実のことであって、資本の政治経済学の、より根本的な特徴を、あるいは、国家の形態と機能を基礎とする因果メカニズムないし傾向の法則のことではないことになる。この意味からすると、諸傾向の記述には、かなり異質の一連の諸変化に共通性を措定し、これと所与の国家形態ないし政治レジームの中心的特徴と結びつけることが求められることになり、この作業によって理論的・経験的研究の深化を期すことができることになる。諸傾向について議論をするにあたっては、戦後の先進資本主義における領域型国家について言及することにし、この国家が植民地主義や新植民地主義の、あるいは、帝国主義の支配の拡大において、どのような役割を果たしたかということを捨象するとともに、治外法権型権力の要求については、これを除外することにする。また、従属的資本主義国家を準拠点とすると、別の諸傾向を確認せざるを得ないことになるので、ここでは、国家存在の脱国民化、政治の脱国家化、政策レジームと政策形成の国際化の三つの傾向について検討する (表8.1を参照のこと)。そして、三つの対抗傾向も作動する。これは、規模間接合に占める国家の役割の強まり、多様なガヴァナンス形態間の関係を持続的に再秩序化するためのガヴァメントからメタ・ガヴァナンスへの移行、国際的政策レジームと政策執行をめぐるヘゲモニーと支配にかかわる闘争の台頭、である。ガヴァメントからガヴァナンスへの、また、ガヴァメントからメタ・ガヴァナンスへの移行の組み合わせは、部

表 8.1　国家変容における三つの傾向と対抗傾向

傾向	対抗傾向
・国家の脱国民化：権力が上方と側方や下方へと移動する。 ・政治の脱国家化：ガヴァメントから国家を超える非位階制型ガヴァナンスの多様な形態への移行の結果である。 ・政策レジームの国際化：世界社会の統合の深化とその機能的・社会空間的・操作的複雑性から生じる諸問題に対処するためである。	・規模間接合に占める国家関与の範囲の拡大 ・ガヴァナンスの多様なレベルにおける国家の役割の増大：とりわけ、コリブレーション。 ・国際レジームの諸形態と相対的重要性や執行をめぐる競合：国益ないし所与の国家と結びついた国際的利害の増大を目的としている。

出典：本章を基礎に独自に作成

分－全体の逆説がどのように再作動したかということを示すという点で別の例証となる。そして、傾向と対抗傾向との組み合わせは、世界秩序の変化においても国民的国家が、なお、重要な政治的契機の位置にあることを示している（優れた概観としては次があるので参照のこと。Weiss 1998 ; Nordhaug 2002）。

〈国家存在の脱国民化〉
　　　　ステイトフッド　ディナショナリゼーション

　ここでは「国民的」という言葉を使い、想像の国民的共同体というより、領域規模の制度的編成を指すものとする。この編成は国家の領域的境界の再接合に深く影響するし、国民的前線の役割の衰退という問題と結びつく。こうした傾向のなかには、これまで国民的レベルに位置していた能力が汎地域的・超地域的・多国民的機構ないし国際的機構へと上方化する傾向のみならず、下方化の傾向も含まれ、広範な権限を帯びる。これには権限が下方化し、国民的国家の枠組みにおいて地方ないし地域的国家へと再編されているだけでなく、上方化し、ローカル・メトロポリタン・リージョナルなレベルにおいて水平的権力ネットワークが形成され、あるいは、このネットワークによって権限が掌握されることで、中央国家を越えてローカルないしリージョナルなレベルで諸国民が結びつくことも含まれる。新しい形態の多水準型ガヴァメントの展開はこの事例に、とりわけ、規模の位階制が錯綜していて、その頂点が必ずしも支配的とは言えない場合に妥当することである（第5章を参照のこと）。より複雑なのは、多水準型ガヴァナンスの場合である。これは、新しい形態の公的

機関が国民的レベルの上方と下方において、多様な領域型の規模を結びつけるだけでなく、領域型境界とは符号しない場合もあり得る機能的行為主体(ファンクショナル)を、また、ひとつ以上の領域的規模と結びついた行為主体(アクター)を動員する場合である(第8章を参照のこと)。新しい国家権力も多様な政治的規模に配分されている。これは、国家権力を再秤量することで市場経済のグローバルな規模に対応する必要があるという視点から、あるいは、ミクロ社会関係に浸透することで競争力を高め、不均等発展を管理する必要があるという視点から正当化される場合も起こる。

　以上から、グローバル化のなかで国家が衰退していると受け止めると、二重の意味の誤解であると言わざるを得ない。というのも、こうした解釈によって国家存在の、また、国民的領域国家の特定の形態と規模が物神化されかねないからである。これは、資本関係には利潤志向型で市場媒介型の「経済」と法的－政治的秩序とが分離し、蓄積と社会的凝集性の基軸的な経済外的諸条件を維持することが求められるに過ぎないと理解される場合に浮上することである。「新立憲主義」によって、こうした外的秩序が供与されることにも起こり得る。他方で、国民的国家の活動が多くの場に及び、規模間の権力運動に残余の権力を行使しようとするだけでなく、危機などの危急の諸問題について決定的行動に訴える最後の拠点となっていることである。こうした対応には、国家の能力の再秤量が含まれていて、部分的であれ、メタ・ガヴァナンスと共振(コリブレーション)の諸形態であると理解し得る（第6章）。

　以上からすると、国家の特定の権力が（脱）再領域化することで、近代の国家間システムにおいて相互に排他的で、形式的には主権的存在であって、空間的には区画された存在でもある国民的領域国家が弱体化していると言えるにせよ、国家は、なお、形式的主権を保持し、これを再配分することで操作的自律性と戦略的力量を高めていることにもなる。この点では、すべて国家が平等なわけではないし、地域ブロックにおいては、それぞれ覇権国(ヘゲモン)が存在している。たとえば、ヨーロッパ連合の場合には、ドイツがその位置にあるとされるのが通例であって、フランスは主要なライバルであるとともにパートナーでもあると見なされている。実際、資本主義の多様性という視座からすると、ユーロ圏経済はドイツの新重商主義の影響下で組織されていると見なし得るし、その調

243

整はドイツ国家とその同盟諸国の支配下にあるとされる (cf., Jessop 2014b)。また、グローバルな秩序からすると、アメリカがヘゲモニー的役割を果たしているだけに、世界市場はアメリカという帝国的国家を軸として、新自由主義のハードパワーとソフトパワーによって組織されていると判断し得る。すると、脱国民化と再国民化とは、本質的に、国家権力の領域的境界にかかわることであるし、こうした境界と相互に領域的（ないし国民的）主権国家であると認めている国境とがどの程度に照応しているかという問題とも結びつくことになる。（脱）再国民化は否定し得ないことであるにせよ、国民−国家存在の諸側面の点で、国家に直接的影響を与えるわけではない。だが、この過程が引き金となって国民国家の形態と将来をめぐる闘争を誘発し、脱退と連邦主義や報復主義などを呼び出すことで国家の境界を引きなおすことも起こり得る。

〈政体・政治・政策の脱国家化（ディスティティゼーション）〉

脱国民化のなかで、国家の諸活動が国民的レベルから領域的分散と再秤量へと移動するという問題が浮上したが、他方で、脱国家化のなかで、国家と非国家の装置と活動との境界線の引き直しという問題も関心の対象とならざるを得なかった。その例として「公−私」区分の変更を、また、政治と政策の分野における主権国家の権威の低落を挙げることができる。これはガヴァメントからガヴァナンスへの移行であるとされる場合もある（第7章を参照のこと）。この状況において、選挙型政治、議会審議、執政決定、官僚制的行政、司法審議のいずれかの形態であるにせよ、（国民的ないし非国民的）領域国家の視界から未規定の政治分野へと争点は移動している。この脈絡において、「利害関係者（ステイクホルダー）」や「社会パートナー」が、あるいは、社会諸勢力の集まりが相互の利益にかかわる領域に関し、どのように社会を操舵するかについて検討し、交渉している。だが、脱国家化は社会をどのように操舵し、その機能を高めるかという問題に限られるわけではなく、集団的問題解決や私的な物質的・理念的関心の対立のいずれを対象とするにせよ、政治や政策の、より全般的な組織のありようとも結びついている。

この傾向はガヴァメントの優位からガヴァナンスないし自己ガヴァナンスへの移行に反映されていることであって、国家権力を迂回し、あるいは、回避す

第8章　世界市場と諸国家の世界

る多様な領域的規模に、また、多様な横断型機能分野に依拠する傾向を強くしていることに認め得ることである。この移行は国家や市場の失敗に不満を持つ社会諸勢力の要求を、あるいは、国家管理者層が当該の「公衆」の利益に沿うべく伝統的トップダウン型ガヴァメントを補完し、置き換えようとするイニシアティヴを反映していると言える。この点で、ガヴァナンスは伝統的な公私区分を架橋する性格を帯びていて、ガヴァメントと機能的分野を横断する形態で「入り組んだ位階制」や並行型権力ネットワークなどの連鎖を巻き込むものになり得よう。こうした改変によって、政治システムと他の機能的諸システムとのあいだに新しい相互浸透の形態が生まれ、諸システム・公共圏・市民社会・日常生活の関係を変えることになる。というのも、この3つの社会的分野は国家権力の性格と行使にインパクトを与えるからである。ガヴァナンスの新しい諸形態はフローの管理の点で、とりわけ重要な意味を帯びる。その編成は新しい形態の国際レジームや領域外ネットワークによって国家を迂回ないし回避する。(何らかの規模で) 国家によって遂行される (技術的・経済的・財政－金融的・司法－政治的・イデオロギー的などの) 機能のなかには、疑似国家的・非政府的・私的アクターないし商業的アクターや機構に、あるいは、諸レジームに完全に移譲されるか、共有されることで経済的・社会的関係の調整が期されることになるものもある。この過程は公と私の区分を不鮮明にし、補完性の原理を広げ、(とりわけ、福祉と集団的消費の供与において) 民間事業や非公式セクターを強化するだけでなく、「規制された自己調整」や「私的－利益政府」といったメカニズムを補強する。さらには、機能的相互依存性の認識の深化、知識区分、相互学習・再帰性・交渉型調整の必要性を基礎に、国家が分権型社会的誘導戦略に関与する方向を強くすることにもなる。

　以上のような編成において国家が能動的であり続ける場合といえども、同輩中の首席の位置に留まるに過ぎない。この傾向は「過重負荷」(この傾向については、一部の国家－理論的論考において強調されたことである) を減ずる方途として、国家管理者層の要請に発する場合もある。こうした事例に鑑み、この傾向は国家能力の低下を意味すると受け取られがちであるが、権力とはゼロサム型の資源ではないだけに、ガヴァメントの権力自体の失墜を呼ぶわけではない。というのも、ガヴァナンスに訴えることで、国家は自らの影響力の展開を期す

とともに、有力な非政府型パートナーや利害関係者の知識と権力資源を動員することで自らの目的の実現を期し得るからである。この場合には、国家は何らかの方法で権威を取り戻す権利を保持し得ることになる。だが、この権利が強圧的に（例えば、構造調整によって、あるいは、より強力な諸国家との２国間ないし多国間の交渉の一部として）実行されたり、あるいは、実際には、国家管理者層が「陰で」小さな移行を重ねることで起こり得る場合もある。この場合も、前者と同様に、国家のコントロールの足かせから資本（ないし一部の資本）を解放し、世界市場の統合に有益な国際秩序を構築するための方法であると見なし得る。

〈政策レジームの国際化（インターナショナリゼーション）〉

この傾向は三つの側面をもっている。国家の国内活動（国民的、地域的、地方的のいずれであるにせよ）には、今や、広範な領域外的ないし超国民的（トランスナショナル）要因と過程が含まれている。国内政策にとって、国際的脈絡は戦略的有意性を強めている。また、政策レジームの鍵的プレイヤーは政策の理念と企画を遂行するため諸資源として、海外の主体や諸機関との関係を深くしている。こうした諸変化は超国民的（スープラナショナル）国家編成や国際レジームのみならず、国民的レベルのもとにある地方（ローカル）と地域的（リージョナル）な国家にも影響を与えている。これは多様な国民的編成において、ローカルとリージョナルな機関やガヴァナンス・レジームのあいだの地域間（インターリージョナル）や越境規模（クロスボーダー）の連鎖が生成していることに認め得る。とりわけ、多様な国際レジームが広く創出され、国際的非政府組織や市民社会組織が発展していることにも明らかである（cf. Drori, Meyer, and Hwang, 2006 ; Meyer et al., 1997）。

この三つの傾向は、分析的には個別であるにせよ、様態を異に結合し得る。二つの対照的事例として、(1) 経済のグローバル化の相対的安定を期すために、公私の代表者たちを有する国際レジームの重要性が高まっていること、(2) 電子空間（サイバー・スペース）が国家によって急速に再植民地化され、その監視とコントロールに服しているとはいえ、国家のコントロールの及び得ないとされる領域外的の遠隔空間（テレマティーク・スペース）において、電子（サイバー）ネットワークが生成していること、これを挙げることができる。

第8章　世界市場と諸国家の世界

〈三組の対抗傾向〉

　それぞれの傾向は、また、対抗傾向とも結びつくことで国家の形態と政治や政策に与える意義を限定し、変容してもいる。こうした傾向と対抗傾向との結合には、社会発展における継起的諸段階と結びついた「保全－融解」の複合的効果にとどまらないものが含まれている。過去の形態や機能が国家の変容と結びつくことで保全ないし融解の機能を帯びるかぎり、こうした効果は、確かに存在していると言える。既述の対抗傾向は従前のパターンの残存というより、新しい諸傾向に対する特有の反応である。だから、こうした反応は傾向に対する対抗傾向と見なすべきであって、その逆とは言えないことになる。

　国家存在の脱国民化と「規模の相対化」のなかで、国民的諸国家は多様な空間的規模の分節化をコントロールし続けようとする対抗傾向も強まっている。第5章で指摘したように、戦後期においても、多くの国家は国民的レベルの経済的・政治的組織を重視し、これを所与とすることで国民的規模の優位性に替わる別の規模の優位性を措定することはなかった。だが、現在のグローバル化とリージョン化の力学がこの前提を切り崩している。とはいえ、国民的国家と同等の権力を有する超国民的国家が存在しているわけではない状況において、国家存在の脱国民化は多様な規模の経済的・政治的組織間の関係をコントロールし得る権力を回復しようとする国民的国家の不断の試みを呼ばざるを得ない。

　ガヴァナンス化との対応のなかで、政府はメタ・ガヴァナンスの役割を強くしている。だからといって、ガヴァメントの最高次の審級である国家主権の存続と、あるいは、他の全てのパートナーシップが何らかの様態で従属している「メガ・パートナーシップ」の形態の出現と混同されるべきではない。むしろ、(多様な規模で) 政府は市場と協働やネットワークの、また、ガヴァナンス・レジームの自己組織化に関与する傾向を強くしている。換言すれば、国家は「位階制下のガヴァナンス」の多様な形態を設定しているということになる。国家の役割は、位階制型指令に限定されているわけではなく、方法を異にしつつガヴァナンスの4つの形態の全てを組み合わせている。また、こうした装置がどのように作動しているかを監視することで、その組み合わせを修正しようとし得ることにもなる (第7章を参照のこと)。

247

対抗傾向という点では、やや不分明さを留めつつも、政策レジームの国際化が強化されるなかで国際的諸制約の内部化が浮上しつつある。これは、国内の政策設定者の政策パラダイムや認知モデルに統合されることを意味する。この過程は国民的国家の水準に限定されるわけではなく、ローカル・リージョナル・クロスボーダーの水準やリージョン間の水準に、さらには、いわゆる「起業都市」の諸活動にも明白である (e.g., Paul 2003)。規模の相対化は、国際的規範と慣習やレジームが経済的・政治的組織の全てのレベルにおいて意義あるとする認識を求め、実際、空間的接合の複合的弁証法に関心を深くせざるを得なくする。これは「グローカル化」という現象に反映されている。同時に、国家は（自らの名において、また、各々の権力ブロックないし国民人民的諸勢力のために）国際レジームの形態とその機能様式を創出しようとすることから、国家による闘争が台頭することにもなる。この点は、とりわけ、国家システムにおいて、より強力な国家に妥当することであって、地域ブロック形成の諸要因のひとつとなる。こうした傾向は、とりわけ、グローバルな経済危機の脈絡において、再び、浮上するのは、新しいグローバルな金融・経済をどのように構築するかという点で、その模索が歩みを早めるからである。

　本節では傾向と対抗傾向との相互作用について考察したが、結論として、国家には別の遂行可能な活動があるにせよ、資本関係の拡大再生産の不可欠の契機であり続ける限り、上方と下方へと、また、側方へと権力を移譲することで国民的国家は形式的な領域型主権を失うことになるにせよ、主権をプールすることで、また、規模間の調整をもって事象を形成し得る能力を高めることで補完され得ると言える。この過程から、多水準型（マルチレベル）ガヴァナンスにおける、また、オフショア型の金融センター、租税回避地（タックス・ヘイブン）、輸出特区、有害物質廃棄地といった領域外的空間の設定と規制（ないし無規制）における国民的国家の役割が、さらには、「自国船の海外流出」（フラッギング・アウト）のような慣行（便宜的国籍による商用船の操業）の容認に占める国民的国家の役割も関心の対象とならざるを得ない。この水準に限らず、国家は、また、規模間の課題の対応にも携わっている。だが、もっとも先進的な超国民的政治機構であるヨーロッパ連合でも、構成国に、とりわけ、フランスやドイツといった相対的に大きな国に対抗し得るだけの権力と正統性を欠いている。また、EUが現に保持している権力は多水準の戦略的ゲー

第8章　世界市場と諸国家の世界

ムの所産であって、もっとも有利な政治的土俵で自らの利害を追求している強力な経済的・政治的諸勢力と結びついている。国家の諸政策は国家の論理だけで、あるいは、国家管理者層の利害だけで決定されるわけではなく、経済戦略と国家企図と結びついていて、諸力のバランス変化のなかで形成される妥協の多規模型均衡の反映である。

6. 時間的(テムポラル)主権の喪失

　既述において傾向と対抗傾向について指摘したが、両者にかかわる別の重要な変化がある。それは時間的(テムポラル)主権が相対的に低下していることである。世界市場が深化し、これと結びついてフロー空間が発展するなかで国家の領域的主権が、また、その時間的主権が時間の加速化という挑戦に服している[1]（次を参照のこと。Rosa 2013）。国家は政策の形成と執行という点で時間的圧力に直面せざるを得ない状況を強くしている。これは新しい形態の時間－空間の距離化と圧縮や示差化に負うことである。例えば、国家のリズムに比べると、ローカルとグローバルな規模における経済の時間のリズムは加速していて、国家は経済的事象とその衝撃や危機に対して政治的に対応するための決定と調整の時間を少なくしている。その対応策が国民的国家（あるいは、他の規模の国家）や公－私協働の、あるいは、私的－利益型政府や国際レジームのいずれによるものであれ妥当することである。この状況においては、市場の（諸）時間と国家の（諸）時間との軋轢は強まらざるを得ない。国家が時間的主権を失うことにどのように対処するかとなると、緩慢なあまり、実効性を発揮し得ないような分野から、あるいは、ペースを守ろうとすると過重な負担を強いられかねない分野から撤退し、レッセ・フェールの方向を辿ることである。これは、短期の経済計算や諸活動と諸運動を短期的にコントロールすることを放棄することになる。規制緩和や自由化は、こうした対応策にあたる。だが、超高速の、あるいは、超流動的な資本の運動を解放すると、グローバルな金融危機において浮上したように、脱規制型金融市場と経済危機による不安定化のインパクトを強くせざるを得ないことになる。この危機は当初の力学のみならず、その後のグローバルな波及効果についても確認し得ることである。

　別の対応は、国家が迅速な政策形成と手早い政策遂行策に訴えることで政策

249

形成のサイクルを圧縮し、時宜を得た妥当な介入を求めることである。この戦略に訴えようとすると、国家管理者層が政策には長時間を要し、交渉と立案から立法と裁定や決定を経て執行するには長すぎると判断しているにせよ、不正確な情報と不十分な意見聴取や参加の欠如などに基づいた決定に依拠せざるを得ないことになる。実際、正当化を媒介すると否とを問わず、応急の施策や例外的ルールが求められているという雰囲気を作るために、危機のレトリックに訴えられることも起こり得る。こうした「迅速政策」が求められていることは、政策の展開サイクルの短縮、迅速な決定作成、実施計画(プログラム)の素早い公表、実験的政策の継続、ガイドラインとベンチマークの不断の修正に反映されている (cf., Rosa 2013 ; Peck and Theodore 2015)。迅速政策は規模の圧縮のなかで活動し得る人々を重視させることになるだけに、政策過程における参加者の範囲を狭くすることで討議と意見聴取や交渉の範囲を制約することになる。フランクフルト学派に影響を受けた研究者にビル・ショイアーマンがいる。彼は、行政部の優位による不断の変更とその力学を特徴とする「経済的応急国家(economic states of emergency)」への全般的移行という視点から、こうした傾向について、いくつかの要約を残している(Scheuerman 2000. 応急国家については第9章も参照のこと)。

　こうした対応は国家の構造と機能にとって重要な意味を帯びている。その資本-理論的・階級-理論的インパクトが諸力のバランス変化に左右されることは言うまでもない。迅速政策はコーポラティズム、スティクホールディング、法の支配、形式的官僚制と、より一般的には、民主政治の慣例や循環とも対立する。それは立法部や司法部よりも行政部を、産業資本よりも金融資本を、そして、長期投資よりも消費を重視する。迅速政策に訴えることは、総じて、長期の政策決定のサイクルに依拠してきた政策決定者の権力を侵食することにもなる。というのも、慣例と手続きを踏まえて決定するという能力を奪い、迅速な思考者と迅速な政策形成者にふさわしい能力が求められるからである。こうして、政策の選択、政策目標の起案、政策執行の対象、政策遂行の設定基準、こうしたレベルに大きな影響を与え得ることになる。これは、とりわけ、近年のグローバル金融危機において浮上したことであって、国家は「失うには大きすぎる」と見なした銀行の救済を強いられ、政策決定権を少数の金融エリート

に集中することになった。このエリートこそが第一義的には、危機創出の鍵的役割を果たしていた。

別の戦略は絶対的政治時間を圧縮することではなくて、資本循環を低速化することで相対的政治時間を創出することである。その周知の選択肢が金融取引に対する穏当な課税策（いわゆるトービン税）である。この政策は超高速で超流動的な金融資本のフローを減速し、現実経済に与えるインパクトを制限しようとするものである。また、他の重要な闘争の場として気候変動という課題を挙げることができる。この闘争においては、対応のタイミングとスピードや本質をめぐる国民的国家間の対立も存続しているだけでなく、地球に負担を強いる方向で継続的に経済を拡大することに既得権益を保持している企業やセクターから十分な資力を得た声高な反対に出合うことにもなる。この意味で、影響がすべてに等しく及ぶという一般的な問題ではなく、環境危機の示差的因果と不均等なインパクトや妥当な対応と調整コストの配分をめぐる諸闘争であるだけに、階級的側面を強く帯びている（Burkett 1999 ; Moore 2015a）。

7. 結論

大局的には、新自由主義的方向に即して世界市場の統合が深化し、その全体的インパクトを受けて国際金融資本が強化されることになったと言える。これは、特定の時間と空間において価値実現を期すべき生産的資本の犠牲に負うことである。とはいえ、後者の資本といえども、従属的諸階級を、また、より広範な公益を犠牲にしつつ規制緩和と柔軟化を進めるという政策の恩恵を受けていないわけではない。だからといって、金融資本が生産的資本の継続的価値実現に依拠しているという現実状況をいつまでも続き得るとか、あるいは、世界規模における資本蓄積に根ざした危機傾向から脱却し得るということにはならない。「現実経済」の逆襲は（2015年半ばの時点で）流動性の存続と信用や金融危機に、また、関連バブルの縮小で資本循環の統一性を再び強力に押し付けるという役割に認め得ることである。新自由主義の危機は、国民的国家が経済的・政治的・社会的問題を解決し得る主体であると主張する点で、なお、その最終の担い手であることを示している。

逆説的なことではあるが、新自由主義的な資本とその同盟が国家介入を強く

求める一方で、新自由主義(ネオリベラリズム)は国家の時間的・領域的主権のみならず、こうした危機を解決し得る国家の能力をも蚕食している。国民的国家がNAFTAやEUといった、あるいは、G8とG20やIMFなどのサミットやフォーラムにおいて利害の調整を期し得るわけではない。諸状況の変化のなかで、資本蓄積のミクロな社会条件を整えることは、国民的レベルとは別のレベルに求め得るにせよ、領域統合と社会的凝集性や社会的排除といった問題は、今のところ、大きな領域型国民的国家の水準で対処されることが最善の方策である。というのも、諸勢力のバランスを再調整し、新しい社会的妥協を導くための財政的-金融的権力とその再分配政治を所与とすると、この国家に替わり得るものが存在しないからである。これは、とりわけ、新自由主義路線の極みまで進んだ経済において、また、新自由主義的政策調整を経つつも、統合された世界市場におけるグローバルな規模の新自由主義の諸矛盾の全般化に巻き込まれることになった他の経済において、挫折したり、その過程に瀕している金融機関に大量の助成金が投入され、救済措置が講じられたことに明らかである。

暫定的結論として、新しい時空間的位相が固有の制度を基礎に形成され、蓄積の再調整を期し得る体制が成立しているにせよ、確立されているわけではないということになる。1990年代の後期において、三地域が新しい規模になると想定され、その再規模化が三地域において異なる形態で浮上すると予想されていた。というのも、すでに圧倒的に優勢なアメリカが北アメリカ自由貿易連合（NAFTA）において地歩を固めるとともに、中南米とカリブ海地域（ここでは、一連の地域連合も強化されつつある）に勢力を拡大すると、また、ヨーロッパ連合（EU）が広域化し、その関係が深化することで多水準型ガヴァナンスが形成されるだけでなく北アフリカと中東に影響力を広げると、そして、極めて課題が多いにせよ東アジアに開かれた地域主義が成立する、と想定されていたからである。だが、2000年以降の状況に鑑みると、はるかに複雑な事態を予測せざるを得ない状況が浮上している。これはアメリカの（支配というより）ヘゲモニーの衰退、ヨーロッパ連合の政治機能の不全化（リスボン・アジェンダの挫折とユーロ危機）、BRICS（ブラジル、ロシア、インド、中国、南アフリカ）の台頭、東アジアやアフリカ・ラテンアメリカ・中東における中国の影響力とユーラシアの中心部への動きに認め得ることである。

【注】

1) ハートミュート・ローザは、技術の加速化、機能分化と特化を基礎とする社会の加速化、生活ペースの加速と時間の不足の認識を区別している（Rosa 2013）。だが、この類型化は蓄積の示差の時間的論理の影響力に関する指摘を欠いている。というのも、その影響は技術革新のみならず、より広く、社会的にもインパクトを与えるからである（e.g., Castree 2009）。

第9章　自由民主政、例外国家(エクセプショナル・ステイト)、新しい常態(ノーマル)

　本章では、民主政とその危機、および例外レジームについて、また、例外主義の強力な要素である権威主義的国家主義型政体が常態化する傾向について論ずる。まず、自由主義的ブルジョワ民主政が資本主義国家の「常態」であるという主張から始める。これは、合理的に組織された資本主義が支配的であるだけでなく、利潤追求型で市場媒介型の蓄積が社会組織の支配的原理でもある社会においては形式的に妥当な国家形態であるということによる。だが、自由民主政が資本主義社会の多くの国家に存在しているというわけではない。政治学者やシンクタンクなどの研究者らが開発した一連の経験的指標に鑑みると、総じて、これが正しいとは言えないことになる。これは、自由主義的民主政が確立され、民主主義原則が実態的に作動していると、資本主義は公然たる挑戦に服することが少なくなることを意味する。というのも、第4章で指摘したように、この形態の政治レジームは、国家装置がより公然と支配的諸階級（ないし階級的諸分派）にコントロールされている場合に比べると、あるいは、略奪的資本と密接な同盟関係にあったり、私腹を肥やすために公然とレジームを私物化している国家管理者層によって運営されている場合に比べると、階級権力の性格がより効果的に隠蔽され得ることになるからである。

　こうした理解をもとに、正統派であれ異端派であれ、政治学者のなかには、通常国家と例外レジームとの区別を民主的諸制度やヘゲモニー階級のリーダーシップとの照応性に求める論者もいる。通常国家の特徴はブルジョア的ヘゲモニーが安定し、堅固な局面であると、また、例外レジームはヘゲモニーの危機との対応のなかで浮上するとされる。こうした分析が暗黙の前提としていることは、政治的・イデオロギー的危機が階級やその他の社会諸勢力による通常の民主政では解決され得ない場合、民主的制度は停止されるか、排除され、危機は立憲的手続きを無視する公然たる「機動戦」によって解決されるということである。すると、通常国家においては同意が、憲法上、暴力を凌駕している

が、例外国家は物理的抑圧に訴え、被支配的階級などの他の従属的ないし周縁的諸勢力に対して「公然たる戦争」に打って出ることになる。この分析は、後に検討するように、一時的な非常事態や人民委員会型独裁の制度に関する憲法学の文献に依拠している（以下を参照のこと）。関連文献も独裁のより持続的な諸形態の可能性について指摘し、その可能性はボナパルティズム、カエザリズム、権威主義、そして、全体主義の分析の基礎にも敷衍されている。さらには、国家－理論的分析の近年の２つの流れにも反映されている。これは、自由民主政の持続的衰退に関するソフトなテーゼと権威主義的国家主義の抗しがたい台頭に関する強いテーゼに認め得ることである。(例えば、Crouch 2004 や Streek 2014 と Poulantzas 1978, Bruff 2013, Oberndorfer 2015 とを比較のこと。さらなる検討については以下を参照のこと)。前者のテーゼは政治舞台の水準の諸兆候に焦点を据えがちであるのに対して、後者は現代資本主義のより根本的な変動や国家の安全保障への挑戦に分析の基礎を求めがちである。

　こうした諸問題の議論については次の六つのステップで進めることにする。(1) 資本主義と民主政との選択的親和性、(2) この親和性の主要な規定要因、(3) 民主政の諸形態が階級利害ないし他の社会の主要な断層線に発する政治闘争に与える影響、(4) 政治的危機と緊急事態、(5) 通常国家と例外レジームとの違い、(6) 現代資本主義社会に浮上している権威主義的国家主義における例外レジームに典型的な鍵的特徴の常態化、例えば、例外の常態化、これである。結論として、民主政が資本主義にとって最善の政治的外被と見なされ得る諸条件が歴史的には（経済的、政治的に、また、他の様式で）限定されることを、そして、権威主義的国家主義の諸傾向が現代国家の強い特徴となっていることを指摘する。

1.「最良の政治的外被」か？[1]

　資本主義は商品生産のシステムとされる場合が多く、その特徴は私有財産、生産手段の私的コントロール、自由労働の原則に求められている（また、労働力が商品形態として一般化し、労働者が商品であるかのごとく扱われる）。この脈絡からすると、資本蓄積は利潤追求型で市場媒介型の生産・循環・交換に依拠していることになる。資本主義発展に関する歴史的諸研究を基礎に、マックス・

第9章　自由民主政、例外国家、新しい常態

　ウェーバーは6つの利潤追求の理念型を提示し、その2つが合理的資本主義の事例にあたるとしている。それは、(1) 市場における自由取引と資本主義的生産の合理的組織と (2) 通商と通貨・為替・貸付・信用市場における投機である。ウェーバーは、また、本質的には異質ではあるが、政治的資本主義の様式として3つの理念型を提示している。これは、その利潤が、それぞれ、略奪活動、強制力と支配、そして「政治的権威との異例の取引」に発している[2]。さらには、第6の理念型は、その利潤が伝統的な商取引に由来すると述べている (Weber 1978, 1961. 次も参照のこと。Swedberg 1998)。この類型論は歴史的裏付けのあることである。また、今日の世界市場にも妥当するし、資本主義の多様性と政治レジームの諸形態との関係という点で、よりニュアンスに富んだ考察の基礎となり得る。

　資本主義と民主政との選択的親和性の議論は、意図的であると否とを問わず、形式的に合理的な資本主義と法の支配に基礎を置いた現代の国民型領域国家の民主主義的諸特徴との関係に焦点を据えがちである。この関係は、これまでのところ、社会形態（形態構成）の同型性ないし補完性の点から研究されているとはいえ、経済的・政治的制度とその実践の実際の歴史的軌跡（歴史的構成）から研究されてきたわけではない。資本主義と民主政との多様な矛盾やパラドックスとディレンマは、形式的分析よりも歴史的分析にもっとも明白に浮上することではあるが、その親和性は、資本主義の他の局面や他種の資本主義に注目するときに、あるいは、国家存在の脱国民化の含意に目を向けるときには、それほど目立たなくなる（この点については第8章を参照のこと）。

　自由民主政は固有の法的前提条件に立っている。これには次が含まれる。特定の制度化された政治的自由（例えば、結社の自由、言論の自由、自由な選挙）、競争的政党システム、自然に成立した支配政党の（潜在的）交替（第3章を参照のこと）、単独と連携を問わず、為政における議会（ないし、これに相当する機関）による行政部門や国家行政のコントロール、有権者や世論に対する議員と行政部の責任、これである。人民－民主的闘争の目的は市民権利の至当性の圏域を拡大し、市民のカテゴリーにより多くの人々を含め得るものとするとともに、社会的諸条件や諸勢力の間の不安定なバランスを創出・維持するための法的枠組を作り、これを確かなものとすることで人々がこうした前提条件を監

視・保障し得るようにすることである。

　民主政の諸制度によって、社会的凝集性に、また、政治的階級支配のシステムに重大な裂け目や機能不全化を呼ばないようにされている。だが、政治的・イデオロギー的危機が階級や他の社会諸勢力の通常の民主政の機能によっては解決され得ないとなると、民主的諸制度を停止したり、排除し、憲法の規定を無視することで公然たる「機動戦」によって危機を解決しようとする圧力が強まることになる。さらには、民主政的諸制度を廃棄しようとする行為は、例外国家が確立される局面で支配的だった勢力のバランスを固定化しがちである。ハンナ・アレントが指摘しているように、独裁はひとたび権力を握ると、ルーティン化し、当たり前のこととなり、日常化する（Arendt 1956: 407）。こうして特定の局面が固定化すると、新しい危機や矛盾をルーティン化した漸進的政治調整によって解決することを、また、新しい妥協のバランスを確実なものとすることをいっそう困難にする（Poulantzas 1974, 1976）。要するに、例外レジームの強さとされているものとは、実は、そのもろさを隠していることになる。とはいえ、その様態は例外レジームのタイプによって多様化する（以下を参照のこと）。

　多様性の別の源泉は資本主義の時期区分である。資本主義の起源は重商主義や絶対主義とのみならず、「収奪」が交換形態となり得た諸条件の創出に占める国家の役割とも結び付いている。こうした諸条件が確立されると、第2の局面において自由資本主義が可能となった（少なくとも、資本主義経済の最初の波にとって）。これは法の支配と議会制政治の成立を基礎とする国家の発展を促し――上述の諸条件を満たすだけの自由民主政には及び得ていないとはいえ――市場における自由取引と資本主義的生産のための諸条件を維持し、市場の失敗を補償することが可能となった。こうして、市民間の、また、市場経済の参加者間の形式的平等の幻想によってブルジョワ支配の正当性の諸条件が創出された。第3の局面は、危機傾向がより明白化し、独占資本主義がリベラルで競争的資本主義を犠牲にすることで拡大した時期に浮上している。後発の途上諸国経済も巨大銀行と、また、国家と産業資本との結びつきの深化を特徴としていると言えよう（cf. Gerschenkron 1962）。この大雑把な3段階モデルを受け入れるにせよ、このモデルが、主として、イギリス、オランダ、ベルギー、米国

第9章　自由民主政、例外国家、新しい常態

といった第一波の資本主義経済に妥当するに過ぎないことは明らかである。この事例においてすら、ウェーバーの三種の政治的資本主義のインパクト（例えば、奴隷制、植民地主義、帝国的征服、新興成金）を看取することができる。さらには、資本主義の最近の傾向は新自由主義の支配と金融支配型(ファイナンスードミネイテッド)蓄積に根ざしているので、自由市場と民主政との関係は蚕食される傾向を強くしている。というのも、マイケル・ハドソンが指摘するように、新自由主義者たちにとって「自由市場は、税制の優遇を受けたレント階級が、利子、経済的レント、独占価格を手にする自由な市場である」ことにほかならないからである(Hudson 2011)。この種の自由市場は、前世紀に、とりわけ、この40年において支配的となった軽薄な形式的・エリート主義的民主政とすら両立し得ない。

　資本主義と自由民主政との選択的親和性が弱まっている。これは、金融投機やリスク負担に発する利潤が、生産資本の循環に必要不可欠の銀行仲介型金融とリスク管理型活動から得ることのできる利潤を上回り始めているからである。この親和性は、金融支配型蓄積が規制緩和と自由化や経済的（とくに、金融的）・政治的権力の浸透のために所得と富の格差が広がっているところでは、さらに弱まっている。そして、利潤追求の支配的形態が略奪型政治的利潤（収奪を基礎とする泥棒政治や本源的蓄積を含む）に依拠している場合には、また、（例えば、国家権力によって他の蓄積レジームに新自由主義的ルールと制度や実践を押し付けることで、蓄積の新しい分野を切り拓こうとする）強制と支配に発する利潤に依拠する場合には[3)]、あるいは、国家管理者層や政治機関との「異常な取引」（例えば、特別の立法的・行政的・司法的・財政－金融的(フィシコ・ファイナンシャル)ないし商業的決定によって特定の資本を助成し、通常の法の支配を免れさせることと引き換えに金銭的支援を受けること）に依拠する場合には、資本主義と自由民主政との親和性は維持し得ないものとすらなる。こうした事態に鑑みると、なぜ資本主義と民主政とが常に照応しないかをうかがうことができる。実際、経験的目安からすると、利潤形成の政治形態が支配的になると、権威主義的支配が例外ではなく、むしろ常態化することになると言えよう。

　総じて、こうした指摘は、マルクスがブルジョワ民主政の根幹にある矛盾としたことである。つまり、サバルタン階級が政治過程に参加し得るのは、支配的諸階級の社会的（経済的、政治的、またイデオロギー的、と解釈せよ）権力に

挑戦するために、自らの政治的（選挙や議会の、と解釈せよ）権力に訴えないという条件においてのことであって、民主政ルールの短期的な気まぐれを許容するという条件において、こうした、より基本的な権力形態を享受し得るに過ぎないと指摘したのである（第3・4章を参照のこと）。ひとつの潜在的解決案が、なかでも、グラムシによって示唆されている。というのも、彼は、国家企図とヘゲモニー・ヴィジョンを彫琢し、これを媒介に、部分的であるにせよ、多様な経済的、社会的、その他のカテゴリーを「幻想的」な一般的利益に統一するという政治的・知的・道徳的リーダーシップをめぐる闘争について論じているからである（第4章を参照のこと）。この点で、「自然な政権党」は、選挙民の相当部分や支配的諸階級ないし諸分派の鍵的部分の利害を調整し得る限り重要な役割を果たし得ることになる（次も参照のこと。Gamble 1973）。これが実現され得ないとなると、代表制の危機が出現し、国家システムの正統性の脅威が浮上することにもなる。その争点を明らかにするために、先ず、緊急事態と独裁との関係について検討することにする。

2. 緊急事態と例外レジーム

　憲法史家は、包囲状態、緊急事態、あるいは、他の国家に対する緊急の脅威との対応において現れる例外的レジームを挙げ、その主要な2類型を区別している。ひとつのタイプはローマ型の「代理」（コミッサール）（すなわち、委任）型独裁である。ローマ・モデルの原型は三つの際立った特徴を帯びている。それは、(1) 一つの権威的機関（元老院）が第二の当事者（執政官）（コンスル）を介して第三の特別な権威に、すなわち独裁者に暫定的に権力を委託する、(2) 独裁者は国家の領域保全と国家装置の確保に、あるいは、国民の安全に脅威となっている緊急事態の存続にたいし、通常の立憲構造の外側で権力を行使する、(3) 次いで、彼は、この権限を常態時の諸機関に戻し、この機関が速やかに「通常のごとく、政治の業務」を執行する、これである。フィアジョンとパスキノは第二のタイプを「新ローマ式」と呼んでいるが（Ferejohn and Pasqino 2004）、この類型においては、緊急事態権限は常置の政府の一部門——多くは人民によって選ばれた行政府がこの事態が続く限り特別の大権（全権〔pleins pourvoirs〕、独裁権〔Diktaturgewalt〕など）を行使する。この原型に認め得るように、緊急事態が止むと、

第9章　自由民政、例外国家、新しい常態

この政府部門は通常の立憲的ルールの範囲で活動することになる。新ローマ式の変種が浮上するのは、緊急時の機関による決定が、事後的に、裁判所の法的判断の対象とされ、遡及されることで正統性を帯びる場合である。(イングランド内戦後の) オリヴァー・クロムウェルや (フランス革命後の) ナポレオン・ボナパルトの時代まで独裁者は民衆の名においてコントロールした (McCormick 2004: 198) このパターンは、ヨーロッパやラテンアメリカの半(セミ)大統領制にも見出し得ることであって、大統領は直接選挙によって民衆的正統性を獲得している。

　先のコミッサール型独裁の規定は立憲的枠組みに依拠していて、その宣言は、原則的には、戦争や侵攻のような国家の存亡に対する差し迫った実際の脅威に関する立法的ないし司法的決定事項であるかのごとく規定される。この点が問題提起的であるが、事態は、脅威が作為による場合には、より複雑化する (例えば、開戦の口実が偽りの軍事行動によるとか、対テロ戦争が宣言されるとか、また、内部の敵が発見されたり、あるいは、ゼネストや金融危機が経済的非常事態を生み出す、など)。こうした事例においては非常事態が宣言されることで公然ないし隠然たる活動が隠蔽され、危機を誘発する、あるいは、少なくとも危機を正当化する政策に反対する社会諸勢力が弱体化することも多い (現実と仮想の緊急事態の区別については次の議論を参照のこと。Agamben 2005: 3-5, 59-63)[4]。さらには、独裁的レジームは、締め付けの強化や例外的ルールの長期化に、また、例外の常態化の支配に服するなかで、通常の立憲的ルールが徐々に侵食されることからも浮上し得る (cf. Rossiter 1948; Lasswell 1950; Morgenthau 1954)。同様の現象は国民的安全保障国家の場合にも出現する。とくに、安全保障に対する脅威が外国による急迫の軍事的危険にとどまらず、経済の安全や国内の政治転覆と文化的崩壊にまで広げられる場合にも浮上し得ることである (以下を参照のこと)。

　コミッサール型独裁との断絶はローマの軍人であるルキウス・コルネリウス・スッラ (138-78BC) とガイウス・ユリウス・カエサル (100-44BC) の下で起こっている。彼らは非立憲的に権力を握り、主権型独裁を確立することで、その緊急事態権に訴えてローマの立憲的秩序を変え、自らの権力を永続的なものにした。ドイツの法学者カール・シュミットは、この事態を『独裁』(2013

261

年）において論ずるなかで、この種の主権的独裁は戦間期の議会制民主政の、とりわけ、ワイマール共和国の危機に対する対応であるとし、これを強く支持している（Schmitt 1988）。また、主権的独裁は国民投票による承認にも服すべきであると判断している。彼は議会制民主政を無用のおしゃべりの場であって、危機時には断固たる行動をとり得ないと批判している。主権的独裁に関して、憲法上、何が重要となるかといえば、通常と例外との関係が逆転することである。第一に、独裁者は例外の性質と時期を決定し、その範囲を広げ、これを永続的なものにする。第二に、独裁者の個人的決定のみに服するとされることで、彼の無限定の主権的権限がいかなる時でも行使され得ることになり、それだけに永続的なものともなり得る（cf. Gross 2000:1845）。要するに、例外が常態化する。権威主義的措置が安全保障の名によって正当化され、国家構造の再設計と資本関係の再秩序化や対外戦争や内戦に、さらには大量虐殺の狙いにまで及び得ることになる（Niocleous 2006）。アメリカ半球の事例を再検討するなかで、クラウディオ・グロスマンは次のように指摘している。

　この半球における緊急事態の多数事例に鑑みると、当初、この状態を宣言した人物によって人権が完全に回復される可能性は、緊急時の人権侵害の規模に反比例することがわかる（Grossman 1986: 37）。

3. 政治危機と緊急事態

　国家への脅威との対応のなかで緊急事態が宣言され、コミッサール型独裁が措定され、あるいは、（準）主権的独裁が権力を握る。だが、こうした独裁は、さほど危急でも激しくもない経済危機や政治危機が為政の危機であるとされ、あるいは、支配的諸階級ないし他の指導的社会諸勢力の理念的・物質的利害が脅威にさらされているとし、これに対処しようとするなかで緒につき得る。経済危機だけで政治的・国家的危機が起こるわけではない。実際、通常の民主国家に刻印されている柔軟性が、とりわけ、政党やその連合の交代が危機管理の基礎とされている場合が多い。あるいは、少なくとも、事前の積極策（*fuite en avant*）、つまり、非難の応酬ゲーム、解任、小さな新人事がこの機能を果たし

第9章 自由民主政、例外国家、新しい常態

得る。この柔軟性は政治危機によって崩れるが、それがどのような場合に起こるかとなると、妥協のバランスが大きく崩れ、あるいは、政治制度が機能不全化する場合であるが、いずれの場合であれ、資本主義国家が公開性と民主主義を失し、強制性と例外レジームの方向を強くすることになる。政治的危機が浮上するのは、また、サバルタン集団に対する物質的譲歩の範囲が長期的に縮小し、政党や政府がこのゲームを演じ得るだけの柔軟性が限られるようになる場合である。この傾向は、とりわけ、偏差を含んだ主要な蓄積メカニズム（利潤志向）と国家装置との関係が緊密化する場合には高まらざるを得ないことになる。さらには、政治的資本主義の形式が蓄積のための利潤の源泉になったり、公共財を私的利益に充てるための、あるいは、誇示的消費の源泉となると、その傾向は強まる。政治危機は、また、自由民主政がスムーズで正当なものとして機能するための経済的闘争と政治的闘争との制度的分離が崩壊したときに起こり得る（例えば、政治的目標に据えたゼネストによって、あるいは、資本を収用するために、ないしは、その特権に挑戦するために政治権力を行使しようとすることによって）。

　ここでは、プーランザスに依拠することにするが、彼は、通常国家と例外レジームの分析を4組の制度的・操作的差異から比較している（Poulantzas 1973, 1974, 1976, 1978. 表9.1を参照のこと）。

- 通常国家は普通選挙権と一体化した代表民主政の制度と政党間の競争に依拠しているのに対し、例外国家をコントロールする人々は複数政党制を終わらせ、上から強くコントロールされた国民投票（プレビシット）や住民投票（レファレンダム）に訴える。
- 通常国家においては、立憲的・法的ルールが権力の移転を規定するのにたいし、例外レジームは法の支配を停止し、経済と政治の、また、ヘゲモニーの危機を解決するために必要と見なされる諸変化を期そうとする。
- 通常国家では、イデオロギー装置は、典型的には、「私的な」法的位置にあり、多くは政府の直接的コントロールに服してはいないのに対し、例外レジームにおいては、この装置は強制の強化を正当化し、ヘゲモニーの危機と一体化したイデオロギーの危機を克服するために動員される。
- 権限の公的分散は、また、支配的部門が従属的部門や権力センターに浸透するこ

表9.1　通常国家と例外レジーム

通常国家	例外レジーム
・普通選挙権と形式的に自由な投票と一体化した自由民主政。	・選挙の停止(国民投票・住民投票を除く)。
・権力は法の支配に即し、政党と政府とのあいだで、あるいは、いずれかのあいだで安定的に移動する。	・権力移転についての法的規制を欠く(「力は正義」、例外国家、籠城状態)。
・一連の多元的イデオロギー装置が相対的に国家から自立して活動する。	・イデオロギー装置が公的国家に集中し、その権力の強化が正当化される。
・権力の分散。	・権力の集中。
・権力は有機的に循環し、権力の柔軟な再編を促す。	・こうした例外レジームは、例外レジームが導入された局面の権力バランスを固定化する。

出典：本章で提示する資料および論点は次に依拠している。Poulantzas 1974, 1976, 1978.

とで、あるいは、多様な部門やセンターを結びつけている並行的(パラレル)な権力ネットワークや伝導ベルトを広く活用することで減退する。これは政治的コントロールを集権化し、その適用範囲を広げることで、ヘゲモニーを再編し、内部に対抗し、その反抗を回避することで柔軟性の安定を期そうとする（Poulantzas 1973：123, 130, 226-7, 311；1974：314-18, 320-30；1976：42, 50, 91-2, 100-1, 113-14；1978：87-92. より広範な議論については次を参照のこと。Jessop 1985：90-103)。

プーランザスは、また、政治危機の一類型だけが、つまり、権力ブロックにおけるヘゲモニーの危機が例外的政治レジームを生み出すと指摘している。これは、いずれの階級ないし分派も、自らの政治組織によって、あるいは、「議会制民主政」国家によって権力ブロックの他の成員に対して自らのリーダーシップを押し付けることができない局面で浮上することを意味する。この事態は、典型的には、社会全体に及び得るヘゲモニーの全般的危機と結びついている。こうした危機は政治の場や国家システムに反映される。その兆候には、政党型代表制の危機（すなわち、様々な階級ないし分派と政党との分裂）が、また、多様な社会諸勢力が政党を迂回し国家に直接影響を与えようとする試みが、そして、多様な国家装置が公的な権力回路を媒介とする決定から自立し、政治秩序を独自に押し付けようとすることが含まれる。こうした現象は、国家の制度的・階級的統一性が機能し続けている場合であっても、これを切り崩し、国家

第9章　自由民主政、例外国家、新しい常態

システムの上層と下位ランクとの分裂を引き起こしかねないだけでなく、国家も暴力の独占を失いかねないことにもなる（次を参照のこと。Poulantzas 1974 : passim ; 1976 : 28）。

　プーランザスは確かな知見を持っていた。それは、資本主義国家類型の通常形態——少なくとも先進的で都市型資本主義社会構成体——は自由民主政であると判断していたことである。この意見はコミッサール型緊急事態国家の法的正統化論を背景としている。というのも、この国家の継続性は限られていて、一時的危機が克服されれば解体すると見なしていたし、また、ヨーロッパの最も例外的なレジームの不安定性という一般的経験にも大きく依拠していたからである。すると、彼は通常国家と例外レジームについて語っていることになる。だが、例外レジームの重要な違いも認識していたし、とくに、ファシズムの柔軟性と機動性については印象を強くしていた。対照的に、軍事独裁はもっとも柔軟性を欠いているし、ボナパルティズムはこうした類型の中間に位置すると見なしていた（さらなる議論については次を参照のこと。Jessop 1985 : 229-83）。また、ハンナ・アレントは独裁について類似の見解を示しつつも、独裁が停滞的であるのにたいし、全体主義国家は不断の運動状態にあり、障害を乗り越えて永続革命に腐心すると見なすことで両者を区別している（cf. Canovan 2004）。

　プーランザスに従えば、こうした相対的硬直性は、例外レジームが大衆の支持を導きコントロールし得るだけの固有の政治的・イデオロギー装置を欠いているだけに、大衆から孤立する場合には、とりわけ妥当するとされる。それゆえ、このレジームは国家権力の各装置と結びついた個別の政治的派閥に国家権力を硬直的に分配することを特徴としている。また、国家の統一性を促し、国民－人民的凝集性を確保し得るようなイデオロギーを持っているわけではない。だから、例外レジームが反対派を中立化しようとすると、一貫性を欠いた政策に訴えざるを得ないことになり、混乱を呼ばざるを得ないことにもなる。また、支配的諸階級ないし諸分派の純粋に機械的な妥協と戦術的同盟と結びつくし、「経済－同業組合的」利益を決済することで対処しようとすることにもなる。だから、国家諸装置の内的矛盾が強まり、経済的・政治的危機に直面すると柔軟性を欠かざるを得ないことにもなる（Poulantzas 1976）。こうした特徴

を帯びているがゆえに、矛盾と圧力が蓄積すると、例外国家は突然の崩壊に服するが、民主政への移行も突発的で危機を帯びたものとならざるを得ないのである。

すると、通常国家から例外レジームへの運動には、持続的で単線的軌道を辿るというより、政治的危機と断裂が含まれるし、また逆方向への移行は単純な自己変容の過程というより、一連の断絶や危機を含むことにもなる。だから、民主化の過程においてはヘゲモニーを獲得するための政治的階級闘争が重要なものとならざるを得ない。実際、プーランザスは、通常国家の制度的形態と階級的性格は、この闘争の結果次第で大きく変わると指摘している（Poulantzas 1976 : 90-7, 124. および各所）。1970年代中期の南欧（ギリシャ、ポルトガル、スペイン）における軍事独裁の、あるいは、中東欧における社会主義諸国家（とくに、ルーマニアを想起のこと）の崩壊はその例にあたり、非常に異なった結果を呼ぶことになったが、これは崩壊時に支配的であった諸勢力のバランスに左右されたことによる。（対称的な理論的視座から、階級などの社会諸勢力や国家装置の構成要素を考慮したものとしては次がある。Chilcote et al., 1990 ; Ivanes 2002 ; Poulantzas 1976 ; Przeworski 1993 ; Linz and Stepan 1996）

4. 脆弱国家・挫折国家・ならず者国家
（フラジール・ステイト　フェイルド・ステイト　ローグ・ステイト）

能力の配置、国家管理者層が国家の多様な圏外に権力を投影し得る能力、抗議の趨勢、こうした与件において国家は強さをかなり異にする。また、実際、極端な場合には、国家は瓦解したり、あるいは、「国家の挫折」と表現される場合が多い他の兆候を示すことにもなり得る。あらゆる国家はいくつかの点で失敗しているし、通常の政治は失敗に学ぶための、また、これに適応するための重要なメカニズムである。対照的に、「挫折国家」は、国家の失敗に繰り返し直面するなかで自らの活動を変えることで方向を転換し、国内政治における「通常の政治的機能」を維持し得るだけの能力を欠いている。「挫折国家」という言説によって、国内政治のみならず、国家間政治のレジームの一部であるとされる場合も多い。このように規定することで、恐らく、略奪国家が、すなわち、こうした国家の官僚層が、再生産拡大の諸条件を確保しないままに、特定の諸階級の、あるいは、より一般的には国民の剰余や他の諸資源に「寄生する

第9章　自由民主政、例外国家、新しい常態

生活」が正当化されることになろう。この現象の別名が「収奪政治(クレプトクラシー)」や「吸血鬼国家(バンパイア)」である。こうしたケースでは、良きガヴァナンスと自由主義的市場改革の法的組み合わせが提唱される場合が多いが、これが一般的な万能薬となり得るわけではない。外部の圧力ないし外部からの介入といった他のケースに認め得るように、内的国家能力と諸勢力の内的バランスこそ（外的諸要素によって修正されつつ）が変革の主要な決定要因である。「良きガヴァナンス」策に成功した国はあるにせよ（例えば、ルワンダ）、深刻で失敗続きの国の事例も多い（例えば、アフガニスタン、ジンバブエ、旧ベルギー領コンゴ）。

　同様に、「ならず者国家(ローグ)」のレッテルは、ヘゲモニー的ないし支配的国家の、とりわけ、アメリカの呼称であって、その行動によって既存の支配的秩序が脅かされると見なす国家のことである。米国国務省は、こうした国家を措定するために次の4つの規準を設定している。それは、(1) 権威主義レジームである、(2) テロリズムの支援国である、(3) 大量破壊兵器の拡散を模索している、(4) 国内で深刻な人権侵害を侵しているということである。2000年には、国務省はその公的な言説において、「ならず者国家」を「関心国」という呼称に替えている。「ならず者国家」のなかには「挫折国家」も含まれるが、強力だが脆弱な例外国家もある（例えば、北朝鮮やミャンマー）。ならず者国家というレッテルを貼ることで、アメリカ自身が何年も最悪のならず者国家であったという対抗ヘゲモニー型批判を招くことにもなった (eg., Blum 2001 ; Chomsky 2001)。この種の批判の応酬から、「挫折」国家や「ならず者」国家といった用語が激しい論争を呼ぶことになったが、その妥当性が特定の規準の検証に耐え得ないわけではない。同様のことは、「のけもの国家(バリア)」というレッテルについても言える。この国家は自国で人権を侵害しつつも、世界平和を脅かしているとは言えない国家を指している（例えば、ミャンマーやジンバブエ）。

5. 権威主義的国家主義

　ボナパルティズムやカエザリズムといった概念は、19世紀ヨーロッパの政治言説の中心に位置していて、民主政のみならず、政治的権威と人民意志との関係を検討する際の焦点に据えられていた。このテーマは20世紀に入っても継承されていて、とりわけ、戦間期には独裁と全体主義をめぐるものとなっ

た。権威主義的支配というテーマは、第二次世界大戦の終結後に、とりわけ、冷戦の文脈において、また、国民の安全保障国家の台頭と結びついて再燃している。そして、戦後の大西洋フォード主義の成長様式が包括政党に、また、福祉国家の拡大に強力な支援が寄せられたことと結びついて大いにもてはやされたが、その危機が浮上するに及んで、権威主義的支配の概念が問われだすことになった。

「権威主義的」支配形態については、それが成熟期の資本主義の特徴であって、本源的蓄積期や後発の、あるいは、従属的で周辺の資本主義には認められない特徴を帯びた「権威主義的」支配形態であるとする重要な論稿が残されている。その例として、第一世代のフランクフルト学派の考えを挙げることができる。彼らは、権威主義的と全体主義のいずれの形態であれ、経済危機や国家資本主義が出現するなかで、強力な官僚制国家化の方向が浮上せざるを得ないとする（次を参照のこと。Dubiel and Söllner 1981 ; Scheurman 1996. 次の検討も参照のこと。Scheurman 2008）。こうしたフランクフルト学派初期の理論家たちは、この国家形態が組織資本主義ないし国家資本主義の台頭と結びつけていて、そのイデオロギー権力のためにマスメディアに依拠する傾向を強くしているし、また、労働運動を政治的支持基盤として統合するか、あるいは、全体主義的支配の強化策の一部として、これを粉砕することになると指摘している。

戦後の理論家の一人として、後期資本主義における公共圏の衰退について論じたユルゲン・ハバーマスを挙げることができよう（Habermas 1989）。また、ヨアヒム・ヒルシュは、戦後フォード主義の脈絡において「安全保障国家（Siherheitsstaat）」の台頭について論じている。そして、「強力国家（Starker Staat）」と「兵営国家」や「柔和なファシズム」などの傾向についても多角的に検討されている。こうした議論は、典型的には、ヨーロッパと北アメリカの先進資本主義社会における国家を対象としている。国家主義が開発志向国家に同化される限り、周辺資本主義はより強く国家主義の問題を提起することになる（例えば、ケマル・アタチュルクのトルコやリー・クァン・ユーのシンガポール）。こうした、より「通常の」開発型国家主義の諸形態と並んで、例外的「開発」国家も存在している（例えば、韓国や台湾の開発志向国家の初期局面がこれにあたり、独裁によって支配された強力な国民安全保障レジームであって、民主化以

第9章　自由民主政、例外国家、新しい常態

前の局面においては、資本の諸分派の分裂と民衆の圧力の台頭に負っている)。

戦後間もなく、現実主義派の国際関係論者のハンス・モーゲンソーは、アメリカの国家を「正規の国家位階制」とより強く秘密に包まれた「安全保障の位階制」との集合体であるとしている。前者は法の支配に依拠した位階制であるが、後者の位階制は通常国家を監視し、コントロールすることで民主政の影響を制限し、内外の敵という恐怖を煽ることで保護の欲求を喚起するとしている。より近年に至って、マーティン・ショーは西欧の諸国家がコングロマリット国家であるとし (Shaw 2000)、オラ・ツナンダーは「アメリカ帝国 (US Reich)」が西側国家を次の2つに分けていると述べている（彼は、また、西側の「広域圏 (Grossraum)」についても言及している）。それは、法の支配のもとで作動している一連の正規の民主的ないし公的な国民的国家と、隠然たる超国民的安全保障国家である。後者は前者の決定に拒否権を発動し、活動のなかには国民的ないし国際的安全保障にたいする根本的脅威を与えるものがあるとすることで正規の政治を「安全保障化」する。なかには、軍事クーデターやその試みを正当化するためにテロに訴える場合も起こる (Tunander 2009: 56-7、および各所)。

安全保障型位階制ないし安全保障国家という考えは、より近年に至っては、「深層国家 (deep state)」に対する関心の深まりにも反映されている。この言葉はトルコにおける造語（トルコ語では *derin devlet*）であって、諜報機関、軍隊、安全保障、司法、組織犯罪におけるハイレベルの諸部門からなるシステムを指している（例えば、次を参照のこと。Park 2008；Söyler 2013）。同様のネットワークはエジプト、ウクライナ、スペイン、コロンビア、イタリア、イスラエルなどの多くの諸国においても存在するとされる。この点で、マイク・ログフレンは、ジョージ・W. ブッシュ政権の内幕を暴露し、深層国家とは「政府とトップレベルの金融・産業部門との混成型結合体であって、公的政治過程によって表明される被治者の同意を顧慮することなくアメリカを実効的に統治している」と述べている (Logfren 2014)。

同様の脈絡において、ジェイソン・リンゼイは、「浅い国家 (shallow state)」と「暗黒国家 (dark state)」とを区別している (Lindsey 2014)。前者は国家の公的外面のことであって、政治の情景の前面をなし、スピーチ、選挙、政党政

治などから構成されている。対照的に、後者は公的眼差しから隠される傾向を強くし（あるいは「丸見えにならないようにする」）、政府高官・私企業・メディア機関・シンクタンク・財団・NGO・利益団体などのネットワークからなり、日常生活のニーズというより、資本のニーズに応えている。実際、新自由主義とその実践（規制緩和、民営化、主権の衰退という神話）によって不断に隠される傾向を強くし、公／私の区分によって資本と国家との利害の連鎖の構造が多様に隠蔽されている。急進派ジャーナリストのトム・エンゲルハートはこれを、立法・行政・司法と並ぶアメリカ政府の「第4の部門」であるとしている。それは、より強く規制も責任も負わず、秘密のヴェールに包まれた中枢機関からなっている（Engelhardt 2014）。

プーランザスは、並行的な権力ネットワークや「隠れ家」を例外レジームの中心に据え、その役割を分析するとともに、以前は例外的で暫定的に過ぎなかった政治秩序の諸特徴が常態化する傾向を強くしているとし、これを資本主義国家の権威主義的国家主義のタイプと呼んでいる。というのも、世界市場が統合されるにつれて、その矛盾が一般化し、その危機傾向がより明示的なものとなっているからである。それだけに、危機を時空間的に転置することは、より困難となり、危機傾向が現代資本主義の恒常的な特徴となっていると述べている。すると、主要な「例外的」特徴が資本主義的な国家形態の「常態的」特徴と共存し、あるいは、これを修正することで、両者は公式の国家システムと共鳴し、並行的に作動する永続的な構造に転化しだしていることになる。この過程には、国家装置と支配政党が管制高地をコントロールすることで常態的構造と例外的構造とが不断に共生し、機能的に交差することが含まれている（Poulantzas 1978）。

だから、プーランザスは、資本主義的国家類型が、今や「恒常的・構造的に政治危機と国家危機の内発的諸要素の先鋭化という特徴を帯びるに至った」と指摘したのである。これは、現代資本主義の長期の構造的経済危機を反映するものであって、1970年代に顕在化し、多様な政治的・イデオロギー的危機となって凝縮することで介入主義的国家の社会的諸基盤の亀裂を呼んでいた。これには、ブルジョワジーと新旧のプチブルとの伝統的な同盟の解体、一般的労働組合員やサバルタン集団の戦闘化、かつて「第二」戦線にいた集団が新しい

第9章　自由民主政、例外国家、新しい常態

社会運動として台頭したことによるイデオロギー危機、そして、権力ブロック内の諸矛盾の深まりが含まれるが、これには、国際化が資本の諸分派間の関係に与えたインパクトにも負っていた（Poulantzas 1978: 210-14, 219, 221）。こうした諸兆候は大西洋的フォード主義の危機を反映するものであったが、類似の兆候は輸出志向型知識基盤型経済や1990年代と今世紀の早期の新自由主義的金融支配型諸経済にも看取し得ることである。そして、世界市場は、今や、1970年中期よりも統合されていることを反映し、プーランザスが想起したよりも、危機傾向は形態と規模において多様化し、多中心化していて、より多くの分裂と物質的・理念的関心やアイデンティティを動機の誘因とする傾向を強くしている。

　プーランザスの分析の詳細は執筆時の局面の情況を反映しているにせよ、新しく浮上している資本主義的国家の「通常的」形態に即してみると、その描写は先見性に富んでいたと言える。彼は、「権威主義的国家主義」の基本的な発展傾向を「社会経済的生活のあらゆる領域において国家のコントロールが強化されていて、政治的民主主義の諸制度の根底的な衰退と、いわゆる"形式的"自由に対する残忍で多様な縮減とも結びついている」と指摘している（1978: 203-4）。より具体的には、権威主義的国家主義の主要な構成要素と、それが代表民主政に与える意味には次が含まれる。

・立法から行政部と行政システムへの権力の移譲と後者への実権の集中。これは人民の代表と見なされている諸政党や議会の重要な影響力を遮断することになる。実際、政治は大統領ないし首相の行政府に集中する方向を強くしている。行政府が政権の頂点に陣取っていて、純粋に人格主義的(パーソナリスティック)な大統領／首相システムとして現れる。だからといって、自らの手中に専政的権力を集中した純粋にボナパルト主義的な独裁者ではなく、支配的諸階級に、また、より国民投票(プレビシット)的方向で人民大衆のために、政治の複雑さに戦略的方向感覚を与え得るカリスマ的な看板的人物が探索されることになる。人格主義は、現に、多くの対立的圧力を集約し、政府内の諸矛盾として表面化する対立的諸勢力と民衆の利益の再均衡化が期されることになる（Poulantzas 1978 ; cf. Poulantzas 1974 : 311-14）。
　立法・行政・司法の融合が加速することで、法の支配が衰退している。議会と

政党は、今や、選挙「登録室」(レジストレイション・チャンバー)に過ぎなくなり、その権限は極めて限られたものとなっている。また、その代表者たちは、現代政治の回転ドアのなかでキャンペーンの出資者とロビイストや将来の潜在的雇い主によって「所有されている」。すると、政治的行政部によって指導された国家行政が国策を展開するための主たる拠点の位置にあることになる。こうした変化のなかで、また、与党（あるいは、万年野党の役割に甘んじている政党との対照という点では「自然な」政権政党）は単一（ないし複占型）の権威主義的大衆政党へと変わり、その課題は民衆の利益と国家に対する要求を鮮明にし、これを代表するというより、国民投票的(プレビシッター)手法で国策への大衆の支持を動員する方向に傾くことになる。これは政権を大規模に政治化し、官僚型位階制と統一性という形式的な見せかけの背後で政権が断片化するというリスクを負うことを意味することにもなる（Poulantzas 1978 : 236）。この傾向については、カッツとメアーが分析していることであって（Katz and Mair 1994）、政党エリートの戦略の変化と政党間競争の力学的変化が一体化することで、草の根メンバーや国民的政党の幹部を犠牲にするなかで、どのように政権党の優位が形成されるかについて分析している（第3章も参照のこと）。

・政党が行政との政治的対話の主な回路となるなかで、ヘゲモニーの組織化の主要な諸力となるという機能は衰退している。また、(単に憲法上の諸規定によらず)「既存の国家制度全体によって有機的に指定され、予期される通常の交替パターンに従って政府に参加しようとする、あるいは、実際に参加する」権力内諸政党間にも変化が起こっている（Poulantzas 1978 : 220）。こうした政党と権力ブロックとの代表関係は緩やかなものとなっている。というのも、独占資本は議会政党を通じて自らのヘゲモニーを組織化することがより厳しくなっていることに気づき、政権に対するロビーイング活動に集中しているからである（Poulantzas 1973 ; 1974 ; 1978 : 221-3）。こうして、政党は、もはや、(共通の党綱領を軸に妥協や同盟を通じて) 政策を設定するという、あるいは、(国民-人民的信任を問う選挙競争を通じて) 政治的正統性を求めるという伝統的な機能を充足し得ない状況にある。政党は、今や、公的決定の伝達ベルトに過ぎないものとなり、公的政策の民衆化をどのように期すかという違いを争うものに過ぎなくなっている（Poulantzas 1978 : 229-30, 237）。すると、政治的正統性は、行政府が強い影響力

第 9 章　自由民主政、例外国家、新しい常態

を発揮する国民投票のテクニックや操作技術を基礎とし、マスメディアを通じて増幅される条溝化によって再設定されていることになる（Poulantzas 1978 : 229. 第 3 章も参照のこと）。
- パラレルな権力ネットワークの拡大。このネットワークが国家の公的諸組織を横断し、様々な活動において極めて重要な位置を占めるに至っている（Poulantzas 1974, 1978）。より精確には、権威主義的国家主義には、行政部門とその支配的「国家政党（state party）」（これは人民から国家への、というより、国家から人民への伝達ベルトとなる）や新しい反民主政的なイデオロギーの役割の強化が含まれている。この事態は、政治的意思決定について、既に限定的な大衆の関与をさらに切り崩し、政党システムの有機的機能を著しく弱めているし（複数の政党が変わらずに残存している場合といえども）、政治的言説において民主的諸形態の活力を衰退させてもいる。すると、社会生活のあらゆる分野に権威主義的－国家主義的諸形態が浸透し続けるのを妨止する方途に欠けることになる。とりわけ、この浸透が（国民の）安全保障やテロに対する戦争の名によって正当化されるなら防ぎようがないものとなると付言することができよう。実際、プーランザスは、誇張的であるにせよ、「現代のあらゆる権力は権威主義的国家主義の方向にある」と主張している（Poulantzas 1978: 239）。

　プーランザスは、国家行政の諸活動が自らの政治的構造や作用に内在する諸制約に抵触し続けることに注目したとき、確かに、この主張を幾分弱めている。その制約は、多様な行政グループと同志集団や分派のあいだの内部対立において、また、国家システム内部における階級衝突や矛盾の再生産において、とりわけ明らかである。行政はこうした緊張関係をどのように克服することによって独占資本のために実効的に活動し続けるのかという問題が浮上する。例外国家は、行政とは距離をおいた政治的装置（例えば、ファシスト党、軍隊、政治警察）によって、これを実現する。また、代表制民主政の通常形態においては、行政の中枢装置とは距離を置いた複数政党制が有機的に機能することによって実現し得ることになる（Poulantzas 1978; cf. Poulantzas 1974）。
　だが、こうした有機的機能が権威主義的国家主義のもとで、どのように実現され得るかという疑問が浮上する。この点について、プーランザスは、支配的

大衆政党が支配的国家政党へと変容することで起こり得ると述べている。すると、この政党が並行的なネットワークの役割を果たし、政権の中枢において政治司令部(コミッサール)として公務の要員とともに物質的・イデオロギー的利害共同体の展開を期し、大衆を代表するというより、国家を代表することになる。この政党は、また、国家イデオロギーを大衆へ伝達し、権威主義的国家主義の国民投票(プレビシット)型正当性を強化する（Poulantzas 1978: 236-7）。このような高度に統一され、構造化した大衆政党は長期にわたり存続することで、政権の交替が起こらないことにもなる。同様の機能は、政党間の単一「センター」が政権党の交替を支配することでも実現され得るとする（Poulantzas 1978: 232, 235-6）。

　プーランザスは、政治状況によって修正されるように、こうした「国家行政の台頭の不可避性」を、主として、国家の経済的役割の増大と結び付けている。彼の論述は1970年代の状況を背景としているにせよ、新自由主義的レジームへの移行やプラグマティックな新自由主義的政策調整を、また、外部から押し付けられた新自由主義的構造調整策を特徴とする現代局面においても援用し得る。

　というのも、国家介入とは、法が、もはや、全般的で公式的な普遍的規範であり、その制定が、人民－国民の一般意志を体現するものとして、議会の領域にあるとすることに限定され得ないことを意味するからである。近年のアメリカの事例の検討から、実業利害を代表する経済的エリートや組織集団がアメリカ政府の政策に対して自立的で実質的インパクトを与えているが、普通の市民や大衆基盤型利益団体は自立的影響力を全く、あるいは、ほとんど行使し得ない状況にあることが明らかにされている（Gilen and Page 2014; 次も参照のこと。Ferguson 1995; Hacker and Pierson 2011）。立法は、また、議会ではなく、政権に発する方向を強くしているし、実業界の利害ないし「アメリカ立法交流評議会（American Legislative Exchange Council: ALEC）」のような実業界のロビーとの協議による傾向を強くしている。ALECはアメリカの州レベルで、標準的な立法モデルを準備する役割を果たしている。同様に、法的規範は政権によって修正・精緻化されることで特定の局面と状況や利害に適するように変えられがちとなっている（Poulantzas 1978: 218-219; cf. Scheurman 2003）。法の支配の衰退は、また、政治の領域にも影響を与えている。そのひとつの兆候は、明

第9章　自由民政、例外国家、新しい常態

確に違法行為にあたると定義されている行為を法に基づいて罰するというより、潜在的に不実な逸脱者を先制的に取り締まるべきとすることが強調されるようになったことに認め得ることである（Poulantzas 1978: 219-20; cf. Boukalas 2014）。より一般的には、ヘゲモニーの危機とは、国家行政が中心となり、大企業(ビッグ・ビジネス)と国家の中枢的行政装置（とくに、経済装置）とを横断するネットワークが緊密化することで、また、政治と行政の集権主義化が広く強まることで、国家行政の中心部が権力ブロックの内部の「妥協の不安定な均衡」を作り上げることを意味する。

　だが、こうした行政権の集権化は議会と大衆政党や民主的自由を犠牲にすることになるとはいえ、国家が異常に強化されることを意味するわけではない。むしろ、権威主義的国家は経済的諸矛盾の深化と相互連関化や危機傾向の台頭を、また、そのグローバルな広域化を管理することが困難であると判断しているし、新しい形態の大衆的闘争に対処することにも困難を覚えている。すると、権威主義的国家は経済的危機の成り行きに任せるか、消滅させることができないにせよ、これを管理し、その影響を時空間的に転置せざるを得ないことになる。この点では、支配的分派が自らの短期の経済的－同業者的利益を犠牲に長期の政治的ヘゲモニーを促進することは、より困難となる。さらには、行政部はヘゲモニーを組織し、階級間の妥協の不安定な均衡を管理することは柔軟な複数政党制以上に難しいことにも気づくことになる。同様に、国家が社会生活において、旧来の周辺領域へ介入することを強めると、一般大衆は政治化することにもなる。とりわけ、戦後の社会政策が修正され、支出の削減と緊縮化や再商品化がすすめられ、その結果、正統性の危機を呼ぶことになっただけに、大衆が国家に直接的に対峙し、その安定性を脅かしかねないという問題もある。だが、こうした分野に介入しないと、労働力の社会的再生産が切り崩されかねないことにもなる。そして、資本の国際化の推進に占める国家の役割が強まるなかで、国民統合という問題も浮上している。これは、低開発地域や民族的マイノリティに対するインパクトに明白に認め得ることである（Poulantzas 1978）。

　同様の考えは、とりわけ、近年の長引く金融危機とその広範な経済的影響という脈絡において、左派と中道派から、あるいは、右派の批判的批評家からも

発せられている。例えば、グレッグ・アルボとカルロ・ファネリは、二党型ないし多党型の「規律型民主政」の新しい局面を「恒常的緊縮化」の政治形態であるとしている（Albo and Fanelli 2014; cf. Rasmus 2010; Stutzule 2013）。また、イアン・ブルッフは新自由主義型権威主義的立憲主義について述べ（Bruff 2013）、インガー・ソルティは「権威主義的危機立憲主義」が競争的緊縮化の経済的ガヴァナンスを志向するものであるとし（Solty 2013）、ルカース・オベンドルフェルは、権威主義的競争型国家主義の展開について検討している（Obendorfer 2015）。社会民主主義の視座から、ウォルフガング・ストリークは福祉国家の視点から集権国家への移行を指摘し（Streeck 2013、（旧）フェビアン社会主義者のコリン・クラウチはポスト民主政への移行について論じている（Crouch 2004）。そして、リバタリアン右派は強力な弾圧国家を批判し、この種の国家は金融資本を補強し、異端を取り締まるための、いわゆる非立憲的介入に発すると見なしている（eg. Stockman 2013）。すると、こうした趨勢は短期の逸脱なのか、緊急状態の局面なのか、あるいは「新しい常態」の先駆けなのかという問題が浮上せざるを得ないことになる。

　1970年代中期のプーランザスの論稿に即してみると、超国民的な水準における権威主義的国家主義の諸傾向の展開という問題は、かなり無視されている。ここで展開と呼んでいるのは、資本のための規模の跳躍のことであって（第5章を参照のこと）、パラレルな権力ネットワークによって調整され、「新立憲主義」のための諸条件を確実にすることを志向するものである（Gill 1995）。この立憲主義は、新自由主義がグローバルに広がり、国民的国家の領域的・時間的主権が制限されるなかで、資本には巨大な保護手段が提供されることになる。国民規模の行政機関の（また、EUの）秘密交渉、資本の代弁者、環太平洋パートナーシップ（TPP）、環大西洋貿易・投資パートナーシップ（TTIP）、新サービス貿易協定（TiSA）を軸とするポスト・ワシントン・コンセンサスの国際経済制度は、この傾向を示している。その目的は次に発している。国際レベルの資本主義的事業と活動を期すために準立憲的保護を再規模化し、国民的政治の、より対立的分野から切り離すこと、国家との紛争を含めて諸紛争の判断を、民事判定や専門家と弁護士などの表向きには非政治的なフォーラムや人物に委ねること、そして、驚くべきことに（あるいは、そうとは言えないのか

もしれないが）民主的とされるレジームにおいては、選挙で選ばれた政府が金融上の罰を課すことで、超国民的な事業が所期の利潤を損なうような立法や行政ルールを導入しないように、その権力を制約すること、これである[5]。

　TPP、TTIP や TiSA の詳細が周知されるにつれて、大衆の敵意も増長した。これは超国民的な「深層国家」の限界を示す一例である。他方で、経済・政治エリートが関心を深くしつつあったことは、富と所得の格差の広がりが反発を呼ぶのではないかということであり、また、北大西洋の金融危機やユーロ圏の金融危機の管理において金融資本に有利なバイアスが顕在化するのではないかということであった。すると、「権威主義的国家主義」の台頭には逆説が含まれていることになる。この現象は自由主義的代表制民主政を犠牲に国家権力が明らかに強化される一方で、ブルジョワジーのヘゲモニーを維持し得る国家の能力をも弱めることにもなりかねないことになる（Poulantzas 1978: 241, 263-5; Bruff 2013）。

6. ヨーロッパ連合

　こうした傾向はヨーロッパ連合において、より明示的である。というのも、加盟国の行政は閣僚会議や欧州理事会を媒介としてヨーロッパ連合の立法部に代表されているし、行政機構である欧州委員会の権力は不断に拡大しているだけでなく、行政と立法の、また、司法の諸権限を統一する主要な拠点ともなっているからである。さらには、加盟国の国益とは切り離される方向を強くしてもいる（限定的多数決への移行を想起のこと）。ヨーロッパ議会はそれほど重要とは言えないし、政党のブロック化は弱く、共通の綱領をもって全ヨーロッパの規模の選挙に直接的に関与しているわけでもない。そして、非公式型ネットワークやワーキンググループと評議会などの役割が強くなっているし、生産者グループはとくに強い影響力を行使している（CEO 2004; ALTER-EU 2010; Cronin 2013）。すると、もはや、国益が対抗しあうような政府間様式の物質的凝縮を問題とし得ない状況にあり、理事会は、今や、「EU 全体の利益を代表し、維持する」とし、通常の代表原理を凌ぐ超国民的な存在理由を公然と主張していることになる（Kaczyyinsky 2014: 5）。

　例えば、ヴォルフラム・エルスナーは次のように述べている。

欧州委員会の委員長、欧州中央銀行の総裁、国際通貨基金（IMF）と欧州安定メカニズム（ESM）の代表、経済金融閣僚委員会、そして、銀行家のトップたちによるEUの「経済・金融ガヴァナンス（あるいはガヴァメント）」はポスト民主的プロトタイプに、さらには、国民主権と民主政とに対抗する前・独裁的なガヴァナンス構造にすら容易に転化し得る（Elsner 2012: 158）。

7. 国土安全保障省

　権威主義的国家主義の展開は国家の諸省や諸部門の再編と結びついている。この結びつきは（国家の）安全保障装置が重要性を高くし、その作動様式が国内の公式の分野と範囲に及んでいることに、そして、並行的（パラレル）な権力ネットワークを媒介とすることで、公的には、国家を超えた位置にある重要な諸勢力と結びついているという事実に認め得ることである。多くの重大な活動が公的秘密と不透明性や「知る必要」の原則の背後で遂行されている。住民はマスコミなどの第四階級の協力を得て小声で発せられるポピュリスト的意見表明を媒介とする以外は政策形成や活動のコントロールから排除されている。それだけに、不安の恐怖を煽られることにもなる。安全保障の装置に採用される戦略と戦術のなかには、植民地や（準）周辺において、あるいは、占領地において実施されたものもある（e.g., McCoy 2009; Grndin 2007）。テロリズムの脅威が訴えられるのは国家が巻き返しを期すためであって、「テロリズムが日常生活に影響を与えるだけに、これに対抗する唯一の方法はカウンターテロリズムを媒介とせざるを得ない」とされることになる（Boukalas 2014a: 2）。

　こうした制度や実践の顕著な例がアメリカにおける国土安全保障省（DHS）の設立である。これは国家安全保障型官僚システムの新展開であって、相互依存的諸制度を包括するシステムと見なされている。国家安全保障局は第二次世界大戦後の1947年の総括的な国家安全保障法によって設置され、国務省は別として、アメリカの国家安全保障にかかわる官僚制の主導的な諸機関のすべてを包括することになった。1947年の立法が日本の真珠湾攻撃に由来する安全保障の教訓から引き出されたように、アメリカ愛国者法やDHSは世界貿易センターへの攻撃に直面してから導入されている（Stuart 2008）。この法律によっ

て国家安全保障が国家の、あるいは、国家企図の最重要課題に設定され、グローバルな核兵器に依拠する軍事大国化を志向するものであった。そして、9.11は「国土安全保障システム」とも呼ばれ得る体制の引き金となり、「カウンターテロリズム法（愛国者法、国土安全保障法、情報改革法、および、関連法）と補助的立法（行政命令と軍事命令）」の複合体であって、国内のテロリズムの政治的性格を帯びた犯罪を取り締まることが企図されている (Boukalas 2014a: 8)。この事態と最高司令官である大統領の権限が複合化すると、内外における権力分立と個人の権利は衰退せざるを得ないだけでなく、国家的・国際的規模で緊急事態の体制が構築され、他国に国際法の例外のみならず、自国の憲法秩序の例外が求められることにもなる (Scheppele 2004)。

クリストス・ボウカラスという別のギリシャの政治学者は、これは権威主義的国家主義の展開における第三の局面にあたるとしている。この局面の国家主義は行政部・議会・裁判所の関係を変え、権力は行政府に集中される。また、治安メカニズムの構造と操作やその空間性と時間性は変化し、市民と「外国人」とを、あるいは、「敵の戦闘員」とを問わず、住民に対して国家の権力は拡大する。こうした権力は、また、経済危機の影響を管理するためにも活用される。9.11の関連規定は民衆の政治を違法化するために適用され、これには、先制、容疑、おとり捜査といった方法も含まれる。テロの伝統的定義が拡大され、民衆の運動（反戦、オキュパイ、環境、動物の権利擁護といった運動）が、今や、標的とされている。また、ジャーナリストや個別の異議申立人が嫌疑と監視や威嚇の対象とされている。すると、支配的資本のための多元主義が残り、他の住民に対する専制政治が浮上することになる (Boukalas 2014b)。これは、国家の可変的利害が混在するなかで経済的・政治的危機に対処しようとする国家の必要に発する国家形態であって、この国家装置を再生産し、示差的蓄積と社会的凝集性の諸条件を回復するとともに、民衆の圧力を鎮めようとするものである。だが、これは危機を呼ぶ形態でもあるだけに、安全保障国家のさらなる拡大の諸条件を生み出さざるを得ないことにもなる。

8. 永続的緊縮国家に向けて

緊縮政策は「資本主義の多様性」によって形態を異にするし（後者は前者の

独自の経済的相貌や構想力を反映する)、相互依存関係によっても形成される。この関係はリージョナルやグローバルなガヴァナンスの形態を含む国家間関係に、また、対外貿易や世界の市場統合の他の特徴に、そして、世界市場の支配的論理に発している。すると、緊縮政策の経済的・政治的領域の基本的諸形態と制度的構造や両者の関係について、また、諸勢力のバランスの変化を媒介とすることで両者がどのように調整されているかについて検討すべきことになる。

　政策－政治－政体の三者の連関については第2章で検討したが、この視座からすると、三つの方法から緊縮政策を研究し得ることになる。第一は、状況対応型緊縮策である。これは短期的ないし応急を要する諸問題に対する暫定的措置として導入される。その状況が望ましいものに変われば、その政策は停止されるか、元に戻される。第二は、永続的緊縮政治(関連文献では、「恒常的」と呼ばれることが多い)である[6]。これは、財政－金融部門における、あるいは、より一般的には経済における現実の、ないし作り上げられた「慢性的」危機に対する対応策である。この永続的緊縮政治においては、上記のように、既存の経済的・政治的編成を維持するために政策調整が期されるというより、資本にとって有利な方向で、より持続的に諸勢力のバランスを再編成しようとすることが意図される。第三に、緊縮型政体が存在することである。これは、資本主義的編成における経済的なものと政治的なものとの関係を持続的で、基本的・制度的に再編成することに発する。それだけに、永続的緊縮政治の集積の意図せざる結果として浮上する場合もあり得る。とりわけ、この政治によって財政的－金融的危機の基底的原因が悪化するような場合に起こることである。また、新自由主義の言説においては交換価値が一方的に強調されるだけに、政体を世界市場の「命令」により直接的で持続的に従属させようという周到な政策にも発し得る。そして、所与の政治的・イデオロギー的・ヘゲモニー的・有機的危機が金融と経済の、また、財政的－金融的危機の脈絡において浮上することに鑑みると、右翼急進主義の形態をとり得るにせよ、テクノクラート的で金権的な性格の危機対応をめぐる民衆反乱の台頭に対する権威主義的反応として浮上することもあり得る。

　状況対応策は新自由主義的政策調整のパターンに認め得ることであって、特

第 9 章　自由民主政、例外国家、新しい常態

定の分野の削減策と結び付いているのに対して、永続的緊縮政治は新自由主義的レジーム移行の特徴であり、財政－金融の全般的規制という形態を帯び、多くの支出領域の、とりわけ、裁量的領域の多くに対する下方圧力に服している (Pierson 2002; Ferrera 2008; Seymore 2014)。このパターンは、通常の政治形態や経済的危急状態においてのみならず、例外状態の持続的状況においても浮上し得る。また、明白な現実の危機や周到に誇張された危機を、あるいは、政治的目的から「案出された」危機も引き金となり得る。実際、新自由主義的レジームにおいては、経済状態のいかんを問わず、十分に練られた（また、巧妙な）緊縮政治によって（企業福利は別として）公的支出を削減することが常に妥当と見なされることになろう。これには、支出の量的削減にとどまらないものが含まれている。というのも、質的な変容効果を帯び得ることが意図されるからである。この政策は、資本の、とりわけ、利子生み資本の力の安定を期し、強化するための手段とされるだけでなく、より広く、社会生活の諸領域を偏差を帯びた蓄積の論理のもとに包摂するための手段ともされる。さらには、日常生活の植民地化と商品化にとどまらず、金融化の主要なベクトルとなるが、この過程には、軋轢と抵抗や危機傾向に服さざるを得ないことにもなる。

　セイモアはこの点を上手に説明している (Seymour 2014)。彼は、緊縮策には支出削減策に比べると、やや広く、より複雑なものがあるが、国家支出の再構成と再秤量や方向の再設定が期されるからであると指摘している。実際、彼は、緊縮策とは、欧州と北米におけるグローバルな経済危機の支配的な政治的表明にほかならないとする。その戦略には、次の七つの側面が含まれている。緊縮策は (1) 賃金主導型成長から金融主導型成長への経済の再バランス化である、(2) 所得を賃金取得者から資本へと再分配するものである、(3) 生活の全領域を「不安定」化することで全生活領域を規律し、日常生活の金融化を再強化するための手段とする、(4) 社会諸階級を再構成し、相互間の所得と富の不平等を拡げ、階級内の階層化を期す、(5) 企業によって国家の浸透力を促進する、(6) 市民権の共有を基礎とするケインズ主義的福祉国家から、強制や強圧の日常的化と処罰（とりわけ、アメリカに顕著）に依拠した勤労福祉レジーム〔ワークフェア〕への転換を加速する、(7) 位階制と競争力の価値の重視を促す、これである (Seymour 2014: 2-4)。こうした諸側面は、多くの点で、既に新自由主義的レ

ジーム移行の政治に刻印されていたが、セイモアは、これが2007年から2009年の金融・経済危機後に再強化されたと見なしている。この指摘は、部分的であるにせよ、1990年代から2010年代に国家予算を強化するために採用されていた厳しい施策が北大西洋の金融危機およびユーロ圏の危機のインパクトによって帳消しにされたという事実からも説明のつくことである。というのも、諸政府は銀行を救済するために、あるいは、一連の刺激策を講ずるために、さらなる債務を引き受けているからである (Rasmus 2010; Hudson 2012)。

こうした緊縮政治の猛威は、部分的にせよ、この危機に対する金融資本の対応が国家の財政 – 金融的危機を強めたことに起因していた。この詐欺師まがいの効果をもって、また、金融的利益に内在的な運動から利子生み資本を救済するために諸措置が取られた (上記を、また、次も参照のこと。Demirović and Sablowski 2013)。これは負債 – 債務不履行 – デフレーションの力学を呼び、民間部門にとどまらず、公的金融も悪化させることになった (Rasmus 2010)。さらには、(なかでも) セイモアが指摘しているように、恒常的緊縮政治は経済危機のみならず、政治的・イデオロギー的諸危機に対する、実際、資本主義的社会秩序の有機的危機に対する反応であった (Seymour 2014: 4; cf. Gramsci 1971: 210-18, 318 = Q13, §23*, Q22, §15; Bruff 2013)。この事実からすると、経済的緊急状態は、まず、直近の、あるいは、慢性的問題に対する「暫定的」対応策として提示され、次いで、制度の変化の累積と相互強化や例外措置のルーティン化と習慣化によって持続的形態にしようとされることになる。

緊縮の政治は長期の戦略的攻勢と理解され得る。その狙いは資本のために諸勢力の制度的基盤やバランスを再組織化することであって、(1) 資本としての貨幣と資産としての資本の社会的権力と (2) 国家の政治的権力との関係を再接合することにある。なかでも、この政治には、とりわけ、サバルタン階級を解̇体̇するとともに、利子生み資本 (新自由主義的レジームの場合) や輸出基盤型利潤生産資本 (新自由主義的政策調整が支配的な経済の場合) を軸に資本主義的権̇力̇ブ̇ロ̇ッ̇ク̇を̇再̇組̇織̇化̇す̇る̇ことが含まれている。たとえば、ユーロ圏では、「立憲主義の権威主義的危機」が、つまり、新自由主義的立憲主義を権威主義的方向で強化しようとする動向が浮上している (Solty 2013: 75)。これは、経済的・政治的危機を多様な規模で管理しようとする国家の能力を再強化するため

である。この法的-政治的対応の中心的目標は、新自由主義的な観点から EU 統合を強化するとともに、競争的緊縮策によって統治することで、様々な規模において緊縮策の意欲を喚起し、経済空間と政治レジームとが競い合うようにすることにある。金融支配的レジームと輸出志向型レジームの両者において、全体的アプローチは攻撃的戦術と防御的戦術とを組み合わせる政策を採り得る（後者の例が「第三の道」であって、新自由主義的転換の全般的勢い〔モメンタム〕を維持するメカニズムを支持し、支援した）。この戦略が成功するとは限らないにせよ、緊縮国家化を呼ぶことになり、「恒常的」緊縮政治を制度化する政治システム（政体）に埋め込まれることになった。

9. 結論

権威主義的国家主義の例外的特徴は、通常の要素が支配するもとでも表面化する。第8章で国家のトランスナショナル化が位階制の影のなかのガヴァメント＋ガヴァメンタリティにおいてどの程度に及んでいるかについて言及した。また、本章で例外的レジームについて検討するなかで、そのトランスナショナル化には、地政学的・経済地理学的分野における攻撃的施政と防御的施政のいずれかにおいて、今や、国内の例外措置となっているだけでなく、広く先進的資本主義国家や他の多数の国家においてもその組織的編成が進んでいることを指摘した。国家安全保障、経済的緊急事態、対テロ戦争といった争点が、多様な様態で急浮上しているが、「いかなる国民も他を抑圧して自由とはなり得ない」し、世界市場の統合が資本主義の諸矛盾を全般化し、強化するということ、そして、カウンターテロリズムが逆輸入されることで、テロを増幅させるという悪の循環を呼ぶという原則を示している。

この局面において、政治的危急状況で浮上するポスト民主的・権威主義的国家が構築されているが、この国家は、金融危機が解決されたにせよ、また、その局面においても、略奪的で金融支配的蓄積レジームのための「最良の政治的外被」となり続けることが予想される。というのも、既述のように、この新しいブロックが存続し得るかどうかとなると、ウェーバーの政治的資本主義の三形態に強く依拠しているからである。その存続が長びけば、「現実経済」と人類の繁栄や自然環境に与える諸効果はより有害なものとなる。危機自体が固有

の解決策を生み出し得るわけではないし、客観的には、主観的不確定性の重層的に規定された諸契機にほかならない。これがどのように解決されるかは、個別の事例に占める諸勢力のバランスに左右される。また、解決の方法と形態は、その後の危機の発現形態を規定する。だが、多くの断片化された抵抗の諸形態が水平的・垂直的に、また、横断的に結合することで、この新しいブロックの弱さを突き、その金融支配的な蓄積レジームや「新しい常態的」国家に対して実効的に挑戦し得るかとなると不確かなものを留めている。というのも、民主的ゲームのルールによって「禁止され」ていながら、非民主的方法で、新しいトランスナショナルな金融ブロックによって持続的に行使される様態に即して、経済的権力と政治的権力とを結びつけることが求められることになるからである。

【注】

1) レーニンは、この一節を1927年の小冊子である『国家と革命』において使っている。すなわち、「ブルジョワの民主的共和国は、資本にとって可能な最良の政治的外被である。そして、一度、この外被を手にすると、資本はその権力を確実なものとし、要員や制度の、あるいは、政党の変更にも耐え得るものとなる」、と (Lenin 1972: 393)。
2) これは、スウェドバーグがウェーバーの政治的資本主義のサブタイプのひとつの規定をどのように訳しているかを示している。これに対応するドイツ語は *außerordentliche Lieferungen politisher Verbände* である。
3) 当面のところ、真の征服戦争、植民地化、あるいは、隠喩的ではあるが有益な麻薬「戦争」やテロなどのいずれであれ、「戦争」と結びついた略奪的資本主義については、これを脇に留める。
4) 1940年の論稿で、ヴォルター・ベンヤミン (Walter Benjamin) は、現に浮上している例外状況は支配的であると指摘している (Benjamin 1940)。ジョルジョ・アガンベンであれば、新しい世紀において、これは永続することになったと述べるであろう (Aganben 2005: 1-32)。
5) この意味で、国家は公的主権を保持し、法律を制定し、規制を修正している。だが、この国家は大きな金融的ペナルティを負うリスクを抱いているだけに、政府は事を進める前に再考せざるを得ないことも十分あり得る。
6) アメリカの政府機関は、中東などの軍事的占領や基地について規定するにあた

り、「永遠」という言葉を避け、「永続的」という言葉を使っている。同様に、緊縮の政治が永遠となるかどうかについては知り得ないのに対して、アメリカの政府機関によって不定期であると、また、必要と見なされる限り、確かに、永続させることが意図されている。

第10章　国家と国家存在の未来

　本書は、主流と非主流のいずれに属するにせよ、多様な学問分野に広く認め得る国家をめぐる主要テーマのいくつかについて論じた。行論においては、国家へのアプローチの四つの構成要素を提示したうえで、国家を政治権力の領域化の一形態として考察した。次いで、国家と国家権力の主要な形式的・本質的特徴について検討するための概念枠組みを設定するとともに、国家の歴史と現状についても説明した。主要な国家構成に関する分析が広範な地域の事例に依拠しているだけでなく、国家という現象の複雑で広域的性格を反映せざるを得ないことに鑑み、現代国家の分析を、主として、先進資本主義の社会構成体とそのガヴァメントと統治性の諸形態に絞ることにした。これは筆者の専門領域に負うことであるのみならず、「諸国家の世界（*Staatenwelt*）」の性格を反映してもいる。この「国家」からなる世界は多様なグローバル政治秩序の全体的力学のなかにあり、良くも悪くも、アメリカと西欧が、なお、強大な影響力を保持している。いずれの国家を選び、それについて論述するかとなると、バイアスは帯びざるを得ないし、より一般的には、国家を理論化しようとすると弱点とならざるを得ないことでもあろう。

1. 国家理論はヨーロッパ中心的であるのか？

　国家理論は、北側の経験に左右されがちであった。歴史社会学者のチャールズ・ティリーは、国家が西欧に発し、そこから広がったと述べているが（Tilly 1992）、こうした意見は極めて一般的である（cf. Lachmann 2010）。これは国家理論にも反映されていて、とりわけ、政治哲学、規範的政治理論、国家の発展が緊密に結び付いていると想定されている。この見解からすると、国家理論を世界社会の半周辺ないし周辺に位置する多くの国家に適用することが困難となる。というのも、この地域は資本主義国家の「正常な」（あるいは、ブルジョア民主政的）形態を欠いていて、「資本主義的国家類型」の実例というより「資本

主義的社会における国家」として、つまり、ウェーバーの六つの利益志向様式のいずれかが公的経済組織の支配的基盤をなしているに過ぎないとし、この視点から研究するほうが妥当であると想定されることになるからである（第4章を参照のこと）。この論点は、国家の多形性を、すなわち、国家は社会的組織化の支配的原理に即して、あるいは、特定の局面におけるもっとも差し迫った課題や危機ないし（フーコーのフランス語の用語に従えば）緊急事態（*urgences*）に即して異なった形態を採り得るという性格を想起することで補完され得る。すると、先進資本主義における国家は個別の領域型国家のアナーキーな総体とは言えない国家間システムからは離脱し得ず、共 進 化と構造的一対化を反映せ
ざるを得ないことにもなる。したがって、理論的にも実践的にも、物理的力、法律、通貨、情報などの国家資源を利用することで国家間関係を再秩序化し、多様なグローバル政治システムの位階制的性格を再創造しようとする多様な諸力の戦略的企図（ときに不穏で、挫折しやすく、打ち返しに服する場合が多い）が問題とならざるを得ない（Willke 1997）。要するに、先進資本主義的社会構成体における国家は、生成過程にある世界社会の一般的性格のみならず、自らが属している国家間システムをも反映せざるを得ないということである。

　すると、驚くべきことでもないが、「北側」の自由民主政型市場経済と比較することで、「南側」の社会構成体の多様な（また、連関を異にする）経済と政治の諸制度の性格が規定されることになる。こうした区分は北東アジア、南（西）アジアの一部に適用され、開発志向型国家に関する研究に、また、ラテンアメリカや南北両アフリカの一部は従属的資本主義国家であるとする研究に反映されている（Amin-Khan 2012 ; Canak 1984 ; Ebenau 2012 ; Larrain 1986 ; McMichael 1996 ; Robinson 2012 ; Woo 1991）。こうした諸国は近代化が不完全であって、遅れた経済が何らかの西洋型近代資本主義の形態に追いつき、これを採用することで克服されるべきであるとするような問題ではない。より一般的には、南側の多くの国家は例外的（ないし非民主的）レジームであるとされ、挫折国家やならず者国家であるとされる場合もある。民主化の第三の波と第四の波のなかでも、この事態が改善されなかったことは既に明らかである。ソ連ブロックが崩壊することで、新保守主義派と新自由主義派が活性化し、勝利を宣言したものの、さまざまな「色」の革命が西側の列強によって鼓舞され、先

導されることにもなった。だが、多くの場合、従属的資本主義の発展と結びつくことになったし、脆弱国家化した諸例もある。同様に、中東・北アフリカ（MENA）の諸国家や他の社会構成体において民衆の蜂起が起こっているが、阻止され、覆されるか、あるいは（本書の執筆時点では）挫折国家に帰している場合が多い。

　すると、国家理論はヨーロッパ中心的性格を免れ得ないのか、それとも、より一般的方向へと展開し得るのかという問題について考察すべきことになる。これは、とりわけ、ウェストファリア的意味の「国家」の概念を欠いていて、支配的制度や政治的権威の偶発的争点が、より広く、社会構成体に埋め込まれていると見なされる社会について検討しようとすると、浮上せざるを得ない問題である。

　ヨーロッパ中心的カテゴリーや理論を「南側」に適用しようとすると、いくつかの問題が浮上するが、これは東アジアの経済発展の分析をもって例示することができる。というのも、市場中心主義、開発志向主義、文化主義という三つの説明が、1990年代後半から2000年代早期にかけて支配的であったからである。第一の説明は、国際通貨基金（IMF）と世界銀行の新自由主義的政策志向と密接に結びついている。その政策は、新古典派理論に依拠していて、「経済生活においては市場が中心であって、政府は小さな役割しか果たさない」とするものである（World Bank 1993: 82）。この理論においては、市場諸力に活動の自由が保障され、国家の役割が経済発展について最小の夜警的役割に留めおかれる場合にのみ、最も効率的な資源配分を期すことができるとされる。世界銀行は、至当にも、東アジアには輸出志向モデルしかないという発想を否定しつつも、いずれの場合も、国家が私的セクターの強みを巧みに利用しているとした。その基本的なメカニズムとして (1) 高投資、高経済成長、高貯蓄率の好循環、(2) 良質の労働力と労働参加率の上昇、(3) 海外資本と海外技術の輸入に依拠した生産効率の向上、これを挙げている（World Bank 1993）。こうしたアプローチを国家中心型研究は批判して、東アジアの「経済奇跡」は広範で実効的な国家介入、産業政策の目標設定、そして、市場力の形式的合理性というより経済業績の実質水準の重視という考えに決定的に依拠していると主張している。こうした国家中心型解釈が第二の説明である。そして、第三の説明は

特定の文化的要因に訴えるものである。これは、「儒教資本主義」という、雑然としていて、誇張された解釈（これだけには限られない）に例示される。こうした説明のいずれも個別的には不充分であるにせよ、一体化することで市場－国家－市民社会という問題の多い三幅一対型の啓蒙型の概念を再生産している。だが、この視点から他の社会構成体を分析しようとすると、極めて不充分なものとなり、東アジアの特異性よりもヨーロッパ的思考に傾かざるを得ないことになる（こうした諸次元に触れた研究については次を参照のこと。H. J. Chang 2007 ; D. O. Chang 2009 ; Chibber 2003 ; Evans 1995, 2011 ; Kang 2002 ; Kohli 2004 ; Mazzucato 2013 ; Routley 2014 ; Weiss 2013 ; Weiss and Hobson 1995）。

　以上の説明にまつわる問題は、東アジア社会が市場諸力の固有の領域や位階的に組織され制度的に固有の主権国家ではないことに、あるいは、ブルジョア市民社会に包括し得るわけでもないことにある。これは、市場が経済的・政治的・社会的資源をコントロールしている諸々のネットワークと強く結びついていることを、また、国家が制度的に画定されているわけではなく、その範囲は漠然としていて、封建的封土などの対抗権力を内在するネットワークに組織され得ることを、そして、市民権と個人主義が特定の団体や民族などと結びついていることに認め得ることである。すると、啓蒙型のカテゴリーでは、経済的・経済外的活動と組織や制度の複合性と相互依存性を把握し得ないことになる。実際、こうしたカテゴリーは西側諸国においてさえ物神性を帯びているし、不適切でもあると論じ得るだけの根拠も存在している。たとえば、シリコンバレーや第三のイタリアのような成長拠点の分析に浮上しているように、いわゆる「資本主義の多様性」の構成要素であるガヴァナンスの多様な形態が、また、「軍産複合体」や「知識基盤型経済」ないし「グローバル・シティ・ネットワーク」のような一般的用語の意味がこれを示していると言えよう。こうした諸問題を回避しようとすると、開発志向型国家を世界市場、国家間システム、世界社会の出現という脈絡に据え、その活動の地平の分析が求められることになる。

　さらには、近代国家の特徴の多くを共有していない国家（開発志向型国家を含む）という問題も浮上する。というのも、中東とアフリカや中央アジアにおいては、親族関係や部族的忠誠心が、近代国家に典型的な制度や採用されてし

かるべき類似の制度よりも重視される場合が多いからである。こうした地域では、国家は収奪政治に訴えることも起こる。たとえば、将軍やマフィアが、あるいは、略奪組織が石油、コルタン、ダイアモンド、薬物といった天然資源をめぐる局地的・地域的・国民的あるいは国際的取引から貢物を徴収したり「分捕る」という手法に訴えたりしている。また、王朝型レジームも、なお、存在している。こうした体制は、とりわけ、サウジアラビアなどの中東の石油君主国に顕著である（こうした事例については、たとえば、次を参照のこと。Kostiner 2000 ; Gause III 2013）。そして、中東では、生成期の国民的アイデンティティと結びついて信仰復興運動が広く起こっているが、その多くは自立的国家存在への希望を秘めている（たとえば、レバノン南部のシーア派、ガザのパレスチナ人、四つのポスト・オスマン国家に分裂したクルド人）。

　第一に、国家は政治権力の領域化を不可避とするという一般的前提は別としても、未解決の多くの問題が残されている。これは、国家形態と国家間関係、両者の機能的必然性ないし歴史的偶発性、そして、一連の社会関係との接合に関する問題に認め得ることである。こうした問題が浮上せざるを得ないのは、部分的であるにせよ、一つ、ないし二つの国家形態（たとえば、ウェストファリア型国家やウェーバーの近代国家）に焦点を据え、それが全ての国家の典型であるかのように見なすことに、あるいは、緻密な民族学的研究や極めて特殊な歴史分析に拘泥するあまり、体系的比較と理論構築や検証を欠いたことに起因する。第二に、以上の争点と強く結びついて（また、これを補完する方向で）、国家装置の固有の多形性と複合的機能性に関わる問題を挙げることができる。というのも、国家は組織されることで、極めて多様な経済戦略と国家企図や社会的ビジョンの遂行を目指してきただけに、こうした特徴を国家の理論に統合することが重要な課題とならざるを得ないからである。この論点には、資本主義的生産関係が支配的な社会においてさえ、国家の資本主義的性格を当然視すべきではないという意味が込められている。第三に、国家が複合的な社会構成体において主軸的な制度的編成であるとすると、その未来をめぐって重大な争点が浮上せざるを得ない。というのも、前進と後退、変容と復活、機能の変化と新たな公－私　協　働（パートナーシップ）形態は不可避であって、これが継続的基盤となることは明らかであるからにほかならない。第四に、国家の挫折は逸脱現象であると、

あるいは、国家に内在する固有の傾向であると見なされているが、重要なことは、国家の挫折については、また、国家の改革やメタ・ガヴァナンスに取り組み得る国家の能力については、より子細な説明が求められることである（この分野の文献のすぐれた概要については、次を参照のこと。Taylor 2013)。第五に、世界市場、世界政治、世界社会の複合化が進んでいるが、この事態と結びつけて国家の活動やガヴァナンスとメタ・ガヴァナンスの適切な規模について研究を深めることが求められていることである。この点では、とりわけ、現代の社会が直面している「小さな」問題と「大きな」問題の両者に対処し得る新しい規模という、あるいは、国民的規模の再主張という未解決の問題が浮上している。そのプロセスについては、「北側」で議論される場合が多かったとはいえ、「南側」にも影響している。最後に、国家が活動や社会的連帯の、あるいは、倫理的・政治的権威の主要な中枢ではないとすると、国家の活動をどのように再基盤化し、再正当化すべきか、また、その活動を再規定することで新しい機能に適したものとすべきかという課題が、さらには、新旧の課題の実現をどのように期すかという重要な問題が浮上せざるを得ないことにもなる。

2. 国家のゆくえは？

　国家の長期的未来像について思いあぐねてみても生産的とは言えない。いわんや、「現代国家の雑然とした多様性」（後述）を単一の理論的枠組みで包括しようとなると、なおさらのことである。その理由は本書の序章で明らかにしたように、少なくとも、六つの個別の理論的視座から国家にアプローチすることが啓発的であるし、必要なことでもあるとしたうえで、各々の視座が個別の視点に発していることを指摘した。また、その後の諸章では、この分析を一般的戦略とした。だが、この方法に依拠しつつも、国家の資本主義的類型と資本主義社会における国家に焦点を据えるという方向に傾かざるを得なかった。これは、利益志向的で市場媒介型の蓄積（政治的資本主義の多様な形態との接合）が世界規模における社会的組織化の支配原理であって、現代国家を分析するための最も適切な出発点となり得ると判断したからである。だからといって、個別の国家や特定の局面の研究に際して、多様な参入点を排除すべきではないし、また、排除されているわけでもない。実際、国家と国家権力の多形的特徴を充

第10章　国家と国家存在の未来

分に斟酌しようとすると、これは不可避の視点とならざるを得ない。

既述の諸章で戦略－関係アプローチ（SRA）について論じたが、このアプローチは、国家の未来について考察するための指針となり得ると言えよう。ただし、これは未来の諸未来（future futures）というよりも現下の諸未来（present futures）という意味においてのことに過ぎない（この区別については次を参照のこと。Adams and Groves 2007 ; Koselleck 1985 ; Luhmann 1982 ; Esposito 2011）。すると、現在の国家システムが金融支配型蓄積の影響下にあるだけでなく、（国民の）安全の論理が混乱の度を強くし、危機を内在している世界秩序に服していることに鑑みると、どのような潜在的可能性（in potentia）が存在しているかという問題が問われねばならないことになる。今日の国家と国家間システムが緩やかに解体し、あるいは、突然、崩壊したり転覆したりすると、どのような国家の類型やレジームの形態が浮上するかということ、つまり、未来の諸未来という問題は、今や、思弁の対象とされ、政治的想像（イマジナリー）が競合する状況にある。この点で、ニクラス・ルーマンは「未来について知っていることと言えば、過去とは異なるものとなろうということぐらいである」と述べている（Luhmann 1998: 21）。他方で、現下の諸未来について考えるための重要な指針は、すでに、140年前にカール・マルクスが提示している。これはフェルディナンド・ラッサールを指導者とするドイツ労働者党によって準備された『ゴーダ綱領』の批評に認め得ることである。この『綱領』は今日の社会と国家について多くを言及している。マルクスは次のように述べている。

「今日の社会」は資本主義社会である。それは、中世的なまぜものから多かれ少なかれ解放され、それぞれの国の特殊な歴史的発展によって多かれ少なかれ修正され、多かれ少なかれ発展した状態で全ての文明諸国に現存している。他方で、「今日の国家」は国境とともに移り変わる。それは、プロイセン＝ドイツ帝国とスイスとでは違っているし、イギリスと合衆国とでは違っている。だから、「今日の国家なるもの」は一つの擬制に過ぎない。

けれども、種々の文明国である多様な国家は、その形態上、雑多な違いを帯びているにせよ、いずれも、近代ブルジョア社会の基盤の上に立っているという点では形態を共通にし、その社会の資本主義的発展の度合いに大小の差があるにすぎな

293

い。だから、こうした国家は、また、ある本質的な性格を共通にしてもいる。この意味で、われわれは「今日の国家」の根底をなすブルジョア社会が死滅した後の将来と対比して、その現在について語ることができるのである（Marx 1989: 94-5）。

　この視点からすると、今日の社会（つまり、あらゆる矛盾と敵対や危機傾向を内在し、利益志向的で市場媒介型の蓄積の論理の支配下で組織されている生成期の世界社会）と「今日の」国家（つまり、国家からなる世界に包括され、位階制の影響下で組織化されたガヴァメント＋ガヴァナンスの諸形態）との関係について考察し得ることになる（第8章を参照のこと）。前者については主要なマクロ的傾向を考察する必要がある。また、後者については政治（*politics*）の偶発的で可変的性格や政策の仔細よりも、政体（*polity*）を構成している国家の四つの構成要素と六つの次元に焦点を据えるべきことになる。これは、ランダムな事象に対処するための政治や政策、政治的局面で浮上する政党政治や社会運動の気まぐれ、政治と政策の誤りと試行錯誤の実験などについて考察すべきことを意味する。
　エルンスト・ブロッホは、将来のユートピアがどのようなものとなるかについては、精神的中断や冗長で手間のかかる抽象的な私的推測を繰り返さざるを得ないが、マルクスがこうしたロマン主義的内省に関心を示すことはほとんどなかったと述べている。また、彼を次のように批判している。

　　客観的に現存する経済には、襞と裂け目や割れ目と矛盾がそれだけ鋭く組み込まれる。……抽象的なユートピアはそのスペースの9割を未来の国家の描写にあてていて、現代の批判的観察となると、わずかで、しかも消極的なものに過ぎない。だから、目標は多彩で、生きいきと描かれているにせよ、そこに到る道は、所与の状況が前提とされているかぎり、隠されたままに留めおかれることになった。これに比して、マルクスはその論述の九割以上を現状の批判的分析にあて、未来の描写にあてたスペースはわずかに過ぎなかった（Bloch 1986b: 620）。

　こうした精神を踏まえると、指導的資本主義国家の発展を規制することになる四つの主要なマクロ的動向が存在していることになる。

第 10 章　国家と国家存在の未来

1．資本蓄積の優位性に起因するグローバル・リージョナル・ローカルな環境危機の激化、これにどのように対処するかをめぐる国民的国家間の、あるいは、資本分派間の対立、そして、環境保全、資源争奪戦、挫折国家、市民不和、気候変動難民などの反作用をめぐる南‐北間の矛盾（Hamilton, Gemmene, and Bonneuil 2015；Klare 2001, 2012；Le Billon 2005；Moore 2015a, 2015b；Smith 2013；Global Commission on the Economy and Climate 2014）。
2．世界経済における諸矛盾、危機傾向、対立。これには富と所得の分極化、人口過剰、従属階級の不安定化も含まれる（Chase-Dunn and Lawrence 2011a, 2011b；Harvey 2005；Elsner 2012；Standing 2011）。
3．グローバル・覇権国(ヘゲモン)であるアメリカの経済と政治の相対的優位の持続的衰退。これは、国民の安全保障装置と本国の安全保障装置を強化することで「全方位型支配」を維持しようとすることから、国外介入と準軍事的国内監視体制のみならず、あらゆる打ち返しを呼ばざるを得ないことにもなる。とりわけ、中国がリージョンとグローバルなレベルで地政学的・経済地理学的地歩を維持するという固有の長期戦に訴えるとともに、ロシアとの協力関係によってユーラシア地域における生成期の力を強化しようとすると、この方向は強まらざるを得ない（Boukalas 2014a；Engdahl 2009；Escobar 2015；Jessop 2011；Li 2008；McNally 2012；Patomäki 2008）。
4．国民間的(インターナショナル)・脱国民的(トランスナショナル)・超国家的(スープラナショナル)統治体制とガヴァナンス・レジームが強化され、多国籍資本の利益の増殖と市民社会の周辺化が起こる（Gill 1995, 2011；Overbeek and van Apeldoorn 2012；Stephen 2014）。

以上を踏まえ、また、国家を政治権力が明確に領域化された形態であるとすると、現下の国家存在が終焉することにはならず、国民的国家と地域的国家の影響下で組織された多空間型メタ・ガヴァナンスという、もっと複雑な諸形態が出現することになる（第 7 章と第 8 章を参照のこと）。とりわけ、偏差を帯びた蓄積の論理がグローバルな規模の新自由主義的金融支配型制度下で展開するだけに、対立的・多次元的でゼロサム的な場合が多い「安全」の要求が高まると、両者の緊張関係が強まり、形式的民主政の制度と実質的民主政の実践が衰退し、権威主義的国家主義化の傾向を呼ぶことで軍事化と準軍事化への、また

「監視」国家への決定的転換を招来しかねないことにもなる。

　プーランザスは権威主義的国家主義の分析をもって、その多様な動向を確認している（第9章を参照のこと）。そして、権力ブロック内の政治的危機が高まり、政治システムの代表制の危機が浮上すると、また、戦後の介入主義的国家と新自由主義的転換という一対の対応が機能し得ないと、合法性と国家の危機が起こる。さらには、グローバル化によって国民的領域国家の優位性が問われることになると、権威主義的国家主義化の傾向はさらに強まらざるを得ないことにもなる。とりわけ、議会と法の支配が持続的に衰退するにとどまらず、行政府の自立化、大統領や首相権限の強化も起こり得ることであるし、権威主義的で人民投票主義的政党が登場し、大衆に自らが国家を代表していると主張することにもなりかねない。そして、プーランザスが触れなかったことではあるが、政治的想像とプログラムや討論の形成において、マスメディアが役割を大きくしているように、政治のメディア化が起こっている。さらには、内外におけるテロとの戦いと称して、国民の安全の維持や先制的警備体制の必要が強調されることで、人権と市民的自由に対する攻撃が強まることにもなる。

　先進資本主義国家においては、国民的福祉国家から脱国民的勤労福祉レジーム（ワークフェア）への移行が進むだけでなく、現局面の緊縮国家化の傾向はさらに強まることになろう（Jessop 2002, 2015c）。半周辺に位置し、安定した諸国家は「中産階級」の消費の拡大に対応するとともに、移住を余儀なくされた農村住民を含めてサバルタン階級の不安定な生活に対処しようとすると、勤労福祉レジーム化の方向を強くせざるを得ないことになる。そして、多国籍資本は自らの利益を守るために、ガヴァメント＋ガヴァナンスのあらゆるレベルや規模において圧力を強めることになり、新立憲主義が声高に叫ばれるなかで軍部・警察・サイバーセキュリティといった装置の統合が進むことにもなる。すると、プーランザスの権威主義的国家体制の分析の先見性を認めざるを得ないとしても、政治経済の批判にとどまらない考察をもって、これを補完すべきことになり、これには、政治生態の批判も含まれる。だからといって、「代替案など存在しない」というTINAのスローガンを認めることではなくて、亀裂や軋轢に光を当てることで代替案を創出すべきであるということにほかならない。

3. 国家理論のゆくえは？

　国家に関する七つの一般的命題をもって結びとし、次いで研究課題を深めるために、いくつかの課題を提示したい。この提案は既述の諸章の議論と結びつけることで、国家と国家権力に対するSRAの意味の一般化を期すものである。

　第一に、国家は固有の秤量手順と操作手続きを具えた複合的な制度的アンサンブルとして、また、特定の目的を遂行するために多様な制度と能力に訴え得る政治的諸実践の場として分析されなければならない。アプリオリな概念で国家の核心を規定しようとするよりは、国家の内部と外部における特定の実践を媒介とすることで、国家の範囲がどのように確立されているかを説明すべきである。さらには、国家の核心を確認するにあたっては、その規定をもって国家を説明し得たと、あるいは、(広域化した国家については言うまでもないことであるが) その核心が統一されていて、一元的で整合的なアンサンブルないし行為主体であると主張すべきではない。また、国家をアンサンブルないし行為主体であるとするにせよ、その範囲と相対的統一性は偶発的であると言えよう。すると、どのような企図と実践によって、国家が相対的な制度的統一性を帯び、より広範な社会との統一性が期されているかということ、これが問われてしかるべきことになる。また、対立的「諸国家」が生成し、国家システムの機能とは必ずしも一致しない競合的な国家企図が浮上するという現実に直面する場合も多い。

　第二に、国家を現実的（ないし擬制的）主体というより制度的総体であるとみなすと、国家は権力を発動することはない（また、できない）ことになる。様々な内的・外的諸勢力が多様な政治目的を実現するための行動に訴えるが、国家はそのチャンスを不平等に供与している諸センターのアンサンブルからなる。国家が行動するわけではなく、その行動は、常に、国家システムの特定部所にいる特定の政治家集団や国家要員に発する。政治的諸勢力は国家から自立しているわけではないし、部分的にせよ、国家の代表形態と内的構造や介入形態によって形成されていて、特定の制度や機関に刻印された特定の権力と国家能力を行使している。さらには、多様な構造的権力の潜勢力や国家能力（いずれも複数）が制度的総体としての国家に刻印されているだけに、この点につい

ても探究すべきであろう。そして、国家システムは固有の資源と権力を有していないにせよ、自らの環境のどこかで生産される資源を必要としているのみならず、固有の義務も負っている。こうした権力（および関連義務）がどの程度に、また、どのように実現されるかとなると、この複合的アンサンブルの内外に位置する特定の社会的諸勢力の行動と反作用や相互作用に左右されることになる。そして、国家権力の実現の成否は、国家とその包括的政治システムとの連鎖、国家管理者層と他の政治諸勢力との結びつきに、また、国家と政治システムをより広く自らの環境に結合する相互依存性と社会的ネットワークの複合的網状化に依存する。また、社会活動の全ての事例にも妥当することであるが、国家権力の作動様式は未知の条件にも左右され、これが国家権力の成否を左右するだけでなく、思いがけない結果を呼ぶことにもなる。要するに、国家権力は複合的社会関係であって、一定の局面における社会諸勢力のバランス変化を反映していることになる。

　第三に指摘しておくべきことは、国家の妥当な説明は社会の理論の一部としてのみ展開し得るということである。国家の構造的権力と力量は、たとえ精確に、その制度的境界を設定し得ると想定したとしても、国家に焦点を据えるだけでは理解し得ない。だからといって、国家が固有の属性を欠いているから、他の諸要因や諸力から導出し得るという意味ではない。というのも、歴史的に組成され、固有の組織形態と秤量様式を帯びることで、国家は独自の論理を帯びるからである。これは、制度的に分離し、機能的に自律しているにせよ、国家は、より広範な政治システムのみならず、もっと広い自然的・社会的環境にも埋め込まれていることを意味する。したがって、国家の諸権力の行使とインパクトは、常に、暫定的で、関係論的である。

　第四に、（本書で提起したアプローチからすると）第四の要素は国家理念である。これは、幻想であれ、分裂した社会の一般的利益を神秘化することであるとすると、また、国家権力が権力関係を社会全体において集約し、凝縮しているとすると、国家の理解には、一般的利益を促進するための企図がどのように浮上しているかについて検討するとともに、その企図と国家の内外における諸力のバランスの変化とを結びつけることが求められることにもなる。だが、国家が「幻想的共同体」を創成し、一般意思を組成するための準拠点となり得る

基本的舞台であるにせよ、政治的想像は、常に、選択的であって、一部の意思や関心を周辺化せざるを得ない。これは国家イデオロギー批評の固有の領域にあたる。

　第五に、近代社会は複雑に分化していて、いずれのサブシステムも構造的に「最終審級における決定要因」とはなり得ない。また、いかなる組織も単一の位階制的命令体系の頂点に位置していて、それが四辺に及んでいるわけでもない。むしろ、多くの個別のサブシステムが、そして、より多くの権力センターが存在していて、その多くは展開過程にあり、その範囲は、国家を含めて、外的諸力の直接的コントロールの及び得ない規模にまで及んでいる。とはいえ、各サブシステムは機能と資源の点で他のサブシステムと複雑な相互依存関係のなかにあるだけでなく、自らの環境において他のサブシステムの活動を直接コントロールし得ないという問題にも直面している。すると、近代社会は自立性を強めつつも、部分間の相互依存性も強めざるを得ないという逆説状況のなかにあることになる。

　第六に、国家がこの逆説を最も具体的に示していることである。というのも、国家は社会構成体における制度的総体でありながら、他の制度的総体の相互依存性を管理し、自らが一部である構成体を凝集する最終審級として全責任を負わざるを得ないからである。国家は社会の一部であり、また全体でもあるだけに、社会の諸問題を解決することを様々な社会的諸勢力から不断に求められるだけでなく、「国家の挫折」を生み出さざるを得ない定めにも服している。というのも、多くの問題は自らのコントロールの域外にあるし、介入を試みることで問題を悪化させる危険にすら服しているからである。とはいえ、国家とは、わけても、ひとつの制度的秩序に過ぎないだけに、その行為は自らの制度と組織や手続きを媒介とせざるを得ない。すると、国家は全体を拘束する決定を下し、これを強いる権限を与えられているとはいえ、その活動は全政治システムにおける闘争の特殊な選択的集約と凝縮の表現であって、その成否は直接的範囲を超える諸条件や諸勢力に左右されることになる。この意味で、国家の成否は自らを歴史的ブロックに統合し得るかどうかにかかっている。というのも、このブロックは必然的とは言えず、社会的に組成され、言説をもって再生産される関係論的統一体にほかならないからである。そして、こうした歴史的

ブロックは多様な制度的秩序の流動的な構造的一対化から生成し、何らかの手段をもって照応性を導こうとする多様な戦略的企図のインパクトから浮上する。この歴史的ブロックは、分散型社会構成体において、最大の機能的自律性を実現した制度的秩序の優位性を反映していることにもなる。

　第七に、国家理論には多くの違いを認めることができるが、これは既述のような逆説の多様な構造的・戦略的契機について、個別のアプローチを異にしていることによる。この逆説の論理（おそらくは「非論理」）そのものの理解が期されることになれば、国家理論にみられる違いを解決するための、また、多形的社会構成体における国家の戦略－関係論的特徴をより包括的に分析するための有益な出発点が導かれることになろう。そこから、国家の妥当な理論は、より広い社会理論の一部としてのみ生み出され得ることになろう。この視点にこそ、国家理論の未解決の問題の多くが伏在していると言える。

　以上のような一般的命題が真剣に受け止められることになれば、国家に関する研究は社会諸関係の構造化に関する、より一般的な理論的・経験的研究と協力すべきことになろう。だが、国家の理論家たちが研究領域を国家に限定し続けると、具象化され、物神化した国家概念を採用せざるを得ないと言っているわけではない。その研究領域が構造と戦略の弁証法を軸とする全般的研究の脈絡に据えられることになれば、その関心は国家権力に向かうことになると言えよう。その研究には、二つの主要な争点が含まれるはずである。第一に、国家の理論家たちは、国家と認識されている特殊な制度的・組織的総体がどのように社会権力諸関係を凝縮し、実体化しているかという点で、その固有の様態に焦点を据えようとすることになろう。第二に、国家の理論家たちは、政治的表象（国家に関する理念が方向設定の重大な役割を果たす）がどのように接合され、特定のプロジェクトを中心とする社会的諸勢力を動員し、国家の場で表現されるかについても検討すべきことになるであろう。

参考文献

Abrams, P. (1988). Notes on the difficulty of studying the state. *Journal of Historical Sociology* 1(1): 58-89.

Adams, B. and Groves, C. (2007). *Future Matters: Action, Knowledge, Ethics*. Brill: Leiden.

Adler, P. S. (2001). Market, hierarchy, and trust: The knowledge economy and the future of capitalism. *Organization Studies* 12(2): 215-34.

Agamben, G. (2005). *State of Exception*. University of Chicago Press: Chicago.

Agnew, J. and Corbridge, S. (1995). *Mastering Space*. Routledge: London.

Albert, M. (2005). Politik der Weltgesellschaft und Politk der Globalisierung: Überlegungen zur Emergenz von Weltstaatlichkeit. In B. Heintz, R. Münch, and T. Hartmann (eds) *Weltgesellschaft: Theoretische Zugänge und empirische Problemlagen. Zeitschrift für Soziologie Sonderheft* 34: 223-39.

Albert, M. and Brock, L. (1996). De-bordering the state: New spaces in international relations. *New Political Science* 35: 69-107.

Albo, G. and Fanelli, C. (2014). Austerity against democracy: An authoritarian phase of neoliberalism? Socialist Project. Canada. At www.socialistproject.ca/documents/AusterityAgainstDemocracy.pdf

Ali, T. (2002). *The Clash of Fundamentalisms: Crusades, Jihads, and Modernity*. Verso: London.

Allegri, G. and Ciccarelli, R. (2014). What is the fifth estate? *OpenDemocracy*, 24 February. At https://www.opendemocracy.net/can-europe-make-it/giuseppe-allegri-roberto-ciccarelli/what-is-fifth-estate

Almond, G. (1960). Introduction: A functional approach to political systems. In G. Almond and J. S. Coleman (eds), *The Politics of Developing Areas*. Princeton University Press: Princeton, pp. 3-64.

ALTER-EU [Alliance for Lobbying Transparency and Ethics Regulation in the EU] (2010). *Bursting the Brussels Bubble: The Battle to Expose Corporate Lobbying at the Heart of the EU*. ALTER-EU, Brussels. At http://www.alter-eu.org/sites/default/files/documents/bursting-the-brussels-bubble.pdf

Althusser, L. (1971) [1969]. Ideology and ideological state apparatuses (notes towards an investigation). In idem, *Lenin and Philosophy and Other Essays*. New Left

Books: London, pp. 127-86.
Althusser, L. (2006). *Philosophy of the Encounter: Later Writings 1978-87*. Verso: London.
Altvater, E. (1994). Operationsfeld Weltmarkt, oder Die Transformation des souveränen Nationalstaats in den nationalen Wettbewerbsstaat. *Prokla* 24(4): 517-47.
Amable, B. (2009). Structural reforms in Europe and the (in)coherence of institutions. *Oxford Review of Economic Policy* 25(1): 17-39.
Amin-Khan, T. (2012). *The Post-Colonial State in the Era of Capitalist Globalization: Historical, Political and Theoretical Approaches to State Formation*. Routledge: London.
Amitai-Preiss, R. and Morgan, D. O. (2000). *The Mongol Empire and Its Legacy*. Brill: Leiden.
Anderson, B. (1981). *The Imagined Community*. New Left Books: London（白石隆・白石さや訳『定本想像の共同体：ナショナリズムの起源と流行』書籍工房早山、図書新聞、2007年）.
Anderson, J. (1996). The shifting stage of politics: New mediaeval and postmodern territorialities. *Environment and Planning D: Society and Space*, 14: 133-53.
Anderson, P. (1974a). *Lineages of the Absolutist State*. New Left Books: London.
Anderson, P. (1974b). *Passages from Antiquity to Feudalism*. New Left Books: London（青山吉信ほか訳『古代から封建へ』刀水書房、1984年）.
Anderson, P. (1976). *Considerations on Western Marxism*. New Left Books: London（中野実訳『西欧マルクス主義』新評論、1979年）.
Andreski, S. (1968). *Military Organization and Society*. Routledge and Kegan Paul: London（坂井達朗訳『軍事組織と社会』新曜社、2004年）.
Ansell, C. (2000). The networked polity: Regional development in Western Europe. *Governance* 13(2): 303-33.
Anter, A. and Breuer, S. (eds) (2007). *Max Webers Staatssoziologie: Positionen und Perspektiven*. Nomos: Baden-Baden.
Anthias, F. and Yuval-Davis, N. (eds) (1989). *Woman-Nation-State*. Macmillan: Basingstoke, UK.
Archer, M. S. (2003). *Structure, Agency and the Internal Conversation*. Cambridge University Press: Cambridge.
Arendt, H. (1956). Authority in the twentieth century. *Review of Politics* 18(4): 403-17.
Arrighi, G. (1994). *The Long Twentieth Century: Money, Power and the Origins of Our Times*. Verso: London（柄谷理恵子・境井孝行・永田尚見訳『長い20世紀：

資本、権力、そして現代の系譜』作品社、2009 年).

Axtmann, R. (2004). The state of the state: The model of the modern state and its contemporary transformation. *International Political Science Review* 25(3): 259-79.

Badie, B. and Birnbaum, P. (1983). *The Sociology of the State*. University of Chicago Press: Chicago.

Badiou, A. (2005). A speculative disquisition on the concept of democracy. In idem, *Metapolitics*. Verso: London, pp. 78-95.

Bagehot, W. (1963) [1867]. *The English Constitution*. Fontana: London.

Balasopoulos, A. (2012). Introduction: Intellectuals and the state: Complicities, confrontations, ruptures. *Occasion: Interdisciplinary Studies in the Humanities* 3(1): 1-34.

Balibar, E. (1990). The nation form: History and ideology. *Review: Fernand Braudel Center* 13(2): 329-61.

Barak, G. (1991). *Crimes by the Capitalist State: An Introduction to State Criminality*. SUNY Press: New York.

Barber, B. (1995). *Jihad vs McWorld: Terrorism's Challenge to Democracy*. Random House: New York (鈴木主税訳『ジハード対マックワールド：市民社会の夢は終わったのか』三田出版会、1997 年).

Barfield, T. J. (2001). The shadow empires: Imperial state formation along the Chinese-Nomad frontier. In C. M. Sinopoli and T. N. D'Altroy (eds), *Empires: Perspectives from Archaeology and History*. Cambridge University Press: Cambridge, pp. 8-41.

Barkan, J. (2011). Law and the geographic analysis of economic globalization. *Progress in Human Geography* 35(5): 589-607.

Barker, E. (1966). *The Development of Public Services in Western Europe 1660-1930*. Archon Books: Hamden, CT (足立忠夫『近代行政の展開』有信堂、1974 年).

Barrow, C. W. (1993). *Critical Theories of the State: Marxist, neo-Marxist, post-Marxist*. University of Wisconsin Press: Madison.

Barry, A. (2002). The anti-political economy. *Economy and Society* 31(2): 268-84.

Barry, B. (1965). *Political Argument*. Routledge and Kegan Paul: London.

Bartelson, J. (1995). *A Genealogy of Sovereignty*. Cambridge University Press: Cambridge.

Bartelson, J. (2001). *Critique of the State*. Cambridge University Press: Cambridge (小田川大典ほか訳『国家論のクリティーク』岩波書店、2006 年).

Bartelson, J. (2013). *Sovereignty as Symbolic Form*. Routledge: London.

Bashford, A. (2006). Global biopolitics and the history of world health. *History of the Human Sciences* 19(1): 67-88.

Bayart, P., Ellis, S., and Hibou, B. (eds) (2009). *The Criminalization of the State in Africa*. Indiana University Press: Bloomington.

Beaulac, S. (2004). The Westphalian model in defining international law: Challenging the myth. *Australian Journal of Legal History* 8(2): 181-213.

Beck, U. (2005). *Power in the Global Age*. Polity: Cambridge.

Beck, U. and Grande, E. (2007). *Cosmopolitan Europe: Paths to Second Modernity*. Polity: Cambridge.

Beer, S. (1990). Recursion zero: Metamanagement. *Systems Practice* 3(3): 315-26.

Béland, D. and Cox, R. H. (eds) (2011). *Ideas and Politics in Social Science Research*. Oxford University Press: Oxford.

Bell, S. and Hindmoor, A. (2009). *Rethinking Governance: The Theory of the State in Modern Society*. Cambridge University Press: Cambridge.

Benjamin, W. (2008). On the concept of history. In H. Eiland and M. W. Jennings, eds., *Selected Writings, vol.4, 1938-1940*. Cambridge: Harvard University Press, pp.389-400.

Bentham, J. (1970). [1789]. *An Introduction to the Principles of Morals and Legislation*. Clarendon: Oxford(堀秀彦訳『道徳の原理：法と功利主義的道徳に就いて』銀座出版社、1948 年).

Bentley, A. F. (1908). *The Process of Government: A Study of Social Pressures*. University of Chicago Press: Chicago(喜多靖郎・上林良一訳『統治過程論：社会圧力の研究』法律文化社、1994 年).

Bernhardt, R. (ed.) (1989). *Encyclopedia of Public International Law*, vol. 11: *Law of the Sea, Air and Space*. Elsevier: Amsterdam.

Bevir, M., (ed.) (2007). *Encyclopedia of Governance*. SAGE: London.

Bevir, M. (2010). *Democratic Governance*. Princeton University Press: Princeton, NJ.

Biggs, M. (1999). Putting the state on the map: Cartography, territory, and European state formation. *Comparative Studies in Society and History* 41(2): 374-405.

Biller, P. (2000). *The Measure of Multitude: Population in Medieval Thought*. Oxford University Press: Oxford.

Bloch, E. (1986a). *The Principle of Hope*, vol. 1. Blackwell: Oxford.

Bloch, E. (1986b). *The Principle of Hope*, vol. 2. Blackwell: Oxford.

Blockmans, W. P. (1978). A typology of representative institutions in late medieval Europe. *Journal of Medieval History* 4(2): 189-215.

Blockmans, W. P. (1996). The growth of nations and states in Europe before 1800.

European Review 4(3): 241-51.

Blok, A. (1975). *The Mafia of a Sicilian Village 1860-1960: A Study of Violent Peasant Entrepreneurs.* Harper Torch: New York.

Blum, W. (2001). *Rogue State: A Guide to the World's Only Superpower.* Zed: London（益岡賢訳『アメリカの国家犯罪全書』作品社、2003年）.

Blyth, M. and Katz, R. S. (2005). From catch-all politics to cartelisation: The political economy of the cartel party. *West European Politics* 28(1): 33-60.

Börzel, T. and Risse, T. (2010). Governance without a state: Can it work? *Regulation and Governance* 4(2): 113-34.

Boldt, H., Conze, W., Haverkate, G., Klippel, D., and Koselleck, R. (1992). Staat und Souveränität. In O. Brunner, W. Conze, and R. Koselleck (eds), *Geschichtliche Grundbegriffe Historisches Lexicon zur Politisch-Sozialen Sprache in Deutschland,* vol. 6. Klett-Colta: Stuttgart, pp. 1-154.

Bonney, R. (1995). *Economic Systems and State Finance: The Origins of the Modern State in Europe, 13th to 18th Centuries.* Oxford University Press: Oxford.

Boukalas, C. (2014a). *Homeland Security, Its Law and Its State: A Design of Power for the 21st Century.* Routledge: London.

Boukalas, C. (2014b). No exceptions: Authoritarian statism: Agamben, Poulantzas and homeland security. *Critical Studies on Terrorism* 7(1): 112-30.

Bourdieu, P. (1994). Rethinking the state: Genesis and structure of the bureaucratic field. *Sociological Theory* 12(1): 1-18.

Bourdieu, P. (2014). *On the State: Lectures at the Collège de France, 1989-1992.* Polity: Cambridge.

Bratsis, P. (2003). The construction of corruption, or rules of separation and illusions of purity. *Social Text* 21: 1-33.

Bratsis, P. (2006). *Everyday Life and the State.* Anthem: London.

Braudel, F. (1975). *Capitalism and Material Life: 1400-1800.* Harper Colophon: New York.

Brennan, J. (2007). Dominating nature. *Environmental Values* 16(4), 513-28.

Brenner, N. (2004). *New State Spaces: Urban Restructuring and State Rescaling in Western Europe.* Oxford University Press: Oxford.

Bretthauer, L., Gallas, A., Kannankulam, J., and Stolty, I. (eds) (2011). *Reading Poulantzas.* Merlin: London.

Breuer, S. (2014). *Der charismatische Staat: Ursprünge und Frühformen staatlicher Herrschaft.* WBG: Darmstadt.

Brown, W. (1992). Finding the man in the state. *Feminist Studies* 18: 7-34.

Brubaker, R. (1992). *Citizenship and Nationhood in France and Germany*. Harvard University Press: Cambridge, MA（佐藤成基・佐々木てる監訳『フランスとドイツの国籍とネーション：国籍形成の比較歴史社会学』明石書店、2005 年）.

Bruff, I. (2013). The rise of authoritarian neoliberalism. *Rethinking Marxism* 26(1): 113-29.

Brunner, O. (1992). *Land and Lordship: Structures of Governance in Medieval Austria*. University of Pennsylvania Press: Philadelphia.

Bruyneel, K. (2007). *The Third Space of Sovereignty: The Postcolonial Politics of US-Indigenous Relations*. University of Minnesota Press: Minneapolis.

Burkett, P. (1999). *Marx and Nature: A Red and Green Perspective*. St Martin's Press: New York.

Bussolini, J. (2010). What is a dispositive? *Foucault Studies* 10: 85-107.

Calhoun, C. (1995). *Critical Social Theory: Culture, History, and the Challenge of Difference*. Blackwell: Oxford.

Callinicos, A. (2009). *Imperialism and Global Political Economy*. Polity: Cambridge.

Campbell, B. B. and Brenner, A. D. (eds) (2000). *Death Squads in Global Perspective*. Palgrave Macmillan: Basingstoke, UK.

Canak, W. L. (1984). The peripheral state debate: State capitalist and bureaucratic authoritarian regimes in Latin America. *Latin American Research Review* 19(1): 3-36.

Canovan, M. (2004). The leader and the masses: Hannah Arendt on totalitarianism and dictatorship. In P. Baehr and M. Richter (eds), *Dictatorship in History and Theory: Bonapartism, Caesarism, and Totalitarianism*. Cambridge University Press: Cambridge, pp. 241-60.

Canovan, M. (2005). *The People*. Polity: Cambridge.

Canovan, M. (2008). The people. In J. S. Dryzek, B. Honig, and A. Phillips (eds), *The Oxford Handbook of Political Theory*. Oxford University Press: New York, pp. 349-62.

Carlyle, T. (1908) [1840]. *On Heroes and Hero Worship*. James Fraser: London（老田三郎訳『英雄崇拝論』岩波書店、1949 年）.

Carneiro, R. L. (1981). The chiefdom: Precursor of the state. In G. Jones and R. Kautz (eds), *The Transition to Statehood in the New World*. Cambridge University Press: Cambridge, pp. 33-79.

Carroll, W. K. (2010). *The Making of a Transnational Capitalist Class: Corporate Power in the 21st Century*. Zed: London.

Castells, M. (1992). Four Asian tigers with a dragon head. In J. Henderson and R. P.

Appelbaum (eds), *States and Development in the Pacific Rim*. SAGE: London, pp. 33–70.

Castree, N. (2009). The spatio-temporality of capitalism. *Time & Society* 18(1): 26–61.

CEO [Corporate European Observatory] (2004). *Lobby Planet Brussels: The EU Quarter*. CEO: Brussels.

CEO [Corporate European Observatory] (2011). *Lobby Planet Brussels: The EU Quarter*, 2nd edn. CEO: Brussels.

Cerny, P. G. (1997). Paradoxes of the competition state: The dynamics of political globalization. *Government and Opposition* 32(2): 251–74.

Cerny, P. G. (2010). *Rethinking World Politics: A Theory of Transnational Neopluralism*. Oxford University Press: Oxford.

Chang, D. O. (2009). *Capitalist Development in Korea: Labour, Capital and the Myth of the Developmental State*. Routledge: London.

Chang, H. J. (2007). *The East Asian Development Experience: The Miracle, the Crisis and the Future*. Zed: London.

Chase-Dunn, C. and Lawrence, K. S. (2011a). The next three futures. Part I: Looming crises of global inequality, ecological degradation, and a failed system of global governance. *Global Society* 25(2): 137–53.

Chase-Dunn, C. and Lawrence, K. S. (2011b). The next three futures. Part II: Possibilities of another round of US hegemony, global collapse, or global democracy. *Global Society* 25(3): 269–85.

Chibber, V. (2003). *Locked in Place: State-Building and Late Industrialization in India*. Princeton University Press: Princeton, NJ.

Chilcote, R., Hadjiyannis, S., López, F. A. III, Nataf, D., and Sammis, E. (1990). *Transition from Democracy to Dictatorship: Comparative Studies of Spain, Portugal and Greece*. Taylor & Francis: New York.

Chomsky, N. (2001). *Rogue States: The Rule of Force in World Affairs*. Pluto: London.

Chomsky, N. (2012). *Occupy*. Penguin: Harmondsworth, UK（松本剛史『アメリカを占拠せよ！』筑摩書房、2012年）.

Cioran, E. M. (1975) [1949]. *A Short History of Decay*. Arcade: New York.

Claessen, H. J. M. and Skalnik, P. (1978). The early state: Theories and hypotheses. In eidem (eds), *The Early State*. Mouton: The Hague, pp. 3–29.

Clark, C. and Lemco, J. (1988): The strong state and development: A growing list of caveats. *Journal of Developing Societies* 4(1): 1–8.

Clark, J. and Jones, A. (2012). After 'the collapse': Strategic selectivity, Icelandic state elites and the management of European Union accession. *Political Geography* 31:

64-72.

Clarke, S. (1977). Marxism, sociology, and Poulantzas's theory of the state. *Capital & Class* 2: 1-31.

Coleman, J. (1990). *Foundations of Social Theory*. Belknap Press: Cambridge, MA (久慈利武監訳『社会理論の基礎』青木書店、2004-2006 年).

Collinge, C. (1999). Self-organization of society by scale: A spatial reworking of regulation theory. *Environment and Planning D: Society and Space* 17(5): 557-74.

Connolly, W. E. (ed.) (1969). *Pluralism in Political Analysis*. Atherton: New York.

Connolly, W. E. (1983). *The Terms of Political Discourse*, 2nd edn. Princeton University Press: Princeton.

Connolly, W. E. (2005). *Pluralism*. Duke University Press: Durham, NC (杉田敦ほか訳『プルーラリズム』岩波書店、2008 年).

Cook, T. E. (2005). *Governing with the News: The News Media as a Political Institution,* 2nd edn. University of Chicago Press: Chicago.

Costa, O. and Magnette, P. (2003). The European Union as a consociation? A methodological assessment. *West European Politics* 26(3): 1-18.

Coulson, A. (1997). Transaction cost economics and its implications for local governance. *Local Government Studies* 23(1): 107-13.

Cox, L. and Nilsen, A. G. (2014). *We Make Our Own History: Marxism and Social Movements in the Twilight of Neoliberalism*. Pluto: London.

Cronin, D. (2013). *Corporate Europe: How Big Business Sets Policies on Food, Climate and War*. Pluto: London.

Crouch, C. (2004). *Post-Democracy*. Polity: Cambridge (近藤隆文・山口二郎訳『ポスト・デモクラシー：格差拡大の政策を生み政治構造』青灯社、2007 年).

Crouch, C. (2005). *Capitalist Diversity and Change: Recombinant Governance and Institutional Entrepreneurs*. Oxford University Press: Oxford.

Crozier, M. J., Huntington, S. P., and Watanuki, J. (1975). *The Crisis of Democracy: Report on the Governability of Democracies to the Trilateral Commission*. New York University Press: New York.

Crutzen, P. J. (2006). The 'Anthropocene'. In E. Ehlers and T. Krafft (eds), *Earth System Science in the Anthropocene*. Springer: Berlin and Heidelberg, pp. 13-18.

Curtis, B. (2002). Foucault on governmentality and population: The impossible discovery. *Canadian Journal of Sociology* 27(4): 505-33.

Dalton, R. J. and Kuechler, M. (1990). *Challenging the Political Order: New Social and Political Movements in Western Democracies*. Polity: Cambridge.

Davies, J. S. (2011). *Challenging Governance Theory: From Networks to Hegemony*.

Policy: Bristol.
de Vattel, E. (1758). *Le Droit des gens, ou Principes de la loie naturelle, appliqués à la conduite et aux affaires des nations et des souverains*, 2 vols. London.
Dean, M. (1990). *The Constitution of Poverty: Towards a Genealogy of Liberal Governance*. Routledge: London.
Delaney, D. (2005). *Territory: A Short Introduction*. Blackwell: Oxford.
Delanty, G. and Krishan, K. (eds) (2005). *Handbook of Nations and Nationalism*. SAGE: London.
Deleuze, G. and Guattari, F. (1983) [1972]. *Anti-Oedipus: Capitalism and Schizophrenia*. University of Minnesota Press: Minneapolis.
Demirović, A. and Sablowski, T. (2013). *The Finance-Dominated Regime of Accumulation and the Crisis in Europe*. Rosa Luxemburg Stiftung: Berlin.
Dierkes, M., Antal, A. B., Child, J., and Nonaka, I., (eds) (2001). *Handbook of Organizational Learning and Knowledge*. Oxford University Press: Oxford.
Disraeli, B. (1845). *Sybil, or a Tale of Two Nations*. At http://www.gutenberg.org/files/3760/3760-h/3760-h.htm
Dobel, J. P. (1978). The corruption of a state. *American Political Science Review* 72(3): 958-73.
Dodgshon, R. A. (1987). *The European Past: Social Evolution and Spatial Order*. Macmillan: London.
Dodgshon, R. A. (1998). *Society in Time and Space: A Geographical Perspective on Change*. Cambridge University Press: Cambridge.
Doehring, K. (2004). *Allgemeine Staatslehre: Eine systematische Darstellung*, 3rd edn. C. F. Müller: Heidelberg.
Domhoff, G. W. (2013). *Who Rules America? The Triumph of the Corporate Rich*, 7th edn. New York: McGraw-Hill（陸井三郎訳『現代アメリカを支配するもの』毎日新聞社、1971年）.
Drori, G. S., Meyer, J. W., and Hwang, H. (eds) (2006). *Globalization and Organization: World Society and Organizational Change*. Clarendon: Oxford.
Dubiel, H. and A. Söllner (eds) (1981). *Wirtschaft, Recht und Staat im Nationalsozialismus: Analysen des Instituts für Sozialforschung, 1939-1942*. Suhrkamp: Frankfurt.
Dunsire, A. (1990). Holistic governance. *Public Policy and Administration* 5(4): 4-19.
Dunsire, A. (1993). Manipulating social tensions: Collibration as an alternative mode of government intervention. MPIfG Discussion Paper 93/7. Max Planck Institut für Gesellschaftsforschung, Köln.

Dunsire, A. (1996). Tipping the balance: Autopoiesis and governance. *Administration & Society* 28(3): 299-334.

Dutton, W. H. (2009). The fifth estate emerging through the network of networks. *Prometheus* 27(1): 1-15.

Duverger, M. (1954). *Political Parties: Their Organization and Activity in the Modern State*. Methuen: London.

Dyson, K. F. H. (1982). *The State Tradition in Western Europe*. Martin Robertson: Oxford.

Earle, T. K. (1997). *How Chiefs Come to Power*. Stanford University Press: Stanford.

Easton, D. (1965). *A Systems Analysis of Political Life*. Wiley: New York (片岡寛光監訳『政治生活の体系分析』早稲田大学出版部、1980 年).

Ebenau, M. (2012). Varieties of capitalism or dependency? A critique of the VoC approach for Latin America. *Competition & Change* 16(3): 206-23.

Eder, K. (1999). Societies learn and yet the world is hard to change. *European Journal of Social Theory* 2(2): 195-215.

Eisenstadt, S. N. (1963). *The Political Systems of Empires: The Rise and Fall of Bureaucratic Societies*. Free Press: New York.

Elazar, D. J. (1991). Introduction: Federalist responses to current democratic revolutions. In idem (ed.), *Federal Systems of the World: A Handbook of Federal, Confederal and Autonomy Arrangements*. Longman: Harlow, UK, pp. i-xxi.

Elden, S. (2007). Governmentality, calculation, territory. *Environment and Planning D: Society and Space* 25(3): 562-80.

Elden, S. (2010). Land, terrain, territory. *Progress in Human Geography* 36(6): 799-817.

Elfferding, W. (1983). Klassenpartei und Hegemonie. Zur impliziten Parteientheorie des Marxismus. In W. Elfferding, M. Jäger, and T. Scheffler, *Marxismus und Theorie der Parteien*. Argument Verlag: Berlin, pp. 7-35.

Elfferding, W. (1985). Zur Perspektive materialistischer Parteitheorie. *Prokla* 59: 142-51.

Elias, N. (1982) [1939]. *The Civilizing Process: State Formation and Civilization*. Blackwell: Oxford.

Elias, N. (1983) [1939]. *The Court Society*. Blackwell: Oxford.

Elsner, W. (2012). Financial capitalism – at odds with democracy: The trap of an 'impossible' profit rate. *Real-World Economics Review* 62: 132-59. http://www.paecon.net/PAEReview/issue62/Elsner62.pdf

Elster, J. (1982). The case for methodological individualism. *Theory and Society* 11(4):

453-82.

Engdahl, F. W. (2009). *Full Spectrum Dominance: Totalitarian Democracy in the New World Order.* Edition Engdahl: Wiesbaden（爲清勝彦訳『ペンタゴン戦慄の完全支配：核兵器と謀略的民主化で実現する新世界秩序』徳間書店、2011年）.

Engelhardt, T. (2014). *Shadow Government: Surveillance, Secret Wars, and a Global Security State in a Single Superpower World.* Haymarket Books: Chicago.

Engels, F. (1972) [1875]. *The Origins of the Family, Private Property, and the State.* Lawrence & Wishart: London（「家族、私有財産および国家の起源」『マルクス・エンゲルス全集』第21巻、大月書店）.

Escobar, P. (2015). Westward Ho on China's Eurasia BRIC road: The new Chinese dream. *Counterpunch,* 24 March.

Escolar, M. (1997). Exploration, cartography and the modernization of state power. *International Social Science Journal* 151: 55-75.

Esposito, E. (2011). *The Future of Futures: The Time of Money in Financing and Society.* Edward Elgar: Cheltenham, UK.

Esser, F. and Strömback, J. (eds) (2014). *Mediatization of Politics: Understanding the Transformation of Western Democracies.* Palgrave Macmillan: Basingstoke, UK.

Estulin, D. (2007). *The True Story of the Bilderberg Group.* TrineDay: Walterville, OR.

Evans, P. B. (1989). Predatory, developmental, and other apparatuses: A comparative political economy perspective on the Third World State. *Sociological Forum* 4(4): 561-87.

Evans, P. B. (1995). *Embedded Autonomy: States and Industrial Transformation.* Princeton University Press: Princeton, NJ.

Evans, P. B. (1997). The eclipse of the state? Reflections on stateness in an era of globalization. *World Politics* 50(1): 62-87.

Evans, P. B. (2011). Constructing the 21st century developmental state. In O. Edigheji (ed.), *Constructing a Democratic Developmental State in South Africa: Potentials and Challenges.* Human Sciences Research Council: Cape Town, pp. 37-58.

Evans, P. B., Rueschemeyer, D., and Skocpol, T. (eds) (1985). *Bringing the State Back In.* Cambridge University Press: Cambridge.

Falkner, G. (2005). *Complying with Europe: EU Harmonisation and Soft Law in the Member States.* Cambridge University Press: Cambridge.

Ferejohn, J. and Pasquino, P. (2004). The law of exception: A typology of emergency powers. *International Journal of Constitutional Law* 210: 333-48.

Ferguson, N. (2004). *Colossus: The Price of America's Empire.* Penguin: New York.

Ferguson, T. (1995). *Golden Rule: The Investment Theory of Party Competition and the Logic of Money-Driven Political Systems*. University of Chicago Press: Chicago.

Ferguson, Y. H. and Mansbach, R. W. (1989). *The State, Conceptual Chaos, and the Future of International Relations Theory*. Lynne Rienner: London.

Ferrera, M. (2008). The European welfare state: Golden achievements, silver prospects. *West European Politics* 31(1-2): 82-107.

Fine, R. (2007). *Cosmopolitanism*. Routledge: London.

Finer, S. E. (1975). State and nation-building in Europe: The role of the military. In C. Tilly (ed.), *The Formation of National States in Western Europe*. Princeton University Press: Princeton, pp. 84-163.

Finer, S. E. (1997a). *The History of Government*, vol. 1: *Ancient Monarchies and Empires*. Oxford University Press: Oxford.

Finer, S. E. (1997b). *The History of Government*, vol. 2: *The Intermediate Ages*. Oxford University Press: Oxford.

Finer, S. E. (1997c). *The History of Government*, vol. 3: *Empires, Monarchies and the Modern State*. Oxford University Press: Oxford.

Fischer, F. (2009). *Democracy and Expertise: Reorienting Policy Inquiry*. Oxford University Press: Oxford.

Flannery, K. V. (1972). The cultural evolution of civilization. *Annual Review of Ecological Systems* 3: 399-426.

Flannery, K. V. (1999). Process and agency in early state formation. *Cambridge Archaeological Journal* 9(1): 3-21.

Foisneau, L. (2010). Governing a republic: Rousseau's general will and the problem of government. *Republics of Letters* 2(1), 93-104.

Foucault, M. (1977) [1975]. *Discipline and Punish*. Allen Lane: London（田村俶『監獄の誕生：監視と処罰』新潮社、1977年）.

Foucault, M. (1980). *Power/Knowledge: Selected Interviews and Other Writings 1972-1977*. Pantheon: New York.

Foucault, M. (1981) [1976]. *The History of Sexuality*, vol 1. Penguin: Harmondsworth, UK（『性の歴史』新潮社、1986-87年）.

Foucault, M. (2008a). *The Birth of Biopolitics: Lectures at the Collège de France, 1978-1979*. Palgrave: Basingstoke, UK（慎改康之訳『生政治の誕生：コレージュ・ド・フランス講義1978-1979年度』筑摩書房、2008年）.

Foucault, M. (2008b). *Security, Territory, Population: Lectures at the Collège de France, 1977-1978*. Palgrave: Basingstoke, UK（高桑和巳訳『安全・領土・人口：コレージュ・ド・フランス講義1977-1978年度』筑摩書房、2007年）.

Fraenkel, E. (1941). *The Dual State: A Contribution to the Theory of Dictatorship.* Oxford University Press: Oxford (中道寿一訳『二重国家』ミネルヴァ書房、1994年).

Fried, M. H. (1967). *The Evolution of Political Society: An Essay in Political Anthropology.* Random House: New York.

Friedmann, T. (2005). *The World is Flat.* Farrar, Strauss and Giroux: New York.

Friedmann, T. (2008). *Hot, Flat, and Crowded.* Farrar, Strauss and Giroux: New York.

Friedmann, T. (2011). *That Used to be Us.* Farrar, Strauss and Giroux: New York.

Friedrichs, J. (2001). The meaning of new medievalism. *European Journal of International Relations* 7(4): 475-502.

Fukuyama, F. (1992). *The End of History and the Last Man.* Free Press: New York (渡部昇一訳『歴史の終わり』三笠書房、2005年).

Fukuyama, F. (1995). *Trust: The Social Virtues and the Creation of Prosperity.* Free Press: New York.

Fukuyama, F. (2003). *State-Building: Governance and World Order in the 21st Century.* Cornell University Press: Ithaca, NY.

Fukuyama, F. (2011). *The Origins of Political Order: From Prehuman Times to the French Revolution.* Farrar, Strauss and Giroux: New York（会田弘継訳『政治の起源：人類以前からフランス革命まで』講談社、2013年).

Gailey, C. W. (1985). The state of the state in anthropology. *Annual Review of Anthropology* 9(1-4): 65-91.

Gambetta, D. (ed.) (1988). *Trust: Making and Breaking Cooperative Relations.* Blackwell: Oxford.

Gamble, A. (1973). *The Conservative Nation.* Routledge: London.

Gause III, F. G. (2013). Kings for all seasons: How the Middle East's monarchies survived the Arab Spring. Brookings Institute: Washington, DC / Doha: Qatar.

Gellner, E. (1983). *Nations and Nationalism.* Blackwell: Oxford（加藤節監訳『民族とナショナリズム』岩波書店、2000年).

Georgi, F. and Kannankulam, J. (2012). *Das Staatsprojekt Europa in der Krise: Die EU zwischen autoritärer Verhärtung und linken Alternativen.* Rosa Luxemburg Stiftung: Berlin.

Gerschenkron, A. (1962). *Economic Backwardness in Historical Perspective.* Cambridge University Press: Cambridge（絵所秀紀ほか訳『後発工業国の経済史：キャッチアップ型工業化論』ミネルヴァ書房、2005年).

Gerstenberger, H. (2008). *Impersonal Power: History and Theory of the Bourgeois*

State. Brill: Leiden.

Giddens, A. (1981). *A Contemporary Critique of Historical Materialism: Power, Property and the State*. Macmillan: London.

Giddens, A. (1985). *The Nation-State and Violence*. Polity: Cambridge（松尾精文・小幡正敏訳『国民国家と暴力』而立書房、1999年）.

Gilens, M. and Page, B. (2014). Testing theories of American politics: Elites, interest groups, and average citizens. *Perspectives on Politics* 12(3): 564-81.

Gill, S. (1991). *American Hegemony and the Trilateral Commission*. Cambridge University Press: New York（遠藤誠治訳『地球政治の再構築：日米欧関係と世界秩序』朝日新聞社、1996年）.

Gill, S. (1995). The global Panopticon? The neo-liberal state, economic life and democratic surveillance. *Alternatives* 20(1): 1-49.

Gill, S. (ed.) (2011). *Global Crises and the Crisis of Global Leadership*. Cambridge University Press: Cambridge.

Giraldo, J. (1996). *Colombia: The Genocidal Democracy*. Common Courage Press: Monroe, ME.

Gitlin, T. (2012). *Occupy Nation: The Roots, the Spirit, and the Promise of Occupy Wall Street*. HarperCollins: New York.

Giugni, M. G. (1998). Was it worth the effort? The outcomes and consequences of social movements. *Annual Review of Sociology* 24: 371-93.

Gledhill, J., Bender, B., and Larsen, M. T. (eds) (1988). *State and Society: The Emergence and Development of Social Hierarchy and Political Centralization*. Unwin Hyman: London.

Glennon, M. J. (2014). *National Security and Double Government*. Oxford University Press: New York.

Global Commission on the Economy and Climate (2014). *Better Growth, Better Climate: The New Climate Economy Report*. World Resources Institute: Washington, DC.

Goldberg, D. T. (2002). *The Racial State*. Blackwell: Oxford.

Goldscheid, R. (1976) [1917]. Finanzwissenschaft und Soziologie. In R. Hickel (ed.), *Rudolf Goldscheid/Joseph Schumpeter, Die Finanzkrise des Steuerstaates*. Suhrkamp: Frankfurt, pp. 317-28.

Goody, J. (1980). *Technology, Tradition and the State in Africa*. Cambridge University Press: Cambridge.

Gorski, P. S. (2001). Beyond Marx and Hintze? Third wave theories of early modern state formation. *Comparative Studies in History and Society* 43(4): 851-61.

Gowan, P. (2000). *The Global Gamble: America's Faustian Bid for World Domination*. Verso: London.

Gramsci, A. (1971). *Selections from the Prison Notebooks*. Lawrence & Wishart: London.

Gramsci, A. (1995). *Quaderni del Carcere, edizione critica dell'Istituto Gramsci*, 4 vols. Einaudi: Turin.

Grandin, G. (2007). *Empire's Workshop: Latin America, the United States, and the Rise of the New Imperialism*. Henry Holt: New York（山根健至、小林操史、水野賢二訳『アメリカ帝国のワークショップ：米国のラテンアメリカ・中東政策と新自由主義の深層』明石書店、2008年）.

Green, D. and Shapiro, I. (eds) (1996). *Pathologies of Rational Choice Theory: A Critique of Applications in Political Science*. Yale University Press: New Haven, CT.

Green, P. and Ward, T. (2004). *State Crime: Governments, Violence and Corruption*. Pluto: London.

Greven, M. (2010). Sind Parteien in der Politik alternativlos oder ist ihre Rolle historisch begrenzt? In D. Gehne and T. Spier (eds), *Krise oder Wandel der Parteiendemokratie?* VS Verlag: Wiesbaden, pp. 225-35.

Grofman, B. and Lijphart, A. (eds) (2003). *Electoral Laws and their Political Consequences*. Agathon Press: New York.

Gross, O. (2000). The normless and exceptionless exception: Carl Schmitt's theory of emergency powers and the norm-exception dichotomy. *Cardozo Law Review* 21: 1824-67.

Grossman, C. (1986). A framework for the examination of states of emergency under the American Convention on Human Rights. *American University International Law Review* 1(1): 35-55.

Günther, G. (2004) [1973]. Life as polycontexturality. In H. Fahrenbach (ed.), *Wirklichkeit und Reflexion*. Neske: Pfüllingen, pp. 187-210. (Reprinted in *Vordenker*, February 2004. At www.vordenker.de)

Gunther, R. and Diamond, L. (2003). Species of political parties: A new typology. *Party Politics* 9(2): 167-99.

Gunther, R., Montero, J. R., and Linz, J. J. (eds) (2002). *Political Parties: Old Concepts and New Challenges*. Oxford University Press: Oxford.

Haanappel, P. P. C. (2003). *The Law and Policy of Air Space and Outer Space: A Comparative Approach*. Kluwer Law International: The Hague.

Haas, P. M. and Haas, E. B. (1995). Learning to learn: Improving international governance. *Global Governance* 1(4): 255-85.

Habermas, J. (1989) [1962]. *The Structural Transformation of the Public Sphere: An Inquiry Into a Category of Bourgeois Society*. MIT Press: Cambridge, MA.

Habermas, J. (1976). *Legitimation Crisis*. Hutchinson: London.

Habermas, J. (2002). *The Post-National Constellation*. Polity: Cambridge.

Hacker, J. and Pierson, P. (2011). *Winner-Take-All-Politics: How Washington Made the Rich Richer – and Turned Its Back on the Middle Class*. Simon & Schuster: New York.

Häusler, J. and Hirsch, J. (1987). Regulation und Parteien im Übergang zum 'post-Fordismus'. *Das Argument* 165: 651–71.

Hall, J. A. and Ikenberry, G. J. (1989). *The State*. Open University Press: Buckingham.

Hall, P. A. and Soskice, D. (eds) (2001). *Varieties of Capitalism: The Institutional Foundations of Comparative Advantage*. Oxford University Press: Oxford.

Hall, P. A. and Taylor, R. C. R. (1996). Political science and the three new institutionalisms. *Political Studies* 44(4): 936–57.

Hall, S. (1983). The great moving right show. In S. Hall and M. Jacques (eds), *The Politics of Thatcherism*. Lawrence & Wishart: London, pp. 19–39.

Hamilton, C., Gemenne, F., and Bonneuil, C. (eds) (2015). *The Anthropocene and the Global Environmental Crisis*. Routledge: London.

Handel, M. I. (1990). *Weak States in the International System*, 2nd edn. Frank Cass: London.

Hannah, M. (2000). *Governmentality and the Mastery of Territory in nineteenth-century America*. Cambridge University Press: Cambridge.

Harding, S. (1991). *Whose Science? Whose Knowledge? Thinking from Women's Lives*. Cornell University Press: Ithaca, NY.

Harding, S. (ed.) (2003). *The Feminist Standpoint Theory Reader: Intellectual and Political Controversies*. Routledge: London.

Hardt, M. and Negri, A. (2000). *Empire*. Harvard University Press: Cambridge, MA（水嶋一憲ほか訳『帝国：グローバル化の世界秩序とマルチチュードの可能性』以文社、2003年）.

Hartman, H. (1979). The unhappy marriage of Marxism and feminism: Towards a more progressive union. *Capital and Class* 8(1): 1–33.

Harvey, D. (1996). *The Condition of Post-modernity*. Blackwell: Oxford（吉原直樹監訳『ポストモダニティの条件』青木書店、1999年）.

Harvey, D. (2005). *A Brief History of Neoliberalism*. Oxford University Press: Oxford（森田成也ほか訳『新自由主義：その歴史的展開と現在』作品社、2007年）.

Harvey, D. (2008). The right to the city. *New Left Review* 54: 23–40.

Hay, C. (1995). *Re-stating Social and Political Change.* Open University Press: Buckingham.

Hay, C. (2002). *Political Analysis.* Palgrave Macmillan: Basingstoke, UK.

Hayes, B. (2009). *NeoConOpticon. The EU Security-Industrial Complex.* Transnational Institute/Statewatch: Amsterdam.

Hegel, G. W. F. (1977) [1807]. *Phenomenology of Spirit.* Clarendon: Oxford.

Heidenheimer, A. J. (1986). Politics, policy and policey as concepts in English and continental languages. *Review of Politics* 48: 1–26.

Heigl, M. (2011). Social conflict and competing state projects in the semiperiphery: A strategic-relational analysis of the transformation of the Mexican state into an internationalized competition state. *Antipode* 43(1): 129–48.

Held, D. (1992). Democracy: From city-states to a cosmopolitan order? *Political Studies* 40: 10–32.

Heller, H. (1983) [1934]. *Staatslehre*, 6th edn. Mohr Verlag: Tübingen（安世舟訳『国家学』未来社、1973年）.

Héritier, A. and Rhodes, M (eds) (2011). *New Modes of Governance in Europe: Governing in the Shadow of Hierarchy.* Palgrave Macmillan: Basingstoke, UK.

Hilferding, R. (2007) [1911]. *Finance Capital: A Study in the Latest Phase of Capitalist Development.* Routledge: London.

Hintze, O. (1975). *The Historical Essays of Otto Hintze.* Oxford University Press: New York.

Hirsch, J. (1980). *Der Sicherheitsstaat: Das 'Modell Deutschland', seine Krise und die neuen sozialen Bewegungen.* EVA: Hamburg.

Hirsch, J. (1995). *Der nationale Wettbewerbsstaat: Staat, Demokratie und Politik im globalen Kapitalismus.* ID Archiv: Berlin（木原滋哉、中村健吾訳『国民的競争国家：グローバル時代の国家とオルタナティブ』ミネルヴァ書房、1998年）.

Hirsch, J. (2005). *Materialistische Staatstheorie. Transformationsprozesse des kapitalistischen Systems.* VSA: Hamburg（表弘一郎、木原滋哉、中村健吾訳『国家・グローバル化・帝国主義』ミネルヴァ書房、2007年）.

Hodai, B. (2013). *Dissent or Terror: How the Nation's Counter Terrorism Apparatus, in Partnership with Corporate America, Turned on Occupy Wall Street.* Center for Media and Democracy: Washington, DC.

Hood, C. (1998). *The Art of the State: Culture, Rhetoric and Public Management.* Oxford University Press: Oxford.

Hudson, M. (2011). Europe's deadly transition from social democracy to oligarchy. *Counterpunch*, 9–11 December. At http://michael-hudson.com/2011/12/europes-transition-from-social-democracy-to-oligarchy/

Hudson, M. (2012). *The Bubble and Beyond: Fictitious Capital, Debt Deflation and the Global Crisis*. Islet: Dresden.

Huntington, S. P. (1998). *The Clash of Civilizations and the Remaking of World Order*. Simon & Schuster: New York（鈴木主税訳『文明の衝突』集英社、1998年）.

Ingham, G. K. (1984). *Capitalism Divided? The City and Industry in British Social Development*. Macmillan: Basingstoke, UK.

Innis, H. (1951). *The Bias of Communication*. University of Toronto Press: Toronto（久保秀幹訳『メディアの文明史：コミュニケーションの傾向とその循環』新曜社、1987年）.

Isaac, J. C. (1987). *Power and Marxist Theory: A Realist Approach*. Cornell University Press: Ithaca, NY.

Ivanes, C. D. (2002). Romania: A kidnapped revolution and the history of a pseudo-transition. *Eras Journal* 2. At http://artsonline.monash.edu.au/eras/romania-a-kidnapped-revolution-and-the-history-of-a-pseudo-transition/

Jäger, M. (1979). Von der Staatsableitung zur Theorie der Parteien: Ein Terrainwechsel im Geister Antonio Gramscis. In Arbeitskreis westeuropäische Arbeiterbewegung (ed.), *Eurokommunismus und Theorie der Politik*. Argument Verlag: Berlin, pp. 45-64.

Jameson, F. (2002). *A Singular Modernity: Essay on the Ontology of the Present*. Verso: London（久我和巳・斉藤悦子・滝沢正彦訳『近代（モダン）．いう不思議：現在の存在論についての試論』こぶし書房、2005年）.

Jellinek, G. (1905). *Allgemeine Staatslehre*, 2nd edn. Verlag O. Häring: Berlin（芦部信喜ほか共訳『一般国家学』学陽書房、1976年）.

Jenson, J. (1986). Gender and reproduction: Or, babies and state. *Studies in Political Economy* 20: 9-46.

Jenson, J. (2007). The European Union's citizenship regime: Creating norms and building practices. *Comparative European Politics* 5(1): 53-69.

Jessop, B. (1982). *The Capitalist State: Marxist Theories and Methods*. Martin Robertson: Oxford（田口富久治ほか訳『資本主義国家：マルクス主義的諸理論と諸方法』御茶の水書房、1983年）.

Jessop, B. (1985). *Nicos Poulantzas: Marxist Theory and Political Strategy*. Macmillan: Basingstoke, UK（田口富久治・中谷義和ほか訳『プーランザスを読む：マルクス主義理論と政治戦略』合同出版、1987年）.

Jessop, B. (1990). *State Theory: Putting the Capitalist State in its Place*. Polity: Cambridge（中谷義和訳『国家理論：資本主義国家を中心に』御茶の水書房、1994年）.

Jessop, B. (2002). *The Future of the Capitalist State*. Polity: Cambridge (中谷義和ほか訳『資本主義国家の未来』御茶の水書房、2005 年).

Jessop, B. (2004). Multi-level governance and multi-level meta-governance. In I. Bache and M. Flinders (eds.), *Multi-level Governance*. Oxford University Press: Oxford, pp. 49–74.

Jessop, B. (2007a). Dialogue of the deaf: Reflections on the Poulantzas–Miliband debate. In P. Wetherly, C. W. Barrow, and P. Burnham (eds), *Class, Power and the State in Capitalist Society*. Palgrave: Basingstoke, UK, pp. 132–57.

Jessop, B. (2007b). *State Power: A Strategic-Relational Approach*. Polity: Cambridge (中谷義和訳『国家権力：戦略-関係アプローチ』御茶の水書房、2009 年).

Jessop, B. (2009). Cultural political economy and critical policy studies. *Critical Policy Studies* 3(3-4): 336–56.

Jessop, B. (2011). Rethinking the diversity of capitalism: Varieties of capitalism, variegated capitalism, and the world market. In G. Wood and C. Lane (eds), *Capitalist Diversity and Diversity within Capitalism*. Routledge: London, pp. 209–37.

Jessop, B. (2013). Revisiting the regulation approach: Critical reflections on the contradictions, dilemmas, fixes, and crisis dynamics of growth regimes. *Capital & Class* 37(1): 5–24.

Jessop, B. (2014a). Capitalist diversity and variety: Variegation, the world market, compossibility and ecological dominance. *Capital & Class* 38(1): 43–56.

Jessop, B. (2014b). Repoliticizing depoliticization: Theoretical preliminaries on some responses to the American and Eurozone debt crises. *Policy & Politics* 42(2): 207–23.

Jessop, B. (2014c). Variegated capitalism, *Modell Deutschland*, and the Eurozone crisis. *Journal of Contemporary European Studies* 22(3): 248–60.

Jessop, B. (2015a). Comparative capitalisms and/or variegated capitalism. In I. Bruff, M. Ebenau, and C. May (eds), *New Directions in Critical Comparative Capitalisms Research*. Palgrave Macmillan: Basingstoke, UK, pp. 65–82.

Jessop, B. (2015b). The symptomatology of crises: Reading crises and learning from them: Some critical realist reflections. *Journal of Critical Realism* 14(3): 1–37.

Jessop, B. (2015c) Neo-liberalism, finance-dominated accumulation, and the cultural political economy of austerity. In K. Featherstone and Z. M. Irving (eds), *Politics of Austerity*. Palgrave Macmillan: London, 85–108.

Jessop, B., Brenner, N., and Jones, M. R. (2008). Theorizing sociospatiality. *Environment and Planning D: Society and Space* 26(3): 389–401.

Johnson, C. A. (1982). *MITI and the Japanese Miracle: The Growth of Industrial Pol-

icy, 1925-1975. Stanford University Press: Stanford（矢野俊比古監訳『通産省と日本の奇跡』ディビーエス・ブリタニカ、1982 年）.

Johnson, C. A. (1987). Political institutions and economic performance: The government-business relationship in Japan, South Korea, and Taiwan. In F. C. Deyo (ed.), *The Political Economy of the New Asian Industrialism*. Cornell University Press: Ithaca, NY, pp. 136-64.

Johnson, C. A. (2002). *Blowback: The Costs and Consequences of American Empire*. Sphere: New York（鈴木主税訳『アメリカ帝国への報復』集英社、2000 年）.

Jones, M. R. and Jessop, B. (2010). Thinking state/space incompossibly. *Antipode* 42(5): 1119-49.

Jones, R. (2007). *People/State/Territories: The Political Geographies of British State Transformation*. Wiley Blackwell: Oxford.

Joseph, J. (2012). *The Social in the Global: Social Theory, Governmentality and Global Politics*. Cambridge University Press: Cambridge.

Joseph, J. (2014). Combining hegemony and governmentality to explain global governance. *Spectrum: Journal of Global Studies* 6(1): 1-15.

Kaasch, A. and Martens, K. (eds) (2015). *Actors and Agency in Global Social Governance*. Oxford University Press: Oxford.

Kaczyinski, R. (2014). Transnational internal security, democracy and the role of the state. At http://www.inter-disciplinary.net/at-the-interface/wp-content/uploads/2012/06/Kaczynski_web_12_06_03.pdf

Kalpagam, U. (2000). The colonial state and statistical knowledge. *History of the Human Sciences* 13: 37-55.

Kang, D. C. (2002). *Crony Capitalism: Corruption and Development in South Korea and the Philippines*. Cambridge University Press: Cambridge.

Kannankulam, J. and Georgi, F. (2012). Die Europäische Integration als materielle Verdichtung von Kräfteverhältnissen: Hegemonieprojekte im Kampf um das 'Staatsprojekt Europa'. Phillips-Universität Marburg, Marburg. At http://www.uni-marburg.de/fb03/politikwissenschaft/eipoe/publikationen/publikationen/a30.pdf

Katz, R. S. and Mair, P. (1994). Party organizations: From civil society to the state. In eidem (eds), *How Parties Organize: Change and Adaptation in Party Organization in Western Democracies*. SAGE: London, pp. 1-22.

Katz, R. S. and Mair, P. (1995). Party organization, party democracy and the emergence of the cartel party. In P. Mair (1997). *Party System Change: Approaches, and Interpretations*. Clarendon: Oxford, pp. 93-119.

Katz, R. S. and Mair, P. (2002). The ascendancy of the party in public office. In R. Gunther, J. M. Montero, and J. J. Linz (eds), *Political Parties: Old Concepts and New Challenges*. Oxford University Press: Oxford, pp. 113–34.

Kautsky, K. (1914). Der Imperialismus. *Die Neue Zeit* 2(32), 11 September.

Kayaoğlu T. (2010). *Legal Imperialism: Sovereignty and Extraterritoriality in Japan, the Ottoman Empire, and China*. Cambridge University Press: Cambridge.

Keating, M. (2001). *Plurinational Democracy: Stateless Nations in a Postsovereign Era*. Oxford University Press: Oxford.

Kellner, D. (2005). Western Marxism. In A. Harrington (ed.), *Modern Social Theory: An Introduction*. Oxford University Press: Oxford, pp. 154–74.

Kelly, D. (2003). *The State of the Political: Conceptions of Politics and the State in the Thought of Max Weber, Carl Schmitt and Franz Neumann*. Oxford University Press: Oxford.

Kelly, M. G. E. (2009). *The Political Philosophy of Michel Foucault*. Routledge: London.

Kelsen, H. (1945). *General Theory of Law and the State*. Harvard University Press: Cambridge, MA.（尾吹善人訳『法と国家の一般理論』木鐸社、1991年）

Kenway, P. (1980). Keynes, Marx and the possibility of crisis. *Cambridge Journal of Economics* 4(1): 23–36.

Kirchheimer, O. (1966). The transformation of Western European party systems. In J. La Palombara and M. Weiner (eds), *Political Parties and Political Development*. Princeton University Press: Princeton, NJ, pp. 177–200.

Kirchheimer, O. (1969). Party structure and mass democracy in Europe. In idem, *Politics, Law and Social Change: Selected Essays of Otto Kirchheimer*. Columbia University Press: New York, pp. 245–68.

Kitschelt, H. (1991). Industrial governance structures, innovation strategies, and the case of Japan: Sectoral or cross-national comparative analysis? *International Organization* 45(4): 453–93.

Kjaer, P. F. (2010). *Between Governing and Governance: On the Emergence, Function and Form of Europe's Post-National Constellation*. Hart: Oxford.

Klare, M. (2001). *Resource Wars: The New Landscape of Global Conflict*. Metropolitan Books: New York（斉藤裕一訳『世界資源戦争』廣済堂出版、2002年）.

Klare, M. (2012). *The Race for What's Left: The Global Scramble for the World's Last Resources*. Metropolitan Books: New York.

Kofele-Kala, N. (2006). *The International Law of Responsibility for Economic Crimes: Holding State Officials Individually Liable for Fraudulent Enrichment*. Ashgate:

Aldershot, UK.

Kohli, A. (2004). *State-Directed Development: Political Power and Industrialization in the Global Periphery*. Princeton University Press: Princeton, NJ.

Kooiman, J. (ed.) (1993). *Modern Governance: New Government–Society Interactions*. SAGE: London.

Kooiman, J. (2003). *Governing as Governance*. SAGE: London.

Kooiman, J. and Jentoft, S. (2009). Meta-governance: Values, norms and principles, and the making of hard choices. *Public Administration* 87(4): 818–36.

Koole, R. (1994). The vulnerability of the modern cadre party in the Netherlands. In R. Katz & P. Mair (eds), *How Parties Organize: Change and Adaptation in Party Organizations in Western Democracies*. Sage: London, pp. 278–304.

Kornhauser, W. (1959). *The Politics of Mass Society*. Routledge & Kegan Paul: London（辻村明訳『大衆社会の政治』東京創元社、1961年）.

Koselleck, R. (1985). *Futures Past: On the Semantics of Historical Time*. MIT Press: Cambridge, MA.

Kostiner, J. (ed.) (2000). *Middle East Monarchies: The Challenge of Modernity*. Lynne Rienner: Boulder, CO.

Krätke, M. (1984). *Die Kritik der Staatsfinanzen: Zur politischen Ökonomie des Steuerstaats*. VSA: Hamburg.

Kratochwil, F. (1986). Of systems, boundaries, and territoriality: An inquiry into the formation of the state system. *World Politics* 34(1): 27–52.

Kriesi, H., Lavenex, S., Esser, F., Matthes, J., Bühlmann, M., and Bochsler, D. (2013). *Democracy in the Age of Globalizatoin and Mediatization*. Palgrave Macmillan: Basingstoke, UK.

Krouwel, A. (2003). Otto Kirchheimer and the catch-all party. *West European Politics* 26(2): 23–40.

Lachmann, R. (2010). *States and Power*. Polity: Cambridge.

Laclau, E. and Mouffe, C. (1985). *Hegemony and Socialist Stategy*. New Left Books: London（山崎カヲル、石澤武『ポスト・マルクス主義と政治：根源的民主主義のために』大月書店、2000年）.

Lange, S. (2003). *Niklas Luhmanns Theorie der Politik: Eine Abklärung der Staatsgesellschaft*. Westdeutscher Verlag: Opladen.

Lapavitsas, C. (2013). *Profiting without Producing: How Finance Exploits Us All*. Verso: London.

Larrain, J. (1986). *Theories of Development: Capitalism, Colonialism and Dependency*. Polity: Cambridge.

Larsson, B. (2013). Sovereign power beyond the state: A critical reappraisal of governance by networks. *Critical Policy Studies* 7(2): 99-114.
Lasswell, H. D. (1950). *National Security and Individual Freedom*. McGraw Hill: New York.
Latour, B. (2005). *Reassembling the Social: An Introduction to Actor-Network Theory*. Oxford University Press: New York.
Latour, B. (2010). *The Making of Law: An Ethnography of the Conseil d'état*. Polity: Cambridge.
Law, J. (2009). Actor network theory and material semiotics. In B. S. Turner (ed.), *The Blackwell Encyclopedia of Social Theory*. Wiley Blackwell: Oxford, pp. 142-58.
Le Billon, P. (2005). Diamond wars? Conflict diamonds and geographies of resource wars. *Annals of the American Association of Geographers* 98(2): 345-72.
Lefebvre, H. (1968). *Le Droit à la ville*. Anthropos: Paris（森本和夫訳『都市への権利』筑摩書房、2011 年）.
Lefebvre, H. (1971). *Everyday Life in the Modern World*. Penguin: Harmondsworth, UK.
Lefebvre, H. (1991) [1978]. *The Production of Space*. Blackwell: Oxford（斎藤日出治訳・解説『空間の生産』青木書店、2000 年）.
Lefebvre, H. (2004) [1992]. *Rhythmanalysis: Space, Time and Everyday Life*. Continuum: London.
Leibholz, G. (1966). *Das Wesen der Repräsentation und der Gestaltwandel der Demokratie im 20. Jahrhundert*. Walter de Gruyter: Berlin（廣田健次ほか訳『代表の本質と民主制の形態変化』成文堂、2015 年）.
Lemke, T. (1997). *Eine Kritik der politischen Vernunft: Foucaults Analyse der modernen Gouvernementalität*. Argument Verlag: Hamburg.
Lenin, V. I. (1972) [1917]. *State and Revolution*. In idem, *Collected Works*, vol. 35. Progress Publishers: Moscow, pp. 381-492（戸田愼太郎訳『國家と革命』民主評論社、1946 年）.
Lepsius, M. R. (1993). *Demokratie in Deutschland: Soziologisch-historische Konstellationsanalysen, ausgewählte Aufsätze*. Vandenhoeck & Ruprecht: Göttingen.
Levene, M. (2005a). *Genocide in the Age of the Nation-State*, vol. 1: *The Meaning of Genocide*. I. B. Tauris: London.
Levene, M. (2005b). *Genocide in the Age of the Nation State*, vol. 2: *The Rise of the West and the Coming of Genocide*. I. B. Tauris: London.
Li, M. (2008). *The Rise of China and the Demise of the Capitalist World-Economy*.

Pluto: London.

Lijphart, A. (1969). Consociational democracy. *World Politics* 21(2): 207-25.

Lijphart, A. (1999). *Patterns of Democracy: Government Forms and Performance in Thirty-Six Countries*. Yale University Press: New Haven, CT（粕谷祐子・菊池啓一訳『民主主義対民主主義：多数決型とコンセンサス型の36カ国比較研究』勁草書房、2014年).

Lijphart, A. (2008). *Thinking about Democracy: Power Sharing and Majority Rule in Theory and Practice*. Routledge: London.

Lindblom, C. E. (1977). *Politics and Markets: The World's Political Economic Systems*. Basic Books: New York.

Lindsey, J. R. (2013). *The Concealment of the State*. Bloomsbury: London.

Ling, L. (1996). Feminist international relations: From critique to reconstruction. *Journal of International Communication* 3(1): 27-41.

Linz, J. J. (1990a). The perils of presidentialism. *Journal of Democracy* 1(1): 51-69.

Linz, J. J. (1990b). The virtues of parliamentarism. *Journal of Democracy* 1(3): 84-91.

Linz, J. J. (1993). State building and nation building. *European Review* 1(4): 355-69.

Linz, J. J. (1994). Presidential or parliamentary democracy: Does it make a difference? In J. J. Linz and A. Valenzuela (eds), *The Crisis of Presidential Democracy: Comparative Perspective*. Johns Hopkins University Press: Baltimore, MD, pp. 3-89.

Linz, J. J. (1998). Democracy's time constraints. *International Political Science Review* 19(1): 19-39.

Linz, J. J. (2000). *Totalitarian and Authoritarian and Regimes*. Lynne Rienner: Boulder, CO（睦月規子訳『全体主義体制と権威主義体制』法律文化社、1995年).

Linz, J. J. (2002). Parties in contemporary democracies: Problems and paradoxes. In R. Gunther, J. R. Montero, and J. J. Linz (eds), *Political Parties: Old Concepts and New Challenges*. Oxford University Press: Oxford, pp. 291-317.

Linz, J. J. and Stepan, A. (eds) (1996). *Problems of Democratic Transitions and Consolidation: Southern Europe, South America, and Post-Communist Europe*. John Hopkins University Press: Baltimore, MD.

Lipschutz, R. (2005). Global civil society and global governmentality. In G. Baker and D. Chandler (eds), *Global Civil Society*. Routledge: London.

Lipset, S. M. and Rokkan, S. (1967). Cleavage structures, party systems, and voter alignments: An introduction. In eidem (eds), *Party Systems and Voter Alignments: Cross-National Perspectives*. Free Press: New York, pp. 1-64.

Listner, M. (2012). Could commercial space help define and delimitate the boundaries of outer space? *Space Review: Essays and Commentary about the Final Frontier*, 29 October. At http://www.thespacereview.com/article/2180/1

Lloyd, G. (1983). *The Man of Reason: 'Male' and 'Female' in Western Philosophy*. University of Minnesota Press: Minneapolis.

Lofgren, M. (2014). Anatomy of the deep state. 21 February. At http://billmoyers.com/2014/02/21/anatomy-of-the-deep-state/#1

Loughlin, M. (2009). In defence of *Staatslehre*. *Der Staat* 48(1): 1-28.

Loughlin, M. (2014). *Foundations of Public Law*. Oxford University Press: Oxford.

Luhmann, N. (1979). *Trust and Power*. Wiley: Chichester.

Luhmann, N. (1982). The future cannot begin: Temporal structures in modern society. In idem, *The Differentiation of Society*. Columbia University Press: New York, pp. 271-88.

Luhmann, N. (1989). Staat und Staatsräson im Übergang von traditionaler Herrschaft zu moderner Politik. In idem, *Gesellschaftstruktur und Semantik 3*. Suhrkamp: Frankfurt, pp. 74-103.

Luhmann, N. (1998). *Observations on Modernity*. Polity: Cambridge.

Luhmann, N. (2000). *The Reality of the Mass Media*. Polity: Cambridge.

Lukács, G. (1971) [1923]. *History and Class Consciousness: Studies in Marxist Dialectics*. Merlin: London.

MacKay, J. (2006). State failure, actor-network theory, and the theorisation of sovereignty. *Brussels Journal of International Studies* 3: 61-98.

MacKinnon, C. (1989). *Towards a Feminist Theory of the State*. Harvard University Press: Cambridge, MA.

MacLaughlin, J. (2001). *Re-Imagining the State. The Contested Terrain of Nation-Building*. Pluto: London.

Mazzucato, M. (2013). *The Entrepreneurial State: Debunking Public vs Private Sector Myths*. Anthem: London（大村昭人訳『企業家としての国家：イノベーション力で官は民に劣るという神話』薬事日報社、2015年）.

McCormick, J. P. (2004). From constitutional technique to Caesarist ploy: Carl Schmitt on dictatorship, liberalism, and emergency powers. In P. Baehr and M. Richter (eds), *Dictatorship in History and Theory: Bonapartism, Caesarism, and Totalitarianism*. Cambridge University Press: Cambridge, pp. 197-200.

McCoy, A. W. (2009). *Policing America's Empire: The United States, the Philippines, and the Rise of the Surveillance State*. University of Wisconsin Press: Madison.

McFarland, A. S. (2004). *Neopluralism: The Evolution of Political Process Theory*. University of Kansas Press: Lawrence.

McIntosh, D. (1977). The objective bases of Max Weber's ideal types. *History and Theory* 16(3): 265-79.

McMichael, P. (1996). *Development and Social Change: A Global Perspective*. Pine Forge Press: Thousand Oaks, CA.

McNally, C. A. (2012). Sino-capitalism: China's reemergence and the international political economy. *World Politics* 64(4): 741-76.

McNicoll, G. (2003). Population. In P. Demeny and G. McNicoll (eds), *Encyclopedia of Population*. Macmillan: New York, pp. 226-34.

Mainwaring, S. and Shugart, M. S. (1997). Juan Linz, presidentialism, and democracy: A critical appraisal. *Comparative Politics* 29(4): 449-71.

Mann, M. (1984). The autonomous power of the state. *European Journal of Sociology* 25(2): 187-213.

Mann, M. (1986). *The Sources of Social Power*, vol. 1: *A History of Power from the Beginning to AD 1760*. Cambridge University Press: Cambridge (猪口孝・猪口邦子編、叢書『世界認識の最前線』1、森本醇・君塚直隆訳『先史からヨーロッパ文明の形成へ』NTT出版、2002年).

Mann, M. (1996). *The Sources of Social Power*, vol. 2: *The Rise of Classes and Nation-States*. Cambridge University Press: Cambridge (猪口孝・猪口邦子編、叢書『世界認識の最前線』2、森本・君塚訳『階級と国民国家の「長い19世紀」』NTT出版、2005年).

Mann, M. (2008). The infrastructural power of the state. *Studies in Comparative International Development* 43: 355-65.

Mann, M. (2012a). *The Sources of Social Power*, vol. 3: *Global Empires and Revolution*. Cambridge University Press: Cambridge.

Mann, M. (2012b). *The Sources of Social Power*, vol. 4: *Globalizations, 1945-2011*. Cambridge University Press: Cambridge.

Maran, R. (1989). *Torture: The Role of Ideology in the French-Algerian War*. Praeger: New York.

Marshall, A. G. (2015). World Economic Forum: A history and analysis. Transnational Institute, Amsterdam. At www.tni.org/article/world-economic-forum-history-and-analysis (accessed 21 March 2015).

Marx, K. (1967) [1896]. Capital, vol. 3. Lawrence & Wishart: London.

Marx, K. (1975) [1843]. *Contribution to the Critique of Hegel's Philosophy of Law*. In *MECW*, vol. 3, pp. 3-129 (「ヘーゲル法哲学の批判から」『マルクス・エンゲルス全集1』大月書店).

Marx, K. (1978a) [1850]. *The Class Struggles in France*. In *MECW*, vol. 10, pp. 47-145

(「フランスにおける階級闘争」『全集 7』大月書店).

Marx, K. (1978b) [1852]. *The Eighteenth Brumaire of Louis Bonaparte*. In *MECW*, vol. 11, pp. 99-197 (「ルイ・ボナパルトのブリュメール一八日」『全集 28』大月書店).

Marx, K. (1986) [1858]. The rule of the pretorians. In *MECW*, vol. 15, pp. 464-7 (「新衛兵の支配」『全集 12』大月書店).

Marx, K. (1989) [1875]. Critique of the Gotha Programme. In *MECW*, vol. 28, pp. 75-99 (「ゴータ綱領批判」『全集 19』大月書店).

Marx, K. and Engels, F. (1976a) [1845-6]. *The German Ideology*. In *MECW*, vol. 5, pp. 19-539 (「ドイツ・イデオロギー」『全集 3』大月書店).

Marx, K. and Engels, F. (1976b) [1848]. *Manifesto of the Communist Party*. In *MECW*, vol. 6, pp. 477-519 (「共産党宣言」『全集 4』大月書店).

Mayntz, R. (2003). New challenges to governance theory. In H. Bang (ed.), *Governance as Social and Political Communication*. Manchester University Press: Manchester, pp. 27-40.

Medalye, J. (2010). Neoclassical, institutional, and Marxist approaches to the environment-economic relationship. At http://www.eoearth.org/view/article/154812

Messner, D. (1998). *The Network Society*. Cass: London.

Meuleman, L. (2008). *Public Management and the Metagovernance of Hierarchies, Networks and Markets*. Springer: Heidelberg.

Meyer, J. W., Boli, J., Thomas, G. M., and Ramirez, F. O. (1997). World society and the nation-state. *American Journal of Sociology* 103(1): 144-81.

Meyer, T. (2002). *Media Democracy: How the Media Colonize Politics*. Polity: Cambridge.

Michels, R. (1962) [1911]. *Political Parties*. Collier: New York.

Migdal, J. (1988). *Strong States and Weak Societies*. University of California Press: Berkeley.

Migliaro, L. R. and Misuraca, P. (1982). The theory of modern bureaucracy. In A. S. Sassoon (ed.), *Approaches to Gramsci*. Writers & Readers: London, pp. 70-91.

Miliband, R. (1969). *The State in Capitalist Society*. Weidenfeld & Nicolson: London (田口富久治訳『現代資本主義国家論：西欧権力体系の一分析』未来社、1970 年).

Miliband, R. (1977). *Marxism and Politics*. Oxford University Press: London (北西允ほか訳『マルクス主義政治学入門』青木書店、1979 年).

Miller, P. and Rose, N. (2008). *Governing the Present. Administering Economic, Social and Personal Life*. Polity: Cambridge.

Misztal, B. (1996). *Trust in Modern Societies: The Search for the Bases of Social Or-*

der. Cambridge University Press: Cambridge.

Mitchell, T. J. (1991). The limits of the state: Beyond statist approaches and their critics. *American Political Science Review* 85(1): 77-96.

Mitchell, T. J. (1999). Society, economy and the state effect. In G. Steinmetz (ed.), *State/Culture: State Formation after the Cultural Turn*. Cornell University Press: Ithaca, NY, pp. 76-97.

Montero, J. R. and Gunther, R. (2002). Introduction: Reviewing and Reassessing Parties. In R. Gunther, J. R. Montero, and J. J. Linz (eds), *Political Parties: Old Concepts and New Challenges*, pp. 1-38.

Moore, J. W. (2015a). The capitalocene. Part I: On the nature & origins of our ecological crisis. *Journal of Peasant Studies*.

Moore, J. W. (2015b). The capitalocene. Part II: Abstract social nature and the limits to capital. *Journal of Peasant Studies*.

Moore, S. W. (1957). *The Critique of Capitalist Democracy*. Paine Whitman: New York（佐藤昇・相原文夫訳『マルクス主義国家論：ブルジョア民主主義批判』合同出版社、1960年）.

Morgan, E. S. (1988). *Inventing the People: The Rise of Popular Sovereignty in England and America*. W. W. Norton: New York.

Morgenthau, H. J. (1954). *Politics among Nations: The Struggle for Power and Peace*, 2nd edn. Alfred A. Knopf: New York（現代平和研究会訳『国際政治：権力と平和』福村出版、1998年）.

Morgenthau, H. J. (1962). *Politics in the Twentieth Century*, vol. 1: *The Decline of Democratic Politics*. University of Chicago Press: Chicago.

Müller, J. C., Reinfeldt, S., Schwarz, R., and Tuckfield, M. (1994). *Der Staat in den Köpfen: Anschlüsse an Louis Althusser und Nicos Poulantzas*. Decaton: Mainz.

Müller, W. and Strøm, K. (1999). Party behavior and representative democracy. In eidem (eds), *Policy, Office, or Votes? How Political Parties in Western Europe Make Hard Decisions*. Cambridge University Press: Cambridge, pp. 279-309.

Mulvad, A. C. M. (2015). Competing hegemonic projects within China's variegated capitalism: 'Liberal' Guangdong vs. 'statist' Chongqing. *New Political Economy* 20(2): 199-227.

Nelson, B. R. (2006). *The Making of the Modern State: A Theoretical Evolution*. Palgrave: Basingstoke, UK.

Neocleous, M. (2000). *The Fabrication of Social Order: A Critical Theory of State Power*. Pluto: London.

Neocleous, M. (2003). *Imagining the State*. Open University Press: Maidenhead.

Neocleous, M. (2006). The problem with normality, or Taking exception to 'permanent emergency'. *Alternatives* 31(2): 191-213.

Nettl, J. P. (1968). The state as a conceptual variable. *World Politics* 20(4): 559-92.

Neumann, S. (1956). Toward a comparative study of political parties. In idem (ed.), *Modern Political Parties: Approaches to Comparative Politics*. University of Chicago Press: Chicago, pp. 395-421（渡辺一訳『政党：比較政治学的研究』みすず書房、1958 年）.

Newman, D. and Paasi, A. (1998). Fences and neighbours in the postmodern world: Boundary narratives in political geography. *Progress in Human Geography* 22: 186-207.

Nietzsche, F. W. (1994) [1887]. *On the Genealogy of Morals: A Polemic*. Cambridge University Press: Cambridge.

Nooteboom, B. (2002). *Trust: Forms, Foundations, Functions, Failures and Figures*. Edward Elgar: Cheltenham, UK.

Nordhaug, C. (2002). Globalisation and the state: Theoretical paradigms. *European Journal of Development Research* 14(10): 5-27.

Nordlinger, E. A. (1981). *The Autonomy of the Democratic State*. Harvard University Press: Cambridge, MA.

Nye, J. (2004). *Smart Power: The Means to Success in World Politics*. PublicAffairs: New York.

O'Connor, J. (1973). *The Fiscal Crisis of the State*. St Martins: New York（池上惇・横尾邦夫監訳『現代国家の財政危機』御茶の水書房、1981 年）.

Oberndorfer, L. (2015). From new constitutionalism to authoritarian constitutionalism: New economic governance and the state of European democracy. In J. Jäger and E. Springler (eds), *Asymmetric Crisis in Europe and Possible Futures*. Routledge: London, pp. 185-205.

Önis, Z. (1991). The logic of the developmental state. *Comparative Politics* 24(1): 109-26.

Offe, C. (1972). *Strukturprobleme des kapitalistischen Staates*. Suhrkamp: Frankfurt.

Offe, C. (1975). The theory of the capitalist state and the problem of policy formation. In L. N. Lindberg, R. Alford, C. Crouch, and C. Offe (eds), *Stress and Contradiction in Modern Capitalism*. D. C. Heath: Lexington, KT, pp. 125-44.

Offe, C. (1983). *Contradictions of the Welfare State*. Hutchinson: London.

Offe, C. (2000). Governance. An 'empty signifier'? *Constellations* 16(4): 550-63.

Ohmae, K. (1995). *The End of the Nation State: The Rise of Regional Economies*. Free Press: New York.

Ojakangas, M. (2012). Michel Foucault and the enigmatic origins of biopolitics and governmentality. *History of the Human Sciences* 25(1): 1-14.

Ong, A. (2000). *Flexible Citizenship: The Cultural Logics of Transnationality*. Duke University Press: Durham, NC.

Ortner, S. (1978). The virgin and the state. *Feminist Studies* 45(3): 9-35.

Osiander, A. (2001). Sovereignty, international relations, and the Westphalian myth. *International Organization* 55: 251-87.

Overbeek, H. and van Apeldoorn, B. (eds) (2012). *Neoliberalism in Crisis*. Palgrave Macmillan: Basingstoke, UK.

Palonen, K. (2006). Two concepts of politics, two histories of a concept? Conceptual history and present controversies. *Distinktion: Scandinavian Journal of Social Theory* 7(1): 11-25.

Panebianco, A. (1988). *Political Parties: Organization and Power*. Cambridge University Press: Cambridge.

Panitch, L. (2000). The new imperial state. *New Left Review* 2: 5-20.

Panitch, L. and Gindin, S. (2012). *The Making of Global Capitalism: The Political Economy of American Empire*. Verso: London.

Park, B. (2008). Turkey's deep state: Ergenekon and the threat to democratization in the Republic. *The RUSI Journal* 153(5): 54-9.

Parker, G. (1996). *The Military Revolution*. Cambridge University Press: Cambridge（大久保桂子訳『長篠合戦の世界史：ヨーロッパ軍事革命の衝撃 1500～1800 年』同文舘出版、2001 年）.

Parsons, T. (1969). *Politics and Social Structure*. Free Press: New York（新明正道監訳『政治と社会構造』誠信書房、1974 年）.

Pashukanis, E. B. (1978) [1924]. *Law and Marxism: A General Theory*. Ink Links: London.

Pateman, C. (1989). *The Disorder of Women*. Polity: Cambridge（山田竜作訳『秩序を乱す女たち？：政治理論とフェミニズム』法政大学出版局、2014 年）.

Patomäki, H. (2008). *The Political Economy of Global Security*. Routledge: London.

Pauketat, T. R. (2007). *Chiefdoms and Other Archaeological Delusions*. AltaMira: Lanham, MD.

Paul, D. E. (2003). *Re-scaling IPE: Subnational States and the Regulation of Global Political Economy*. Routledge: London.

Peck, J. and Theodore, N. (2015). *Fast Policy: Experimental Statecraft at the Thresholds of Neoliberalism*. University of Minnesota Press: Minneapolis.

Peet, R. (2011). Inequality, crisis and austerity in finance capitalism. *Cambridge Jour-

nal of Regions, Economy and Society, 4: 383-99
Peters, B. G. and Pierre J. (eds) (2004). *The politicization of the civil service in comparative perspective*. Routledge: London.
Petit, V. (2013). *Counting Populations, Understanding Societies: Towards an Interpretative Approach*. Springer: Dordrecht.
Pierre, J. (ed.) (1999). *Debating Governance: Authority, Steering, and Democracy*. Oxford University Press: Oxford.
Pierson, P. (2002). Coping with permanent austerity: Welfare state restructuring in affluent democracies. *Revue française de sociologie* 43(2): 369-406.
Poggi, G. (1978). *The Development of the Modern State: A Sociological Introduction*. Polity: Cambridge.
Poguntke, T. and Webb, P. (eds) (2007). *The Presidentialisation of Politics*. Oxford University Press: Oxford（岩崎正洋監訳『民主政治はなぜ「大統領制化」するのか：現代民主主義国家の比較研究』ミネルヴァ書房、2014 年）.
Polanyi, K. (1957). *Trade and Market in the Early Empires: Economies in History and Theory*. Free Press: New York（玉野井芳郎、平野健一郎編訳『経済の文明史：ポランニー経済学のエッセンス』日本経済新聞社、1975 年）.
Pomper, P. (2005). The history and theory of empires. *History and Theory* 44(Theme issue), 1-27.
Portelli, H. (1972). *Gramsci et le bloc historique*. Maspéro: Paris.
Porter, B. D. (1994). *War and the Rise of the State: The Military Foundations of Modern Politics*. Free Press: New York.
Postone, M. (1993). *Time, Labor and Social Domination: A Reinterpretation of Marx's Theory*. Cambridge University Press: New York（白井聡、野尻英一監訳『時間・労働・支配：マルクス理論の新地平』筑摩書房、2012 年）.
Poulantzas, N. (1973) [1968]. *Political Power and Social Classes*. New Left Books: London（田口富久治、山岸紘一訳『資本主義国家の構造：政治権力と社会階級』未来社、1978 年）.
Poulantzas, N. (1974) [1972]. *Fascism and Dictatorship*. New Left Books: London（田中正人訳『ファシズムと独裁』社会評論社、1978 年）.
Poulantzas, N. (1975). *Classes in Contemporary Capitalism*. New Left Books: London.
Poulantzas, N. (1976). *Crisis of the Dictatorships*. Verso: London.
Poulantzas, N. (1978). *State, Power, Socialism*. Verso: London（田中正人、柳内隆訳『国家・権力・社会主義』ユニテ、1984 年）.
Poulantzas, N. (1979) [1976]. The political crisis and the crisis of the state. In J. W. Freiburg (ed.), *Critical Sociology*. Halstead Press: New York, pp. 373-93.

Prescott, J. (1987). *Political Frontiers and Boundaries*. Allen & Unwin: London.

Price, R. M. (1991). *The Apartheid State in Crisis: Political Transformation of South Africa, 1975–1990*. Clarendon: Oxford.

Provan, K. G. and Kenis, P. (2008). Modes of network governance, structure, management, and effectiveness. *Journal of Public Administration Research and Theory* 18(2): 229–52.

Przeworski, A. (1977). Proletariat into a class: The process of class formation from Karl Kautsky's *The Class Struggle* to recent controversies. *Politics & Society* 7(4): 343–401.

Przeworski, A. (1993). *Democracy and the Market: Political and Economic Reforms in Eastern Europe and Latin America*. Cambridge University Press: New York.

Pufendorf, S. (1672) [1759]. *De iure naturae et gentium libri octo* [*Of the Law of Nature and Nations, Eight Books*]. Lund.

Puhle, H.-J. (2002). Still the age of catch-allism? *Volksparteien* and *Parteienstaat* in Crisis and Re-equilibration. In R. Gunther, J. R. Montero, and J. J. Linz (eds), *Political Parties: Old Concepts and New Challenges*. Oxford University Press: Oxford, pp. 58–83.

Purvis, T. (1998). Aboriginal peoples and the limits of the state–sovereignty–nation triplet: Historical and contemporary reflections on the nationalities principle. PhD Thesis, Lancaster University, United Kingdom.

Putnam, R. D. (2000). *Bowling Alone: The Collapse and Revival of American Community*. Simon & Schuster: New York（柴内康文訳『孤独なボウリング：米国コミュニティの崩壊と再生』柏書房、2006年）.

Radice, H. (2000). Globalization and national capitalisms: Theorizing convergence and differentiation. *Review of International Political Economy* 7(4): 719–42.

Rapp, R. (1977). Gender and class: An archaeology of knowledge concerning the origin of the state. *Dialectical Anthropology* 2(4): 309–16.

Rasmus, J. (2010). *Epic Recession. Prelude to Global Depression*. Pluto: London.

Redmond, E. M. and Spencer, C. S. (2012). Chiefdoms at the threshold: The competitive origins of the primary state. *Journal of Anthropological Archaeology* 31: 22–37.

Rehmann, J. (2013). *Theories of Ideology: The Powers of Alienation and Subjection*. Brill: Leiden.

Reinhard, W. (ed.) (1999). *Die Verstaatlichung der Welt. Europäische Staatsmodelle undaußereuropäische Machtprozesse*. Oldenbourg Verlag: Munich.

Renan, E. (1882). Qu'est-ce qu'une nation? Lecture at the Sorbonne, Paris. At http://

www.nationalismproject.org/what/renan.htm

Reno, Q. (1998). *Warlord Politics and African States*. Lynne Rienner: Boulder, CO.

Roberts, J. (2006). *Philosophizing the Everyday: Revolutionary Praxis and the Fate of Cultural Theory*. Pluto: London.

Roberts, J. T. (2011). Multipolarity and the new world (dis)order: US hegemonic decline and the fragmentation of the global climate regime. *Global Environmental Change* 21(3): 776–84.

Robinson, W. I. (2004). *A Theory of Global Capitalism: Transnational Production, Transnational Capitalists, and the Transnational State*. Johns Hopkins University Press: Baltimore, MD.

Robinson, W. I. (2012). Global capitalism theory and the emergence of transnational elites. *Critical Sociology* 38(3): 349–63.

Rogers, C. (ed.) (1955). *The Military Revolution Debate*. Westview Press: Boulder, CO.

Rohrschneider, R. and Whitefield, S. (2012). *The Strain of Representation*. Oxford University Press: Oxford.

Rokkan, S. (1999). *State Formation, Nation-Building and Mass Politics in Europe: The Theory of Stein Rokkan*. Oxford University Press: Oxford.

Rosa, H. (2013). *Social Acceleration: A New Theory of Modernity*. Columbia University Press: New York.

Rossiter, C. L. (1948). *Constitutional Dictatorship: Crisis Government in the Modern Democracies* (庄子圭吾訳『立憲独裁：現代民主主義諸国における危機政府』未知谷、2006年).

Rothe, D. L. (2009). *State Criminality: The Crime of All Crimes*. Lexington: Lanham, MD.

Rousseau, J.-J. (1758). *Discours sur l'économie politique* (山路昭ほか訳『文明』白水社、2012年). At http://www.ac-grenoble.fr/PhiloSophie/file/rousseau_economie_politique.pdf

Rousseau, J.-J. (1792). *Du contrat social, ou Principes du droit politique*. Rey: Amsterdam（作田啓一訳『社会契約論』白水社、2010年).

Routley, L. (2014). Developmental states in Africa? A review of ongoing debates and buzzwords. *Development Policy Review* 32(2): 159–77.

Rüb, F. (2005). Sind die Parteien noch zu retten? Zum Stand der gegenwärtigen Parteien und Parteiensystemforschung. *Neue Politische Literatur* 50(3): 397–421.

Ruggie, J. (1993). Territoriality and beyond. *International Organization* 47(1): 139–74.

Rupert, M. and Solomon, M. S. (2006). *Globalization and International Political Econ-*

omy: The Politics of Alternative Futures. Rowman and Littlefield: Lanham, MD.

Sassatelli, M. (2002). Imagined Europe: The shaping of a European cultural identity through EU cultural policy. *European Journal of Social Theory* 5(4): 435–51.

Sassoon, A. S. (1980). *Gramsci's Politics*. Croom Helm: London.

Satter, D. (2003). *Darkness at Dawn: The Rise of the Russian Criminal State*. Yale University Press: New Haven, CT.

Sauer, B. (1997). 'Die Magd der Industriegesellschaft': Anmerkungen zur Geschlechtsblindheit von Staats – und Institutionstheorien. In B. Kerchner and G. Wilder (eds), *Staat und Privatheit*. Westdeutscher Verlag: Opladen, pp. 29–53.

Schäfer, A. and Streeck, W. (eds) (2013). *Politics in the Age of Austerity*. Polity: Cambridge.

Scharpf, F. W. (1993). *Games in Hierarchies and Networks: Analytical and Empirical Approaches to the Study of Governance Institutions*. Campus: Frankfurt.

Scharpf, F. W. (1999). *Governing in Europe: Effective and Democratic?* Oxford University Press: Oxford.

Scheppele, K. L. (2004). Law in a time of emergency: States of exception and the temptations of 9/11. *Journal of Constitutional Law* 6(5): 1001–83.

Scheuerman, W. E. (1994). *Between the Norm and the Exception*. MIT Press: Cambridge, MA.

Scheuerman, W. E. (1996). *The Rule of Law Under Siege: Selected Essays of Franz L. Neumann and Otto Kirchheimer*. University of California Press: Berkeley.

Scheuerman, W. E. (2000). The economic state of emergency. *Cardozo Law Review* 21(5–6): 1869–94.

Scheuerman, W. E. (2003). *Liberal Democracy and the Social Acceleration of Time*. Johns Hopkins University Press: Baltimore, MD.

Scheuerman, W. E. (2006). Emergency powers. *Annual Review of Law and Society* 2: 257–77.

Scheuerman, W. E. (2008). *Frankfurt School Perspectives on Globalization. Democracy, and the Law*. Routledge: London.

Schmalenbach, H. (1922). Die soziologische Kategorie des Bundes. In W. Strich (ed.), *Die Dioskuren: Jahrbuch für Geisteswissenschaften*, Meyer & Jessen: Munich, pp. 35–105.

Schmitt, C. (1985) [1922]. *Political Theology: Four Chapters on the Concept of Sovereignty*. MIT Press: Cambridge, MA.

Schmitt, C. (1988) [1923]. *The Crisis of Parliamentary Democracy*. MIT Press: Cambridge MA.

Schmitt, C. (2003) [1950]. *The Nomos of the Earth in the International Law of the Jus Publicum Europaeum*. Telos Press: New York（新田邦夫訳『大地のノモス：ヨーロッパ公法という国際法における』慈学社出版、2007年）.

Schmitt, C. (2013) [1921]. *Dictatorship: From the Origin of the Modern Concept of Sovereignty to Proletarian Class Struggle*. Polity: Cambridge（田中浩・原田武雄訳『独裁：近代主権論の起源からプロレタリア階級闘争まで』未来社、1991年）.

Schmitter, P. C. (1996). Imagining the future of the Euro-polity with the help of new concepts. In G. Marks, F. W. Scharpf, and P. C. Schmitter (eds), *Governance in the European Union*. SAGE: London, pp. 121-50.

Schumpeter, J. A. (1954) [1918]. Crisis of the tax state. *International Economic Papers*, 4: 5-38.

Schuppert, G. F. (2010). *Der Staat als Prozess: Eine staatstheoretische Skizze in sieben Aufsätzen*. Campus: Frankfurt.

Scott, J. (1998). *Seeing like a State: How Certain Schemes to Improve the Human Condition Have Failed*. Yale University Press: New Haven, CT.

Scott, J. (2009). *The Art of Not Being Governed: An Anarchist History of Upland Southeast Asia*. Yale University Press: New Haven（池田一人ほか共訳『ゾミア：脱国家の世界史』みすず書房、2013年）.

Scott, P. D. (2014a). *The American Deep State: Wall Street, Big Oil, and the Attack on US Democracy*. Rowman & Littlefield: Lanham, MD.

Scott, P. D. (2014b). The state, the deep state, and the Wall Street overworld. *Asia-Pacific Journal: Japan Focus* 12(5). At http://japanfocus.org/-Peter_Dale-Scott/4090/article.pdf

Segesvary, V. (2004). *World State, Nation States, or Non-Centralized Institutions? A Vision of the Future in Politics*. University Press of America: Lanham, MD.

Service, E. R. (1962). *Primitive Social Organization*. Harcourt Brace: New York（松園万亀雄訳『未開の社会組織：進化論的考察』弘文堂、1979年）.

Service, E. R. (1975). *Origins of the State and Civilization: The Process of Cultural Evolution*. Norton: New York.

Seymour, R. (2014). *Against Austerity*. Pluto: London.

Shaw, M. (2000). *Theory of the Global State*. Cambridge University Press: Cambridge.

Shefter, M. (1994). *Political Parties and the State: The American Historical Experience*. Princeton University Press: Princeton, NJ.

Sinclair, T. J. (2005). *The New Masters of Capital: American Bond Rating Agencies and the Politics of Creditworthiness*. Cornell University Press: Ithaca, NY.

Skinner, Q. (1989). State. In T. Ball, J. Farr, and R. L. Hanson (eds), *Political Innovation and Conceptual Change*. Cambridge University Press: Cambridge, pp. 90-131.

Skinner, Q. (2009). A genealogy of the modern state. *Proceedings of the British Academy* 162: 325-70.

Skocpol, T. (1979). *States and Social Revolutions: A Comparative Analysis of France, Russia, and China*. Cambridge University Press: Cambridge.

Smith, A. D. (1986). *The Ethnic Origins of Nations*. Blackwell: Oxford（巣山靖司ほか訳『ネイションとエスニシティ：歴史社会学的考察』名古屋大学出版会、1999年）.

Smith, A. D. (1995). *Nations and Nationalism in a Global Era*. Polity: Cambridge.

Smith, D. E. (1990). *Texts, Facts and Femininity: Exploring the Relations of Ruling*. Routledge: London.

Smith, M. J. (1990). Pluralism, reformed pluralism and neopluralism: The role of pressure groups in policy-making. *Political Studies* 38(2): 302-22.

Smith, R. (2013). Capitalism and the destruction of life on Earth: Six theses on saving the humans. *Real-world economics review* 64. At http://www.paecon.net/PAEReview/issue64/Smith64.pdf

Söyler, M. (2013). Informal institutions, forms of state and democracy: The Turkish deep state. *Democratization* 20(2): 310-34.

Solty, I. (2013). The future of the left and world-wide socialism in the context of the fourth organic crisis of global(-izing) capitalism after the austerity turn: A Transatlantic perspective. In Chinese Academy of Social Sciences (ed.), *Socialism and the World Today*. Chinese Academy of Social Sciences: Beijing, pp. 67-94.

Spencer, C. S. (2003). War and early state formation in Oaxaca, Mexico. *Proceedings of the National Academy of Sciences* 100(20): 1185-7.

Spencer, C. S. (2010). Territorial expansion and primary state formation. *Proceedings of the National Academy of Sciences* 107(16): 7119-26.

Spruyt, H. (1993). *The Sovereign State and its Competitors: An Analysis of Systems Change*. Princeton University Press: Princeton, NJ.

Standing, G. (2011). *The Precariat: The New Dangerous Class*. Bloomsbury: London.

Stasavage, D. (2011). *States of Credit: Size, Power, and the Development of European Polities*. Princeton University Press: Princeton, NJ.

Steffen, W., Grinevald, J., Crutzen, P., and McNeill, J. (2011). The Anthropocene: Conceptual and historical perspectives. *Philosophical Transactions of the Royal Society* A369: 842-67.

Steinmetz, G. (2003). The state of emergency and the revival of American imperialism: Toward an authoritarian post-Fordism. *Public Culture* 15(2): 323-45.

Stepan, A., Linz, J. J., and Yadav, Y. (2010). *Crafting State-Nations. India and Other Multinational Democracies*. Johns Hopkins University Press: Baltimore, MD.

Stephen, M. D. (2014). Rising powers, global capitalism and liberal global governance: A historical materialist account of the BRICs challenge. *European Journal of International Relations* 20(4): 912–38.

Stockman, D. (2013). *The Great Deformation: The Corruption of Capitalism in America*. PublicAffairs: New York.

Strayer, J. R. (1970). *On the Medieval Origins of the Modern State*. Princeton University Press: Princeton, NJ（鷲見誠一訳『近代国家の起源』岩波書店、2975年）.

Streeck, W. (2009). *Re-forming Capitalism: Institutional Change in the German Political Economy*. Oxford University Press: Oxford.

Streeck, W. (2013). *Borrowed time*. Verso: London.

Streeck, W. (2014). *Buying Time: The Delayed Crisis of Democratic Capitalism*. Verso: London（鈴木直訳『時間かせぎの資本主義：いつまで危機を先送りできるか』みすず書房、2016年）.

Streeck, W. and Schmitter, P. C. (eds) (1985). *Private Interest Government: Beyond Market and State*. SAGE: London.

Strether, L. (2015). A typology of corruption for Campaign 2016 and beyond. 18 May. At http://www.nakedcapitalism.com/2015/05/a-typology-of-corruption-for-campaign-2016-and-beyond.html

Stuart, D. T. (2008). *Creating the National Security State: A History of the Law That Transformed America*. Princeton University Press: Princeton, NJ.

Stützle, I. (2013). *Austerität als politisches Projekt: Von der monetären Integration Europas zur Eurokrise*. Westfälisches Dampfboot: Münster.

Sum, N.-L. and Jessop, B. (2013). *Towards a Cultural Political Economy: Putting Culture in its Place in Political Economy*. Edward Elgar: Cheltenham, UK.

Swedberg, R. (1998). *Max Weber and the Idea of Economic Sociology*. Princeton University Press: Princeton, NJ（泉田渡・柳澤幸治訳『マックス・ウェーバー：経済と社会』文化書房博文社、2004年）.

Swedberg, R. (2003). The changing picture of Max Weber's sociology. *Annual Review of Sociology*, 283–306.

Talmon, S. (1998). *Recognition of Governments in International Law: With Particular Reference to Governments in Exile*. Clarendon: Oxford.

Tarrow, S. (2011). Occupy Wall Street is not the Tea Party of the Left: The United States' long history of protest. *Foreign Affairs*, 10 October.

Taylor, A. (2013). *State Failure*. Palgrave Macmillan: Basingstoke, UK.

Taylor, C. (2001). *Modern Social Imaginaries*. Duke University Press: Durham, NC (上野成利訳『近代：想像された社会の系譜』岩波書店、2011 年).

Taylor, P. J. (1994). The state as container: Territoriality in the modern world system. *Progress in Human Geography* 18(3): 151-62.

Taylor, P. J. (1995). Beyond containers: Internationality, interstateness, interterritoriality. *Progress in Human Geography* 18(2): 151-62.

Taylor, P. J. (2000). World cities and territorial states under conditions of contemporary globalization. *Political Geography* 19(1): 5-32.

Taylor, P. J. (2003). *World City Network. A Global Urban Analysis*. Routledge: London.

Taylor, P. J. (2004). From heartland to hegemony: Changing the world in political geography. *Geoforum* 15(4): 403-11.

Taylor, R. (1978). *The Fifth Estate: Trade Unions in the Modern World*. Routledge and Kegan Paul: London.

Teschke, B. (2003). *The Myth of 1648: Class, Geopolitics and the Making of Modern International Relations*. Verso: London (君塚直隆訳『近代国家体系の形成：ウェストファリアの神話』桜井書店、2008 年).

Therborn, G. (2010). *From Marxism to Post-Marxism?* Verso: London.

Théret, B (1992). *Régimes économiques de l'ordre politique*. Presses Universitaires de France: Paris (神田修悦ほか訳『租税国家のレギュラシオン：政治的秩序における経済体制』世界書院、2001 年).

Thompson, M. (2012). Foucault, fields of governability, and the population-family-economy-nexus in China. *History and Theory* 51(1): 42-62.

Tilly, C. (ed.) (1975). *The Formation of National States in Western Europe*. Princeton University Press: Princeton, NJ.

Tilly, C. (1992). *Coercion, Capital and European States, AD 990-1990*. Blackwell: Oxford.

Tölölyan, K. (1991). Rethinking diaspora(s): Stateless power in the transnational moment. *Diaspora* 5: 3-36.

Tsoukalas, K. (2003). Globalisation and the 'executive committee': Reflections on the contemporary capitalist state. *Socialist Register 2003*: 56-75.

Tunander, O. (2009). Democratic state vs. deep state: Approaching the dual state of the West. In E. Wilson (ed.), *Government of the Shadows: Parapolitics and Criminal Sovereignty*. Pluto: London, pp. 56-72.

Valler, D., Tait, M., and Marshall, T. (2013). Business and planning: A strategic-relational approach. *International Planning* 18(2): 143-67.

van Apeldoorn, B. (2002). *Transnational Capitalism and the Struggle over European Integration*. Routledge: London.
van Creveld, M. (1999). *The Rise and Decline of the State*. Cambridge University Press: Cambridge.
van der Pijl, K. (2007). *Nomads, Empires and States: Modes of Foreign Relations and Political Economy*, vol. 1. Pluto: London.
van der Muhll, G. E. (2003). Ancient empires, modern states, and the study of government. *American Review of Political Science* 6: 345–76.
Viroli, M. (1992). *From Politics to Reason of State: The Acquisition and Transformation of the Language of Politics, 1250–1600*, Cambridge University Press: Cambridge.
Voigt, R. (ed.) (2000). *Abschied vom Staat: Rückkehr zum Staat?* 3rd digital edn. At www.staatswissenschaft.com/pdf/IfS-Werkstatt1.pdf
Volkov, V. (2000). The political economy of protection rackets in the past and the present. *Social Research* 67(3): 709–44.
von Beyme, K (1993). *Die politische Klasse im Parteienstaat*. Suhrkamp: Frankfurt.
Walby, S. (2003). The myth of the nation-state: Theorizing society and politics in a global era. *Sociology* 38(3): 529–46.
Waldner, D. (1999). *State Building and Late Development*. Cornell University Press: Ithaca, NY.
Walker, B. (1997). Social movements as nationalisms, or The very idea of a Queer Nation. *Canadian Journal of Philosophy*, 26(suppl. 1): 505–47.
Wallerstein, I. (2000). *The Essential Wallerstein*. New Press: New York.
Waltz, K. (1979). *Theory of International Politics*. McGraw-Hill: Boston, MA（河野勝、岡垣知子訳『国際政治の理論』勁草書房、2010年）.
Weber, M. (1961). *General Economic History*. Collier: New York.
Weber, M. (1978). *Economy and Society*. Bedminster Press: New York.
Weber, M. (1994). *Weber: Political Writings*. Cambridge University Press: Cambridge.
Wedel, J. (2009). *Shadow Elite*. Basic Books: New York.
Weiss, L. (1998). *The Myth of the Powerless State: Governing the Economy in a Global Era*. Polity: Cambridge.
Weiss, L. (2013). *America Inc.? Innovation and Enterprise in the National Security State*. Cornell University Press: Ithaca, NY.
Weiss, L. and Hobson, J. (1995). *States and Economic Development: A Comparative Historical Analysis*. Polity: Cambridge.

Wendt, A. (2003). Why a world state is inevitable. *European Journal of International Relations* 9: 491-542.

Wikipedia (2013). The king is dead, long live the king! At http://en.wikipedia.org/wiki/The_king_is_dead,_long_live_the_king!

Williams, C. (2010). *Ecology and Socialism: Solutions to Capitalist Ecological Crisis.* Haymarket: Chicago, IL.

Willke, H. (1986). The tragedy of the state: Prolegomena to a theory of the state in polycentric society. *Archiv für Sozial- und Rechtsphilosophie* 72(4): 455-67.

Willke, H. (1992). *Die Ironie des Staates.* Suhrkamp: Frankfurt.

Willke, H. (1997). *Supervision des Staates.* Suhrkamp: Frankfurt.

Willke, H. (2014). *Demokratie in Zeiten der Konfusion.* Suhrkamp: Frankfurt.

Wilson, E. (ed.) (2009). *Government of the Shadows: Parapolitics and Criminal Sovereignty.* Pluto: London.

Wissel, J. (2007). *Die Transnationalisierung von Herrschaftsverhältnissen: Zur Aktualität von Nicos Poulantzas' Staatstheorie.* Nomos: Baden-Baden.

Wissenburg, M. (2009). *Political Pluralism and the State: Beyond Sovereignty.* Routledge: London.

Wittfogel, K. A. (1957). *Oriental Despotism: A Comparative Study of Total Power.* Yale University Press: New Haven, CT（湯浅赳男訳『オリエンタル・デスポティズム：専制官僚国家の生成と崩壊』新評論、1991 年）.

Wolf, F. O. (2011). *The European Command Method.* Rosa Luxemburg Stiftung: Berlin.

Woo, J. E. (1991). *Race to the Swift: State and Finance in Korean Industrialization.* Columbia University Press: New York.

Woo-Cumings, M. (1999). Introduction: Chalmers Johnson and the politics of nationalism and development. In eadem (ed.), *The Developmental State.* Cornell University Press: Ithaca, NY, pp. 1-31.

Woolf, S. J. (1989). Statistics and the modern state. *Comparative Studies in Society and History* 31(3): 588-604.

World Bank (1993). *The East Asian Miracle: Economic Growth and Public Policy.* Oxford University Press: New York（海外経済協力基金開発問題研究会訳『東アジアの奇跡：経済成長と政府の役割』東洋経済新報社、1994 年）.

Wright, H. T. (1977). Recent research on the origins of the state. *Annual Review of Anthropology* 6: 379-97.

Wright, H. T. (2006). Early state dynamics as political experiment. *Journal of Anthropological Research* 62(3): 305-19.

Yergin, D. (1977). *Shattered Peace: The Origins of the Cold War and the National Security State*. Houghton Mifflin: Boston, MA.
Yuval-Davis, N. (1997). *Gender and Nation*. SAGE: London.
Zeitlin, J. and Trubek, D. M. (eds) (2003). *Governing Work and Welfare in a New Economy*. Oxford University Press: Oxford.
Zeitlin, J. and Pochet, P., with Magnusson, L. (eds) (2005). *The Open Method of Coordination in Action*. P. I. E.-Peter Lang: Berlin.
Zielonka, J. (2001). How new enlarged borders will reshape the European Union. *Journal of Common Market Studies* 39(3): 507-36.
Zielonka, J. (2006). *Europe as Empire: The Nature of the Enlarged European Union*. Oxford University Press: Oxford.
Ziltener, P. (2001). *Strukturwandel der europäischen Integration: Die Europäische Union und die Veränderung von Staatlichkeit*. Westfälisches Dampfboot: Münster.

ユーアールエル (URL). アクセス最終日は2015年5月22日である。

訳者あとがき

　本書は次の全訳である。Bob Jessop, *The State: Past, Present, Future*, Polity Press, 2016. 著者は1946年に生まれ、現在、ランカスター大学社会学部の特別教授（Distinguished Professor）である。本書は、彼の邦訳の第6冊目の近著にあたる。すでに邦訳されている著書は次である。『資本主義国家——マルクス主義的諸理論と諸方法（*The Capitalist State: Marxist Theories and Methods*、1982年）』（田口・中谷・加藤・小野〈訳〉御茶の水書房、1983年）、『プーランザスを読む——マルクス主義理論と政治戦略（*Nicos Poulantzas: Marxist Theory and Political Strategy*、1985年）』（田口富久治監訳、中谷・後・加藤・岩本・小野〈訳〉合同出版、1987年）、『国家理論——資本主義国家を中心に（*State Theory: Putting Capitalist State in Their Place*、1990年）』（中谷義和〈訳〉御茶の水書房、1994年）、『資本主義国家の未来（*The Future of the Capitalist State*、2002年）』（中谷義和監訳、篠田・櫻井・山下・國廣・山本・伊藤〈訳〉御茶の水書房、2005年）、『国家権力——戦略‐関係アプローチ（*State Power: A Strategic-Relational Approach*、2007年）』（中谷義和〈訳〉御茶の水書房、2009年）。

　以上の研究業績からもうかがい得るように、著者は40年近くも、鋭意、国家の理論化に取り組んできたことになる。本書も、こうした理論化の作業の所産ではあるが、国家にかかわる広範な研究書の批判的検討を踏まえて、「戦略‐関係アプローチ」の体系化の深化を期した著作である。これは本書の博引傍証の行論にも認め得ることである。

　「国家」が説明項とされることが多いにしても、それが被説明項とされ、その意味と内実が問われることが少なくなっている。これは、「国家」が表象されつつも、政治経済の「過程」分析から国家を導出するという方法が看過されがちであるだけでなく、グローバル化のなかで「国家」の"脱国家化"が、あるいは「国民」の"脱国民化"が主張されるなかで、所与の国民や国家の社会経済関係を領域において包括している「国家」のイデオロギー機能や「国家権力」の政治機能の分析が視座に設定されることが少なくなっていることによ

る。だが、「国家」は実存しているし、国際関係論は「国家」や「国民」の概念を欠いては成立し得ないことには変わりはない。

　本書の「序章」で著者は本書の五つの課題を提示している。それは、(1) 国家と「国家権力」を分析するための戦略の提示、(2) 国家の特殊性と可変性から国家を規定すること、(3) 国家概念の意味論的（言説的）分析の必要、(4) 資本主義の役割と影響力と結びつけて現代国家の鍵的諸側面について検討すること、(5) 政治支配に占める「国家」のイデオロギー契機の重要性、これである。

　以上の課題を設定したうえで、本書は三部編成から「国家」の分析に移り、第Ⅰ部では、「国家」概念の"アナーキー"状況の認識を踏まえて、「国家」の理論的・方法論的視点を提示するとともに、時空間的可変性を「戦略−関係」論的視点から明らかにしようとしている。次いで、第Ⅱ部では、第Ⅰ部の方法論的視座から国家の経験的分析に移り、「国家」の関係論的複合性を指摘するとともに、矛盾の時空間的転移や支配装置の形態と性格の変化についても指摘している。第Ⅲ部は「国家」の歴史的分析を、また、現代の動態分析とグローバル化の現状を踏まえて、現代国家が権威主義的「監視国家」化していることを指摘するとともに「国家」の近未来を展望することで結んでいる。

　以上の極めて概略的紹介からもうかがい得るように、本書の特徴は「国家論」の諸成果を踏まえた構想力豊かな行論にある。これは、批判的分析視座が欠落すると構想力の貧困化や現状追随主義的分析としか結びつき得ないことを意味する。この点で、著者の「国家論」は華麗な分析であるというより、長い苦悶の所産である。それだけに、慧眼な指摘と分析視座を随所に認め得る行論と構成にもある。

　本書の訳出は共同作業である。まず、各担当者が下訳を作成し、それを中谷が確認し、修正した後に、各担当者が必要に応じて再修正を行った。そして、最終的に、中谷と加藤が訳語の統一作業を行った。訳語の統一を期したつもりではあるが、これを欠いていたり、誤訳も多く含まれているかもしれない。読者の忌憚のないご指摘をお願いする次第である。なお、原著の巻末の注は、訳書では各章末に一括している。

　本書が出版されるにあたっては、立命館大学「学術図書出版推進プログラム」の助成を受けている。これをお認めくださった各位に深く感謝する。ま

訳者あとがき

た、最後になったが、最終局面に至って印刷所の皆様に多大の迷惑をおかけしたことに深くお詫び申し上げるとともに、今回も著者の大部の邦訳を快諾され、協力を惜しまれなかったことに対し、御茶の水書房の橋本盛作社長と編集部の小堺章夫さんに心から感謝の意を表する。

　　　　　　2018年3月1日　訳者を代表して、中谷義和・加藤雅俊

事項索引

この索引はテーマにかかわるものであって、個別の（索引項目とされた）言葉ないし語句が本書に見当たらない場合もあるが、検討すべき関連概念のページを示している。1ページのみの参照の場合（例えば、10）には、用語（ないし概念）が当該の頁にあたることを、また、'f' ないし 'ff' を付している場合（例えば、10ff）には、当該の頁と次頁（10f）ないし次の数頁（10ff）にあたることを、あるいは、この頁において検討されていることを、そして、一連の頁に及ぶ場合（例えば10-13）には、その頁が、とりわけ、当該の用語にかかわるものであることを示している。太字にしているところには、頻出の用語ないし語群のなかでも、最も重要な頁を、また、'n' を付している場合は、当該頁の脚注を示している。

ア行

アメリカ　34, 45, 55, 75, 82, 92f, 97, 181f, 186f, 191, 231f, 244, 252, 267, 269, 274, 278, 287, 295
アメリカ愛国者法　279
アメリカ国家安全保障局　82
イギリス　55, 82f, 92, 97, 187, 232
一般意思　**59-62, 137-8**, 274
一般利益　126, 175, 195, 260, 274
　〈対〉個別利益　61, **89**, 105, 115, 137, 143, 215, 260, 個別利益も参照のこと
イデオロギー　30, 90, 128, 142ff, 152, 191, 201, 216, 222, 239, 245, 265, 268
イデオロギー的国家装置　**30**, 188, 263f
イデオロギー批判　5, 8, 10, 13, 25, 61, 113, **142-4**, 176, 299
インフラストラクチャー権力　54, 84-5, 106-7, 109n, 154-6
ヴァチカン　49
ウェストファリアの伝統　**38-40**, 49, 152, 182, 191, 291
エスニシティと国家　51f, 70-1, 117ff, 144, 160, **185f**, 189ff
エスニックな敵対　41, ジェノサイドも参照のこと
エスノ－政治的　10, 51, 292
欧州連合　50, 89, 102, 165, 183f, 217, 243, 248, 252, **277-8**
オスマン帝国　46

カ行

階級権力　14, 119, 121, 124, 141, 145, 255
階級支配　113, 118-20, 144f
　イデオロギー的階級支配　121, **129-32**, 142, 191
　経済的階級支配　121-4, 230
　政治的階級支配　124-9, 142, 212, 258, 支配も参照のこと
　の形態の接合　132
階級主体　79, 134
階級闘争　119, 122, 127, 141, 187, 234, 273
　イデオロギー的　117, 127ff, 143, 161
　経済的　122f, 126, 134, 234
　経済的〈対〉政治的　**126f, 263**
　政治的　40, 58, 66, 69-70, 79f, 102,

347

126 134, **140**, 142, 168, 195, 234, 237, 256, 266, 敵対、闘争も参照のこと
階級有意性　**121**, 138, 局面、戦略 − 関係アプローチも参照のこと
階級利益　31, 79, 82, 102, **119-21**, **125-31**, **135-41**, 240, **274**
　政治的階級利益　70, 79
介入　36, 60, 62, 68, 71-82, **84-5**, 105-7, 167, 171, 180, 200ff, 222, 250-2, 274, 289, 295ff, 開発国家、介入主義国家、ネオリベラリズムも参照のこと
介入主義国家　54, **93**, 270, 296
概念史、史的意味論を参照のこと
開発国家　7, 51, 54, 228, 238, 268, 288, 290
ガヴァメンタリティ　8, 55ff, 101, 116, 199ff, 208-16
ガヴァメント化　200f, 212-6
ガヴァメントからガヴァナンスへ　199-200, **208-12**, 221, 241-2
ガヴァメント＋ガヴァメンタリティ　**283-7**
カエサル主義　92, 256, 267
革命　48, 71
　恒常的と緊縮　265
　彩色革命　288
　フランスの　261
　ロシアの　161
影、資本の　234
　新自由主義の　173, 234, 244, 293ff
　新重商主義の　234, 244
　脱国民的国家存在の　190, 295
　ヒエラルヒーの　199ff, **212-20**, 247
　利潤志向的、市場媒介的蓄積の　133
課税　10, 36, 41, 52, 84, 134, 136, 156

課税国家　53, **85**, **123-4**, **134**, 211ff
加速　149, 229, 249, 250, 253n, 暫定的圧縮も参照のこと
家父長制　51, 53, 116-20 passim, 144, 152, 188f
貨幣（国民貨幣〈対〉国際通貨）　171, 239
カリスマ　**34**, 49, 92, 108n, 152, 204, 271
感覚と意識の形成（現象）　98, **142-4**, 157, 167, 202
環境の安全　36, 295
環大西洋貿易投資パートナーシップ　276
環太平洋パートナーシップ　276
官僚化　80f
官僚制　10, 32f, 52, 54, 61, **80f**, 83, 109n, 153-7, 202f, 210, 215, 244, 250, 272
官僚的権威主義　50, 68, 268
官僚的帝国　13
議会主義　72, **75f**, 78
闇の　88
危機　10, 47-8, 124, 191
　イデオロギーの　255-8, 263, 270, 280f
　環境の　197, 251, **295**
　経済的　83, 104, 248, 262, 267-71, 280ff
　ケインズ主義的福祉型国民国家の　196
　合理性の　85, 99, 108n
　国内安全省　82, **278-9**
　国民国家の　7, 173, 270
　国家の　34, 42, **71-3**, 101, 136, 141
　財政−金融の　85, 228, 232, 250, 256-8, **276-82**
　政治の　262-6, 270, 296

政党形態の　94, 99
政党制の　97-100
正統性の　85, 99, 199, 275
　制度的　74, 85, 99
　代表制　99, 108n, 260, 264, 296
　ネオリベラリズムにおける、ないしその　251-2
　ヘゲモニーの　72, 85
　民主政の　262, 266
　ユーロ圏の　252, 277
　有機的　108n, 280ff
危機管理　169, 258, 262
危機管理の危機　7
危機理論と国家　47-8
機動戦　149, 255ff
規模の相対化　158, **170-3**, 193, 227, 243, 247
規模の跳躍　165, 169f, 174, 191, 276
強圧　30, 33ff, 57, 60, 84f, 88, 122, **134**, 154, 181, 202, 209ff, 220, 263
逆説　ガヴァナンス／ガヴァメント　216-7
　近代性　299
　新自由主義的　251-2, 276-7
　部分－全体　72, 89, 103, **105-7**, 115, 222 242, 299f
共振　201, **206-9**, **212ff**, 217f, 241, **109n**
共通利益　**59-61**, 66, 93, 260, 298、一般的利益、一般意思も参照のこと
共同決定　190, 203
強力国家　54f, 106, 165, 231, 267f, 276
局面　25, 53, **69-71**, **114-8**, 120-1, 131, 140-6, 255, 258, 276, 280-9, 297、戦略－関係アプローチも参照のこと
緊急状況　26, 34, 62, 63n, 77, 154, 279　例外レジーム、緊急事態も参照のこと
緊急事態　35, 77, 80, 90f, 107, 128, 145, 215, 250, **260-9**, 276, 279, 281ff, 285n
緊縮　62, 232, 276, **280-3**
恒常的緊縮　276, **285n**
近代国家　3-11 passim, 22f, 29, 31-2, 36, 41, 46, 51f, 69, 87, 102, 105-6, 122-4, 135, 153, 158, 167, 238, 290
金融支配型蓄積　82, 173, 259f, 271, 283f, 293-5, 利子生み資本も参照のこと
勤労福祉　282, **296**
空間的ケインズ主義　172
空間の選択性　159, 164f
クライエンティリズム　**76-83** passim, 90, 172
グローバル化　170, 182, 193, 229ff, **234-43** passim, 246, 295
グローバル市民社会　57, **193-7**
グローバル都市ネットワーク　158, 162, 168, 230, 290
君主政　23, 27, 156, 179, 291
軍閥体制　45, 49, 120, 236, 290
傾向〈対〉対抗傾向　240-9
経済－同業組合的　78, 82, 126, 265, 275
ケインズ主義　51, 69
ケインズ主義的福祉型国民国家　94, 172, 223, 282
結晶、多形的　11, **50-3**, 61, 167, 180, 218, 288, 291f
決定、集団拘束的　28, 32, 36, 59, 105, 179f, 211, 299
権威、政治的　10, 26-9, 32ff, 38f, 43-50 passim, 54, 61, 90, 102, 134f, 138, 154f, 157, 179, 242, 257, 289, 主権も参照のこと
権威主義　7, 54, 98, 256, 267, 281
権威主義的国家主義　15, 77, 240, 255,

256, 259ff, **267-77**, 279, 283, 296f
立憲主義の権威主義的危機 275, 283
憲政（constitution）11, 28, 35, 37, 43, 47, 74, 102, 186, 189, 260
憲政、形式的〈対〉歴史的アプローチ 8-9, 24-5, 47, 68, 71, 135, 140-1, 143
言説 13, 28, 45, 52, **58-61**, 104ff, 134, 142, 180, 211, 266, 273, 280
幻想的（観念ないし利益）61, 66, 89, 102, 103, 133, 175, 206, 219, 259, 299
権力のバランス、諸力のバランスを参照のこと
権力ブロック 70, 87f, 109n, 127, 237, 248, 264, 271, 272, 275, 283ff
コーポラティズム 74, 75, 76ff, 82f, 89, 93, 172, 250
交換 122, 125, 134, 154, **202f**, 205, 256-9
交換価値 239, 市場、世界市場も参照のこと
構成、制度の 57, 71, **79-84**, 90, 149, 171f, 229, 252, 280
構造－主体 66, 113-8, 135, 163
構造的権力 230
構造的拡大適用 122, 124, 144, 163, 174, 219, 283, 294f
公的－私的 26, 30, 57, 82-4, 134, 189, 201, 208-14 passim, 244ff, 249
公的知識人 134, 173
国益 24, 29, 62, 79, 80, 89, 107, 115, 126, 134, 166, 191, 240, 252, 277
とジェンダー 189
国際化 96, 125, 169f, 235, 241, 271, 275
国際連合 49
国際連盟 49

国民、タイプ 19, 23
　エスニック国民 185, 188, 192
　国民国家 184-6, 188, 192
　文化国民 185-6, 188, 192
一国民国家プロジェクト〈対〉二国民国家プロジェクト **104**
国民国家と競争 227
国民‐国家と想像的共同体 152, 国民も参照のこと
国民主権 43
国民存在 41, 184, 192
国民形成 7, 45, 47, 51, 98, 102
国民人民（Staatsvolk）47, 104, 人民、人口も参照のこと
国民的国家（国民的領域国家）24, 49, 72, 80, 91, 159, 188
とグローバル化 229, 242-5
国民的国家〈対〉国民‐国家 7, 43, **181-8**, 190-1（EU）, 227f, 237, 244
国民的国家の非代替性 227
国民のアイデンティティ 38, 43-4, 51, 184-9 passim
国民の自律性 187, 194, 228
個人主義、方法論的 12
コスモポリタニズム 162, 193-6
国家安全保障国家 144, 261, 268f
国家企図 4, 9, 14, 32, 52, 59, 61-2, 70, 71, 84ff, 91f, **100-3**, 109n, 125, 131, 135ff, **139**, 153, 172-3, 190, 209-10, 218, 221, 249, 260, 279, 291, 297
国家権力 5-9 passim, **14**, 19-21, 33-6, 43ff, 51-3, 57, 62, **66-70**, 84, 106, 115, **119f**, 134-5, 145, 180, 202, 213, 221, 238-40, 264, 299
〈対〉階級権力 14, **119**, 127, 130, 141, 240
国家権力（Staatenwelt）**227**, 諸国家の世界も参照のこと

事項索引

国家効果　53, 55f, 67, 211
国家－国民　181
国家システム　22, 25, 国家間システムも参照のこと
国家装置　10, 25, 27, 32-3, **34-7**, 42, 45, **59**, 66, 69, 80-6, 90, **101**, 120, 130, 159, 201, 207, 255, 260, 264f, 270, 291
国家存在　4, 8, 21, 31ff, 44f, 49, 62, 68, 151, 162, 173, 182-6 passim, 201, 241, 290, 295
　6つの次元　151-2, 162
国家能力　21, 25, 31, **36-7**, 41, 43, 45, 48, 50, 54f, 66-71 passim, 84-5, 95, 101-6 passim, 122, 134, 141, 149, 153-9 passim, 166, 174, 180, 190, 209ff, 223, 228, 232, **236-9**, 242-52 passim, 267, 276, 292, 298
国家の一般理論、大陸ヨーロッパの国家理論を参照のこと
国家のイデオロギー　274
国家のエージェンシー　5, 21, 26ff, 119, 212, 297
国家の経済からの制度的分離　27, 113, 115, 132ff, 263, 290, 298
国家の諸権力　25, 119, 151, 165, 169, 173, 190, 213, 242, 243, 298, 国家能力も参照のこと
国家の認識　45
国家の理念　14, 65, 162, 298
国家理性　11, 29, **77**, 101, 107, **108n**, 134, 135, 278
個別利益　61, **89**, 105, 115, 137, 143, 215, 259, 270, **273-8**, 291, 資本一般、全体利益も参照のこと

サ行

再規模化　80, 153, 174, 190, 252, 276, 292
「最良善の政治的外皮」**256-62**, 民主政も参照のこと
挫折国家　85, 129, 231, **266-7**, 288, 289, 295
サービス貿易協定　276
サブ・ヘゲモニー　99, 220
三極と三極化 171, 231, 252
暫定的主権　27, 149, **250-2**, 277
参入点　xiii, **20**, 37 51, 61, 145, 149ff, 292, 300
ジェノサイド　41, 43, 48, 66, 182f, 261
ジェンダー　43, 70, 117, 152, **188-9**, セクト間主義も参照のこと
時間　149, 204, 249
　現実時間　230, 260
　絶対的政治時間　251
　相対的政治時間　251, 迅速な政策、時間の圧縮、時空間拡大適用も参照のこと
時間－空間　52, 149-50, 236
時間－空間の圧縮　229, 249f
時間－空間の近接化　158, 249
時間的拡大適用　4, 68, **139ff**, 162f, 174-6, 218-9, 233, 252
時間の圧縮　229, 250
資源戦争　295
始原的国家形成　10, 15, 82, **153-6**, 163, 287
市場　98, 126, 134ff, 156, 202-4, 213f, 219, 230f, 238-40, 249, 256-9, **289**
　国民市場　193
　市場諸力　125, 216, 231f, 239, 289-90, 失敗、市場、利潤志向的、市場媒介的蓄積も参照のこと
　労働市場　122, 126, 188-9
市場化　51, 58, 211
自然に必要な再生産時間　240

351

シチズンシップ　24, 36, 41-7 passim,
　　52, 75-7, 126, 129, 134, 172, 180,
　　184-9, 194f, 257f, 282, 290
失敗、ガヴァナンスの　15, 201, **204-7**,
　　208
　国家の　8, 10, 33, 37, 42, **48-9**, 89,
　　105, 152, 186, 199, 210, 245, 266,
　　291, 295, 298f
　市場の　125, 134, 145, 199, 202, **206**,
　　231, 245, 258
　メタガヴァナンスの　**216-20**
史的意味論　4, 8, 13, 51, 61, 62n, 157,
　　199
私的装置（ヘゲモニー）139
私的〈対〉公的　26, 30, 57, 270, 291
視点　4, 8, 20, 61, 143, 145, 234, 292
支配　5, 8, 10, 20, 22, 32, 59-60, 62, 67,
　　70, 74, 81, 113, **116**, 118 145, 215
　規模　170ff
　空間的　40ff, 49, 197, 243, 空間的階
　　級支配も参照のこと
資本一般　**136f**, 259
資本、銀行の　82f, 139
　金融の　138, 229, 236f, 241, 250f,
　　276
　産業の（ないし利潤生産的）83, 139,
　　238, 250
　従属的（周辺的）241, 268
　商業的　82, 137, 139, 238, 257
　超国民的　123, 188, 236, 241
　独占　93, 258, 272
　利子生み　124, 238
資本主義　7, 66, 76, 122, 133f, 140,
　　142, 158, 233, 256-7
　合理的　122, 125, 136, 255, 257f, 268
　と民主政　15, 91, **256-9**, 265
資本主義的国家類型　60, 64n, 126f,
　　132-5, 265, **270**, 292

資本主義的国家類型〈対〉資本主義社
　　会における国家　14, **113**, **140-2**,
　　144-6, 287
資本主義の多様　7, **233**, 257, 280, 290
資本循環　125, 136-8, 229, 251f
資本循環の統一性の危機と強制的再賦
　　課　**251-2**
資本蓄積　51, 120, 142, 219f, 251, 256
資本のエージェンシー　137
資本の権力　123, 239ff
資本の諸分派　66, 82, 87f, 91f, 126f,
　　131, 137ff, 175, 188, 232ff, 255,
　　265ff, 271, 275
　支配的分派　275
　ヘゲモニー分派　139
資本の利益　136-9, 階級利益も参照の
　　こと
資本理論的と階級理論的アプローチ
　　240, 250
市民社会　13, 23, 25f, 41, **51-8**, 70, 75f,
　　84, 87, 94, 99, 104, 115, 119,
　　129-30, 135, **139**, 200f, 211ff, 217,
　　221, 245f, 290
市民連合〈対〉連邦選挙委員会　109n
社会運動、新旧　74, 89f, 94, 97, 100,
　　139, 164ff, 196ff, 211, 271
社会化　10-1, **53**, 59, 70, 140, 146, 218
社会関係としての国家　14, 戦略－関
　　係アプローチも参照のこと
社会関係としての資本　240, 243, 248,
　　262
社会基盤　72, **85-8**, 91-3, 103, 105,
　　115, 119, 130, 171, 270
社会的に必要な回転時間　240
社会的に必要な労働時間　240
弱小国家　54f, 156, 165, 217, 228, 288
「儒教資本主義」290
主権　**35-8**, 42, 63n 80, **134-5**, **160**,

209ff, **221-3**, 244, 285n, 290
　主権の第3空間　44
　主権のプール　210, 221, 244, 248
　人民の　179
　〈対〉ガヴァナンス　200, 217
　同輩中の首座として　209
　と緊急状態　77
　と国民的領域国家　181
　とブルジョア国家　125
　能力の束として　209
　領域的〈対〉時間的　15, 26, 150, 181f, 229-30, 240, **248-51**, 252, 276
主権の債務危機　7, 危機（財政 – 金融の）、負債、課税国家も参照のこと
主体中心型制度主義　9ff, 113
首長制社会　10, 40, 49, 81, 151, **154-8**
受動的革命　130, **215-6**, 219
植民地主義　228, 241, 259, 帝国主義も参照のこと
諸国家の世界　6, 10, 25, 34, 50, 56
諸勢力のバランス　11, 14, 22, 25, 50, **65-70** passim, 79, 83, 89, 103, 114, 116f, 135, **139-42**, 191, 214, 227, 230, 237ff, 249-52 passim, 258, 264, 266f, 280ff, 299
諸矛盾の尚早な調和　175, 222
諸力のバランスの凝縮　13-4, **65-6**, 142, 221, 239, 271, 277, **299**
自由主義国家　7, 93
自由主義的国際主義　172
重商主義　51, 258
自由民主政　6, 15, 88, 91, 103, 126-7, 199, 215, 222, 255-60, 264-5, 277, 288
小国の併合　74, 240, 296
象徴的暴力　33, 60
新立憲主義　243, 276, 283, 296

自律性、機能的、国家の　26, 126-7, 201, 243, 298f
自律性、相対的、国家の　7, 11, 30, 59, **115**, **124-5**, 127
ジレンマ　59f, 107, 122, 136, 162, **174-6**, 219, 257
人口　14, 24, 33, **40-5**, 46ff, 49, 62, 70, 129, 153, 171, 179-81, 188, 193, 210, 279
新自由主義　69, 82, 106, 170ff, 199f, 206, 208-20, 228-39, 244, **251-9**, **270-82**, 289, 291, 緊縮も参照のこと
深層国家　30, 70, **77**, **269**, 277
迅速な政策　229, 250
新多元主義　12, 76, 108n, 116, 119
陣地戦　149, 295
新中世主義　39, 49
「人的組織」 32-3, 81, 主体中心的も参照のこと
新封建主義　39
人民　12, 28, 32, 77, 130, 156, 179f, 273-4
　土着的　43, シチズンシップ、国民、人民大衆、人口、闘争、国民 – 人民的も参照のこと
人民大衆　74, 272ff, 296
人民投票型民主政　68
人民 – 民主的　257, 闘争、国民 – 人民的も参照のこと
趨勢〈対〉傾向　242
スケール　40, **163-72**
政策ネットワーク　96, 106
政策パラダイム　6, 14, 69, 86, 102, 248
政策レジームの国際化　241, **246f**, 249
政治機関との不正常取引　90, 257ff
政治権力の領域化　24, 28, **32-4**, **37-42**,

353

43, **48-50**, 54, 59, 84, 102, 106, **151-61**, 211, 240
政治的資本主義 136, 257, 263
生政治 42, **180**
政体 14, **21**, 27, 58, 60, 65, 101, 120, 160, 211, 235, **244-6**, 280
政体の脱国家化、政治、政策 37, 190, 214, 241, 244-5
政党 26, 74-5, 78, **88-97**, 263-5, 272
　カルテル 94-5
　幹部 75, 92, 94
　権威主義的大衆 94, 272
　国民政党 93
　自然な統治党 87-8, 94, 98-100, 257ff
　全体包括的 93-4, 268
　大衆 95, 129, 216, 274
正統化 11, 23, 30-7, 43ff, 61, 63n, 76f, 108n, 123, 126, 134, 181
政党制 **88-92**, 96, **98-100**
正統性 107, 108n, **123-4**, 134, 141, 160, 179, 186f, 209, 216, 227, **256-64**, 274f, 296, 権威も参照のこと
正統性の危機 42, 48, 70, 85, 99, 108n, 199
制度 4, **11**, 45
制度型社会的妥協 71, 86, 101
制度構想 12, 79, 85, 141, 206, 209, 261
制度主義 6, 12, 76
　言説の 12
　社会的 11
　主体-中心の 10, **11-3**, 222
　歴史的 8, 11, 13
制度的総体としての国家 10, 20-1, 22, 25, 29-31, 51, 57f, 60, 66, 71, 95, 101, 105, 130, 141, **297-9**

制度的拡大適用 174-6, 構造的拡大適用、時空間的拡大適用も参照のこと
政府間主義 **190-2**, 222, 277
世界危機 49
世界国家 50, 164, **192-7**, 210
世界市場 34, 39, 70, 103, 135fff, 149, 161, **172f**, 176, 187, 196, 204, **227-46**, 249ff, 257, 280-3, **290-2**, 295, グローバル化、国際化、三極と三極化も参照のこと
世界社会 5, 10, 58, 70, 103, 187, **192-7**, 228, 287, 295
セクション間主義 **118-9**
説明（説明項〈対〉被説明項） 71, **113-15**, 119-20
絶対主義 37, 49, 68, 150-1, 156, 258
選挙 69, 74-9, 88-94, 96-100, 244, 257, 261, 263, 272, 民主政、自由民主政、政党、代表制も参照のこと
専政的権力 54, 84, 106, 271
戦争 24, 28, 38, 51f, 109n, 156, 188, 195, 261, 284n
全体主義 6f, 30, 78, 160, 256, 265ff
専門的知識 139, 216
戦略－関係アプローチ 5, 12f, 47, **65-70**, 76, 88, 107-8, 132, 133, 142ff, 149, 150, 165, 171, 202, 222, 233, 237ff, 293, 300
戦略的選択性 59, 66-72 passim, 76, 78, 83, 97, 104, 132, 133f, 140, 146, 149ff, 165, 287, 300
ゾーン、経済の 38, 248
想像 10, 70, 96, 142-3, 167
　空間的 151, 167f, 176, 193
　経済的 103, 124, 139, 280
　国民の 188, 193
　社会的表象 103, 142ff

政治的　14, 24, 51-2, 59ff, 84, 100, 103, 293, 299f
　ヘゲモニー的　52
想像の共同体　179, 184, 188, 194, 204, 242
相対的安定ゾーン　175, **218**, 時空間拡大適用も参照のこと
操舵メカニズムの危機　128, 139
ソ連圏　71, 161, 288

タ行

大逆罪　28
対抗ヘゲモニー　74, 87, 169, 220, 267
大衆運動　56, 87, 279, 294
大衆政治　72, 74, 86, 88ff
大衆統合　86, **93f**
代表　13, 62, 68, 71-4, **73-9**, 83-6
第四階級　74, 95, 278
第五階級　74-5, 95
大陸ヨーロッパの国家理論　4-5, 8, 32-4, **43-4**, 54, **57-61**, 74, 145, 152ff, 202
対立　41, 76f, 103f, 122, 124, 126, 150, 218, 295
妥協の均衡（不安定な）**86**, 109n, 110n, 174f, 214, 248, 257f, 263, 275, 諸力のバランス、戦略－関係アプローチも参照のこと
多極共存型民主政　49, 55, 64n, 97, 187
多空間型メタガヴァナンス　295
多形性、結晶を参照のこと
多元主義、学派　12, 16n, 76, 116, 119
多元主義、代表制の様式　**75-6**, 78, 83
多層型ガヴァナンス　7, 40, 48, 169, 187, 190, 194, 248ff
脱アイデンティティ　190, 195
脱国民化、国家の　190, 196, **241-4**, 247, 257
脱国民的　173, 189-90, 193
脱国民的国家存在　190, 235
多様な資本主義　234, 243
力　9, **34-7**, 43, 130, 134, 174, 257, 263, 288, 強圧、暴力も参照のこと
蓄積戦略　139, 232, 234, 資本蓄積も参照のこと
蓄積レジーム　82, 172, 219, 259, 283f
　フォード主義　51, 83, 93f, 171ff, 200, 228, 279
　フォード主義の危機　99, 172, 271
　ポスト・フォード主義　173
知識史　4, 23
知識人　29, 87, 92, 101, 127f, 134
地政学　6, 10, 37-8, 40, 49, 166, 227, 237, 283, 295
知的分業　87, 129, 134
知的リーダーシップ　78, 87, 130f, 260, ヘゲモニーも参照のこと
地平、時空間的　39, 55, 67, 78, 118, 203, 208, 238
中国　39, 46, 153, 181, 231, 295
超／ウルトラ帝国主義　233
賃金関係　78, 122f, 139, 172, 180, 231, 239, 256-7, 275, 281, 289
通商産業省　82
通約可能性　10, 53
帝国　24, 39, 45, 49-50, 86, 151, 156-61, 165, 169, 183, 194
　遊牧型　39, 153
帝国主義、近代の　194, 234-6, 241, 帝国、超／ウルトラ帝国主義も参照のこと
帝国主義、社会的　104
帝国主義国家　125
テロ（主義）との戦い　77, 273, 283, 284n, 296

355

伝統、国家　6, 32, 109n, 153
伝統的権威　32, 33, 36-7, 61, 108n, 245
伝統的国家　24
伝統的知識人　143
トービン課税　251
ドイツ　45, 65, 232ff, 243, 248
統合国家　22, 90, **130**, **212**, 220
闘争　58, 69, 79, 136, 299
　国家外の　21, 106, 119
　人民－民主的　257, 275
　ヘゲモニー的　52, 220, 241, 260
動乱　28
独裁　10, 28, 35, 65, 107, 125, 258, **260-2**, 265, 268f, 271
　軍事的　65, 265f
　コミッサール型　77, 256, **261-5**
　主権型　**261**
　立憲的　77
都市国家　24, 40f, 49, 86, 151, 160ff, 177n, 181, 237

ナ行

内乱　43, 48, 66, 71, 179, 187, 261f
ナショナリズム、方法論的　43, 47
ナチズム　45, 65
ならず者国家　6, 8, 231, **267**, 288
軟弱国家　266-7
日本　46, 82
ネオコーポラティズム　99, 172, 250
ネットワーク　37, 43, **164-73**, 175, 194-5, 政策ネットワーク、パラレルな権力ネットワークも参照のこと
ネットワーク型ガヴァナンス　49, 75, **199-209**, 213, **217-20**
ネットワーク型政体　**210-1**
ネットワーク国家　53, 190

ハ行

配置　8, 43, 142, 180, 211
場所　43, 150-1, **162-76**, 177n, 187, 218, 230ff, 238-41
パラレルな権力ネットワーク　30, 70, 74, 77, 82, 95, 174, 245, 264
ハンザ同盟　50
非時間的時間　238
批判　5, 23, 25, 60ff, 74, 144, 294, イデオロギー批判も参照のこと
福祉　172, 245, 268, 276, 282, 296
負債　7, 123, 134, 228ff, 282
物質性、制度的　132
フランス　39, 45, 55, 177n, 186, 243, 248, 261
ブリックス（BRICS）169, 231, 252
フロー（の空間）42, 135, 168, 172, 229, 238, 245, 249-51
ブロック、ヘゲモニー的　**87**, 131
ブロック、歴史的　87, 109n, **131**, 299
ヘゲモニー　7, 10, 82ff, 84, 87, 90, 98, 99, 102ff, 120ff, 126f, **130-2**, **139**, 143, 220f, 234, 241, 255, 266, 272-7 passim
　おける、ないし、の危機　70, 72, 85, 87, 98, 108n, 263f, 264
　強制の鎧をつけた　57
　国民－人民的　78, 87f, 91, 96, 98f, 107, 130f, 248, 265, 272
　と政党　271
ヘゲモニー・ヴィジョン　10, 14, 70-2 passim, 90f, **103-5**, 109n, 120, 125, 131, 138, 145, 153, 168, 260
ヘゲモニー企図　78, 83, 87, 102, 131, 134, **169**
ヘゲモニー（国際関係）39, 102, 241, 243, 255, 267, 295

ヘゲモニー・ブロック　87, 131
防御と支援メカニズム　208, 215f, 283
封建主義　49, 60, 68, 86, 122, 134, 151
法 − 政治装置　130-3, 138, 166, 200, 212ff, 221
法的 − 政治的言説　28, 33, 43, 70f
法の支配　10, 34ff, 52, 77, 82, 84, 124-8, 135, 180, 250, 257-64, 269-72, 296
法律　35-7, 135, 156, 274-6
　国際的　33f, 38, 44-5, 135, 279
　立憲的　33, 43-4, 255
暴力　156, 188
　の制憲化　**32-7**, 101, 105, 134, 214, 255
ボナパルティズム　265, 267, 271
本人 − 代理人関係　29

マ行

マウリア朝　153
マスメディア　30, 92, 240, 296
マルクス主義　8, **116ff**, 129, **144-5**, 152, 231, 階級支配も参照のこと
民主政　10, 30, 42, 50f, 68, 83, 88ff, 93, 98f, 108n, 109n, 125ff, 189, **255-77**, 284n, 296
　コスモポリタン　**194-7**
　暫定性　250
　民主政における、ないし、の危機　199
矛盾　**259**, 266
民主的憲政　127
民族自決　43, 161, 184
矛盾　59, 60, 66, 69, 78, 102, 116, 128, 136f, **176**, 275
メタガヴァナンス　107, 162, 190, 201, **204-20**, 241, 247, 292
　多規模的　190

ヤ行

ユーロ圏　8, 190, 232, 243, 252, 276, 282
有機的知識人　6, 88, 131
遊牧民　39, 46, 49, 151-3
抑圧的国家装置　**30**, 46, 130, 134, 276, クライエンティリズム、コーポラティズム、議会主義、多元主義、政党、政党制、国家理性も参照のこと
ヨーロッパ中心主義　4, 24, 152, **287-90**

ラ行

利益　150, 165, 195
　経済的〈対〉政治的　74
　公的　77, 103, 205, 215, 251
　国家の　208, 240, クライエンティリズム、議会主義、多元主義も参照のこと
利益、理念的〈対〉物質的　70, 74, 78, 108n, **117**, 120, 122, 142, 175, 188, 210, 262, 274
利益、偽装化された相対的用語　**115-9**
利益、客観的〈対〉主観的　**117**
利潤志向的、市場媒介的蓄積　76, 125, 133f, 146, 197, 243, 255ff, 292f, 資本主義、合理的も参照のこと
立憲国家（法治国家）　36, 53, 69, 98, 128, 134, 255, 261, 279, 民主政、法の支配も参照のこと
略奪国家　6, 54, 255, 266, 291
略奪資本主義　255, 257, 283, 284n
領域　14-5, **43-6**, 48, 63n, 129, 134-5, 201, 210
領域国家　252, 国民国家も参照のこ

357

と
領域国家としてのヨーロッパと国民的国家　181f, **189-92**
領域、場所、規模、ネットワーク（TPSN）、シェーマ　43, 151, **162-6**, **169**, 177n, 230
領域の国民化、空間　172
領域の再国民化　244
例外　**35**, 108n, 261, 279
例外レジーム　62, 68, 77f, 128, 144, 249, 255f, 258, **260-6**, 270, 273, 283, 288, 緊急事態も参照のこと
冷戦　268
歴史的ブロック　87, 109n **131**, 300
連帯　150, 196, **201-4**, 205f, 213, 292
労働過程　29, 75f, 87, 122, 126, 134, 136
労働市場　122
労働の規模　165, 217-20, 223, 243, 296
労働の精神的－肉体的分業　29

人名索引

ア行

アレント（Arendt, Hannah） 258, 265
アイゼンシュタット（Eisenstadt, Shmuel） 13, 155-6, 157, 161
アガンベン（Agamben, Giorgio） 261, 284-5n
アブラムス（Abrams, Philip） 20-3, 26, 53, 61, 62-3n, 67, 126
アルチュセール（Althusser, Louis） 26, 30-1
アンダーソン、B.（Anderson, Benedict） 152, 184
アンダーソン、P.（Anderson, Perry） 16n, 49f, 129, 156
イーグルハート（Engelhardt, Thomas） 77, 270
インニス（Innis, Harold） 155-6, 158, 162
ヴィルケ（Willke, Helmut） 35-6, 36
ウェーバー（Weber, Max） 16n, 21, 31-3, 37, 75, 88, 92ff, 108n, 117, 123, 135, 155, 157, 256-9, 284, 288, 291
エヴァンス（Evans, Peter） 46, 54, 290
エッサー（Esser, Jupp） xiv
エンゲルス（Engels, Friedrich） 46, 124, 129, 152
オッフェ（Offe, Claus） 81, 100, 123, 126

カ行

カノバン（Canovan, Margaret） 179, 265
ギャンブル（Gamble, Andrew） 89, 91
ギル（Gill, Stephen） 138, 276, 295
キルヒハイマー（Kirchheimer, Otto） 93
クラウチ（Crouch, Colin） 11, 93, 96, 256, 276
グラムシ（Gramsci, Antonio） 30, 37, 51, 57f, 63n, 65, 85-92 passim, 108n, 109n, 125-31, 132, 139, 166, 199, 212-7 passim, 260, 282
グロスマン（Grossman, Claudio） 262
クロムウェル（Cromwell, Oliver） 261
コノリー（Connolly, William E.） 13, 16n
コリンジ（Collinge, Chris） 165
コゼレック（Koselleck, Reinhardt） 8, 293

サ行

サーニー（Cerny, Philip） 13, 76, 108n, 240
シーザー（Caesar, Julius Gaius） 160, 261
シオラン（Cioran, Emil） 19
シャープ（Scharpf, Fritz W.） 200, 212
シュミット（Schmitt, Carl） 33, 35,

359

38f, 63n, 72, 262
ショイエルマン（Scheuerman, William E.）35, 72, 250, 268, 274-5
ジョンズ（Jones, Martin）xiv, 151, 162, 163
ジョンソン（Johnson, Chalmers）54, 82
シルトナー（Ziltener, Patrick）50, 191
スキナー（Skinner, Quentin）8, 27
スコッチポル（Skocpol, Theda）46
スコット（Scott, James）36, 77, 84, 153f, 168
スティシェル（Stützle, Ingo）276
ストリーク（Streeck, Wolfgang）123, 200, 256, 276
セイモア（Seymour, Richard）281-2
ソルティ（Solty, Ingar）276, 283

タ行

ダンサイア（Dunsire, Andrew）109-10n, 207
チョムスキー（Chomsky, Noam）267
デーヴィス（Davies, Jonathan S.）220
ディズレーリ（Disraeli, Benjamin）110n

ナ行

ニーチェ（Nietzsche, Friedrich）19
ネグリ（Negri, Antonio）50, 194, 236, 239

ハ行

ハーヴェイ（Harvey, David）83, 168, 229, 295

バーテルソン（Bertelson, Jens）8, 52, 63n
ハート（Hardt, Michael）50, 194, 236, 239
パシュカーニス（Pashukanis, Evgeny）126
バジョット（Bagehot, Walter）73-4
バディー（Badie, Bertrand）55
ハバーマス（Habermas, Jürgen）85, 195, 268
バリー（Barry, Brian）115-6
パロネン（Palonen, Kari）8, 21
ヒルシュ（Hirsch, Joachim）xiv, 93, 118, 240, 268
ビルンボーム（Birnbaum, Pierre）55
ヒンツェ（Hintze, Otto）16n, 152
ブーカラス（Boukalas, Christos）66, 82, 275, 279, 295
フーコー（Foucault, Michel）21, 34f, 41, 56, 61, 67, 70, 84, 116, 180, 211, 288
プーランザス（Poulantzas, Nicos）xiv, 30, 65f, 70, 85, 94, 98, 127f, 168, 214, 235, 256, 258, 263-66, 270-4
ファイナー（Finer, Samuel）13, 16n, 24, 31, 39, 42, 46, 64n, 80f, 86, 153-60 passim, 167
ファイン（Fine, Robert）195-6
ファン・クレヴェルド（Van Creveld, Martin）24
ブルッフ（Bruff, Ian）256, 276f, 282
ブルデュー（Bourdieu, Pierre）34f, 46, 67, 88, 110n, 207
フレデリック2世（Frederick II of Prussia）28
ブレナー（Brenner, Neil）50, 66,

151, 158, 166, 168, 172
ブロッホ（Bloch, Ernst）222, 294
ヘーゲル（Hegel, Georg）7, 22, 29, 116
ヘイ（Hay, Colin）xiv, 66
ボナパルト、L（Bonaparte, Louis）127
ボナパルト、N（Bonaparte, Napoleon）261
ポムパー（Pomper, Philip）161

マ行

マルクス（Marx, Karl）29, 65, 124, 125-9, 293
マン（Mann, Michael）13, 16n, 46, 50, 84, 107, 153ff, 161, 167
ミッチェル（Mitchell, Timothy）52, 56, 67, 84, 212

ミリバンド（Miliband, Ralph）30-1

ラ行

リプセット（Lipset, Seymour M.）98
リンス（Linz, Juan）96f, 181, 266
ルーマン（Luhmann, Niklas）28, 37, 74, 156, 204, 293
ルイ14世（Louis XIV of France）27, 28
レーニン（Lenin, Vladimir）45, 130, 284n
レイプハルト（Lijphart, Arend）64n, 74, 97, 187
ロッカン（Rokkan, Stein）13, 93, 98, 153
ロビンソン（Robinson, William I.）236, 288

361

訳者紹介

・中谷義和、立命館大学名誉教授、同大学「人文科学研究所」上席研究員
　〈担当〉日本語版への序文、序文、参考文献
・加藤雅俊、立命館大学産業社会学部准教授
　〈担当章〉序章、第2、第3章、および第4章の4・5・6節
・進藤　兵、都留文科大学文学部教授
　〈担当章〉第5、第6、第7章
・高嶋正晴、立命館大学産業社会学部教授
　〈担当章〉第8、第9章
・藤本美貴、立命館大学衣笠総合研究機構客員研究員、佛教大学などの非常勤講師
　〈担当章〉第4章の1・2・3節、および第10章

国家：過去，現在，未来

2018年3月30日　第1版第1刷発行

著　者　ボブ・ジェソップ
訳　者　中　谷　義　和
　　　　加　藤　雅　俊
　　　　進　藤　　　兵
　　　　高　嶋　正　晴
　　　　藤　本　美　貴
発行者　橋　本　盛　作
発行所　株式会社 御茶の水書房
　　　　〒113-0033 東京都文京区本郷5-30-20
　　　　　　　　　電話 03-5684-0751
　　　　　　　　　FAX 03-5684-0753

Printed in Japan　　　　　　　　　印刷・製本　東港出版印刷

ISBN978-4-275-02089-5 C3031

書名	著者・訳者	判型・頁数・価格
国家論序説	中谷義和 著	A5判・二〇六頁 価格 三五〇〇円
国家権力——戦略・関係アプローチ	ボブ・ジェソップ 著／中谷義和 訳	A5判・四三〇頁 価格 七〇〇〇円
資本主義国家の未来	ボブ・ジェソップ 著／中谷義和 訳	菊判・四五〇頁 価格 六二〇〇円
民主政の諸理論	フランク・カニンガム 著／中谷義和・松井暁 監訳	菊判・三九〇頁 価格 六〇〇〇円
二十一世紀の民主政	フィリップ・レズニック 著／中谷義和 訳	A5判・二五〇頁 価格 二八〇〇円
アメリカ政治学と国際関係	イド・オレン 著／中谷義和 訳	菊判・三四〇頁 価格 七〇〇〇円
アメリカ政治学と政治像	ジョン・G・ガネル 著／中谷義和 訳	菊判・四〇〇頁 価格 六〇〇〇円
グローバル化と国家の変容 立命館大学人文科学研究所研究叢書第一八輯	中谷義和 編	A5判・四五〇頁 価格 五六〇〇円
グローバル化とリージョナリズム 立命館大学人文科学研究所研究叢書第一九輯	篠田武司・西口清勝・松下冽 編	A5判・四五〇頁 価格 五六〇〇円
ワルシャワから——記憶の案内書	尾崎俊二 著	菊判・三二二頁 価格 四五〇〇円
ワルシャワ蜂起——1944年の63日	尾崎俊二 著	菊判・四八〇頁 価格 五〇〇〇円

御茶の水書房
（価格は消費税抜き）